新世纪高职高专实用规划教材　经管系列

经济学基础
(第3版)

徐炽强　主　编

陈晓冬　副主编

清华大学出版社

北　京

内 容 简 介

本书是一本系统介绍西方经济学原理的规划教材。它在内容上分为三大部分：导言、微观经济学及宏观经济学。在微观经济学部分，本书从稀缺资源的合理配置入手，引出市场机制问题，并在价格这一核心理论的基础上，分别对价格理论、消费者行为理论、生产者行为理论、成本和收益理论、市场理论和分配理论做了详尽的阐述。在宏观经济学部分，本书从总需求、总供给入手，引出国民收入均衡问题，并在国民收入这一核心理论的基础上，分别对经济增长理论、经济周期理论、失业理论、通货膨胀理论和开放经济理论做了详尽的阐述。同时，本书在理论结合实际的基础上，分别对微观经济政策和宏观经济政策做了有益的探索。

本书既适用于高职高专、成人高校、本科院校开办的二级职业技术学院的经济管理类及相关专业的学生，也可供从事经济管理工作的人员以及对经济学感兴趣的读者参考阅读。

图书在版编目(CIP)数据

经济学基础/徐炽强主编. —3 版. —北京：清华大学出版社，2018 (2024.8 重印)
(新世纪高职高专实用规划教材　经管系列)
ISBN 978-7-302-49665-6

Ⅰ. ①经…　Ⅱ. ①徐…　Ⅲ. ①经济学—高等职业教育—教材　Ⅳ. ①F0

中国版本图书馆 CIP 数据核字(2018)第 033863 号

责任编辑：梁媛媛
封面设计：刘孝琼
版式设计：杨玉兰
责任校对：李玉茹
责任印制：曹婉颖
出版发行：清华大学出版社
网　　址：https://www.tup.com.cn, https://www.wqxuetang.com
地　　址：北京清华大学学研大厦 A 座　　邮　　编：100084
社 总 机：010-83470000　　邮　　购：010-62786544
投稿与读者服务：010-62776969, c-service@tup.tsinghua.edu.cn
质量反馈：010-62772015, zhiliang@tup.tsinghua.edu.cn
课件下载：https://www.tup.com.cn , 010-62791865
印 装 者：三河市龙大印装有限公司
经　　销：全国新华书店
开　　本：185mm×260mm　　印　张：16.25　　字　　数：395 千字
版　　次：2006 年 6 月第 1 版　2018 年 4 月第 3 版　　印　　次：2024 年 8 月第 6 次印刷
定　　价：46.00 元

产品编号：077752-01

前　言

经济学是研究人类社会经济活动规律的科学。经济学的基本概念、基本原理、基本规律为各门经济学科和管理学科提供了坚实的理论基础。在我国社会主义市场经济不断发展的今天，我们将越来越多地运用经济学的知识为个人、家庭、企业和社会服务。

高等职业教育在我国的蓬勃发展，亟须一本符合高等职业教育要求的经济学教材。为此，上海经济理论教学研究专业委员会组织了部分会员和具有丰富教学经验的教师，在充分汲取近年来高职高专院校最新教学改革成果的基础上共同编写了本书。全书共分三大部分。第一部分：导言(第一章)，阐述经济学的研究对象、内容和方法。第二部分：微观经济学(第二至第八章)，阐述价格理论、消费者行为理论、生产者行为理论、成本和收益理论、市场理论、分配理论和微观经济政策。第三部分：宏观经济学(第九至第十三章)，阐述国民收入核算和决定理论、经济增长与经济周期理论、失业与通货膨胀理论、开放经济理论和宏观经济政策。

本书的特点主要体现在以下三个方面。

(1) 在内容上，根据高职高专宽基础、重实践的培养要求，用简洁的语言全面系统地介绍了当代经济学基本理论，使读者对当代经济学基本理论有一个全面的了解和把握。

(2) 在结构上，根据高职高专的教学特点，在保持经济学理论体系基本完整的前提下，通过适当减少纯理论演绎和增加经济生活中实际案例来强化读者对经济学基本理论的理解。

(3) 为了使读者掌握、巩固已学的知识，每章后均附有详细的本章小结和复习思考题，强化读者对重要知识点的理解和掌握，从而提高读者运用经济学理论来分析问题、解决问题的能力。

本书编写分工如下：徐炽强编写第一章；陈晓冬编写第二章；完颜乐雯编写第三章；肖浦嵘编写第四章；傅尔基、杨光编写第五章；尤艳丽编写第六章；李佳编写第七章；吴建群编写第八章；吴清峰编写第九、十章；张朋编写第十一章；张学岢编写第十二章；傅尔基、杨光编写第十三章。全书由徐炽强、陈晓冬统稿，徐炽强修改定稿。

本书适用于高职高专、成人高校、本科院校开办的二级职业技术学院的经济管理类及相关专业学生，也可供从事经济管理工作的人员以及对经济学感兴趣的读者参考阅读。

在本书的编写过程中，编者试图尝试在结构和内容上有所创新，并且汲取了近几年来经济学界的科研成果和最新理论，补充了大量的案例，以便读者更全面地了解和把握。但是由于水平有限及时间所限，书中难免有疏漏之处，欢迎广大读者批评指正，以便做进一步的修改、补充和完善。本书在编写过程中参阅了大量文献资料和许多学者的著作，在此表示衷心的感谢！

本书自 2006 年问世以来，承蒙读者和出版社的厚爱，一再重印、修订。这次在第 3 版出版之际，谨向大家一并致谢！

编　者

目　录

第一章　导　言

为了使初学者对经济学有一个总体的了解，本章主要论述经济学的基石——资源的稀缺性和效率；经济学的研究对象——资源配置和资源利用；经济学的内容——微观经济学和宏观经济学；经济学的方法——实证经济学和规范经济学。同时，也论述了经济学与政府、体制、生产者、消费者之间的各种关系，进而说明学习现代经济学的意义。

本章重点：

- 资源的稀缺性
- 经济效率
- 选择与资源配置
- 资源利用
- 经济学定义
- 生产可能性边界
- 机会成本
- 经济体制
- 微观经济学与宏观经济学
- 实证经济学与规范经济学
- 边际分析法、均衡分析法

第一节　经济学的研究对象

一、经济学的定义

经济学作为一门独立的科学，从诞生至今已有 200 多年的历史。特别是近百年来，经济学越来越为人们所推崇。人们把经济学称为“社会科学的皇后，最古老的艺术，最新颖的科学”。哈佛大学的曼昆教授说的好：“在我当学生的二十年中，最令我兴奋的课程是我在上大学一年级时所选的连续两个学期的经济学原理。我可以毫不夸张地说，这门课改变了我的一生。”

(一)资源的稀缺性和经济效率

那么，经济学到底是怎样的一门学科呢？这得先从资源的稀缺性谈起。

人类社会要生存，要发展，就一刻也离不开生产活动，而生产活动又离不开生产资源，生产资源也就是生产要素。它包括：土地及所有自然资源；劳动及各种人力资源；资本及各种资本品；企业家的才能及多种生产和管理能力。西方经济学家普遍认为：生产资源客观上存在着稀缺性(scarcity)。人类之所以要进行生产活动，是为了满足他们的消费欲望(wants)，如果人们的消费欲望以及由消费欲望所引起的对物品(goods)和劳务(service)的需要(needs)是有限的，而满足需要的手段取之不尽、用之不竭，那么就不会产生稀缺性问题，经济学也不会产生。可是，现实人类社会中，生产资源以及用它们生产的产品总是既定的，而人类的欲望是无限的，由此便产生了稀缺性问题。

经济学把满足人类欲望的物品分为“自由物品”(free goods)和“经济物品”(economic goods)。自由物品是指人类无须通过努力就能自由取用的物品，如阳光、空气等，其数量是无限的。经济物品是指人类必须付出代价方可得到的物品，即生产资源必须借助人类加工而形成的物品，其数量是有限的。近年来，不少经济学家认为：即使是自由物品，也并非是取之不尽、用之不竭的，滥用的结果也会给自由物品的取得带来严重的破坏，如臭氧层的空洞和大气、水质的污染都说明了这一点。总之，任何资源都是有限的。

但是，人的欲望却是无限的。欲望是一种缺乏的感受与求得满足的愿望，是与生俱来的。欲望的基本特点在于无限性，即人们的欲望永远没有完全得到满足的时候，一种欲望满足了，又会产生新的欲望，永无止境。欲望产生于人们的肉体或精神，所以它是多变的、多样的、与时俱进的。美国心理学家亚伯拉罕·马斯洛(Abraham Maslow)在关于欲望或需要层次的解释中，将人的欲望或人的需要分为五个层次：①生理的需要；②安全的需要；③爱的需要；④尊重的需要；⑤自我实现的需要。这五个层次的需要除了第一种是最基本的物质需要外，其余四种都是心理需要，这也充分说明人的欲望和需要是无止境的。

由此可以得出这样的结论：相对于人的无穷无尽的欲望而言，经济物品以及生产这些物品的资源总是不足的，这就是稀缺性。这里所说的稀缺性是指相对的稀缺性，即从相对意义上来谈资源的多寡，它产生于人类欲望的无限性和资源的有限性这对矛盾中。然而，这种稀缺性的存在又是绝对的。因为稀缺性存在于人类历史的各个时期和各种社会。稀缺性是人类社会的永恒主题，只要有人类社会，就会有资源的稀缺性。这就是稀缺性既绝对又相对的理论。正是由于稀缺性的存在，才使经济学的诞生成为必要和可能。

经济学第一个核心思想就是资源的稀缺性，这是建立经济学的第一块基石。经济学第二个核心思想是效率，这是建立经济学的第二块基石。既然物品和资源是稀缺的，那么社会必须有效地加以利用。事实上，正是由于存在稀缺性和人们追求效益的愿望，才使经济学成为一门重要的学科。鉴于人的欲望的无限性，就一项经济活动而言，最重要的事情当然就是最有效地利用有限的资源。这就不得不面对“效率”这个关键性的概念。效率(efficiency)是指最有效地使用社会资源以满足人类的欲望和需要。如果一旦产生那种“无法遏制的垄断”“恶性无度的污染”“没有制衡的政府干预”等，那么生产的经济物品必然会减少或者是适销不对路的，这样的经济必定是低效率的、无效率的，甚至是负效率的。这些问题都是资源未能有效配置所造成的。

经济学的精髓之一在于承认稀缺性是现实存在的，并探究一个社会如何进行组织才能有效地利用资源。这一点，可以说是经济学伟大而独特的贡献。

(二)选择和资源配置

正是由于资源的稀缺性和提高经济效益的必要性，人类社会必须决定如何利用现有的资源去生产经济物品来更有效地满足人类的需要，这就是经济学中所谓的“选择”(choose)。选择要解决如下三个基本经济问题。

1. 生产什么(what)物品和劳务，生产多少

资源的稀缺性决定了人类社会不可能完全满足自身的全部需要。因此，它必须对生产什么物品和劳务以及生产多少做出必要的选择。

2. 如何(how)生产

生产什么、生产多少确定了以后，就存在如何生产的问题。如何生产就是要解决生产方式、生产效率的问题。

3. 为谁(for who)生产这些物品和劳务

为谁生产即分配问题。生产的经济物品怎样在社会成员之间进行分配，根据什么原则、采用什么机制进行分配，分配的数量界限如何把握等。

上述三个基本经济问题在经济学中称为资源配置问题。由此可见，所谓资源配置就是在生产资源稀缺的条件下，人们为了追求经济效率而做出的选择。

(三)资源利用

在现实生活中，一方面资源是稀缺的，必须做出最优的选择，去研究生产资源的合理配置；另一方面，稀缺的资源还可能得不到充分利用。这就给经济学提出了另一个问题：经济学必须进一步研究造成这种状况的原因是什么，用什么方法来改进这种状况，从而使稀缺的经济资源得到充分利用。所谓资源利用，是指如何更好地利用现有的稀缺资源生产出更多的经济物品。

资源利用包含如下三个问题。

(1) 为什么资源得不到充分利用，为什么有时社会生产的资本品和消费品达不到最高水平。这就是我们一般所说的“充分就业”问题。

(2) 在资源既定的情况下，为什么产量有时高有时低。这也就是经济中为什么会有周期性波动。与此相关的是，如何用既定的资源生产出更多的资本品和消费品，即实现经济增长。这就是我们一般所说的“经济波动与经济增长”问题。

(3) 现代社会是一个以货币为交换媒介的商品社会，货币购买力的变动对于稀缺性所引起的各种问题的解决都有很大影响。这样，解决经济问题就必须涉及货币购买力的问题。这就是我们一般所说的“通货膨胀或通货紧缩”问题。

综上所述，经济学是一门研究在一定制度下稀缺资源配置和利用的学科。

二、生产可能性边界

生产可能性边界(生产可能性曲线)是用来表示经济社会在既定资源和技术的条件下所

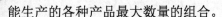

能生产的各种产品最大数量的组合。

为了分析简便起见，假设把整个社会的全部生产资源用来生产两种产品，即 X 产品和 Y 产品。由于社会用于生产的资源是有限的，因而社会可以生产的 X 产品和 Y 产品的数量也是有限的。多生产了 X 产品，也就少生产了 Y 产品；反之，多生产了 Y 产品，也就少生产了 X 产品。如表 1.1 所示，如果社会的全部资源都用于生产 Y 产品，那么 Y 产品最多是 15 个单位；如果社会的全部资源都用于生产 X 产品，那么 X 产品最多是 5 个单位；以此类推。

表 1.1　生产可能性边界举例

可 能 性	X 产品	Y 产品
A	0	15
B	1	14
C	2	12
D	3	9
E	4	5
F	5	0

将表 1.1 所列数据描述在平面坐标图上，可以得到如图 1.1 所示的生产可能性曲线。图中横轴表示生产 X 产品的数量，纵轴表示生产 Y 产品的数量，*A* 点和 *F* 点表示社会只生产 X 产品和 Y 产品的极端情形，其他各点表示社会同时生产 X 产品和 Y 产品的不同组合点。把各点连接起来可以得到一条曲线，这条曲线上的点都表示在生产资源与技术既定的条件下，生产 X 产品和生产 Y 产品这两种产品的最大数量组合。

生产可能性曲线表明：人的需要是无限多样化的，但满足这些需要的资源是相对稀缺的。有限的资源用来多生产某种产品就要少生产其他产品，在此可以有多种组合。究竟该选择 *A*～*F* 曲线上的哪一点，这就有个选择的问题。

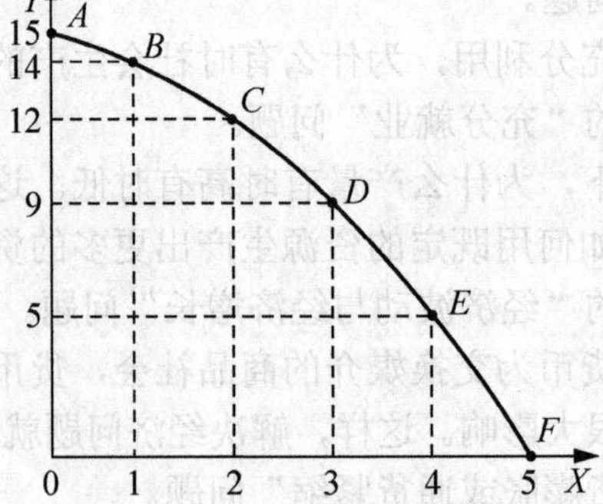

图 1.1　生产可能性曲线

三、资源配置与经济制度

资源配置需要市场，市场(market)是通过调节价格来协调个人消费决策、制造商生产什么和如何生产决策以及工人工作多久和为谁工作决策的过程，是买者和卖者相互作用并共同决定商品和劳务的价格和交易数量的机制。市场使商品与服务的买者和卖者走到一起，有时买卖双方直接见面交易，有时买卖双方是通过计算机网络实现交易的，如证券市场、网上购物等。

市场不仅是资源配置的机制和过程，它更与一个国家、一个社会的经济体制紧密相关。解决生产什么、如何生产以及为谁生产的问题，各个社会有不同的方式，不同社会选取和借助各种不同的经济体制进行组织，而经济学则研究这些可供社会采用的配置稀缺资源的制度和机制。

经济制度是组织和管理经济的一整套具体的制度和形式。从当今世界来看，经济制度大致有三种类型：计划经济、市场经济和混合经济。

(一)计划经济

计划经济也称指令经济(command economy)，是由政府进行资源配置的经济体制。这种经济体制的基本特征是：政府不仅占有绝大部分生产资料(土地和资本)，而且直接拥有绝大多数企业的所有权和经营权；政府成为绝大多数工人的雇主，并指挥他们如何工作；政府还决定社会产出的分配。这种高度集中的经济制度不仅不能实现资源的有效配置，还会造成经济效率的低下和资源的严重浪费。当然，这种计划经济体制在战争时期或其他非常时期能发挥其优势，但在和平发展时期是不可取的。

(二)市场经济

市场经济(market economy)，是由市场这一只“看不见的手”进行资源配置的经济体制。这种经济体制的基本特征是：①个人和企业不仅拥有生产资料的所有权，而且拥有对生产的经营权和决策权；②价格机制在市场经济中发挥着极其重要的作用，它决定了生产什么(利润最高)、如何生产(成本最低)和为谁生产(收入分配)的问题；③这种经济体制必须有一整套完善的市场体系——资本市场、劳动力市场、房地产市场等市场体系相配套；④这种经济体制必须由法律制度来规范。

市场经济的极端情况被称为自由经济，即政府不对经济决策和经济过程施加任何影响，完全由市场自发运作，这种经济不能很好地解决资源的充分利用、社会收入分配的公平、自然环境的保护等一系列问题，其造成的后果必然会带来信息的滞后性和生产的盲目性。世界性的经济危机和个别国家经济发展上的大起大落都充分证明了这一点。

当今世界上没有一个经济体制完全属于上述两种极端的经济体制，相反，所有的社会都是既带有市场经济成分也带有计划经济成分的混合经济。

(三)混合经济

混合经济(mixed economy)是指由政府干预的市场经济。这种经济体制的基本特征如下。

(1) 政府和个人共同拥有各种资源，政府不拥有对企业的经营权和决策权，企业和个人拥有完全的法人地位。

(2) 政府和企业、私人互相影响，共同解决经济问题。

(3) 政府对整个经济运行进行宏观指导，当经济运行出现偏差时，政府将用宏观经济政策，如财政政策、货币政策、产业政策进行强有力的宏观调控。

(4) 各个国家由于政治和历史的原因，计划经济和市场经济的成分在混合经济中的比重各不相同。也就是说，有些国家接近于市场经济，有些国家则更接近于计划经济。

第二节 经济学的研究内容

经济学的研究对象是资源的配置和利用，在这个内容广泛的学科下，必然会产生许许多多的分支学科。如果对这些分支学科进行归并，最粗略地可以划分为研究资源配置的微观经济学和研究资源利用的宏观经济学。

一、微观经济学

(一)什么是微观经济学

微观经济学(microeconomics)是以单个经济单位为研究对象，通过研究单个经济单位的经济行为和相应经济变量的单项数值的决定来说明价格机制如何解决社会资源配置的理论。

在理解微观经济学的定义时，要注意以下几点。

(1) 微观经济学的研究对象是单个经济单位的经济行为。单个经济单位是指组成经济活动的最基本单位：居民户与厂商。居民户又称家庭，是经济活动中的消费者。厂商又称企业，是经济活动中的生产者。微观经济学的研究表明，居民户要实现的是消费中满足程度(效用)的最大化；而厂商要实现的是生产中利润的最大化。因此，居民户与厂商这种单个经济单位的最优化行为奠定了微观经济学的基础。

(2) 微观经济学解决的问题是资源配置。资源配置就是生产什么、如何生产和为谁生产的问题。解决资源配置就是要使资源配置达到最优化。微观经济学从研究单个经济单位的最大化行为入手，来解决社会资源的最优配置问题。因为如果每个经济单位都实现了最大化，那么，整个社会的资源配置也就实现了最优化。

(3) 微观经济学的中心理论是价格理论。在市场经济中，居民户和厂商的行为受价格的支配，生产什么、如何生产和为谁生产都由价格决定。价格像一只看不见的手，调节着整个社会的经济活动，通过价格的调节，社会资源的配置实现了最优化。因此，价格理论是微观经济学的中心，其他内容是围绕这一中心问题展开的。

(4) 微观经济学的研究方法是个量分析。个量分析是研究经济变量的单项数值如何决定。

(二)微观经济学的基本假设

经济学的研究是以一定的假设为前提的，而微观经济学的基本假设有以下三条。

(1) 市场出清。这就是说，通过价格的上下波动，最终会实现供给数量和需求数量的均衡。具体地说，物品价格的调节使商品市场均衡，利率的调节使金融市场均衡，工资的调节使劳动力市场均衡。在这种均衡状态下，资源可以得到充分利用，不存在资源的闲置和浪费。

(2) 完全理性。在微观经济学中，最优化原则起了关键性的作用。正因为每个消费者和生产者的行为都是最优的，所以价格的调节才能使整个社会的资源配置实现最优化。这一最优化的基础就是完全理性的假设。

(3) 完全信息。消费者和生产者只有具备完备而迅速的市场信息才能及时对价格信号做出反应，以实现其行为的最优化。

(三)微观经济学的基本内容

微观经济学的内容相当广泛，主要包括以下几个方面。

(1) 价格理论。这是微观经济学的核心。本理论从研究商品的需求和供给入手，进一步研究价格的形成机制以及价格如何调节整个经济的运行。

(2) 消费者行为理论。本理论从欲望和效用入手，研究消费者效用最大化的实现，即消费者均衡。

(3) 生产者行为理论。本理论从生产要素与生产函数入手，研究生产者如何合理地投入生产要素，即生产要素的最适组合以及规模经济等一系列问题。

(4) 成本理论。本理论从短期成本和长期成本分析入手，研究生产要素投入量与产量之间的关系、成本与收益的关系以及利润最大化的原则等。

(5) 市场理论。本理论也称为厂商均衡理论，它从完全竞争的市场、完全垄断的市场、垄断竞争的市场以及寡头垄断的市场这四种市场类型入手，研究上述市场类型的基本特征、均衡条件以及对这四种市场类型的评价。

(6) 分配理论。本理论从生产要素的需求与供给入手，研究工资、利息、地租、利润的一般性质、形成机制及其在经济中的作用。本理论说明为谁生产的问题。

(7) 市场失灵与微观经济政策。任何经济理论都是为经济政策和决策提供理论依据的，微观经济学也不例外。按照微观经济学的理论，市场机制能使社会资源得到有效配置，但事实上市场机制的作用并不是万能的。这是因为：①市场机制发挥作用的前提是完全竞争，但实际上不同程度的垄断依然存在，这样市场机制往往不能正常发挥作用；②市场机制对经济的调节是自发的，有其盲目性；③市场机制不能解决市场失灵的问题。例如，个体经济单位对社会经济造成的负面效应，公共物品的提供，信息不对称，外部性，环境，垄断等一系列问题。

微观经济学涉及的内容极其广泛，本书只简单介绍以上这些最基本的内容。

二、宏观经济学

宏观经济学(macroeconomics)是以整个国民经济为研究对象，通过研究经济中各有关总量的决定及其变化，来说明资源如何才能得到充分利用的理论。

在理解宏观经济学的定义时，应注意以下几点。

(1) 宏观经济学研究的对象是整个国民经济。它所研究的不是经济中的个体，而是由这些个体所组成的整体——整个经济的运行方式和规律。

(2) 宏观经济解决的问题是资源利用。宏观经济学把资源配置作为既定的，研究现有资源未能得到充分利用的原因、达到充分利用的途径以及如何增长等问题。

(3) 宏观经济学的中心理论是国民收入决定理论。宏观经济学把国民收入作为最基本的总量，以国民收入的决定为中心来研究资源利用问题，分析整个国民经济的运行。国民收入决定理论被称为经济学的核心，宏观经济政策是这种理论的运用。

(4) 宏观经济学的研究方法是总量分析。总量是指能反映整个经济运行情况的经济变量。这种总量有两类：一类是个量的总和，另一类是平均量。总量分析就是分析这些总量的决定、变动及其相互关系，并通过这些分析说明经济的运行情况，从而决定经济政策。因此，宏观经济学也被称为“总量经济学”。

(一)宏观经济学的基本假设

宏观经济学基于以下两个基本假设。

(1) 市场机制是不完善的。自从市场经济产生以来，市场经济国家一直在繁荣与萧条的交替中发展，一个国家、一个地区乃至整个世界爆发的经济危机已经成为市场经济的必然产物。经济学家认识到，如果只靠市场机制自发调节经济是无法克服危机、失业、滞胀等一系列问题的。这是建立宏观经济学理论的必要性。

(2) 政府有能力对经济实施宏观调控，纠正市场经济运作中出现的偏差。政府可以通过行政、经济、法律等手段进行宏观调控，还可以通过财政、货币、产业等政策进行经济干预。这是建立宏观经济学理论的可能性。

(二)宏观经济学的基本内容

宏观经济学的内容相当广泛，主要包括以下几个方面。

(1) 国民收入决定理论。国民收入是衡量一国经济资源利用情况和整个国民经济状况的基本指标。国民收入决定理论就是要从总需求和总供给的角度出发，分析国民收入决定及其变动的规律。这是宏观经济学的核心理论。

(2) 失业与通货膨胀理论。失业和通货膨胀是当今世界各国经济中最为突出的问题，没有一个国家不为此感到头痛。宏观经济学把失业与通货膨胀这两个棘手的问题同国民收入联系起来，分析其产生的原因以及两者之间的关系，以便找出解决这两个问题的有效途径。

(3) 经济周期与经济增长理论。经济周期是指国民收入的短期或中长期波动；经济增长是指国民收入的增长趋势。这一理论主要分析国民收入波动的原因以及增长的源泉问题，以期实现经济的可持续发展。

(4) 开放经济理论。当今的世界是一个开放的世界，一国经济的变动会影响到别国，同时，也会受到别国经济变动的影响。开放经济理论主要分析国际贸易、国际收支、汇率等基本问题以及开放经济条件下一国宏观经济的运行与调节。

(5) 宏观经济政策。宏观经济政策以宏观经济为依据，主要为国家干预经济服务。宏观经济政策包括：政策目标，即通过宏观经济政策的调节要达到什么目的；政策工具，即用什么办法和手段达到这些目的；政策效应，即宏观经济政策的实施起到什么效果和作用。

三、微观经济学与宏观经济学的联系

微观经济学和宏观经济学互为前提、相互补充。微观经济学和宏观经济学都是现代经济学的分支，同时，它们各自也是一门独立的学科。微观经济学以经济资源的最佳配置为目标，采取个量分析方法，而假定资源利用已经解决；宏观经济学以经济资源的有效利用为目标，采用总量分析方法，而假定资源配置已经解决。正是由于分析角度的不同，因此有些问题从微观看可行或有效，但从宏观看却是不可行或无效的；反之，也如此。

微观经济学和宏观经济学是互相渗透的，也就是说“你中有我，我中有你”。例如，所有的经济总量均是由经济个量加总而成的，孤立地考察只会“只见树木，不见森林”。再说，同一个经济现象，从这个角度看是宏观经济问题，从另一个角度看就是微观经济问题，全面考察才不至于偏颇。因此，近几年来，当代经济学出现了微观经济学宏观化、宏观经济学微观化的趋势。

第三节 经济学的研究方法

每门学科都有自己的研究方法，经济学也不例外。经济学涉及的研究方法很多，这里只介绍一些基本的方法。

一、实证分析和规范分析

实证分析只考察是什么(what is)，即经济状况如何，为何会如此，其发展趋势如何，至于这种经济现象好不好，该不该如此，则不作评价。这种经济学被称为实证经济学，这种分析方法被称为实证分析方法。有些经济学家将实证分析方法定义为“目的在于了解经济是如何运行的分析”，把实证经济学定义为“有关经济运行规律的客观、科学的解释”。

规范分析是对经济现象及变化做出好不好的评价，或该不该如此的判断。这种经济学被称为规范经济学，这种分析方法被称为规范分析方法。有些经济学家将规范分析方法定义为“对于政策行动的福利后果的分析”，并“提供基于个人价值判断的建议”。

实证分析要求一个理论或假设涉及有关变量之间的因果关系，不仅要能够反映或解释已经观察到的事实，而且还要能够对有关现象的发展趋势做出正确的预测，并予以检验。因此，实证经济学具有客观性，即实证命题有正确与错误之分，其检验标准是客观事实，检验结果与客观事实相符，说明这一理论是正确的；如不相符，则说明是错误的。

规范分析是以一定的价值判断作为出发点，提出行为的标准，并研究如何才能符合这些标准。它力求回答“应该是什么”的问题，涉及的是非善恶、应该与否、合理与否的问题。由于人们的立场、观点和伦理道德标准不同，对于同一个经济事物，就会有截然不同的看法。例如，同样对利润这一经济现象，马克思主义经济学认为，利润是剩余价值的转化形式，它掩盖了资本家对雇佣工人的剥削关系；西方经济学则认为，利润是“企业家才能”这一生产要素的价格。

由此可以看到：实证分析只研究经济运行而不作价值判断；规范分析对经济运行作价值判断。价值判断是指对经济事物社会价值的判断，即对某一经济事物是好还是坏作判断。价值判断大到判断一种社会经济制度的好坏，小到判断某一经济现象的好坏。所谓好坏，也就是对社会有积极意义还是消极意义。目前，经济学家认为经济学是一门实证科学，但也有些经济学家认为经济学既像自然科学一样是一门实证科学，又像一般社会科学一样是一门规范科学。

实际上，无论是实证经济学还是规范经济学，都与经济目标相关。经济目标是分层次的，目标的层次越低，与经济运行联系越密切，因而研究越具有实证性；目标层次越高，越需要对经济运行进行评价，研究越具有规范性。因此，两者相互补充，功效各异。近年来，宏观经济学的规范分析有所加强正是证明了这一点。

二、个量分析与总量分析

微观经济学与宏观经济学在研究对象上以资源配置和资源利用相区别，在方法上以个量分析和总量分析相区别。

如前所述，微观经济学以个体的经济活动为对象，它要分析单个厂商如何在生产和经营中获得最大利润，单个居民户如何在消费中得到最大的满足。与此相应，在数量分析上，它还要研究单个商品的效用、供求量、价格等如何决定；单个企业的各种生产要素的投入量、产出量、成本、收益和利润等如何决定以及这些个量之间的相互关系。宏观经济学以总体经济活动为对象，它描绘的是社会经济活动的总蓝图，分析影响就业与经济增长的总量因素及其相互关系。在数量分析上，它要研究社会总供求、均衡的国民收入、总就业量、物价水平、经济增长率等如何决定，总消费、总储蓄、总投资、货币供求量、利息率、汇率如何决定以及它们的相互依存关系。

微观经济学和宏观经济学在进行数量分析时，把经济变量区分为内生变量和外生变量。内生变量是指由经济模型内部结构决定的变量；外生变量是指由外部因素(如政治、自然等)决定的变量。例如，假定人们消费支出水平和他们可支配的收入呈正相关，那么，人们收入增加，消费支出也增加，则收入在此就是内生变量。假定人们收入未变，但出于政治局势不稳定的考虑，于是打算节省些钱以防万一，这就会使消费支出水平下降；反之，人们担心货币贬值，于是抢购成风，使消费支出急剧上升。这种引起消费下降或上升的因素，就是外生变量。

宏观经济学在进行总量分析时还将相关的经济变量区分为存量和流量。存量是一定时点上存在的变量的数值；流量是一定时期内发生的变量变动的数值。存量与流量之间有着密切的关系。流量来自存量，流量又归于存量之中。例如，人口总数是个存量，它表示某一时点的人口数，而人口出生数则是个流量，它表示某一个时期内新出生的人口数；国民财富是个存量，它表示某一时点的国民财富的总值，而国民收入则是个流量，它表示某一时期内所创造的国民收入。流量分析是指对一定时间内有关经济总量的产出、投入(或收入、支出)的变动及其对其他总量的影响进行分析。存量分析是指对一定时点上已有的经济总量的数值对其他有关经济变量的影响进行分析。

三、边际分析

个量分析和总量分析，作为一种数量分析的具体形式都广泛地采用边际(增量)分析方法。所谓边际(增量)分析，是指分析自变量每增加一单位或增加最后一单位的量值会如何影响和决定因变量的量值。例如，微观经济学中的边际效用、边际收益、边际成本、边际生产力，宏观经济学中的边际消费倾向、边际储蓄倾向、资本边际效率等，都属于边际(增量)分析之列。现代经济学的产生与发展，是与边际分析法的广泛应用分不开的。

边际的原意是边界、增量。在经济分析中，边际是指经济变量的每一次增加或减少。进行边际分析就是分析自变量的某一微小变动对因变量产生的影响或变动。设某一经济函数为 $y=f(x)$，当 x 变动为 $x+\Delta x$ 时，y 变为 $y+\Delta y$，Δx 和 Δy 便是 x 和 y 的增量。边际分析方法使高等数学和经济学紧密结合起来，并出现若干分支学科，如数理经济学等。

四、均衡分析

“均衡”是从物理学中引入的概念。在物理学中，均衡是表示同一物体同时受到几个方向不同的外力作用而合力为零时，该物体所处静止或匀速运动状态。英国经济学家马歇尔将这一概念引入经济学中，主要是指经济中各种对立的、变动的力量处于一种力量相当、相对静止、不再变动的境界。

均衡可以分为局部均衡与一般均衡。局部均衡是假定在其他条件不变的情况下来分析某一时间、某一市场的某种商品(或生产要素)的供给与需求达到均衡时的价格决定。例如，马歇尔的均衡价格论，就是假定某一商品或生产要素的价格只取决于该商品或生产要素本身的供求状况，而不受其他商品价格和供求等因素的影响。这就是典型的局部均衡分析。

一般均衡分析在分析某种商品价格决定时，是在各种商品和生产要素的供给、需求、价格相互影响的条件下，来分析所有商品和生产要素的供给和需求同时达到均衡时所有商品价格如何被决定。因此，一般均衡分析将整个经济体系视为一个整体，从市场上所有商品的价格、供给和需求是互相影响、互相依存的前提出发，考察多种商品的价格、供给和需求同时达到均衡状态下的价格决定。一般均衡分析方法是法国经济学家瓦尔拉斯首创的，它是关于整个经济体系的价格与产量结构的一种研究方法，是一种比较周到和全面的分析方法。

经济学的研究方法还有许多，这里不再一一列举。

本 章 小 结

(1) 相对于人的无穷欲望而言，经济物品以及生产这些物品的资源总是不足的，这就是资源的稀缺性。

(2) 如何最有效地利用社会资源以满足人类的欲望和需要，这就是经济效率。

(3) 稀缺性理论和效率理论是经济学的两大基石。

(4) 经济学是一门研究在一定制度下稀缺资源配置和利用的学科。

(5) 经济学分为微观经济学和宏观经济学。微观经济学的研究对象是单个经济单位，中心理论是价格理论，解决的问题是资源配置；宏观经济学研究的对象是整个国民经济，中心理论是国民收入决定理论，解决的问题是资源利用。微观经济学和宏观经济学是互为前提、相互补充、相互渗透的。

(6) 经济学的研究方法主要是实证分析法。

复习思考题

1. 什么是资源的稀缺性？为什么说资源的稀缺性既是相对的，又是绝对的？
2. 什么是经济学所谓的“选择”？它要解决哪些基本问题？
3. 什么是资源利用？它包含哪些基本问题？
4. 经济学与社会经济制度有什么关系？
5. 什么是经济学？什么是微观经济学和宏观经济学？它们之间的关系如何？
6. 什么是实证分析方法和规范分析方法？它们各自有什么特点？
7. 从政府、企业和个人三个层面来说明学习经济学的意义。

第二章　价格理论

在生活中，经常会发现这样的现象：当某种商品的价格下跌后，购买这种商品的消费者数量会增加。但有时候某种商品价格变动后，消费量的变动并不大，而企业也会采取相应的降价措施以获取更大的销量，尤其节假日更是商家激烈竞争的时机。

那么，商品的价格和销售量之间有什么关系？有哪些因素会影响价格？这些都是生活中经常出现的问题。在生活中有大量的买者和卖者，他们构成了整个市场，也决定了某件商品的最终价格和数量。本章将从需求和供给入手，来看看价格和数量的关系、影响它们的因素以及相关政策的运用。

本章重点：

- 需求、供给的基本含义
- 影响需求和供给的因素
- 均衡的产生和变动
- 供求定理
- 弹性和收入的关系

第一节　需求理论

一、需求和需求量

(一)需求

经济学的需求(demand)是指在不同的价格水平下，消费者愿意并且能够购买的商品或劳务的数量，它反映了某一商品的不同价格和对应的需求量之间的关系。例如，当每千克橘子 3 元时，小王只买了 1 千克橘子；而当橘子的价格下降到 2 元时，小王买了 3 千克。可以看出，作为一名理性的消费者，小王在不同的价格水平下所买橘子的数量是不一样的。

此外，对某一商品的需求还包含了两方面的内容：一是消费者消费的愿望，这是主观上的需要；二是消费者消费的能力，这是来自客观的需要。例如，有人喜欢高档音响，但是由于收入不高无法构成对这种音响的需求；有人虽然能够买得起高档音响，但是却不喜欢，同样也无法构成真正的需求。因而，需求由消费者的意愿和消费能力共同构成，缺一不可。

(二)需求量

需求量与需求不同，它是指消费者按照某一特定的价格愿意并且能够消费的数量。例如，当每千克橘子的价格是 2 元时，小王买了 3 千克，这“3 千克”便是价格所对应的需求量。

二、需求曲线

(一)需求表

需求所反映的是某一商品的不同价格和对应的需求量之间的关系。在一般条件下，在特定的时间内，消费者对某一商品的需求量同这种商品的价格之间存在一一对应关系。例如，当水果的价格为每千克 1 元时，消费者的购买量是 8 千克；价格为每千克 2 元时，消费者的购买量是 6 千克；以此类推，当每千克的价格为 4 元时，消费量为 2 千克。这些关系可用表 2.1 的需求表来表示。

表 2.1　价格和需求量的关系

购买情况	价格/(元/千克)	需求量/千克
1	1	8
2	2	6
3	3	4
4	4	2

表 2.1 清晰地反映出水果的价格和需求量之间的关系，在不同的价格水平下，消费者购买的量也不一样。通过这个需求表，我们可以很容易地画出相对应的需求曲线，如图 2.1 所示。

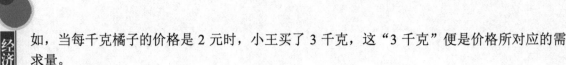

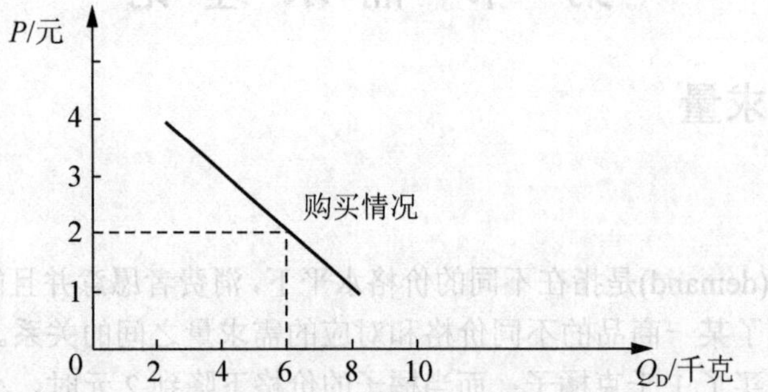

图 2.1　线性的需求曲线

经济学习惯以价格(price)为纵坐标，以需求量(quantity of demand)为横坐标。这样，我们把需求表中的四种购买情况在所画的图中分别标出，然后把四个点连接起来，就可以得到需求曲线。从这条需求曲线中可以看出：它明确地反映了所给出的商品的价格和需求量之间变化的趋势，它是线性的，曲线上每点的斜率相同。

(二)需求曲线的含义

我们以需求表为基础画出了呈线性的需求曲线。但是，当某些商品的价格和需求量存在非线性关系时，需求曲线便会有所变化，如图 2.2 所示。

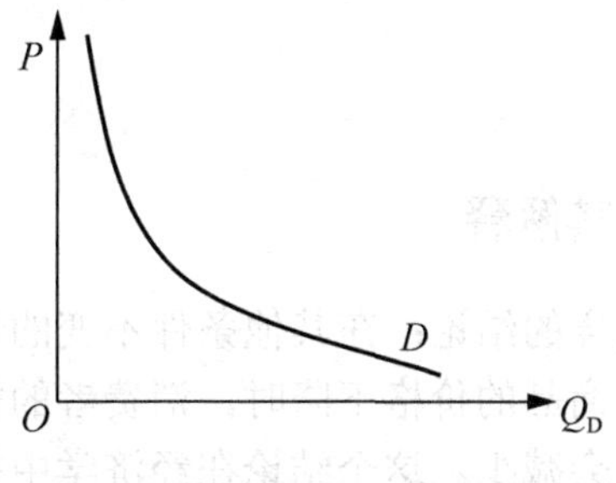

图 2.2　非线性的需求曲线

图 2.2 中的纵坐标表示某个商品的单位价格 P，横坐标表示该商品的需求量 Q_D，D 表示该商品的需求曲线，反映了在不同价格水平下所对应的不同数量的商品。从图 2.2 中可以看出以下两点。

(1) 这条曲线由左上方向右下方倾斜，曲线上的不同点斜率不同。

(2) 商品的价格越高，需求量越低；商品的价格越低，需求量越高，双方呈反方向变化。这是由曲线本身的形状和负的斜率决定的。

(三)个人需求和市场需求

整个市场的需求并不是自己形成的，而是由许许多多消费者共同构成的。假定在某个品牌瓶装矿泉水的市场上只有两个消费者张三和李四，那么把张三和李四的个人需求量加总后便构成了整个市场的需求量，即市场需求是个人需求的总和，如表 2.2 所示。

表 2.2　个人需求和市场需求　　单位：瓶

市场价格/(元/瓶)	个人需求(张三的需求量)	个人需求(李四的需求量)	市场需求
6	1	2	3
4	2	4	6
2	4	6	10

根据上面的需求表，可以画出相应的需求曲线，如图 2.3 所示。

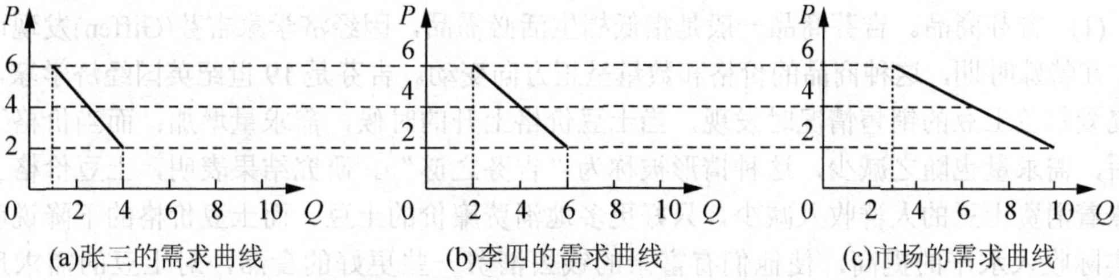

图 2.3　个人的需求曲线和市场的需求曲线

从图 2.3 中可以看出，市场的需求曲线是由这个市场的构成者张三的需求曲线和李四的需求曲线共同组成的。当市场价格为 2 元时，张三的需求量是 4 瓶，而李四的需求量是 6 瓶，因而整个市场的需求量是 10(4+6)瓶；在图形上，我们通过张三和李四的个人的需求曲线绘出了市场的需求曲线，发现市场需求是离不开个人需求的，二者有着紧密的联系。

三、需求定理

(一)需求定理的内容及其解释

从上面的分析可以得到这样的结论：在其他条件不变的情况下，某种商品的价格和需求量按反方向变化，即当这种商品的价格下降时，消费者的需求量会增加；当这种商品的价格上升时，消费者的购买量会减少。这个结论在经济学中被称为需求定理。在我们的生活中，这样的例子比比皆是，消费者对于价格的变动是非常敏感的。

那么，为什么商品的需求量与其价格之间存在着这种反方向的关系呢？需求定理所说明的需求量与价格反方向变动可以用替代效应和收入效应来解释。

所谓替代效应，是指用途可以互相替换的商品，一种商品价格的下降，会导致购买另一种商品数量的减少，而把这部分钱转用于价格下降了的商品。例如，茶与咖啡是可以互相替换的商品，假设茶的价格下降，而咖啡的价格没有变化，则人们在一定限度内会少买点咖啡，把原来购买咖啡的钱用于购买茶，从而引起对茶的需求量的增加；同样，假如咖啡的价格不变，而茶的价格提高，人们会用咖啡代替茶，从而引起对茶的需求量的减少。

所谓收入效应，是指一种商品价格的下降(或提高)引起了消费者实际收入的提高(或下降)，从而导致需求量的增加(或减少)。假设日立牌电视机的价格下降，其他商品的价格没有发生变化，这意味着同量的货币收入在不减少其他商品消费量的情况下，可以买进更多的日立产品；相反，则减少对日立产品的购买，而去购买价格更低的电视机。

替代效应强调了一种商品价格变动对其他商品相对价格水平的影响，收入效应强调了一种商品价格变动对实际收入水平的影响。需求定理所表明的商品价格与需求量反方向变动的关系正是这两种效应共同作用的结果。

(二)需求定理的例外情况

需求定理并不是一成不变的，在某些特定和特殊的情况下，它会有一些变动。

1. 需求量和价格呈现同方向变化

(1) 吉芬商品。吉芬商品一般是指低档生活必需品，因经济学家吉芬(Giffen)发现而得名。在特殊时期，这种商品的价格和数量呈正方向变动。吉芬是19世纪英国经济学家，在研究爱尔兰土豆的销售情况时发现，当土豆价格上升的时候，需求量增加；而当价格下降以后，需求量也随之减少，这种情形被称为“吉芬之谜”。研究结果表明，土豆价格上升意味着消费土豆的人群收入减少，只好更多地消费廉价的土豆。而土豆价格的下降说明人们实际收入水平的提高，使他们有富余的钱去消费一些更好的食品，对土豆的需求反而减少了。

(2) 炫耀性商品。对于一些人来说，高价意味着身份和地位的象征，像高档的珠宝、手表、汽车等，如果它们的价格下降，高档商品的消费者便会减少他们的购买量。具有这种炫耀性消费特征的商品被称为“炫耀性商品”，它是著名经济学家凡勃仑(Veblen)提出的。

2. 需求量和价格呈现不规则变化

这种变化多表现在一些投机品上，如邮票、股票等，由于这些物品的价格涨跌情况不规则，因而它们的需求量也会根据市场行情而呈现出不规则的变化。

中国有句俗话："买涨不买跌"，意思是消费者受外部环境的影响，在某种商品的价格逐步上涨的时候反而增加了对这种商品的需要量。

当中国一些发达城市的房价一直处于上扬状态时，消费者因为担心价格继续上涨而不断地买入；而在房价下跌后消费者却止步不前，不停地观望，希望能够以更低的价格购入。

四、影响需求的因素

由于需求反映的是需求量和价格的关系，因而价格是影响需求最重要的因素。但是除了价格以外，还有一些因素也同样影响着需求。

(一)商品自身的价格

一般来说，某种商品的价格越高，该商品需求量会越小；相反，某种商品的价格越低，这种商品的需求量就会越大。

(二)其他商品的价格

某种商品的需求除了受本身价格影响以外，还要受其他商品价格的影响，这就是互补性商品(即互补品)和替代性商品(即替代品)。

(1) 互补性商品。它是指一起消费才具有某种功能的商品，如汽车和汽油、镜框和镜片、手机和电池等。在其他条件不变的前提下，当一种商品的价格下降时，对另一种商品的需求量呈上升趋势，二者是反方向变化的关系。当汽车的价格上涨时，人们对汽车的需求量减少，从而导致汽油的消费量减少，所以这两种商品表现出反方向变化的关系。

(2) 替代性商品。它是指具有相似功能并且能够相互替代使用的商品，如茶和咖啡、面包和蛋糕等。在其他条件不变的前提下，当一种商品的价格下降时，对另一种商品的需求量呈下降趋势，二者是同方向变化的关系。假定对某人而言，茶和咖啡的效用相同，当茶的价格上升后，理性的消费者会增加咖啡的购买数量。

(三)消费者的收入水平

一般而言，在其他条件不变的情况下，人们的收入越高，需求越会增加，因此从市场需求来看，一个市场上消费者的人数和国民收入分配的情况，显然是影响需求的重要因素。

(四)消费者的预期

消费者的预期包括对商品价格的预期和对未来收入的预期。当人们认为某一商品的价格将要下跌时，他们会将消费推迟，在现阶段减少对该商品的购买；而当人们觉得他们的收入将要上升时，他们出于理性的考虑会增加对所喜爱物品的购买。

(五)消费者的偏好

所谓嗜好或偏好，在一定程度上产生于人类的基本需要，如人们需要粮食充饥、衣服御寒等。经济学论及的嗜好及其变化，更多地涉及人们生活于其中的社会环境，因而主要取决于当时当地的社会风俗习惯。例如，西方人喜欢吃奶酪，所以欧美国家对奶酪的需求量就比较大；在我国，北方人对面粉的需求量要比南方人的需求量大。

(六)人口数量和结构

当人口增加时，市场需求会发生变化。当婴儿和老人的比重增大时，对儿童和老人商品的需求量也随之增加。

(七)政府的有关政策

政府的有关政策是指政府影响市场和消费者行为的微观或宏观的经济政策。例如，当政府不断降低存款利率后，人们慢慢地改变了储蓄习惯，增加了对商品的需求。

此外，气候、社会时尚等其他因素也会对需求产生影响。

由于这些因素的变动影响需求量的变动，因此可以把需求量看作这些因素的函数，即需求函数，$D_Q=f(a,b,c,d,e,f,g,h,\cdots,n)$，这里的 a、b、c、d、e、f、g、h 分别是指价格、其他商品的价格、消费者的收入水平、消费者的预期、消费者的偏好、人口结构和政府的有关政策等因素，其中价格是最重要的因素。

假定其他因素的影响非常小，我们用 P 代替上面函数中的 a，则函数变为 $D_Q=f(P)$，意味着自变量 P(价格)引起因变量 D_Q(需求量)的变动。

五、需求的变化和需求量的变化

我们已经知道需求和需求量是两个不同的概念，前一个是动态的变化，后一个是静态的联系，它们变化的原因和各自图形的变化也各不相同。

需求的变化是指在其他条件变化的情况下，非价格的其他因素的变化使得在相同价格水平上需求量有所不同，它导致需求曲线平行向左或向右移动，如图 2.4(a)所示；而其他条件不变，由于价格因素的变化则导致了需求曲线上的点沿着曲线上下移动，这是需求量的变化，如图 2.4(b)所示。

图 2.4 分别表示了需求的变化和需求量的变化。在图 2.4(a)中有两条需求曲线 D_1 和 D_2，当某一商品的价格为 P_1 时，消费者的需求量为 Q_1；而当其他因素发生变化后，需求曲线从 D_1 的位置平行向右移动到 D_2 的位置，需求量从 Q_1 增加到 Q_2，此时的价格不变，仍为 P_1。这一变化是由非价格的其他因素的变动引起的，这就是需求的变化。

在图 2.4(b)中的需求曲线上有 A、B 两点，按照需求定理，当价格为 P_1 时，消费者的需求量为 Q_1；而当价格由 P_1 下降到 P_2 后，需求量从 Q_1 增加到 Q_2，在图形上表现为需求曲线上从 A 点到 B 点的移动。需求量增加这一变化是由商品本身的价格变动引起的，这就是需求量的变化。

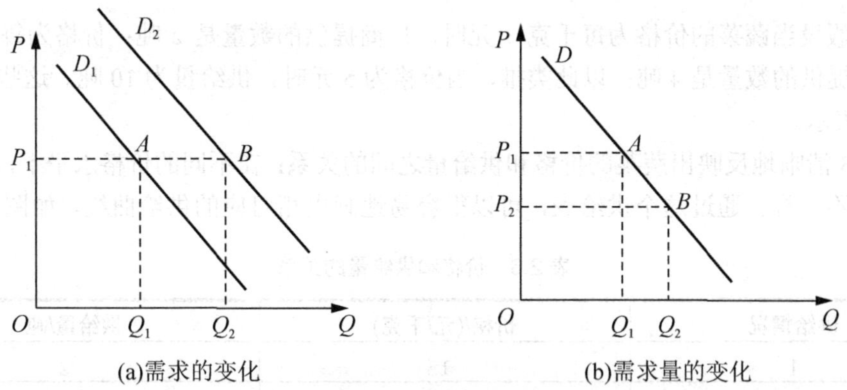

图 2.4 需求和需求量图形的变化

第二节 供给理论

市场由买卖双方构成，消费者从自身的需求出发选择适合的商品，而生产者(厂商)从利润最大化的角度提供产品，满足消费者的需要。

一、供给和供给量

(一)供给

经济学的供给(supply)是指在不同的价格水平下，厂商愿意并且能够提供的商品或服务的数量，它反映了某一商品的不同价格和对应的供给量之间的关系。例如，当蔬菜每千克 4 元时，厂商只愿意提供 1 000 千克；而当蔬菜的价格上升到每千克 8 元时，厂商提供了 3 000 千克。可以看出，在其他情况不变的条件下，厂商的选择也同样出于理性的考虑，在不同的价格下向市场提供不一样的数量。

除此以外，对某一商品的供给还包含了以下两方面的内容：一是厂商的意愿；二是厂商的能力。因而，厂商的意愿和生产能力共同构成了有效供给。

(二)供给量

供给量与供给不同，它是指生产者按照某一特定的价格愿意并且能够提供的数量。例如，当蔬菜每千克 4 元时，厂商提供了 1 000 千克的数量。

二、供给曲线

(一)供给表

供给所反映的是某一商品的不同价格和对应的供给量之间的关系。在一般条件下，在特定的时间内，生产者对某一商品的供给量同这种商品的价格之间存在一一对应关系。举例来说，假设当蔬菜的价格为每千克 1 元时，厂商提供的数量是 2 吨；价格为每千克 2 元时，厂商提供的数量是 4 吨；以此类推，当价格为 5 元时，供给量为 10 吨。这些关系可用表 2.3 来表示。

表 2.3 清晰地反映出蔬菜的价格和供给量之间的关系：在不同的价格水平下，厂商提供的数量也不一样。通过这个供给表，可以很容易地画出相对应的供给曲线，如图 2.5 所示。

表 2.3 价格和供给量的关系

供给情况	价格/(元/千克)	供给量/吨
1	1	2
2	2	4
3	3	6
4	4	8
5	5	10

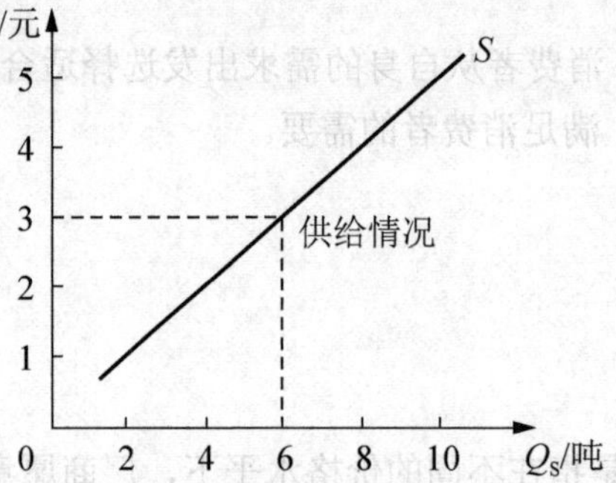

图 2.5 线性的供给曲线

按经济学的习惯，以价格(price)为纵坐标，以供给量(quantity of supply)为横坐标，把供给表中的五种购买情况在所画的图中分别标出，然后把五个点连接起来便可以得到供给曲线 S。从这条供给曲线中可以看出：它明确地反映了所给出的商品价格和供给量之间的变化趋势，它是线性的，曲线上每点的斜率相同。

(二)供给曲线的含义

我们以供给表为基础画出了呈线性的供给曲线，但是当某些商品的价格和供给量存在非线性关系时，供给曲线便会有所变化，如图 2.6 所示。

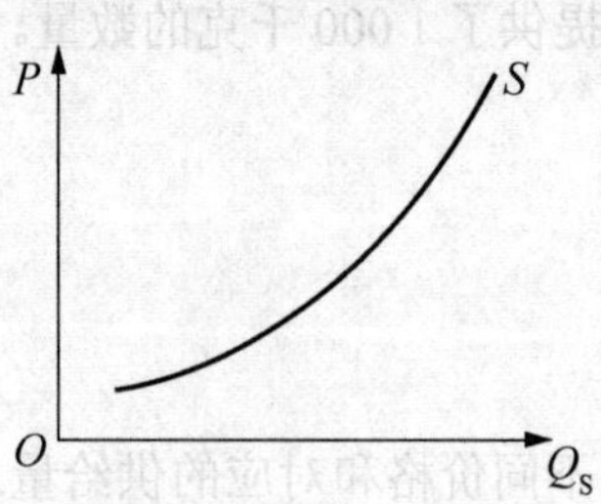

图 2.6 非线性的供给曲线

图 2.6 中的纵坐标表示某个商品的单位价格 P，横坐标表示该商品的供给量 Q_S，S 表示该商品的供给曲线，反映了在不同价格水平下所对应的不同数量的商品。从图 2.6 中可以看出以下两点。

(1) 这条曲线由左下方向右上方倾斜，曲线上不同的点斜率不同。

(2) 商品价格越高，供给量越高；商品价格越低，供给量越低，双方呈正方向变化。

三、供给定理

(一)供给定理的内容

从上面的分析可以得到这样的结论：在其他条件不变的情况下，某种商品的价格和供给量按正方向变化，即当这种商品的价格下降时，厂商的供给量会减少；当这种商品的价格上升时，厂商的供给量会增加。这就是供给定理。

(二)供给定理的例外情况

供给定理并不是一成不变的，在某些特定和特殊的情况下，它会有一些变动。

(1) 供给量和价格呈现反方向变化。例如，当一些劳动者的收入达到一定水平后，他们会主动放弃劳动时间，即使提高劳动报酬，他们也不会因此而延长工作时间，因为这些劳动者认为在他们的生活中还有比劳动报酬更为重要的事情，如为自己的知识结构充电或者休闲娱乐等。

(2) 供给量和价格呈现不规则变化。这种变化多表现在一些投机品上，如邮票、股票等，由于这些物品的价格涨跌情况不规则，因而它们的供给量也呈不规则的变化。

四、影响供给的因素

供给反映的是供给量和价格的关系，与需求的情况一样，价格也是影响供给最重要的因素。

(一)商品自身的价格

一般来说，某种商品的价格越高，生产者提供的产品数量越多；相反，某种商品的价格越低，生产者提供的产品数量就越少。

(二)其他商品的价格

某件商品的供给除了受本身价格影响以外，还要受其他商品价格的影响，如互补性商品(即互补品)和替代性商品(即替代品)。例如，小麦价格不变而棉花价格提高，生产者将缩减小麦种植面积，而多种植棉花。这表示棉花价格的提高会引起小麦供给的减少。

(1) 互补性商品：在其他条件不变的前提下，当一种商品的价格下降时，另一种商品的供给量呈下降趋势，二者是同方向变化的关系。

(2) 替代性商品：在其他条件不变的前提下，当一种商品的价格不变而可替代的另一种商品的价格下降时，价格不变的商品的供给量呈上升趋势，而价格下降的商品的供给量呈下降趋势，二者是反方向变化的关系。

(三)生产技术及生产要素的价格

由于技术进步或者任何原因引起的生产要素价格下降，会使得企业的单位产品成本下降，增加企业的利润。在这种情况下，生产者会提供更多的供给量。

(四)生产者的预期

生产者的预期是指对商品价格的预期。当生产者认为某一商品的价格将要下跌时，他们会将生产推迟，在现阶段减少对该商品的生产。如果厂商对未来的经济持乐观态度，则会增加供给；如果厂商对未来的经济持悲观态度，则会减少供给。

(五)政府的有关政策

政府的有关政策是指政府影响市场和生产者行为的微观或宏观的经济政策。例如，当政府为了刺激经济的发展而不断降低某个行业的税率后，生产者的生产积极性会因此而被调动起来，从而增加对这类商品的供给。

此外，还有一些其他因素也会对供给产生影响。例如，供给的变动与时间因素密切相关。一般来说，在价格变动之后的极短期内，供给只能通过调整库存来做出反应，变动不会很大。在短期内可以通过变更原料、劳动力等生产要素来调节供给，变动会较大。但只有在长期中才能变更厂房、设备等生产要素，使供给适应价格而充分变动。

如果把影响供给的各种因素作为自变量，把供给作为因变量，则可以用函数关系来表示影响供给量因素与供给之间的依存关系，这种函数称为供给函数，即 $S_Q=f(a,b,c,d,e,\cdots,n)$，这里的 a、b、c、d、e 分别是指商品的价格、其他商品的价格、生产技术、生产者的预期和政府的有关政策等因素。而其中价格是最重要的。假定其他因素的影响非常小，我们用 P 代替 a，则函数变为 $S_Q=f(P)$，意味着自变量 P(价格)引起因变量 S_Q(供给量)的变动。

五、供给的变化和供给量的变化

从前面的内容，我们了解到供给和供给量是两个不同的概念，它们变化的原因和各自图形的变化也不一样。

供给的变化是指在其他条件变化的情况下，非价格的其他因素的变化使得在相同价格水平上供给量有所不同，它导致供给曲线平行向左或向右移动，如图 2.7(a)所示。其他条件不变，由于价格因素的变化则导致了供给曲线上的点沿着曲线上下移动，这是供给量的变化，如图 2.7(b)所示。

图 2.7 分别表示了供给的变化和供给量的变化。

而在图 2.7(b)中的供给量曲线上有 A、B 两点，按照供给定理，当价格为 P_1 时，生产者的供给量为 Q_1；而当价格由 P_1 下降到 P_2 后，供给量从 Q_1 减少到 Q_2，在图形上表现为供给量曲线上从 A 点到 B 点的移动。供给量增加这一变化是由商品本身的价格变动引起的。在

图 2.7(a)中，有两条供给曲线 S_1 和 S_2，当某一商品的价格为 P 时，生产者的供给量为 Q_1；而当其他因素发生变化后，供给曲线从 S_1 的位置平行向右移动到 S_2 的位置，供给量从 Q_1 增加到 Q_2，此时的价格不变，仍为 P。这一变化是由非价格的其他因素的变动引起的，这就是供给的变化。例如，政府为了鼓励厂商生产某一商品，每单位给予一定额度的补贴，该商品的价格没有变化，但是生产者出于理性的考虑，将会增加提供的数量。

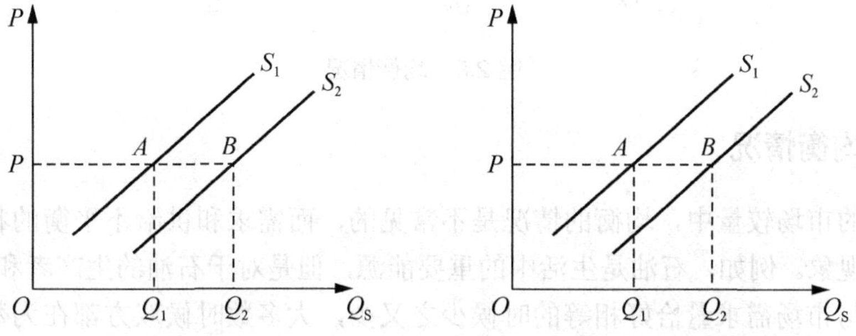

(a) 供给的变化　　(b) 供给量的变量

图 2.7 供给和供给量图形的变化

第三节 均 衡 理 论

前面已经分别介绍了需求和供给，但是在实际的市场活动中，这两方面是相互依存的，它们共同决定着价格和数量。我们的生活受市场经济的影响，供需双方都希望能够以满意的价格提供或消费一定量的商品，当双方通过市场达成一致时，均衡就产生了。

一、均衡的产生

(一)均衡情况

需求曲线表示在不同价格条件下消费者愿意并能够购买的数量，而供给曲线则表示在不同价格水平下厂商愿意并能提供的数量。如果把供需两种情况结合起来，通过图 2.8 会看到，当市场供给量 Q_S 恰好等于市场需求量 Q_D 时，在现有条件下，价格没有任何变动的压力，消费者购买的数量恰好等于生产者提供的数量，这是由双方的交点决定的，也就是市场实现了均衡。因此，均衡价格 P_E 就是市场供需均衡时的价格。均衡价格的形成过程即是价格的决定过程，它是通过市场上供求双方的竞争自发形成的。在图 2.8 中，E 为需求和供给均衡时的交点，P_E 表示均衡价格(equilibrium price)，是指一种商品的市场需求与其市场供给相等时的价格，或者说是一种商品的市场需求曲线与其市场供给曲线相交时的价格。Q_E 代表与均衡价格相对应的供(需)量，称为均衡数量(equilibrium quantity)。

上面这种均衡是市场自发形成的，众多的买者和卖者出于理性的考虑，在经历了供需不均衡的各种情况后，最终形成了均衡状态。

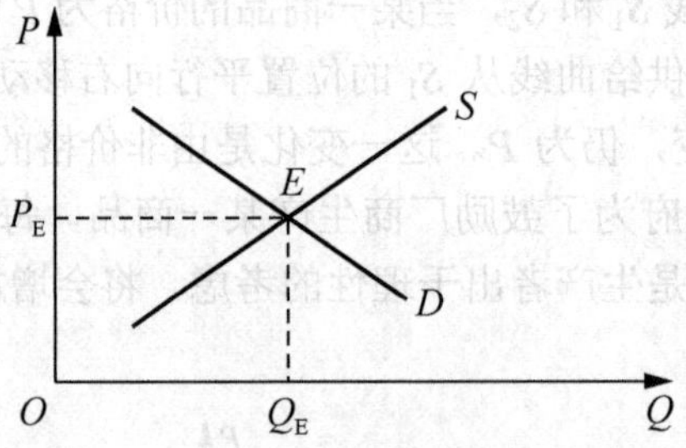

图 2.8 均衡情况

(二)非均衡情况

在真正的市场较量中，均衡的情况是不常见的，而需求和供给不平衡的状况则是十分普遍的经济现象。例如，石油是生活中的重要能源，但是对于石油的生产者和消费者而言，市场供给量与市场需求量恰好相等的时候少之又少，大多数时候双方都在为数量和价格激烈竞争。

均衡价格和均衡产量只是一种理想状态，并且是市场竞争的结果。买卖双方的竞争，将最终趋于均衡状态。而当市场需求量不等于供给量时，要么出现过度供给，要么出现过度需求，这便是市场上经常出现的非均衡。

图 2.9 分别显示了两种需求和供给不平衡的状况。图 2.9(a)所示的是供给过剩带来的不均衡。从图中可以看出当价格为 P 时，此时的价格较高，厂商出于获取更大利润的考虑提高了生产量到 Q_B，但此时的市场需求方由于价格高的原因减少了消费量到 Q_A，这样在 AB 之间便出现了过度供给(AB 段，即 Q_B-Q_A)。但是，由于市场机制在买卖双方间发挥了作用，经过一段时间后，价格逐渐从 P 下降到 P_E，消费者增加了需求量(Q_E-Q_A)，而生产者也降低了生产量(Q_B-Q_E)，从而使双方在价格和数量上达到了均衡。

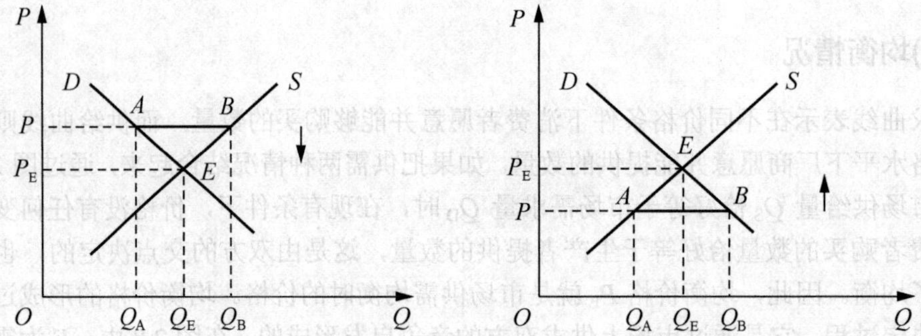

(a)供给过剩的情况　　(b)供给不足的情况

图 2.9 非均衡情况

图 2.9(b)所示的情况表现为供给不足。从图中可以看出当价格为 P 时，此时的价格较低，厂商出于获取更大利润的考虑提高了生产量到 Q_B，但此时的市场需求方由于价格的原因减少了消费量到 Q_A，这样在 AB 之间便出现了过度供给(AB 段，即 Q_B-Q_A)。但是，由于市场

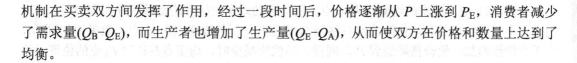

机制在买卖双方间发挥了作用，经过一段时间后，价格逐渐从 P 上涨到 P_E，消费者减少了需求量(Q_B-Q_E)，而生产者也增加了生产量(Q_E-Q_A)，从而使双方在价格和数量上达到了均衡。

二、均衡的变动情况

供需双方的均衡不是固定不变的，随着市场各种情况的发生，需求和供给的状况也会随之改变。

(一)假定供给不变，而需求随着市场变动

假定供给不变，而需求随着市场变动，会出现以下两种情况。

(1) 需求增加。由于需求增加，使新的均衡价格上升，均衡产量增加。

(2) 需求减少。其他因素不变，需求减少会导致均衡价格下降，均衡产量减少。

例如，在疾病流行的时候，人们对于口罩、消毒水等相关物品的需求大大增加，假定这时的供给不改变，如果需求和供给长期处于非均衡的状态，直接的市场后果是这些必需物品的价格飞涨，而供给商出于利益的要求也会增加供给。

图 2.10 中，原来的均衡点为 E 点，所对应的均衡价格和均衡数量分别为 P_E 和 Q_E，当供给不变需求增加后，需求曲线右移到 D_1 的位置，新的均衡点为 E_1 点，新的价格和数量分别提高到 P_1 和 Q_1。同样，当需求减少时，均衡点左移到 E_2 点的位置，价格和数量也分别降低到 P_2 和 Q_2。

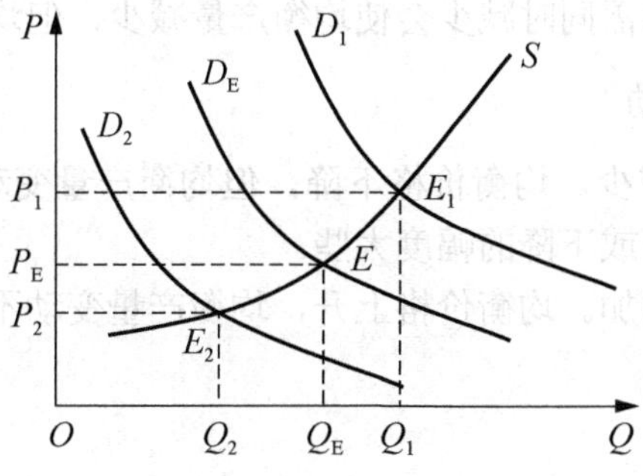

图 2.10　需求变动的情况

(二)假定需求不变，而供给变动

假定需求不变，而供给变动，也会出现以下两种情况。

(1) 供给增加。假定某一产品的生产效率普遍提高，在其他因素不变时，供给曲线向右平移。供给增加使得均衡价格下降，均衡产量上升。

(2) 供给减少。在需求不变、供给减少的情况下，会使均衡价格上升，均衡产量下降。例如，消费者的手机消费量很稳定。新款手机在刚进入市场时售价较高，但由于新技术的普及速度很快，如果手机生产厂商为了获取高额利润一味地提高生产量，只能导致最终的市场供给量大于消费者的需求量，使得均衡价格不断下跌。

在图 2.11 中，原来的均衡点为 E 点，所对应的均衡价格和均衡数量分别为 P_E 和 Q_E，当需求不变供给增加后，供给曲线右移到 S_1 的位置，新的均衡点为 E_1 点，数量增加到 Q_1，由于供给量增加，使价格降低到 P_1。同样，当供给减少时，均衡点左移到 E_2 点的位置，数量减少到 Q_2，价格也提高到 P_2。

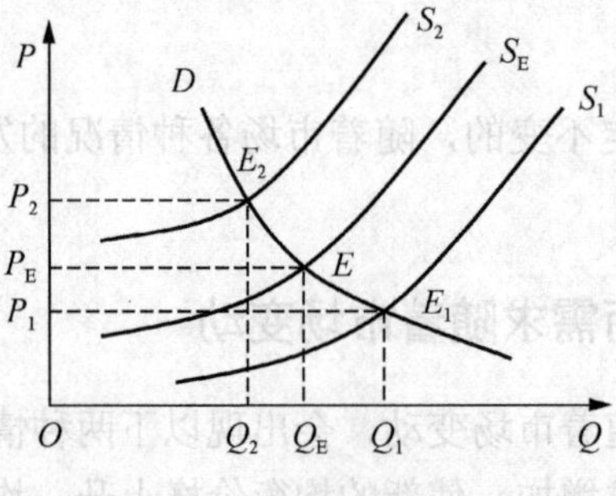

图 2.11　供给变动的情况

(三)供给、需求同时变动

在许多情况下，供给、需求会同时发生变动，可分为两种情况：供给、需求同向变动和供给、需求反向变动。

1. 供给、需求同向变动

(1) 供需同时增加。供需同时增加使均衡产量增加，但均衡价格的变动方向则不能确定，它取决于两种情况下哪一个价格上升或下降的幅度大些。

(2) 供需同时减少。供需同时减少会使均衡产量减少，但均衡价格不定。

2. 供给、需求反向变动

(1) 供给增加，需求减少。均衡价格下降，但均衡产量变动方向则不一定，它取决于两种情况下哪一个数量上升或下降的幅度大些。

(2) 供给减少，需求增加。均衡价格上升，均衡产量变动不定。

三、供求定理

从上面的分析可以知道：需求的变动引起均衡价格和均衡产量同方向变动；供给的变动引起均衡价格反方向变动而引起均衡产量同方向变动，这就是供求定理。

供求定理有很重要的作用。在实际生活中，均衡的价格和数量是由需求和供给共同决定的，当其中一方的情况发生了变动，新的均衡价格和均衡数量也随之产生。这是一种静态的分析，在图形上则表现为需求曲线或供给曲线的移动。

在具体分析某一经济事件时，可以按下面的步骤进行。

(1) 判断这一事件影响需求还是影响供给，在图形上表现为需求曲线移动、供给曲线移动还是两者共同变化。

(2) 判断曲线移动的方向向左还是向右。

(3) 发生变化前后的均衡价格和均衡数量的不同以及影响。

例如，如果政府为了人们的健康，以法令的形式限制了香烟制造商的年产量，假定其他条件都不变，那么这一情况对香烟的供需有什么影响？

我们按照上面的步骤来分析限制令公布后的情况。在图 2.12 中，原来的均衡点为 E 点，均衡价格为 P_E，均衡数量为 Q_E。

第一步：在所给出的情况中，政府的行为直接影响了厂商，因而香烟限制令这一事件影响了香烟的供给。假定需求不变，在图形上需求曲线没有变化，而供给曲线发生了移动。

第二步：由于政府限制了香烟的产量，厂商的供给数量减少，供给曲线由 S 左移到 S'(移动幅度的大小取决于政府的规定措施)，新的均衡点为 E'点，对应的均衡价格为 P_E'，新的均衡数量为 Q_E'。

第三步：可以看出，由于政府的香烟限制令使供应量减少，但是需求并未因此减少，从而使得价格上升。

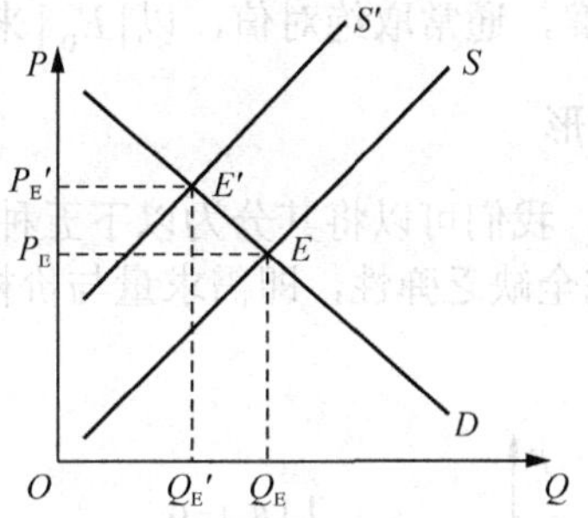

图 2.12 香烟供需状况的变化

第四节 弹 性 理 论

各类商品的涨跌一直伴随着我们的生活，有些物品和服务对于价格非常敏感，如旅游；而有些物品和服务则对价格不太敏感，如食盐。在这一节中，我们将讨论需求对商品价格变化的敏感程度，即弹性。

在经济学中经常用弹性(elasticity)来分析不同商品的需求或供给情况。这个词来自物理学，本义是测算因变量变化率对自变量变化率的反应的一种量度。在经济学中是指数量对价格的反应程度。由于日用品价格上涨了 0.1 元和珠宝上涨了 0.1 元无法相比，因此我们用相对量来比较二者的弹性，即弹性用百分比来表示。

弹性分为需求弹性和供给弹性两类。需求(供给)弹性又包括需求(供给)价格弹性、需求(供给)收入弹性、需求(供给)交叉弹性。

一、需求弹性

(一)需求价格弹性

需求价格弹性是指需求量对市场价格变化的变动所做出的反应程度。不同商品的需求量对价格变化的反应度是不一样的，有的商品反应大，而有的商品却没有任何反应。我们用需求的价格弹性系数 E_D 来衡量这种不同的变化。其计算公式如下：

$$E_D=\text{某商品需求量变动的百分比/该商品价格变动的百分比}$$
$$=(\Delta Q/Q)/(\Delta P/P)=(\Delta Q/\Delta P)\times(P/Q)$$

其中，E_D 表示需求的价格弹性，P 表示某商品的价格，ΔP 表示价格的变化量，ΔQ 表示需求的变动量，Q 表示需求量。

在理解需求弹性的含义时应注意以下三点。

(1) 在需求量与价格两个变量中，价格是自变量，需求量是因变量，因此，需求弹性是价格变动所引起的需求量变动的程度，或者说需求量变动对价格变动的反应程度。

(2) 需求弹性系数是价格变动的比率与需求量变动的比率的比值，而不是价格变动的绝对量与需求量变动的绝对量的比值。

(3) 对于任何一种正常商品来说，需求弹性都是负数，这是因为价格与需求量成反比关系，为了更方便地理解和计算，通常取绝对值，以 $|E_D|$ 来表示。

1. 需求价格弹性的五种情形

不同商品的弹性差别很大，我们可以将其分为以下五种情况。

(1) 当 $|E_D|=0$ 时，需求完全缺乏弹性，即需求量与价格无关，需求曲线为一条垂直于横轴的直线，如图 2.13 所示。

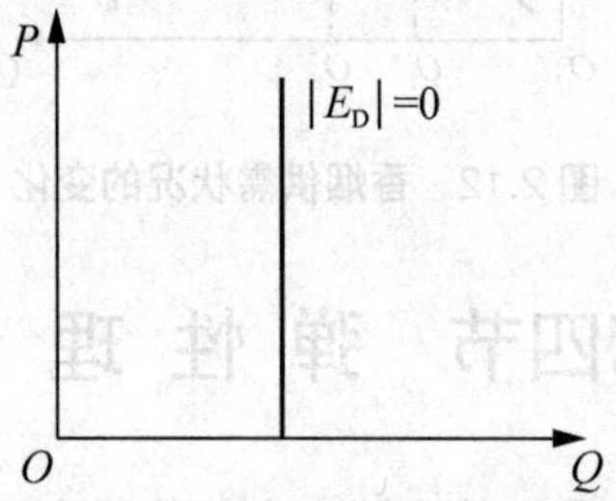

图 2.13 $|E_D|=0$ 时的需求曲线

(2) 当 $|E_D|=1$ 时，需求为单位弹性，即价格变化的百分比与需求量变化的百分比相等，如图 2.14 所示。

(3) 当 $|E_D|=\infty$ 时，需求是完全富有弹性，需求曲线为一条垂直于纵轴的直线，如图 2.15 所示。

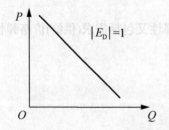

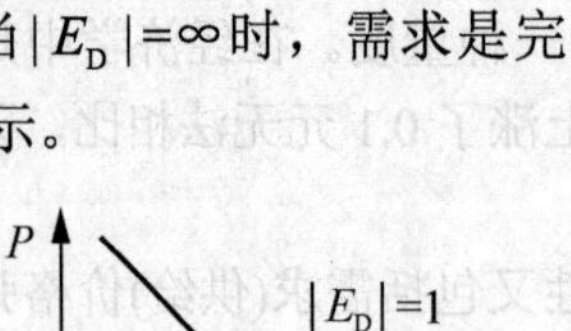

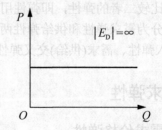

图 2.14 $|E_D|=1$ 时的需求曲线

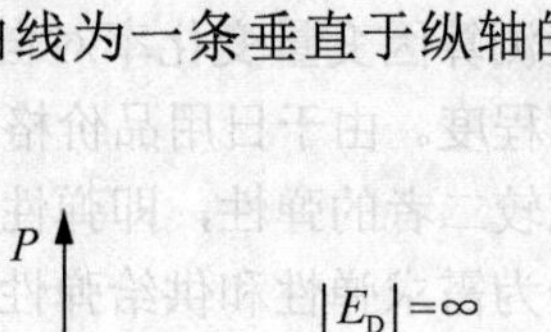

图 2.15 $|E_D|=\infty$ 时的需求曲线

(4) 当 $0<|E_D|<1$ 时，需求缺乏弹性，即需求变化的幅度小于价格变化的幅度，如

图 2.16 所示。

(5) 当 $|E_D|>1$ 时，需求富有弹性，即需求变化的幅度大于价格变化的幅度，如图 2.17 所示。

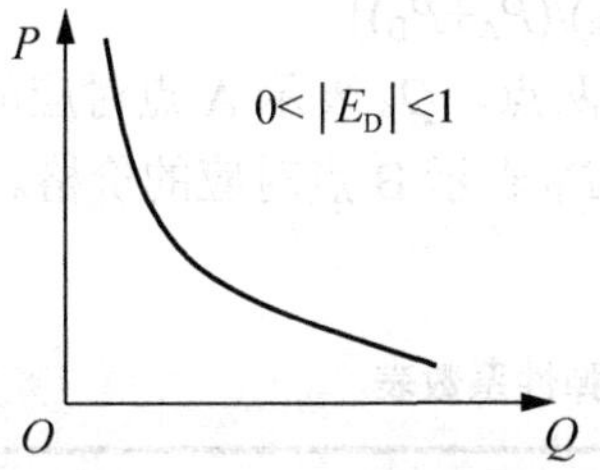

图 2.16　$0<|E_D|<1$ 时的需求曲线

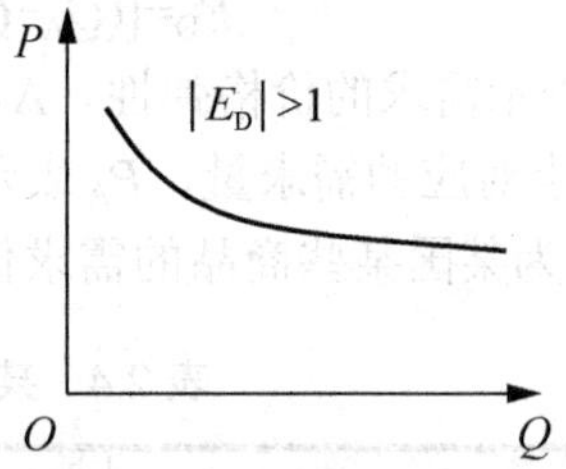

图 2.17　$|E_D|>1$ 时的需求曲线

2. 影响需求价格弹性的因素

影响需求价格弹性的因素主要有以下几项。

(1) 商品的可替代程度。一般地说，如果某产品存在着很接近的替代品的数量越多，其需求价格弹性越大。因为这类商品的价格只要上涨了一些，消费者就会放弃这类商品去选购它的替代品，使得这类商品的需求量大大降低，如饮料；反之，若一种商品的替代品数目少，替代品差别大，则该商品的需求弹性就小，如食盐等。

(2) 商品满足需要的属性。一般地说，奢侈品需求对价格是有弹性的，而必需品则是缺乏弹性的。例如，粮食的支出是生活中必需的，即使价格变动比较大，需求量的变化也并不太大；而化妆品属于生活中的奢侈品，并不是生活必需的，其价格下跌一般会使需求量上升。

(3) 支出占收入的比重。一般地说，在其他条件不变的情况下，某种商品的支出在人们的预算中所占的比例越大，该商品的需求价格弹性越大；而在预算中所占的比例越小，该商品的需求价格弹性则越小。例如，一支笔的价格为 3 元，即使它的价格上涨 50%，在收入中的比重依然非常小，消费者认为这种变化不会影响自己的生活，因而也不会因此减少对它的消费，可见笔的价格弹性比较低。

(4) 时间因素。一般地说，在其他条件不变的情况下，某种商品在人们的生活中使用的时间越长，该商品的需求价格弹性越大。例如，当消费者购买了节能型的家用电器后，考虑到电的价格和电器的节能程度之间的关系，会发现使用的时间越长就越省钱。因而，可以说调节商品需求的时间越长，该商品的价格弹性就越大。

3. 弹性的计算

不同商品的弹性是不一样的，而在一般情况下，同一条需求曲线上各个点的弹性也各不相同，因为需求曲线上的价格和数量在随时变化。但当 $\Delta Q/\Delta P$ 和 P/Q 的变化幅度相同而方向相反时，需求曲线上的弹性是固定不变的。我们把曲线上某一点的弹性称为点弹性。其计算公式如下：

$$E_D=\text{某商品需求量变动的百分比/该商品价格变动的百分比}$$
$$=(\Delta Q/Q)/(\Delta P/P)=(\Delta Q/\Delta P)\times(P/Q)=(\mathrm{d}Q/\mathrm{d}P)\times(P/Q)$$

与点弹性相对的是弧弹性。弧弹性是指需求曲线上两点之间的弹性。因为从两点的起点或终点分别计算的弹性大小是有差别的，为了减小误差，可以采用两点的平均值来进行计算，即弧弹性的计算采用中点公式：

$$E_D=[(Q_A-Q_B)/(Q_A+Q_B)]/[(P_A-P_B)/(P_A+P_B)]$$

其中，E_D表示需求的价格弹性，A、B 为需求曲线上的两点，Q_A表示 A 点对应的需求量，Q_B表示 B 点对应的需求量，P_A表示 A 点对应的价格，P_B表示 B 点对应的价格。

表 2.4 为某国某些商品的需求价格弹性系数表。

表 2.4　某国某些商品的需求价格弹性系数表

富有弹性的商品		缺乏弹性的商品			
商品名	系　数	商品名	系　数	商品名	系　数
运输	1.03	食物	0.58	电	0.92
食品	2.27	物业	0.55	石油	0.91
金属	1.52	服装	0.49	化学制品	0.89
家具、木材	1.25	书报、杂志	0.34	饮料	0.78
汽车	1.14	肉	0.20	烟草	0.61

(二)需求收入弹性

需求收入弹性是指因收入变动而引起的需求相应的变动，反映了需求量变化率对收入变化率的程度。其计算公式如下：

$$E_{TR}=\text{某商品需求量变动的百分比/收入变动的百分比}$$
$$=(\Delta Q/Q)/(\Delta TR/TR)=(\Delta Q/\Delta TR)\times(TR/Q)$$
$$=(dQ/dTR)\times(TR/Q)$$

其中，E_{TR}表示需求的收入弹性，TR 表示收入(total revenue)，ΔTR表示收入的变化量，ΔQ表示需求的变动量，Q表示需求量。

有些商品的需求收入弹性比较大，这表示消费者收入增加使得该商品的消费量有更大幅度的增加，如高档消费品；有些商品的需求收入弹性比较小，这表示消费者收入增加使得该商品的消费量的增加幅度比较小，如生活必需品；有些商品的需求收入弹性是负值，这表示消费者收入增加使得该商品的消费量反而减少，如低档消费品。部分商品的收入弹性系数如表 2.5 所示。

表 2.5　部分商品的收入弹性系数表

商 品 名	系　数	商 品 名	系　数
食品、饮料	0.54	家庭用品	1.19
纺织品	0.50	耐用消费品	2.70
保健品	1.80	服装	0.84
酒	0.88	家具	1.60

(三)需求交叉弹性

需求交叉弹性是指因其他商品的价格变动而引起的某商品需求的变动率，表示需求量的变化率对其他商品价格变化率的程度。其计算公式如下：

$$
\begin{aligned}
E_{XY} &= \text{X 商品需求量变动的百分比/Y 商品价格变动的百分比} \\
&= (\Delta Q_X/Q_X)/(\Delta P_Y/P_Y)=(\Delta Q_X/\Delta P_Y)\times(\Delta P_Y/Q_X) \\
&= (\mathrm{d}Q_X/\mathrm{d}P_Y)\times(P_Y/Q_X)
\end{aligned}
$$

其中，E_{XY}表示需求的交叉弹性，ΔQ_X表示 X 商品需求的变动量，Q_X表示 X 商品的需求量，P_Y表示 Y 商品的价格，ΔP_Y表示 Y 商品的价格的变化量。

在前面的内容中，我们已经解释了互补性商品和替代性商品的特征，当 X 商品和 Y 商品为互补性商品时，Y 商品价格的变化将会引起 X 商品的需求量反方向变动，此时的交叉弹性为负值；而当两种商品是替代性商品时，Y 商品价格的变化将会引起 X 商品的需求量同方向变动，此时的交叉弹性为正值。

(四)需求弹性与总收益的关系

从上面有关需求价格弹性的图中可以看出：当需求富有弹性时，价格和生产者的收益是反方向变化的关系；当需求缺乏弹性时，价格和生产者的收益是同方向变化的关系；弹性为 1 时，价格的涨跌对收益的变化没有影响。在这里，生产者的总收益 TR 等于价格 P 与销售量 Q 的乘积，即：$TR=P\times Q$。

价格对于消费者来说非常重要，价格的涨跌对他们影响很大，但是，消费者可以货比三家，选择价廉物美的商品。同样，生产者为了获得最大的收益和利润，也很重视价格，但是生产者却不能随意地涨价或降价，因为不同商品的需求弹性不同，有些商品可以通过提价增加收益，而有些商品则通过降价来增加收益。

对于富有弹性的商品，生产者可以采取降低价格、薄利多销的方式来增加总收益，如图 2.18 所示。

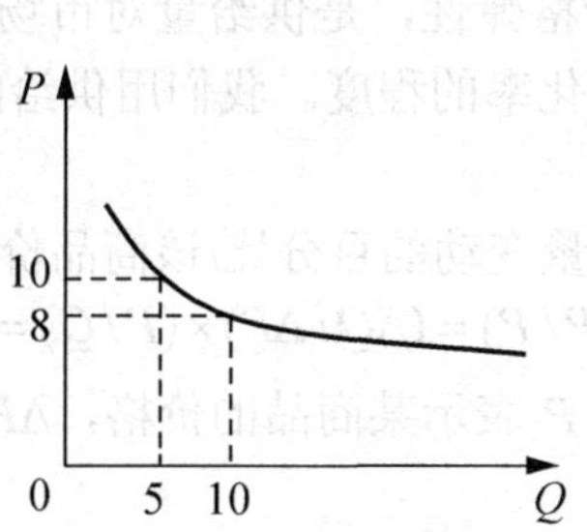

图 2.18　薄利多销的情况

从图 2.18 中可以看出：假定某种商品富有弹性，原来的价格为 10，销量为 5，则生产者的总收益为 50(10×5)；而降价后的价格为 8，销量为 10，总收益为 80(8×10)。很明显，这类商品在降价后，总收益反而上升了。

同样，对于缺乏弹性的商品，生产者应该采取提高价格的方式来增加收入。

中国有句古话，叫“谷贱伤农”，即在丰收的年份，农民的收入反而减少了，如图 2.19

所示。这是因为，农产品往往是缺乏需求弹性的商品。我们已经了解到对于缺乏需求弹性的商品，价格与总收益呈同方向变动。其原因在于：厂商降价所引起的需求量的增加率小于价格的下降率。这意味着需求量增加所带来的销售收入的增加量并不能全部抵消价格下降所造成的销售收入的减少量。因此，降价最终使销售收入减少了。

在图 2.19 中，丰收前的供需曲线分别为 S 和 D，均衡点为 E 点，均衡价格和均衡数量分别为 P_E 和 Q_E，农民的收入为 $P_E \times Q_E$。

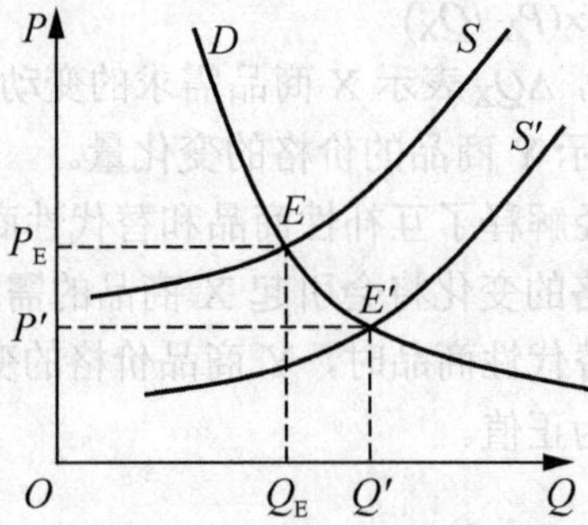

图 2.19　“谷贱伤农”的原理

农产品丰收后，供给曲线右移到新的位置，新的均衡点为 E'点，新的均衡价格下跌到 P'，均衡数量增加到 Q'，新的收益为 $P' \times Q'$。由于农产品的需求弹性小，因此当价格下降后，总收益反而减少了。

通过需求弹性分析，我们知道了价格和数量的变化、收入和数量的变动、相关商品之间的关系改变。需求弹性分析在我们的生活中发挥着很重要的作用。同样，对于生产者而言，供给弹性也是不可小视的因素。下面我们来讨论有关供给弹性的内容。

二、供给弹性

供给弹性一般是指供给的价格弹性，是供给量对市场价格变化的变动所做出的反应程度，表示供给量变化率对价格变化率的程度。我们用供给的价格弹性系数 E_S 来衡量。其计算公式如下：

$$E_S = \text{某商品供给量变动的百分比/该商品价格变动的百分比}$$
$$= (\Delta Q / Q)/(\Delta P / P) = (\Delta Q / \Delta P) \times (P / Q) = (\mathrm{d}Q / \mathrm{d}P) \times (P / Q)$$

其中，E_S 表示供给的价格弹性，P 表示某商品的价格，ΔP 表示价格的变化量，ΔQ 表示供给的变动量，Q 表示供给量。

(一)供给弹性的各种情况

根据供给定理的内容，供给曲线是一条价格和供给量同方向变化的曲线，因而供给弹性为正值。

与需求弹性一样，不同商品的供给弹性也是不同的，一般有以下几种情况。

(1)　当 E_S>1 时，供给富有弹性，说明供给量增加或减少的幅度大于价格上升或下降的幅度，如图 2.20 所示。

(2) 当 $E_S<1$ 时，供给缺乏弹性，说明供给量增加或减少的幅度小于价格上升或下降的幅度，如图 2.21 所示。

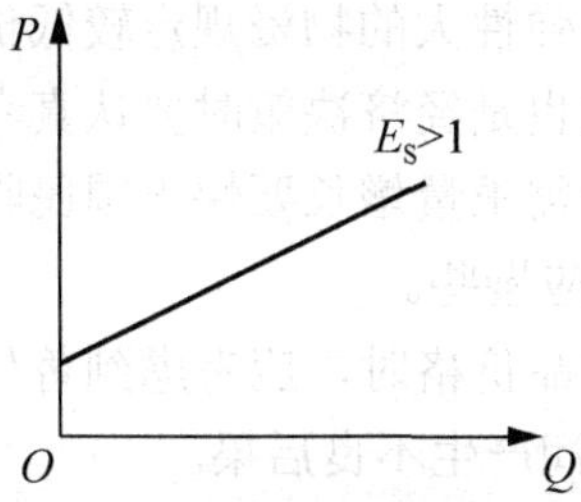

图 2.20 $E_S>1$ 时的供给曲线

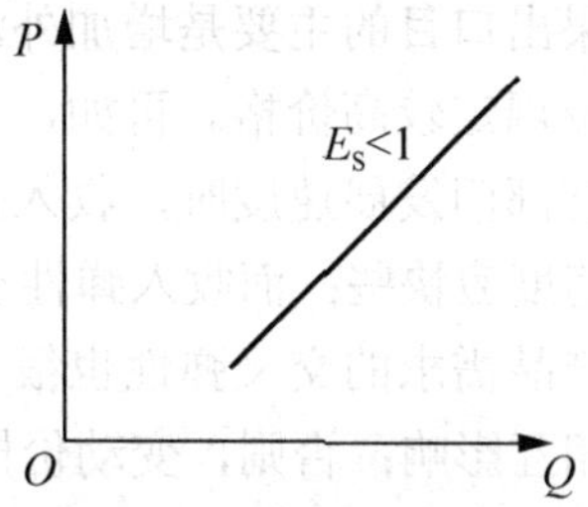

图 2.21 $E_S<1$ 时的供给曲线

(3) 当 $E_S=0$ 时，供给完全缺乏弹性，说明供给量增加或减少的幅度与价格上升或下降的幅度无关，如图 2.22 所示。

(4) 当 $E_S=\infty$ 时，供给完全富有弹性，说明供给量增加或减少的幅度与价格上升或下降的幅度关系非常密切，如图 2.23 所示。

(5) 当 $E_S=1$ 时，供给是单位弹性，说明供给量增加或减少的幅度与价格上升或下降的幅度一致，如图 2.24 所示。

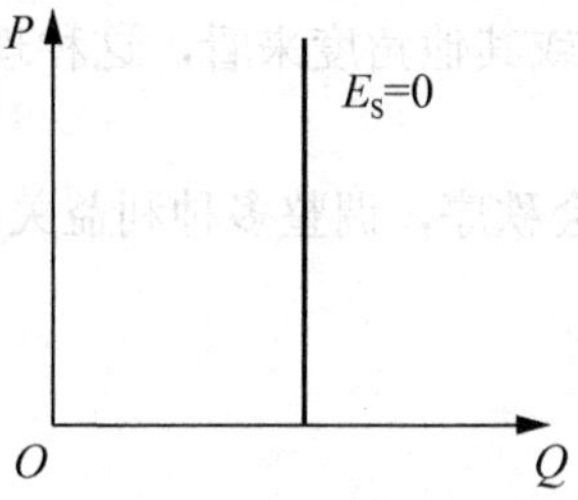

图 2.22 $E_S=0$ 时的供给曲线

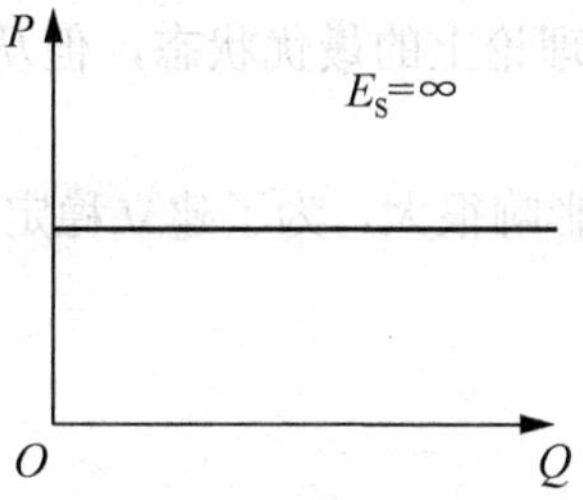

图 2.23 $E_S=\infty$ 时的供给曲线

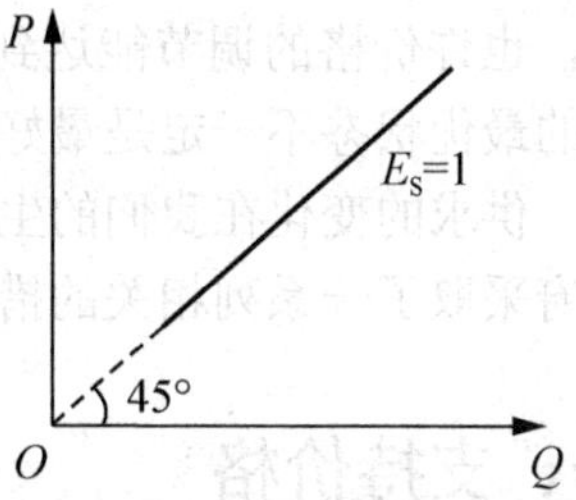

图 2.24 $E_S=1$ 时的供给曲线

(二)影响供给弹性的因素

供给弹性在图形上差别比较大，这主要取决于以下几个方面。

(1) 生产的难易程度。一般来说，容易生产且生产周期短的商品供给弹性大；反之，不易生产且生产周期长的商品供给弹性小。

(2) 供给者的规模。如果供给者的规模非常小，则其供给弹性小；如果供给者的规模很大，则其供给弹性也比较大。

(3) 生产成本的大小。如果产品在产量增加的过程中，其生产成本也增加得很快，那么该产品的供给弹性较小；反之，较大。

(4) 生产周期的长短。生产周期比较短的产品，厂商可以根据市场情况的变动来改变或调整产量，供给弹性比较大；而生产周期长的产品，供给弹性比较小。

(5) 生产采用的技术类型。一般来说，资本或技术密集型商品增加供给较难，商品的供给弹性较小；劳动密集型商品增加供给相对容易，商品的供给弹性较大。

研究商品供给和需求的弹性，对于经济决策有着重大意义。由于各种商品的不同需求，价格弹性会影响销售收入，因而调整商品价格时要考虑弹性。例如，为了提高生产者收入，往往对农产品采取提价办法，而对一些高档消费品却采取降价办法。同样，给出口物资定价时，如果出口目的主要是增加外汇收入，则要对价格弹性大的物资规定较低价格，对弹性小的物资规定较高价格。再如，各种商品的收入弹性也是经济决策时要认真考虑的。在规划各经济部门发展速度时，收入弹性大的行业，由于需求量增长要快于国民收入增长，因此发展速度应快些；而收入弹性小的行业，发展速度应慢些。

研究产品需求的交叉弹性也很有用。企业在制定产品价格时，应考虑到替代品和互补品之间的相互影响；否则，变动价格可能会对销路和利润产生不良后果。

第五节　价 格 政 策

在市场经济中，价格在经济中的作用可以归纳为：①价格在经济中的作用是传递信息、提供激励，并决定收入分配；②作为“指示器”反映市场的供求状况；③价格的变动可以调节需求；④价格的变动可以调节供给；⑤价格可以使资源配置达到最优状态。

从理论上说，通过价格调节，就可以使资源配置达到最优状态。但是在现实中，由于种种条件的限制，价格调节并不一定能达到理论上的这种最优状态。而且，从经济的角度来看，也许价格的调节能达到那种理论上的最优状态，但从社会或其他角度来看，这种理论上的最优状态不一定是最好的。

供求的变化在我们的生活中影响很大，为了建立稳定的社会秩序，调整多种利益关系，政府采取了一系列相关的措施。

一、支持价格

支持价格又称最低限价，是政府为了支持某一行业或某一产品的发展，对该行业或产品规定的高于市场均衡价格的最低价格。

当由市场供求力量自发决定的某种产品的价格太低，不利于行业或产品的发展时，为了扶植这一行业或产品，政府可以对该产品实行支持价格。例如，在我国，农业是基础产业，农产品的生产周期比较长，而且其需求的价格弹性比较小，过低的农产品价格会降低农民的收益，挫伤农民的积极性。因此，我国政府对农产品实行支持价格，以激发农民种植农产品的积极性，保证农业的顺利发展。

但是，政府是怎样运用这种价格政策的呢？下面我们将结合图 2.25 来分析。

在没有变化前，图 2.25 中的需求曲线 D 和供给曲线 S 相交于 E 点，均衡价格为 P_E，均衡数量为 Q_E。由于其他条件发生了变化，需求不变，而供给增加，供给曲线从 S 移动到 S'，新的均衡点为 E'点，相对应的价格和数量分别为 P'和 Q'。

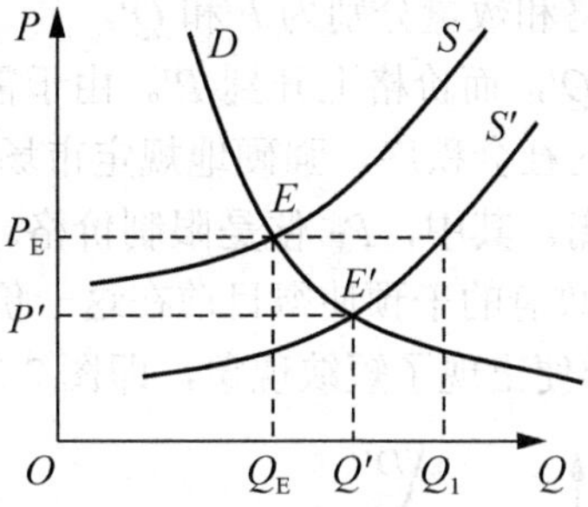

图 2.25　支持价格的形成

因而，当供给增加后，数量增加到 Q'，而价格降低到 P'。出于对利润的追求，作为供给者必然要减少供给量。但政府为了支持和保证整个行业或某件产品的稳定发展，强硬地规定市场价格为 P_E，鼓励市场增加供给，这样就改变了市场的均衡。其中，P_E 便是支持价格。在这一价格水平下，市场自发的均衡数量本来应该为 Q_E，而由于政府的措施使得现在的数量为 Q_1。这样便出现了数量的过剩，即(Q_1-Q_E)段。

为了有效地实行这一价格政策，政府可以通过以下方式来解决数量过剩的问题。

(1) 对行业或产品实行产量限制。这种方法可以使得某一产品的供给减少，减轻供需不平衡的程度。在必要的时候，通过政府干预或行业干预，对某一产品实施产量限制，短期内可能使得生产商的利润降低，但是却可以保证这一产品或这一行业的长期发展和竞争。

(2) 政府出面收购过剩商品。政府动用财政来收购供给过多的产品，可以暂时缓解供需的矛盾。例如，某年我国的小麦大丰收，导致价格持续走低，为了稳定农业的生产环境，鼓励农民的生产积极性，政府制定价格收购小麦，从而保证了这个行业的顺利发展。

(3) 以出口及援助他国的方式减少过剩的商品。当有些国家遭遇灾害或战争时，政府可以给予实物援助，既建立了国际声誉，又解决了国内供给过剩的问题。

(4) 过剩的商品可以作为国家储备，以备不时之需。

虽然这些措施可以缓解数量过剩的问题，但是政府要付出大量的努力。执行这一价格政策要求政府必须有雄厚的财政收入以及相关的机构和为数不少的工作人员，因此增加了国家的经济负担。

二、限制价格

限制价格也称最高限价，是政府为了限制某些物品，尤其是生活必需品的价格而对其规定的低于市场均衡价格的最高价格。

当物资供应不足、通货膨胀或战争发生时，政府为了稳定社会秩序而采用限制价格政策。例如，当发生通货膨胀时，物价的上涨速度很快，人们纷纷抢购商品，为了稳定社会秩序，政府采用行政方式干预市场，规定最高价格，在短期内可以满足人们的基本需求。

我们可以结合图 2.26 来了解限制价格的形成。

如同支持价格的产生一样，图 2.26 中的需求曲线 D 和供给曲线 S 相交于 E 点，均衡价格为 P_E，均衡数量为 Q_E。当供给不变，而需求增加后，需求曲线从 D 向右移动到 D'，新的均衡点为E'点，相对应的价格和数量分别为P'和Q'。

均衡改变后，数量增加到Q'，而价格上升到P'。由于需求旺盛而供给不变，价格将会不断上升，政府为了维持正常的社会秩序，强硬地规定市场价格为P_E，以保证人们基本的需求，这样就改变了市场的均衡。其中，P_E便是限制价格。在这一价格水平下，市场自发的均衡数量本来应该为Q_E，而政府的干预使得目前在这一价格下的数量为Q_1。此时人们的需求为Q_1，而供给为Q_E，这样便出现了短缺现象，即图2.26中的(Q_1-Q_E)段。

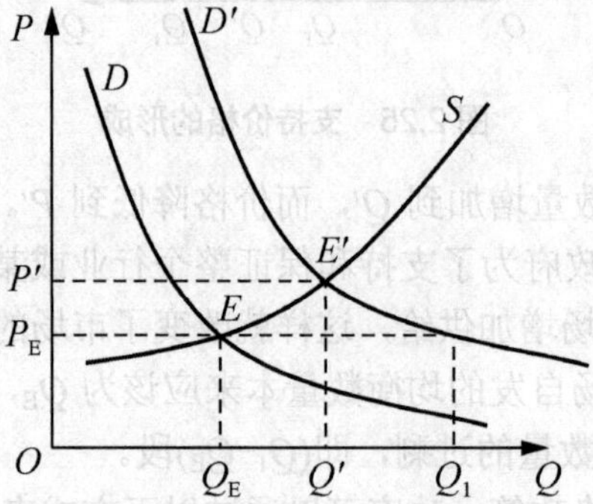

图2.26 限制价格的形成

但是，这一价格政策的执行也带来了一些经济问题和社会问题。

(1) 产生了配给制。由于需求旺盛，供给有限，政府不得不采用配给制的形式。在我国曾经出现过凭票证供应的现象，也就是消费者必须凭政府发放的如粮票、布票等购买相应的商品，或者强制规定每位居民只能消费某种商品的数量。这种政策在一定程度上缓解了供应的压力，但是却不能从根本上解决商品短缺的问题。

(2) 排队抢购。由于商品的数量太少，人们在购买商品时，不得不排队等候，不但浪费了大量时间，而且有时还满足不了需求。

(3) 不利于生产和行业发展。如果长期执行这一政策，厂商的收益有限，导致其不愿增加产量，降低了生产的积极性，甚至退出所在的行业，进而使得整个行业的发展受到影响。

(4) 钱权交易和黑市交易。商品的短缺使得社会上有些人凭借所拥有的特权获得了人们需要的商品，他们通过特殊的社会地位满足了自己的需求，产生了不好的社会影响。同时，这一政策也使得人们私下交易增加，以更快地获取短缺的商品。

(5) 浪费严重。由于价格水平低不利于抑制需求，因此一些人获取短缺商品的途径很容易，在得到这些商品后反而不觉得珍贵，从而会在资源缺乏的同时造成严重的浪费，引发相应的社会问题。

通过学习不同价格政策的形成和运用的过程，我们发现在实际生活中需求和供给是无处不在的，可以灵活运用它们为生活和生产服务，创造最大的价值。

本章小结

(1) 需求是指在不同的价格水平下消费者愿意并且能够购买的商品和劳务的数量，它反映了某一商品的不同价格和对应的需求量之间的关系。

(2) 需求定理是指在其他条件不变的情况下，某种商品的价格和需求量呈反方向变化。

(3) 在影响需求的众多因素中，价格因素是最重要的。

(4) 需求的变化是指在其他条件变化的情况下，非价格的其他因素的变化使得在相同价格水平上需求量有所不同，它导致需求曲线平行向左或向右移动；而需求量的变化是指在其他条件不变时，由于价格因素的变化而导致需求曲线上的点沿着曲线上下移动。

(5) 供给是指在不同的价格水平下厂商愿意并且能够提供的商品或服务的数量，它反映了某一商品的不同价格和对应的供给量之间的关系。

(6) 供给定理是指在其他条件不变的情况下，某种商品的价格和供给量呈正方向变化。

(7) 价格是影响供给最重要的因素。

(8) 供给和供给量是两个不同的概念，前一个是动态的变化，后一个是静态的联系，引起它们变化的原因和图形的变化也各不相同。

(9) 供求定理是指需求的变动引起均衡价格和均衡产量同方向变动；供给的变动引起均衡价格反方向变动，而引起均衡产量同方向变动。

(10) 均衡价格的形成过程是价格的决定过程，它是通过市场上供求双方的竞争自发形成的。

(11) 均衡价格是指一种商品的市场需求与其市场供给相等时的价格；均衡数量是与均衡价格相对应的供给量。

(12) 需求价格弹性是指需求量对市场价格变化的变动所做出的反应程度；供给弹性一般是指供给价格弹性，是供给量对市场价格变化的变动所做出的反应程度。弹性有点弹性和弧弹性之分。

(13) 支持价格是政府为了支持某一行业或某一产品的发展，对该行业或产品规定的高于市场均衡价格的最低价格。

(14) 限制价格是政府为了限制某些物品的价格，尤其是生活必需品的价格而对其规定的低于市场均衡价格的最高价格。

复习思考题

1. 举例说明需求定理和供给定理。

2. 结合图形解释需求与需求量的区别，并举例说明。

3. 举例说明什么是替代性商品和互补性商品。

4. 简述影响需求和供给的因素。

5. 什么是均衡价格？它是如何形成的？

6. 画图并解释什么是供求定理。

7. 为什么有些商品可以薄利多销，有些商品却不能这么做？

8. 简述价格弹性对企业经营决策的作用。

9. 如果你是一家服装企业的经营者，现在为了增加收入想采取一些措施，你将采取提价还是降价的方式？为什么？

10. 分析：西方的情人节这一天，为什么玫瑰花的价格猛涨而巧克力的价格涨幅甚微？

11. 分析下列事件对婴儿奶粉市场均衡价格和均衡产量的影响，并画出图形。

(1) 某一品牌奶粉中查出有毒化学物质。

(2) 政府鼓励母乳喂养婴儿。

(3) 干旱导致牧场草地产量减少。

12. 假定某市对一场足球赛座位的需求函数为 $P = 1900 - Q/50$，而座位的供给是固定的：$Q = 90\,000$。

(1) 求均衡门票价格和均衡座位数，并画出图形。

(2) 如果主办单位制定的门票为 50 元，会有多少球迷买不到球票？

第三章 消费者行为理论

在第二章中讲述了价格的形成原因及其产生的过程，本章将更加深入地分析市场的需求方即消费者的行为。

每个人每一天都要在有限的时间、精力和金钱面前做出无数个选择：早晨应该吃早餐还是睡懒觉？傍晚应该去学校读书还是去约会？买新房还是租旧房？做“月光族”、超前消费者还是应该有计划地储蓄以备他日之需呢？当我们在痛苦之下平衡各种欲望和需求时，同时也做出了决定自己生活方式的选择。

本章重点：

- 总效用与边际效用的关系
- 边际效用递减规律
- 无差异曲线和消费可能线
- 消费者均衡
- 恩格尔系数

第一节 消费者行为

一、消费者的含义

从法律意义上讲，消费者是为了达到个人或家庭目的而购买或使用商品和接受服务的单位，它可以是个人，也可以是家庭。但消费者必须是产品和服务的最终使用者，而不是生产者、经营者。即消费者购买商品的目的主要是用于个人或家庭需要，而不是为经营或销售需要，这是消费者最本质的一个特点。作为消费者，其消费活动的内容不仅包括为个人和家庭生活需要而购买和使用产品，还包括为个人和家庭生活需要而接受他人提供的服务。

在现实生活中，同一消费品或服务的购买决策者、购买者、使用者可能是同一个人，也可能是不同的人。例如，大多数成年人的个人用品是由使用者自己决策和购买的，而大多数儿童用品的使用者、购买者与决策者则很有可能是分离的。如果把产品的购买决策、实际购买和使用视为一个统一的过程，那么，处于这一过程任一阶段的人，都可称为消费者。

二、消费者行为的含义

消费者行为是指消费者为获取、使用、处理消费物品所采用的各种行动以及事先决定这些行动的决策过程。研究消费者行为可以了解消费者如何获取产品与服务，还可以了解消费者是如何消费产品以及产品在消费或使用完之后是如何被处置的。

狭义上的消费者行为仅指消费者的购买行为以及对消费资料的实际消费。

广义上的消费者行为是指消费者为索取、使用、处置消费物品所采取的各种行动以及决定这些行动的前期的决策过程，甚至是包括消费收入的取得等一系列复杂的过程。

消费者行为是与产品或服务的交换密切联系在一起的。在现代市场经济条件下，企业研究消费者行为是着眼于与消费者建立和发展长期的交换关系。为此，不仅需要了解消费者是如何获取产品与服务的，而且也需要了解消费者如何消费产品以及产品在使用完之后是如何被处置的。因为消费者的消费体验、消费者处置旧产品的方式和感受均会影响消费者的下一轮购买。也就是说，消费者的这一系列的过程会对企业和消费者之间的长期交换关系产生直接的作用。传统的对消费者行为的研究重点一直放在产品和服务的获取上，关于产品的消费与处置方面的研究则相对地被忽视。随着对消费者行为研究的深化，人们越来越深刻地意识到，消费者行为是一个整体，是一个过程，获取或者购买只是这一过程的一个阶段。因此，研究消费者行为，既应调查、了解消费者在获取产品、服务之前的评价与选择活动，也应重视在产品获取后对产品的使用、处置等活动。只有这样，对消费者行为的理解才会趋于完整。

消费者行为受到个体本身和外界客观环境的影响，如需要与动机、知觉、学习与记忆、态度、个性、自我概念与生活方式等。这些因素不仅影响并且在某种程度上决定了消费者的决策行为，而且它们对外部环境与营销刺激的影响起放大或抑制作用。消费者行为受到的外界环境的影响因素主要有文化背景、社会阶层、社会群体、家庭传统等。

正是由于上述各种影响因素的存在，导致了消费者行为具有多样性、复杂性、可诱导性等特征。

第二节 效用理论

我们选择不同的生活方式，是为了追求幸福。什么是幸福？相信每个人对幸福都有不同的理解，可以从美国经济学家 Paul. A.萨缪尔森提出的“幸福方程式”中得到启示：

$$幸福=\frac{效用}{欲望}$$

由此可见，实现最大幸福的行为涉及“效用”与“欲望”这两个概念。下面我们将对这两个概念做详细的阐述。

在解释消费者行为的过程中，经济学依赖于一个基本的“优化原则”：人们倾向于选择对自己具有最高价值的物品或服务，即消费者总是自觉地使其效用最大化。

一、欲望

欲望是一种缺乏的感觉与求得满足的愿望，即欲望是不足之感与求足之愿的统一。这是一种心理感觉，其特点就是无限性，有句俗语“人心不足蛇吞象”，就形象地描绘了“欲望无穷”之意。

在幸福方程式中，欲望是分母，如果欲望如我们所想的那样是无限的，那么再大的效用，也只能得到近于零的幸福，如此，这个幸福方程式就无意义了。

美国著名的心理学家马斯洛在《动机与人格》一书中把人的需要分为五个层次，如图 3.1 所示。

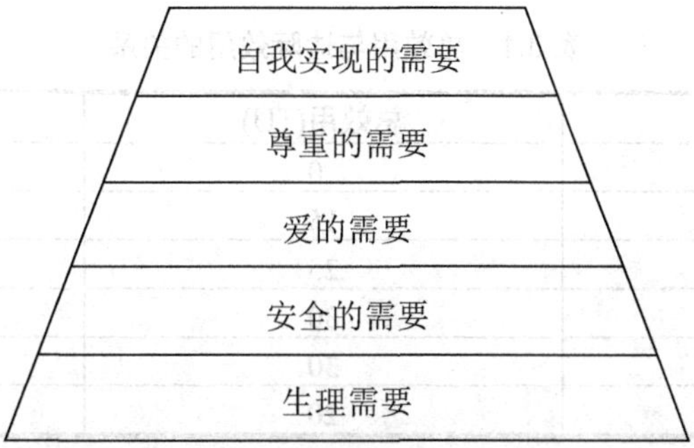

图 3.1　马斯洛的需要层次理论

由马斯洛的需要层次理论可以知道人的欲望尽管是无限的，但又有轻重缓急之分，不同时期处于不同的需要层次；在一定时期内，有一个主导的需要。因此，在研究消费者行为时假定欲望是既定的，在此前提下，幸福就取决于效用的大小。这样，研究消费者行为就可以着重研究效用的问题。

二、效用

一个世纪以前，经济学家偶然发现了“效用”这个概念，根据对效用的分析，推导出需求曲线，并且根据效用的概念解释消费者行为所具有的特点。

作为消费者，购买某一物品的原因在于它能够提供心理或生理上的满足，也就是能带来效用，满足程度的高低决定了效用的大小。如果消费者从消费某种物品中感受到痛苦，则得到的就是负效用。

效用是一个抽象的概念，它和欲望一样是一种心理感觉，是消费者对某种物品的一种主观感受。效用又是一种科学构想，是一种简单的分析结构，经济学家用它来解释理性的消费者如何将他们有限的资源分配在能够给他们带来满足的各种商品上。

三、总效用和边际效用

炎炎夏日里，当你正饥渴难当时，欣喜地发现附近有一个冰激凌销售点，于是你冲上去一下子买了半打，并且迫不及待地吞下去一个，此时此刻你的感觉几乎可以用“幸福”来形容，因为你从生理上和心理上都得到了很高水平的满足或效用；然后你接着吃，第二个冰激凌依然带给你一些新增的效用，你的总效用在增加；当你吃了第三个乃至第四个冰激凌之后，你的胃可能开始痉挛，你从中得到的就是负效用了，而你的总效用开始减少。这时候再看看手里握着的快融化的冰激凌，恶心的感觉使你恨不得立即把它们扔到垃圾桶里。

从上述例子中可以很容易理解总效用的含义，总效用是指从消费一定量某种物品中所得到的总满足程度。当你多吃一单位的冰激凌时，你得到新增的效用或满足，效用的这一增加量被称为边际效用。边际效用是指某种物品的消费量每增加一单位所增加的满足程度。

表 3.1 及图 3.2 说明了冰激凌的消费量与总效用及边际效用之间的关系。

表 3.1　总效用与边际效用的关系

冰激凌的消费量	总效用(TU)	边际效用(MU)
0	0	0
1	15	15
2	25	10
3	30	5
4	30	0
5	20	−10

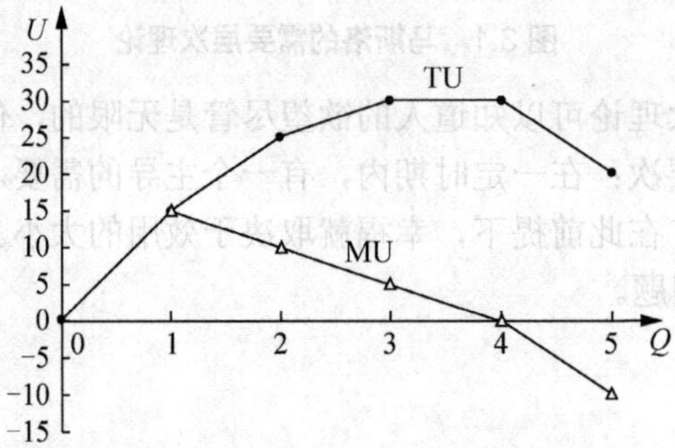

图 3.2　冰激凌的消费量与总效用及边际效用

四、边际效用递减规律

由图 3.2 可以看到，边际效用是递减的。在一个世纪以前经济学家们在分析效用时，就发现这种情况普遍存在于一切物品的消费中，因此被称为边际效用递减规律。这条规律指出，随着消费越来越多的某种物品，消费者从中得到的新增的或边际的效用量是下降的。

为什么会产生这一现象呢？我们可以从以下两个方面来考虑。

(一)消费者生理或心理的原因

消费者在某种物品上消费的数量越多，即某种刺激反复作用时，使人们生理上的满足或心理上的反应减少，从而满足程度也随之减少。例如，当你天天有饭局时，在外就餐会成为你很重的心理负担。

由于效用是一种心理感受，所以经济学家认为边际效用递减规律得自于 19 世纪的心理学家们进行许多次试验结果的“内省”。例如，把一个人的眼睛蒙住，请他伸出臂膀，然后向他手上加重物。开始他会明显感觉到重物的增加，但当重物增加到一定程度时，尽管所加重物相同，他的感觉是增加的(即边际的)重物越来越小，以至于他并不感到任何重量的增加。换言之，他支托的重量越大，增添的或边际的单位重量对他的影响越小。

(二)商品的用途具有多样性

每种物品都有多种用途，这些用途的重要性不同。消费者总是先把物品用于最重要的用途，而后用于次要的用途。若把第一单位用于最重要的用途，其边际效用就大；把第二单位用于次重要的用途，其边际效用就小。以此顺序用下去，用途越来越不重要，边际效用就递减了。例如，某消费者有三块巧克力，第一块充饥(满足生理需要，这是最重要的)，第二块赠送朋友(满足爱的需要)，第三块施舍给乞丐(满足自我实现中对善的追求)。这三块巧克力的重要性是不同的，从而其边际效用也就不同。由此看来，边际效用递减规律是符合实际情况的。

五、货币边际效用递减

同其他物品一样，货币本身也存在总效用和边际效用。货币的边际效用是指每增加一单位货币的消费所增加的效用。一般来说，低收入者每增加一单位货币的消费比高收入者会产生更大的满足，因而，货币的边际效用也是递减的。

如果高收入家庭的货币减少某一数量，而使同等数额的货币转移到低收入家庭，这样会增加社会的总效用。因此，现在有许多国家推行累进税来进行收入再分配，对低收入者实行较低的所得税率，对高收入者实行较高的所得税率，以此来达到分配均等化的目的。

第三节　基数效用论

前面已经阐述了效用的概念，研究幸福最大化就是要研究效用最大化问题。那么，如何来研究效用呢？一些经济学家认为效用可以用具体数字来表示；另一些经济学家则认为效用作为一种心理现象，是不能用具体数字来表示的。由此就产生了两种不同的消费者行为理论：基数效用论与序数效用论。下面将分别讨论。

一、基数效用

作为研究消费者行为理论之一的基数效用论的基本观点是：效用是可以计量并加总求和的，因此效用的大小可以用基数(1, 2, 3,⋯)来表示，效用可以用单位来进行衡量，正如长度单位可以用米来表示一样。如果你一边看书一边听着音乐，若看书所得到的满足程度是 4 个效用单位，听音乐所得到的满足程度是 6 个效用单位，那么你消费这两种物品所得到的总满足程度就是 10 个效用单位。

由此，可以用具体的数字来研究消费者效用最大化问题。基数效用论采用的是边际效用分析法。

二、消费者均衡

现在用效用理论来解释消费者需求，并理解需求曲线的性质。作为一个消费者，在什么条件下能从消费品的组合中得到最大满足？既然消费者总是能使其效用最大化，也即消费者会从可供选择的消费品组合中选择最偏好的组合。

(一)消费者均衡的条件

在运用边际效用分析法来说明消费者均衡时，消费者均衡的条件是：消费者用全部收入所购买的各种物品所带来的边际效用与为购买这些物品所支付的价格的比例相等，或者说每一单位货币所得到的边际效用都相等。这个条件不能理解成你购买的最后一个面包和你购买的最后一件衣服为你提供的边际效用正好相等，因为一件衣服的成本远远高于一个面包的成本。正确的理解是：如果物品 A 的价格是物品 B 的价格的两倍，则只有当物品 A 的边际效用至少是物品 B 的两倍时，你才会购买物品 A。

于是可得出等边际准则：在消费者的收入固定和他面临的各种物品的市场价格既定的条件下，当花费在任何一种物品上的最后一元钱所得到的边际效用正好等于花费在其他任何一种物品上的最后一元钱得到的边际效用时，该消费者就得到最大的满足或效用。

等边际准则告诉我们应该如此安排消费：在每一种物品上花费的最后一元钱支出都给你带来相同的边际效用，只有在这种情况下，你才能从购买中得到最大的满足或效用。

假设消费者的收入为 M，消费者购买并消费 X 与 Y 两种物品，X 与 Y 的价格为 P_X 与 P_Y，所购买的数量分别为 Q_X 与 Q_Y，X 与 Y 带来的边际效用分别是 MU_X 与 MU_Y，每一单位货币的边际效用为 MU，这样可以把消费者均衡的条件写为：

$$P_X Q_X + P_Y Q_Y = M \tag{3.1}$$

$$\frac{MU_X}{P_X} = \frac{MU_Y}{P_Y} = MU_m \tag{3.2}$$

上述式(3.1)是限制条件，说明收入是既定的，购买 X 与 Y 物品的支出不能超过收入，也不能小于收入。超过收入的购买是无法实现的，小于收入的购买又达不到既定收入时的效用最大化。式(3.2)是消费者均衡的条件，即所购买的 X 与 Y 物品带来的边际效用与其价格之比相等，即每一单位货币不论用于购买 X 物品，还是购买 Y 物品，所得到的边际效用都相等。

以此类推，如果所消费的不是两种物品，而是多种物品，设各种物品的价格为 $P_1, P_2, P_3, \cdots, P_n$，购买量为 $Q_1, Q_2, Q_3, \cdots, Q_n$，各种物品的边际效用为 $MU_1, MU_2, MU_3, \cdots, MU_n$，则消费者均衡的条件为：

$$P_1 Q_1 + P_2 Q_2 + P_3 Q_3 + \cdots + P_n Q_n = M \tag{3.3}$$

$$\frac{MU_1}{P_1} = \frac{MU_2}{P_2} = \frac{MU_3}{P_3} = \cdots = \frac{MU_n}{P_n} = MU_m \tag{3.4}$$

这就是说，在收入既定的情况下，拥有的货币较多，拥有的商品较少，货币的边际效用下降，而商品的边际效用上升，消费者就要减少货币的拥有，多购买商品，才能增加他的总效用；反过来，消费者则要卖出商品，增加货币的持有，也能提高他的总效用。只有在商品的边际效用与货币的边际效用相等的时候，消费者才实现了他的均衡，即不再买入或卖出商品，保持既定的商品与货币持有的比例。这就证明，消费者均衡地选择，就是消费者购买商品要实现商品的边际效用与货币的边际效用相等。

这种消费者均衡的条件实际也是对我们日常生活中经验的一种理论概括。例如，你有1000元钱，可以买3件相同的衣服，也可以买3件款式各异的衣服。买3件相同的衣服所带给你的满足程度(效用)肯定不如买3件不同的衣服大，一般人都会做出买不同衣服的选择。即使不了解消费者均衡理论，却在自觉与不自觉中按这一理论决定消费行为。

正是在消费者均衡的意义上，商品的需求曲线不仅是商品的价格线，而且是商品的边际效用线，因为商品的价格反映了商品的边际效用，商品的边际效用递减，所以商品的价格线，即商品的需求曲线向右下方倾斜。

(二)消费者均衡举例——闲暇与时间的最优配置

西班牙有一句对朋友的祝福："健康、财富以及享受它们的时间。"我们必须安排自己的时间预算，如同进行货币预算一样。事实上，无论富有还是贫穷，我们每天都只有24个小时，因此我们的时间预算比货币预算更受限制。下面来说明如何用前面介绍的分析理论应用于时间的配置上。

"闲暇"通常被定义为"一个人可以按照自己意愿去支配的时间"。闲暇是我们个人特色的源泉。17世纪的哲学家培根认为人类最纯洁的娱乐是园艺；现代的英国政治家丘吉尔这样描述他的假日："我度过了愉快的一个月，盖了一间小屋，并口述了一本书：每天盖200块砖，写2 000个字。"

无论你的偏好如何，效用理论的原则都很适用。假设在完成了所有工作之后，你一天有3个小时的自由时间可以进行一些纯消费性质的或追求效用的活动，如锻炼身体、上网、绘画等，那么你将如何分配这 3 个小时才能达到最佳的效果呢？消费者选择的原则指出：当你花费在每一种活动上的最后一分钟的边际效用都相等时，你就最佳地利用了你的时间。

再举个例子，假设你在考试临近前夕，想各门功课的复习效果都能达到最大，但你可利用的时间有限，你会在每一门功课上花费相同的学习时间吗？我想你一定不会这样做。因为你对各门功课涉入的水平本来就有差异。例如，你会发现在《微观经济学概论》《网络营销基础》《计算机应用与办公自动化》等学科上花费相同的学习时间时，各门课所用的最后一分钟，并没有给你带来相同的知识量。如果花费在《微观经济学概论》上的最后一分钟产生的边际知识量大于《计算机应用与办公自动化》，你就应该把复习时间从《计算机应用与办公自动化》转移到《微观经济学概论》上，直到花费在每一门功课上的最后一分钟所产生的效果增量相等时为止，只有这样，才会提高复习效率。

每小时效用最大化相同原则能够运用于生活中许多不同的领域，包括慈善活动、改善环境或减肥。这并不仅仅是一条经济学的规律，而是一条消费者理性选择消费方式和生活方式的规律。

三、边际效用递减规律与需求定律

边际效用递减规律是解释消费者行为的基本规律。在上一部分，我们用这一规律揭示了消费者均衡的实现。在这一部分，我们将继续用这个规律来解释需求定理与消费者剩余。

(一)边际效用与需求定理

需求定理表明，需求量与价格呈反方向变动。这个规律的根源在于边际效用的递减规律。

消费者购买各种物品是为了从消费这些物品中获得效用，他们所愿意付出的价格取决于以这种价格所获得的物品能带来的效用。也就是说，消费者所愿意付出的货币表示了他用货币购买的物品的效用。例如，你愿意用 3 元钱购买 1 千克香蕉或 1 千克苹果，这就说明无论是 1 千克香蕉还是 1 千克苹果带给你的效用是相同的。

在研究消费者行为时，有一个很重要的假设，就是货币的边际效用是不变的，这样才能用货币的边际效用去衡量其他物品的效用。同时，由于消费者的货币收入总是有限的，同样的货币可以购买不同的物品，所以这个假设在一般情况下也是合理的。

消费者为购买一定量某物品愿意付出的货币价格取决于从这一定物品中所获得的效用。效用大，愿意付出的价格高；效用小，愿意付出的价格低。随着消费者购买的某物品数量的增加，该物品给消费者所带来的边际效用是递减的，而货币的边际效用是不变的。这样，随着物品的增加，消费者愿意付出的价格也在下降。因此，需求量与价格必然呈反方向变动。可以通过表 3.2 所举的实例来理解，并且通过图 3.3 能直观地看到这一变化趋势。

表 3.2　边际效用与物品数量和价格关系

边际效用	物品数量	价格/元
20	1	10
10	2	5
5	3	2.5
2	4	1
1	5	0.5

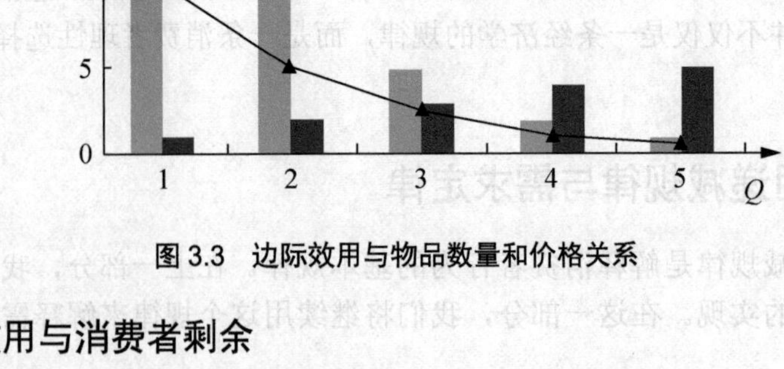

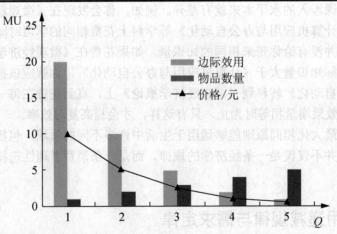

图 3.3　边际效用与物品数量和价格关系

(二)边际效用与消费者剩余

边际效用递减还能解释另一个重要的概念——消费者剩余。

1. 支付意愿

淘宝网上有人拍卖自己闲置不用的华为 P10 Plus，这部手机目前的市场联保价格是 3 200 元左右。假设有四个人想买这部手机，但这个人愿意付出的价格有限。表 3.3 是四位潜在的消费者欲支付的最高价格。消费者愿意支付的最高价格称为支付意愿，它衡量的是消费者对物品的评价。每个消费者都希望以低于自己支付意愿的价格买到这部手机，并拒绝高于支付意愿的价格，而且以正好等于自己支付意愿的价格买这部手机持无所谓的态度。

表 3.3　四位潜在消费者的支付意愿

消 费 者	支付意愿/元
A	3 000
B	2 800
C	2 600
D	2 500

拍卖者的最低价为 2 200 元，报价相差 50 元。由于四位消费者愿意支付的要多得多，价格很快上升。直到消费者 B 加价至 2 800 元时，A 报出 2 850 元，报价停止，B、C、D 三位消费者因为不愿意出比 2 800 元更高的价格，无奈退出，A 支付了 2 850 元，得到这部手机。这个事实说明：商品永远归属于对该商品评价最高的消费者。

2. 消费者剩余

上述的例子中，消费者 A 从购买这部华为 P10 Plus 手机的过程中得到什么收益呢？A 最初的支付意愿是 3 000 元，最终他只支付了 2 850 元，于是 A 得到了 150 元的消费者剩余。通俗地说，消费者剩余是消费者愿意为一种物品支付的量减去消费者为此实际支付的量。

消费者按他对物品效用的评价来决定他愿意支付的价格，但市场上的实际价格并不一定等于他愿意支付的价格。一种物品的总效用与其总市场价值之间的差额称为消费者剩余。这一概念是 19 世纪末 20 世纪初英国经济学家 A.马歇尔提出来的。之所以会产生剩余，是因为“我们所得到的大于我们所支付的”。

假设有两部同型号的手机要卖，与前一个例子相同，也有四位买主。卖主准备以相同的价格卖出两部手机，而且没有一个人愿意同时购买两部相同型号和价格的手机。因此，在拍卖过程中，价格会上升到两个买者放弃为止。

当 A 和 B 同时报价 2 650 元时，C 和 D 便不再加价。在这种价格水平，A 和 B 各买到一部手机。那么，A 的消费者剩余是 350 元，B 的是 150 元。现在 A 的消费者剩余高于以前，因为他得到了同样的手机，但为此支付的钱少了，市场的总消费者剩余是 500 元。

3. 消费者剩余与边际效用递减规律

图 3.4 是一个消费矿泉水的例子，用来说明边际效用递减规律和消费者剩余的关系。

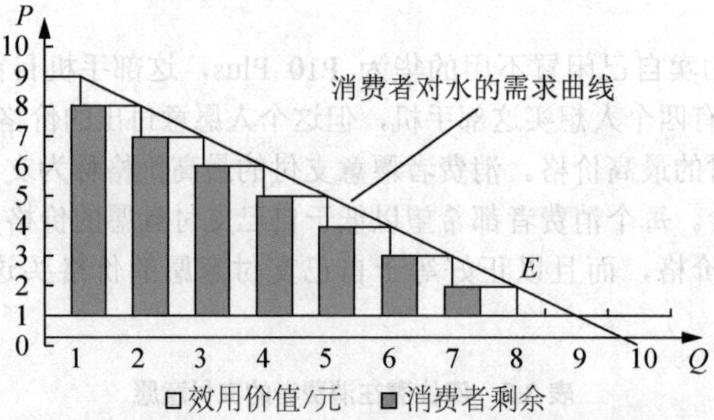

图 3.4　边际效用递减规律和消费者剩余的关系

假设每瓶水的价格为 1 元。图 3.4 中位于 1 元的水平线表示了这一点。水的价格水平决定了该消费者考虑可以消费多少瓶水。第 1 瓶水是非常有用的，能够消除极度的干渴，消费者愿意为它支付 9 元。但是，这第 1 瓶水的代价不过是 1 元，这样，消费者就获得了 8 元的消费者剩余。

再来看第 2 瓶水。这 1 瓶水对消费者来说值 8 元钱，但成本仍然为 1 元，因此消费者剩余为 7 元。如此下去，直到第 9 瓶水，它对消费者所能感受到的效用来说只值 0.5 元，那么该消费者就不会购买这第 9 瓶水了。在 E 点时，消费者达到了均衡，此时，按每瓶 1 元的价格，消费者购买了 8 瓶水。

消费者只支付了 8 元，却得到 44(9+8+7+6+5+4+3+2)元的总价值。这样，该消费者就得到了 36 元的消费者剩余。

消费者剩余表现为一种物品的总效用与其市场价格之间的差额。人们之所以能够享受消费者剩余，并从他们各自的购买行为中获得福利感，其根本原因就在于对所购买的物品，从第一单位到最后一单位，支付了相同的价格，而且所支付的又都是最后一单位的价格。从边际效用递减规律得知，因占有的次序不同，同一物品给人带来的满足感就不同，导致人们所愿意支付的价格也就不同。随着人们对同一物品占有数量的增加，边际效用是递减的，即每增加一单位商品的效用是递减的，但总效用是增加的，当总效用达到极大值时，边际效用趋于零；当超过极大值时仍继续消费，边际效用将转负，从而总效用开始下降。由于商品的价格是由最后一单位商品的效用决定的，而最后一单位商品的效用低于它之前的每一单位商品的效用(即每一个处于 n+1 位置上的商品的效用，都低于位于 n 位置的效用)，因而人们在他们的购买行为中，就可以从前面的每一单位中享受到效用剩余。

如上分析，“消费者剩余”作为一种额外的效用，仅仅只是一种心理感觉。这并非是消费者真的得到了确定数目的现钞，而是得到了某一价值水平的福利感或满足感。正是这种感觉，对于消费者来说，如同亚当・斯密所说的“看不见的手一样”，左右着消费者的购买行为，从而影响着市场上的需求。

第四节 序数效用论

为了弥补基数效用论的缺点，经济学家又提出另一种研究消费者行为的理论：序数效用论。序数效用论最初由意大利经济学家帕累托所倡导，之后又由英国经济学家艾伦和希克斯、美国经济学家费希尔等加以阐述和补充。

一、序数效用

序数效用论的基本观点是：效用作为一种心理现象无法计量，也不能加总求和，只能表示出满足程度的高低与顺序，因此效用只能用序数(第一、第二、第三……)来表示。例如，你看了一部影片或者吃了一顿法国大餐，从中得到的效用既无法衡量，也不能加总求和，但是却可以比较从消费这两种物品中得到的效用。如果你认为看电影所带来的效用大于吃大餐所带来的效用，那么看电影的效用就是第一，而吃大餐的效用则是第二。

序数效用论采用的是无差异曲线分析法。

二、无差异曲线

经济学家维尔费雷多·帕累托(1848—1923)发现，即使在没有效用概念的情况下，需求理论的所有重要组成部分仍能够加以分析。帕累托发展了现在称为无差异曲线的分析方法。

(一)无差异曲线的含义

假设一个消费者在既定的价格水平下，购买不同组合的两种物品，如食品和衣服，如表 3.4 所示。

表 3.4 两种物品的不同购买组合

组合方式	食 品	衣 服
A	5	30
B	10	18
C	15	12
D	20	10
E	25	8
F	30	7

当你需要在组合 A、组合 B 之间做出选择时，可能有三种意见：A 比 B 好；B 比 A 好；两种组合无差异(即没有偏好)。

假设，组合 A 与组合 B 是同样可取的——得到它们之间的任何一种组合对你来说是无差异的。让我们考虑你同样认为是无差异的某些其他组合，如表 3.4 所列举的所有组合。可以用图 3.5 来更直观地表示这些组合。

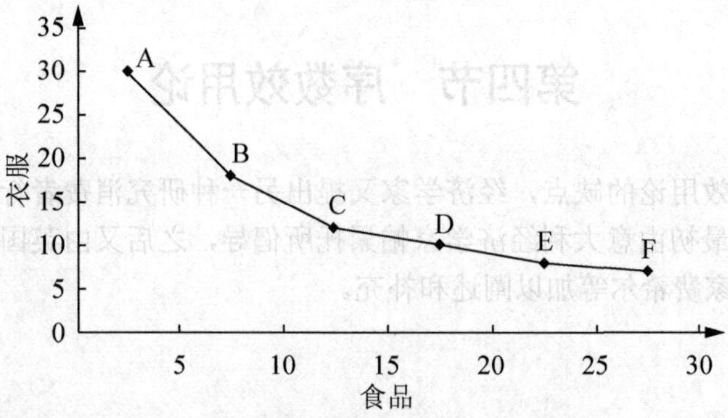

图 3.5 购买两种物品的无差异组合曲线

用横轴衡量食品，用纵轴衡量衣服单位。我们所列出的六种组合不是仅有的无差异的组合，还有许多没表示出来的组合就在图 3.5 中连接各点的平滑曲线上，而这条线就是无差异曲线，这些消费组合的点对于消费者来说互相之间是无差异的，所有的组合都是消费者同样愿意得到的。

(二)无差异曲线的特征

无差异曲线具有以下四个重要特征。

(1) 无差异曲线是一条向右下方倾斜的曲线，其斜率为负值。这表明，在收入与价格既定的条件下，消费者为了得到相同的总效用，在增加一种商品的消费时，必须减少另一种商品的消费，两种商品不能同时增加或减少。

(2) 在同一平面图上可以有无数条无差异曲线。同一条无差异曲线代表相同的效用，不同的无差异曲线代表不同的效用。离原点越远的无差异曲线，所代表的效用越大；离原点越近的无差异曲线，所代表的效用越小，如图 3.6 所示。

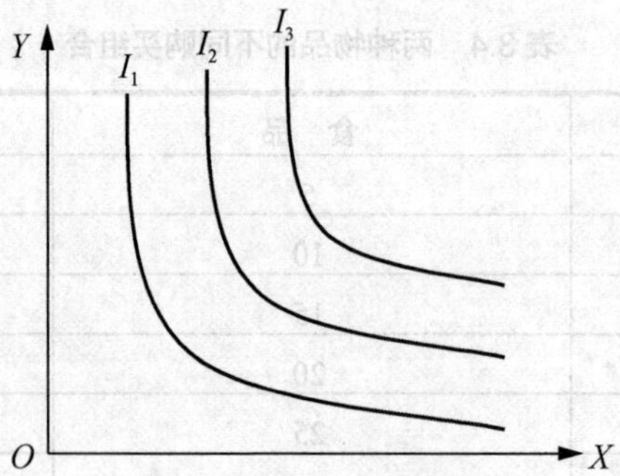

图 3.6 *N* 条无差异曲线

在图 3.6 中，I_1、I_2、I_3 是三条不同的无差异曲线，它们分别代表不同的效用，其顺序为 $I_1<I_2<I_3$。

(3) 在同一平面图上，任意两条无差异曲线不能相交。因为在交点上两条无差异曲线代表了相同的效用，与第(2)个特征相矛盾。

(4) 无差异曲线是一条凸向原点的线，这是由边际替代率递减所决定的。

三、边际替代率

如果消费者在一定的收入和价格水平下所得到的效用或满足程度保持不变，当改变商品的组合比例时，某一种商品的数量增加，就必须减少另一种商品的数量。消费者在保持相同满足程度的前提下，增加一种商品的消费量与必须放弃的另一种商品的消费量之比，称为两种商品的边际替代率。例如，为了增加 X 商品而放弃 Y 商品，增加的 X 商品的数量与所放弃的 Y 商品的数量之比就是以 X 商品代替 Y 商品的边际替代率，写作 MRS_{XY}，如以 ΔX 代表 X 商品的增加量，以 ΔY 代表 Y 商品的减少量，则：$MRS_{XY} = \Delta Y / \Delta X$。

在维持满足程度不变的前提下，人们为了得到一单位某种物品而愿意牺牲的另一种物品的数量是递减的，这一规律称为边际替代率递减规律。例如，根据表 3.5 的数字可以计算出杧果对苹果的边际替代率。

表 3.5 边际替代率

组合方式	杧果(X)/千克	苹果(Y)/个	增加单位杧果对苹果的边际替代率
A	1	12	
B	2	6	从 A 到 B 的边际替代率为 6
C	3	4	从 B 到 C 的边际替代率为 2
D	4	3	从 C 到 D 的边际替代率为 1

由表 3.5 可以看出，从组合方式 A 到 B，增加 1 单位杧果所能代替的苹果为 6 单位，故边际替代率为 6；从 B 到 C，增加 1 单位杧果所能代替的苹果为 2 单位，故边际替代率为 2；从 C 到 D，增加 1 单位杧果所能代替的苹果为 1，故边际替代率为 1。这说明杧果对苹果的边际替代律是递减的，显然，增加苹果对杧果的边际替代率也是递减的。如从 D 到 C、从 C 到 B、从 B 到 A，依次的边际替代率是 1、1/2、1/6，呈现递减趋势。

边际替代率递减规律是以边际效用递减规律为基础的，所不同的是：在边际效用分析中，是假定在其他条件不变时只能增加一种物品的消费量，其边际效用是递减的(这里同时假定效用可以用基数来衡量)；而在无差异曲线分析中是假定在其他条件不变时，两种物品的消费量同时变动，并在保持总效用不变的前提下，一种物品对另一种物品的边际替代率是递减的。边际替代率就是一种物品用另一种替代品表示的边际效用。

四、消费可能线

如果某消费者在固定的收入限制下消费，会是一种什么情况呢？例如，每个月只能花 2 500 元，而且面临着食品和衣服的固定价格——食品每单位 50 元，衣服每单位 100 元。在各种可供选择的食品和衣服的不同组合中，消费者可以将收入花费于其中的任何一种组合。在一种极端情况下，他可以购买 50 单位的食品而不买任何衣服；在另一种极端情况下，他可以购买 25 单位的衣服而不买任何食品。表 3.6 列出了他花费 2 500 元的几种可能性，

图 3.7 描绘了这样的可能性。

表 3.6　商品购买的几种组合

组合方式	食　品	衣　服
A	0	25
B	10	20
C	20	15
D	30	10
E	40	5
F	50	0

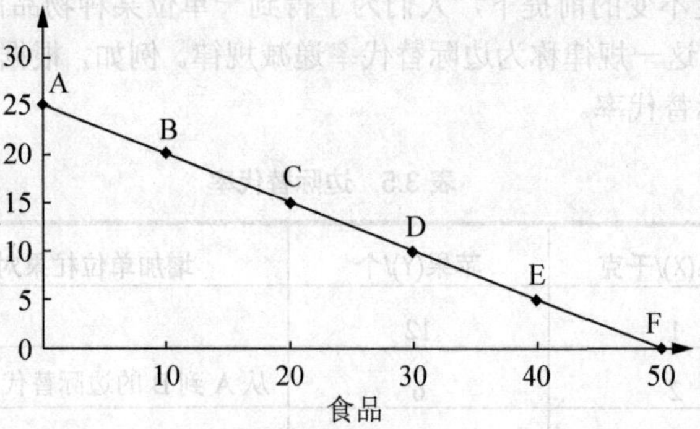

图 3.7　消费可能线

图 3.7 中交叉于横轴与纵轴的直线就是消费可能线。消费可能线又称家庭预算线，或等支出线，它是一条表明在消费者收入与商品价格既定的条件下，消费者所能购买到的两种商品数量最大组合的线。

消费可能线表明了消费者消费行为的限制条件。这种限制就是购买物品所花的钱不能大于收入，也不能小于收入。大于收入是在收入既定条件下无法实现的，小于收入则无法实现效用最大化。这种限制条件可以写为：

$$M = P_X Q_X + P_Y Q_Y$$

上式也可以写为：

$$Q_Y = \frac{M}{P_Y} - \frac{P_X}{P_Y} Q_X$$

这是一个直线方程式，其斜率为 $-\frac{P_X}{P_Y}$。

因为 M、P_X、P_Y 为既定的常数，所以给出 Q_X 的值，就可以解出 Q_Y。当然，给出 Q_Y 的值，也可以解出 Q_X。

如果 $Q_X = 0$，则 $Q_Y = \frac{M}{P_Y}$；如果 $Q_Y = 0$，则 $Q_X = \frac{M}{P_X}$。

图 3.7 中的消费可能线是在消费者的收入和商品价格既定条件下做出的，如果消费者的收入和商品的价格改变了，则消费可能线就会变动。

如果商品价格不变而消费者的收入变动，则消费可能线会平行移动，如图 3.8 所示。

在图 3.8 中，*AB* 是原来的消费可能线。当收入增加时，消费可能线移动为 A_1B_1；当收入减少时，消费可能线移动为 A_2B_2。

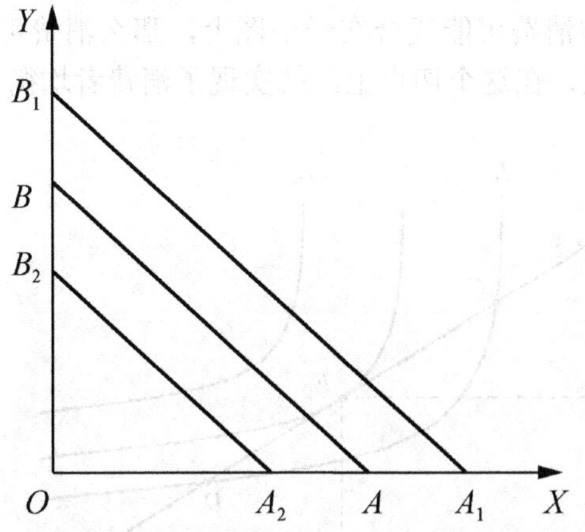

图 3.8　价格不变而收入变动的消费线

如果收入不变，而两种商品的价格同比例上升或下降，则其结果与收入变动相同。

如果收入不变，而两种商品的价格变动，则消费可能线也要移动，但并不是平行移动的。假如 X 商品的价格下降，而 Y 商品的价格与消费者收入不变，则消费可能线的变动如图 3.9 所示。

在图 3.9 中，消费者的收入与 Y 商品的价格不变，而 X 商品价格下降，则消费可能线由 *AB* 移动为 A_1B。

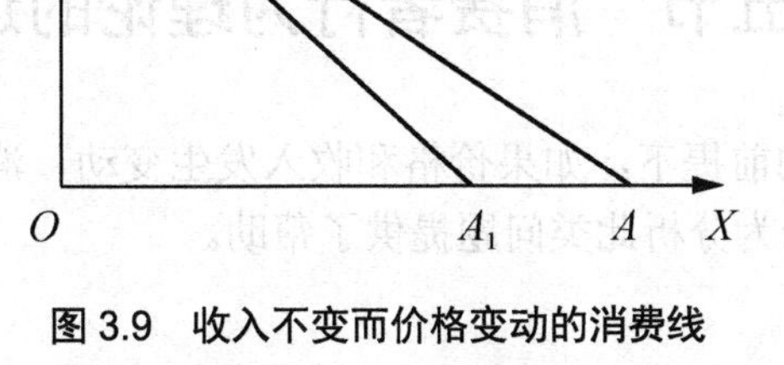

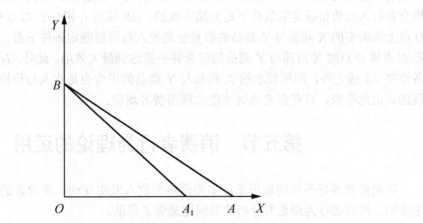

图 3.9　收入不变而价格变动的消费线

Y 商品价格上升以及 X 商品价格不变所引起的消费可能线的变动，有兴趣的读者可以自己分析，这里就不详细叙述了。

五、无差异曲线分析与消费者均衡

这部分我们将介绍如何用无差异曲线分析法来说明消费者均衡的实现。

如果把无差异曲线与消费可能线合在一个图上，那么消费可能线必定与无数条无差异曲线中的一条相切于一点，在这个切点上，就实现了消费者均衡，如图 3.10 所示。

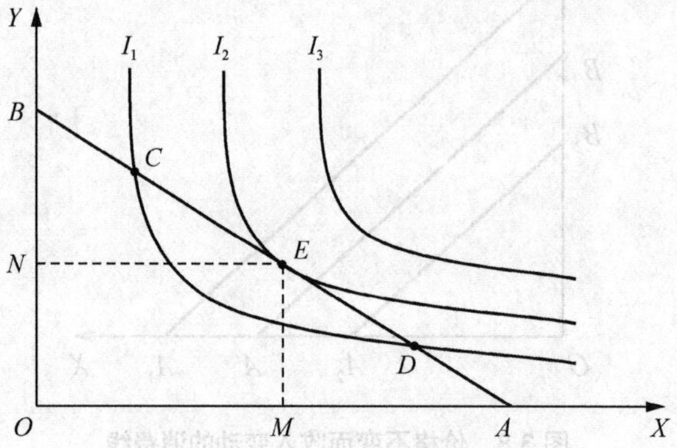

图 3.10　消费者均衡

在图 3.10 中，I_1、I_2、I_3 为三条无差异曲线，它们效用大小的顺序为 $I_1<I_2<I_3$。*AB* 为消费可能线。*AB* 线与 I_2 相切于 *E* 点，这时实现了消费者均衡。这就是说，在收入与价格既定的条件下，消费者购买 *OM* 的 X 商品，*ON* 的 Y 商品，就能获得最大的效用。

为什么只有在 *E* 点时才能实现消费者均衡呢？从图 3.10 中可以看出，I_3 所代表的效用大于 I_2，但 I_3 与 *AB* 线既不相交又不相切，说明达到 I_3 效用水平的 X 商品与 Y 商品的数量组合在收入与价格既定的条件下是无法实现的。*AB* 线与 I_1 相交于 *C* 点和 *D* 点，在 *C* 点和 *D* 点上所购买的 X 商品与 Y 商品的数量也是收入与价格既定条件下最大的组合，但 $I_1<I_2$，在 *C* 点和 *D* 点时 X 商品与 Y 商品的组合并不能达到最大效用。此外，I_2 除 *E* 点之外的其他各点在 *AB* 线之外，即所要求的 X 商品与 Y 商品的组合也是收入与价格既定条件下无法实现的。由此看来，只有在 *E* 点时才能实现消费者均衡。

第五节　消费者行为理论的运用

在消费者偏好不变的前提下，如果价格和收入发生变动，消费者的均衡点也就随着发生变动。消费者行为理论为分析此类问题提供了帮助。

一、替代效应

如果消费者的偏好给定，即消费者的无差异曲线图既定不变，而两种商品的相对价格发生了变化，例如，一种商品的价格 P_X 不变，另一种商品的价格 P_Y 发生变化，或者两种商品的价格同时发生相反方向的变化，要使消费者维持原有的效用水平，就必须使预算线与原来的无差异曲线相切。如图 3.11 所示。

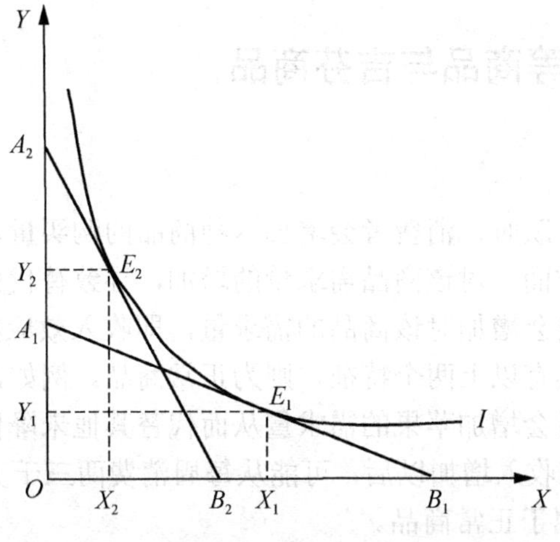

图 3.11　替代效应

原来的预算线 A_1B_1 与无差异曲线 I 相切于 E_1 点，消费者均衡状态下的商品组合为：$X=OX_1$，$Y=OY_1$。现在由于 P_Y 下降，P_X 上升，使预算线移至 A_2B_2 与 I 相切于 E_2 点，则 $X=OX_2$，$Y=OY_2$。这表示价格下跌的商品 Y 的购买量增加了，而商品 X 的购买量则减少了。这种由于商品的相对价格发生变化，消费者增加跌价商品的购买量以代替其价格相对上升的商品，而效用水平未发生变动的现象，称为替代效应。

二、收入效应

假设消费者的偏好不变，商品的价格也不变，而消费者的收入水平发生了变化，那么消费者的消费、购买行为同时也会发生变化。

收入效应是指由于收入变化而导致的商品购买量变化的现象。如图 3.12 所示，原来的预算线 A_1B_1 与 I_1 相切于 E_1 点，消费者对商品 X 与商品 Y 的购买量分别是 $X=OX_1$，$Y=OY_1$。消费者的收入提高后，预算线移至 A_2B_2，A_2B_2 与更高的无差异曲线 I_2 相切于 E_2 点，消费者对商品 X 与商品 Y 的购买量分别是 $X=OX_2$，$Y=OY_2$，两种商品的购买量都比以前增加了，如果收入降低，则商品购买量都会比以前减少。

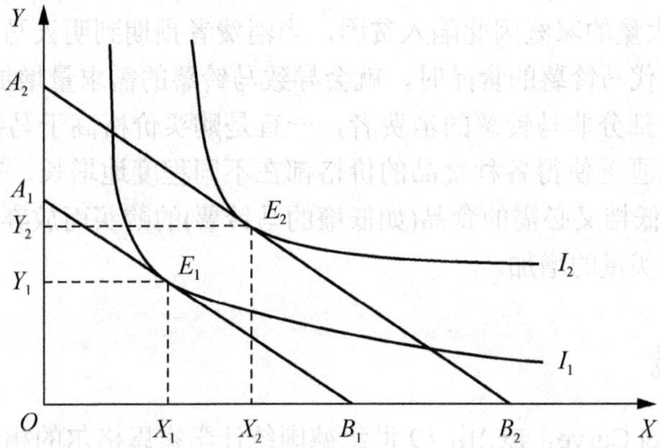

图 3.12　收入效应

三、正常商品、劣等商品与吉芬商品

(一)正常商品

当某种商品的价格下跌时，消费者会增加这种商品的购买量，从而代替其他价格未变但效用相当的商品。一方面，对该商品需求量的增加，导致替代效应为正数；另一方面，当消费者的收入增加，也会增加对该商品的需求量，即收入效应亦为正数。

如果某种商品同时具有以上两个特征，则为正常商品。例如，一方面，当苹果的价格稍微便宜的时候，消费者会增加苹果的需求量从而代替其他未降价的水果；另一方面，当原来收入较低的消费者在收入增加以后，可能从每周消费两三千克苹果增加到每周消费五六千克。因此，苹果就属于正常商品。

(二)劣等商品

一方面，当某种商品的价格下跌后，与上述正常商品一样，消费者会增加对该商品的消费量以代替其他同效用但未降价的产品，即替代效应为正数；另一方面，当消费者的收入增加后，消费者对该商品的需求量减少，转向消费更高级的同类商品，即收入效应为负数。

如果某种商品同时具有以上两个特征，则为劣等商品或低级商品。例如，当收入较低时，消费者会购买地摊货；而当收入增加以后，就会转向购买价格较高的品牌商品。因此，地摊货就属于劣等商品或低级商品。

(三)吉芬商品

在 1845 年的爱尔兰大饥荒中，英国经济学家吉芬(Giffen)发现，虽然马铃薯的价格急剧上升，但爱尔兰的许多农民反而增加了对马铃薯的购买和消费。当时把这种违反需求规律的现象称为“吉芬之谜”，而这种特殊时期的商品也因此得名为“吉芬商品”。

“吉芬之谜”其后被经济学家解开，它被看作需求定理的一种例外。

在正常时期，作为普通人生活的必需食品，马铃薯的价格是相对较低的食品。而爱尔兰 1845 年饥荒使得大量的家庭因此陷入贫困，当消费者预期到明天马铃薯的价格会提高，而暂时又没有可以替代马铃薯的食品时，就会导致马铃薯的需求量增加。

另外，原来有一部分非马铃薯的消费者，一直是购买价格高于马铃薯的其他食品，但饥荒时期食品供应的匮乏使得各种食品的价格都在不同程度地增长，变得更穷的人们为了生存，不得不增加对低档又必需的食品(如低廉的马铃薯)的购买而放弃消费非吉芬商品，这也导致了马铃薯总购买量的增加。

四、恩格尔曲线

恩格尔曲线(Engel Curve，EC)由 19 世纪德国统计学家恩格尔的相关研究而得名。它表示的是消费者的收入与某一商品的需求量之间的函数关系。

恩格尔曲线有以下三种情况。

(一)常用消费品的恩格尔曲线

如图 3.13 所示，商品 X 的消费量随收入的增加而增加，但其增长率是递减的。

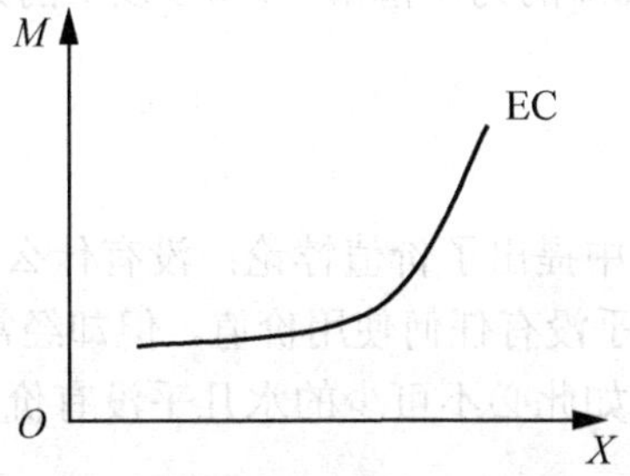

图 3.13 常用消费品的恩格尔曲线

(二)奢侈品和多数工业品的恩格尔曲线

如图 3.14 所示，商品 X 的消费量随收入的增加而增加，其增长率是递增的。

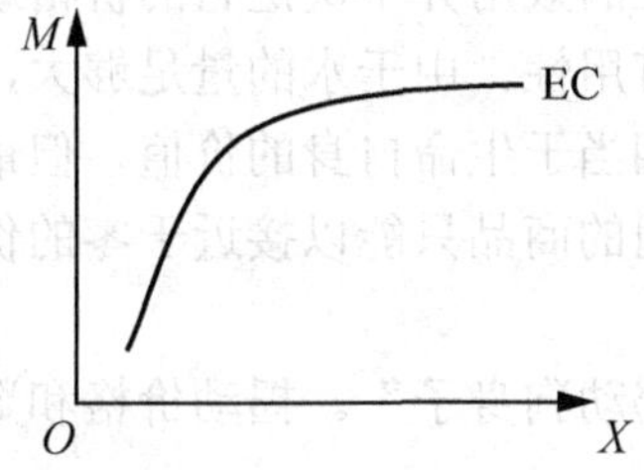

图 3.14 奢侈品和多数工业品的恩格尔曲线

(三)低档消费品的恩格尔曲线

如图 3.15 所示，商品 X 的消费量随收入的增加而不断地减少。

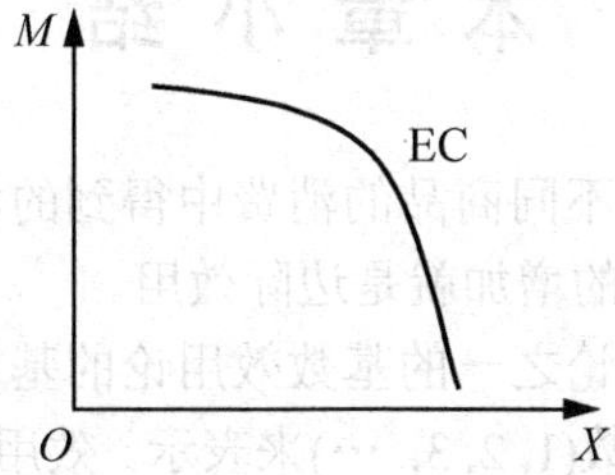

图 3.15 低档消费品的恩格尔曲线

恩格尔通过对统计资料的研究得出如下结论：无论个人、家庭还是整个国家，随着收入的增加，收入中用于食物支出的比重将趋于下降。这就是著名的恩格尔定律。

根据恩格尔定律，无论个人、家庭还是国家，收入中用于食物支出的比重越高，就说明其越贫穷；反之，则说明其越富裕。

收入中用于食物支出的比重可以用恩格尔系数来表示。

$$\text{恩格尔系数}=\frac{\text{食物支出}}{\text{收入}}$$

根据国际公认的标准，恩格尔系数在0.59以上的为“贫困”，0.5～0.59的为“温饱”，0.4～0.5的为“小康”，0.3～0.4的为“富裕”，0.3以下的为“最富裕”。

五、价值悖论

亚当·斯密在《国富论》中提出了价值悖论：没有什么能比水更有用，然而水很少能换到任何东西；相反，钻石几乎没有任何使用价值，但却经常可以交换到大量的其他物品。

换句话说，为什么对生活如此必不可少的水几乎没有价值，而用作装饰的钻石却索取高昂的价格？

尽管200年以前，这一悖论困扰着亚当·斯密，但是今天我们已经可以对此做出解释：“水的供给和需求曲线相交于很低的价格水平，而钻石的供给和需求曲线决定了其均衡价格十分昂贵。”那为什么会有如此不同的价格水平呢？其原因在于：钻石十分稀缺，因此得到钻石的成本很高；而水相对丰裕，在世界上许多地区几乎都可以不花成本就能得到它。

另外，水对于我们在整体上的效用并不决定它的价格或需求，而是取决于水的边际效用，即取决于最后一单位水的有用性。由于水的量足够大，所以最后一杯水只能以很低的价格出售。即使最初的几滴水相当于生命自身的价值，但最后一些水仅仅用于浇草坪或洗汽车。因此，像水那样非常有用的商品只能以接近于零的价格出售，因为最后的一滴水一文不值。

在经济学中，是“狗尾巴摇动狗身子”。摇动价格和数量这个“狗身子”的是边际效用这条“狗尾巴”。

商品的数量越多，它的最后一单位的相对购买愿望越小。正是巨额的数量使其边际效用大大减少，因而降低了这些重要物品的价格。而“物以稀为贵”的原因就在于“稀有”的物品边际效用高，从而决定了其高昂的价格。

本 章 小 结

(1) 效用表示一个消费者从不同商品的消费中得到的相对满意程度。从多消费一单位的某种物品中所得到的满足程度的增加就是边际效用。

(2) 作为研究消费者行为理论之一的基数效用论的基本观点是：效用是可以计量并加总求和的，因此其大小可以用基数(1, 2, 3, …)来表示。效用可以用单位来进行衡量，正如长度单位可以用 “米”来表示一样。

(3) 序数效用论的基本观点是：效用作为一种心理现象无法计量，也不能加总求和，只能表示满足程度的高低与顺序，因此效用只能用序数(第一、第二、第三……)来表示。

(4) 边际效用递减规律指出：随着所消费的某一物品的量的增加，所消费的最后一单位的边际效用趋于递减。

(5) 经济学家假设：消费者要分配其有限的收入，以获得最大的满足或效用。为了实现效用最大化，消费者必须满足等边际准则，即用于每种物品的最后一单位货币的边际效用相等。

(6) 消费者剩余等于买者对一种物品的支付意愿减去他们实际为此支付的量，它衡量消费者从参与市场中得到的收益。

(7) 消费者均衡的条件是：消费者用全部收入所购买的各种物品所带来的边际效用与消费购买这些物品所支付的价格的比例相等，或者说每一单位货币所得到的边际效用都相等。

(8) 如果某个消费者拥有一定的全部用之于消费的货币收入并且面临着两种物品的市场价格，那么他只能沿着消费可能线移动。消费可能线表明了消费者消费行为的限制条件，这种限制就是购买物品所花的钱不能大于收入，也不能小于收入。

(9) 无差异曲线具有四个重要特征。

① 无差异曲线是一条向右下方倾斜的曲线，其斜率为负值。

② 在同一平面图上，可以有无数条无差异曲线。

③ 在同一平面图上，任意两条无差异曲线不能相交。

④ 无差异曲线是一条凸向原点的线。

(10) 如果把无差异曲线和消费可能线合在一个图上，那么消费可能线必定与无数条无差异曲线中的一条相切于一点，在这个切点上，就实现了消费者均衡。

(11) 由于商品的相对价格发生变化，消费者增加跌价商品的购买量以代替其价格相对上升的商品，而效用水平未发生变动的现象，称为替代效应。

(12) 收入效应是指由于收入变化而导致的商品购买量变化的现象。

(13) 正常商品的收入效应与替代效应均为正数；劣等商品的收入效应为负数，替代效应为正数。

(14) 某种商品在特定的时期会呈现出“吉芬特性”，则该商品被称为“吉芬商品”。但是，没有永远的吉芬商品，它将随着吉芬现象的消失而消失，恢复普通商品的特征。

(15) 恩格尔曲线表示的是消费者的收入与某一商品的需求量之间的函数关系；恩格尔系数是指食品支出和收入之比。

复习思考题

1. 什么是边际效用递减规律？试举例说明。

2. 下列物品中哪一对可以划分为互补品、替代品和独立品？

DVD 影碟机、SD 存储卡、火车票、口香糖、充电电池、笔记本电脑、数码相机、飞机票和液晶电视机。

以上述物品中的某对互补品为例，说明当一种物品的价格上升时，所引起的另一种物品的需求曲线的变动。

3. 众所周知，阳光之于生命的重要价值，但阳光却是免费的。试问这又是一个价值悖论吗？

4. 2017 年你愿意花费在购买上海迪士尼门票的预算是多少？你实际的花费是多少？试估算你的消费者剩余。

5.“一种物品越稀少，它相对的替代价值就越大；相对于数量越多的物品而言，它的边际效用就越上升”。这句话对吗？为什么？

6. 什么是消费者均衡？并作图说明。

7. 什么是恩格尔定律和恩格尔系数？试计算你个人或家庭的恩格尔系数。

8. 假设需求函数为 $q=10-2$，求:

(1) 当价格为 2 元时消费者剩余是多少？

(2) 当价格由 2 元变化到 3 元时消费者剩余变化了多少？

9. 已知某消费者每月花费于必需品 X 和 Y 两种商品的上限为 1 200 元，他的效用函数为 $U=XY$，X 的价格是 20 元，Y 的价格是 30 元。求:

(1) 为了获得最大效用，他购买必需品 X 和必需品 Y 的量各为多少？

(2) 货币的边际效用和他获得的总效用各为多少？

(3) 假如 X 的价格提高 44%，Y 的价格不变，为保持原有的效用水平，消费 X 和 Y 的限额必须增加到多少？

10. 试用本章所学的经济学理论分析下列案例。

28 岁的金云工作两年多，几乎没什么积蓄，是典型的“月光族”。2017 年年底，金云听朋友的劝告，按揭购买了一套小户型。父母援助首付款，她自己还月供。自从成了“房奴”，金云购物时总是精打细算。几个月下来，不但保证了月供，还小有节余。金云很是自得，真正感觉到买房不仅可以投资，还可以强行让她这种购物狂存钱。

第四章 生产者行为理论

第三章研究的是消费者行为理论，分析了商品市场的需求问题。从本章开始，将用三章的篇幅，从生产者的角度出发研究产品市场的供给问题。

生产者亦称为厂商。厂商是指能做出统一生产决策的单位。根据其所有制不同，厂商可以分为个人企业、合伙企业和公司等。尽管它们所有制的形式不同，规模差别也很大，但在经济中都是能做出统一决策的单位。

生产者行为理论研究的是生产者的行为。在研究生产者的行为时，假定生产者都是具有完全理性的经纪人。他们生产的目的是为了实现利润最大化，即在既定的产量之下实现成本最小，或者在既定的成本下达到产量最大。

实现生产者利润最大化涉及以下三个问题。

(1) 投入的生产要素与产量的关系。即如何在生产要素既定时使产量最大，或者是在产量既定时使投入的生产要素最少，也就是如何有效地使用各种生产要素的问题。

(2) 成本与收益的关系。要使利润最大化，就要使扣除成本后的收益达到最大化。这就要进行成本—收益分析，并确定一个利润最大化的原则。

(3) 市场问题。由于竞争与垄断的程度不同，市场结构也不同，当厂商处于不同的市场时，应该如何确定自己产品的产量与价格。

本章将从生产函数出发，分析一种生产要素变动的生产函数及其变动规律和两种可变生产要素的生产函数及其要素的最优组合。

本章重点：

- 生产要素和生产函数
- 边际收益递减规律
- 总产量、平均产量和边际产量的关系
- 等产量线和等成本线的特征
- 生产要素的最适组合
- 规模经济

第一节 生产要素和生产函数

分析生产函数首先要区分短期与长期。短期是企业不能全部调整所有生产要素投入的时期；长期是所有生产要素都可以调整的时期。在短期中，企业的生产要素投入分为固定投入与可变投入。固定投入如厂房、设备、管理人员；可变投入如原料、燃料、生产工人。

一、生产与生产要素

(一)生产

生产就是投入与产出的过程。经济学通常把生产过程中的投入称为生产要素，因此生产是对各种生产要素进行组合以制成产品的行为。

(二)生产要素

生产要素是生产过程中的投入，即生产中所使用的各种资源。经济学通常把这些资源分为劳动(L)、资本(K)、土地(N)和企业家才能(E)四种。

(1) 劳动是指劳动力所提供的服务，可以分为脑力劳动与体力劳动。

(2) 资本是指生产中所使用的资金。它包括两种形式：无形的人力资本与有形的物质资本。

无形的人力资本是指体现在劳动者身上的身体、文化、技术状态；物质资本是指厂房、设备、原料等资本品。在生产理论中，一般指的是后一种物质资本。

(3) 土地是指生产中所使用的各种自然资源。它包括土地以及地下、地上的各种自然资源，如土地、水、自然状态的矿藏、森林等。

(4) 企业家才能是指企业家对整个生产过程的组织与管理工作。

经济学家认为劳动、土地、资本通过企业家才能被有效地组织起来，发挥其最大的功效。因此，生产就是这四种生产要素合作的过程，产品则是这四种生产要素共同努力的结果。

二、生产函数

生产要素的数量与组合和它所能生产出来的产量之间存在着一定的关系。生产函数正是表明一定技术水平之下，生产要素的数量与某种组合和它所能生产出来的最大产量之间关系的函数。

假定投入的生产要素为劳动、资本、土地、企业家才能，则生产函数可以表达为：

$$Q=f\,(L, K, N, E)$$

上式中 Q 代表产量。在生产函数中，产量 Q 是指一定投入要素的组合所能生产出来的最大产量。由于产量还与采用的生产技术有关，因此如果技术条件发生了变化，同样的要素投入组合可能会达到新的产量，为了分析问题方便，此时假设技术条件不变。同时由于一般把土地作为固定的要素投入，而企业家才能难以估算，所以在下面的讨论中我们假定只有两种投入要素，即劳动和资本，生产函数可以写为：

$$Q=f\,(L, K)$$

这一函数式表明，在一定技术水平时，生产 Q 的产量，需要一定数量劳动与资本的组合。同样，生产函数也表明，当劳动与资本的数量和组合为已知时，也就可以推算出最大的产量。

20 世纪 30 年代初，美国经济学家 P. 道格拉斯与 C. 柯布根据美国 1899—1922 年的工业生产统计资料，得出了这一时期美国的生产函数为：

$$Q=AL^{\alpha}K^{\beta}$$

这就是经济学中著名的“柯布—道格拉斯生产函数”。在这个生产函数中，A 与 α、β 为常数，其中 $\alpha<1$，$\beta>0$ 且 $\beta=1-\alpha$。式中的 A 可以看作一个技术系数，其值越大，既定要素投入所能生产的产量也就越大。α 和 β 分别代表增加 1%的劳动和资本时产量增加的百分比，它们反映了劳动和资本在生产过程中的重要程度。当时，柯布与道格拉斯计算出 A 为 1.01，α 为 0.75，β 为 0.25。因此，柯布—道格拉斯生产函数可以具体化为：$Q=1.01L^{0.75}K^{0.25}$。这说明：这一时期在生产中，劳动所做出的贡献为全部产量的 3/4，资本为 1/4。经统计资料的验证，这个估算是符合当时的实际情况的。

第二节　一种生产要素的最适投入

在分析投入的生产要素与产量之间的关系时，我们首先要研究一种可变生产要素的投入。也就是说，在其他生产要素不变的情况下，一种生产要素的增加对产量的影响以及这种可变的生产要素的投入量以多少为宜。

一、一种生产要素的生产函数

此时厂商处于生产的短期，厂商所使用的某些生产要素是固定不变的。可做如下假设。

(1) 厂商在生产中只使用劳动和资本两种生产要素。

(2) 劳动的投入量可变，资本的投入量保持不变。即劳动为可变生产要素，资本为固定生产要素。

(3) 技术水平不变。

厂商的生产函数反映了既定资本投入量下，劳动投入量与其所能生产的最大产量之间的关系。这时的生产函数为：

$$Q=f(K, L)$$

其中，K 表示资本量不变，这时的产量只取决于劳动量 L。由于研究的是产量 Q 与可变要素劳动 L 的关系，则生产函数也可以写为：

$$Q=f(L)$$

同样假设劳动为不变要素，资本为可变要素，则产量 Q 与可变要素 K 的关系也可以写为：

$$Q=f(K)$$

在研究这一问题时，必须首先了解一个重要的经济规律：边际收益递减规律。

二、边际收益递减规律

边际收益递减规律又称收益递减规律，它的基本内容是：在技术水平不变的情况下，当把一种可变的生产要素投入到一种或几种不变的生产要素中时，最初这种生产要素的增加会使产量增加，但当它的增加超过一定限度时，增加的产量将要递减，最终还会使产量绝对减少。

在理解这一规律时，需要注意以下三点。

(1) 这一规律发生作用的前提是技术水平不变。技术水平不变是指生产中所使用的技术没有发生重大变革。

尽管当今社会技术进步的速度很快，但并不是每时都有重大的技术突破，技术进步总是间歇式进行的，只有经过一定时期的准备以后，才会有重大的进展。无论在农业还是工业中，一种技术水平一旦形成，总会有一个相对稳定的时期，这一时期就可以称为技术水平不变。因此，在一定时期内技术水平不变这一前提是可以成立的。由于技术水平的高低决定了生产要素的利用率，所以离开了技术水平不变这一前提，边际收益递减规律就不能成立。

(2) 这一规律所指的是生产中使用的生产要素分为可变的与不变的两类，即两种生产要素的配合比例(技术系数)是可变的。

边际收益递减规律研究的就是不断把一种可变生产要素增加到其他不变的生产要素上时对产量或收益所产生的影响。例如，在工业生产中，当厂房、设备等生产要素不变时，增加劳动力的投入就属于这种情况。

(3) 在其他生产要素不变时，一种生产要素增加所引起的产量或收益的变动可以分为三个阶段。

第一阶段：产量递增，即这时可变生产要素的增加会使产量或收益增加。因为在开始时不变的生产要素没有得到充分利用，这时增加可变的生产要素，可以使不变的生产要素得到充分利用，从而产量递增。

第二阶段：边际产量递减，即这时可变生产要素的增加仍可以使总产量增加，但增加的比率，即增加的每一单位生产要素投入所增加的产量(边际产量)是递减的。这是因为，在这一阶段时，不变生产要素已接近于充分利用，可变生产要素的增加已不能像第一阶段那样使产量迅速增加。

第三阶段：产量绝对减少，即这时可变生产要素的增加会使总产量减少。这是因为，这时不变生产要素已经得到充分利用，再增加可变生产要素只会降低生产效率，减少总产量。

边际收益递减规律是从科学实验和生产实践中得出来的，在农业中的作用最明显。早在 1771 年，英国农学家 A. 杨格就用在若干相同的地块上施以不同量肥料的实验，证明了肥料施用量与产量增加之间存在着这种边际收益递减的关系。此后，国内外学者又以大量事实证明了这一规律。这一规律同样存在于工业、商业、交通、服务等部门。

边际收益递减规律是我们研究一种生产要素合理投入的出发点。

三、一种生产要素的最适投入的边际分析

(一)总产量、平均产量和边际产量曲线

为了用边际收益递减规律分析一种生产要素的合理投入，我们先要分析一种生产要素增加所引起的总产量、平均产量与边际产量变动的关系。

总产量(TP)是指一定量的某种生产要素所生产出来的全部产量。平均产量(AP)是指平均

每单位某种生产要素所生产出来的产量。边际产量(MP)是指某种生产要素增加一单位所增加的产量。

例如，以 L 代表劳动这种生产要素的投入量，ΔL 代表劳动的增加量，以 TP 代表总产量，以 AP 代表平均产量，以 MP 代表边际产量，则这三种产量可以分别写为：

$$TP=AP\cdot L$$

$$AP=TP/L$$

$$MP=\Delta TP/\Delta L$$

假定生产某种产品时所用的生产要素是资本与劳动。其中资本是固定的，劳动是可变的，则根据上述关系可得表 4.1。

表 4.1　一个假设的总产量、平均产量和边际产量的关系

资本量（K）	劳动量（L）	劳动增量（ΔL）	边际产量（MP_L）	总产量（TP_L）	平均产量（AP_L）
10	0				
10	1	1	6	6	6
10	2	1	7.5	13.5	6.75
10	3	1	7.5	21	7
10	4	1	7	28	7
10	5	1	6	34	6.8
10	6	1	4	38	6.3
10	7	1	0	38	5.4
10	8	1	−7	31	3.9

根据表 4.1 可得出图 4.1。

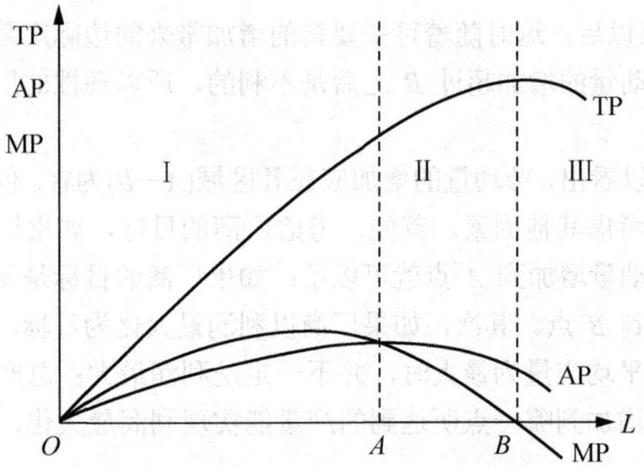

图 4.1　总产量、平均产量和边际产量曲线

在图 4.1 中，横轴 OL 代表劳动量，纵轴 TP、AP、MP 分别代表总产量、平均产量与边际产量。TP 为总产量曲线，AP 为平均产量曲线，MP 为边际产量曲线，分别表示随劳动量变动总产量、平均产量与边际产量变动的趋势。根据图 4.1，可以看出总产量、平均产量和边际产量之间的关系有以下三个特点。

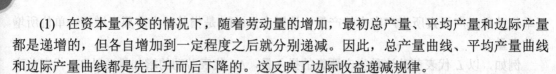

(1) 在资本量不变的情况下，随着劳动量的增加，最初总产量、平均产量和边际产量都是递增的，但各自增加到一定程度之后就分别递减。因此，总产量曲线、平均产量曲线和边际产量曲线都是先上升而后下降的。这反映了边际收益递减规律。

(2) 边际产量曲线与平均产量曲线相交于平均产量曲线的最高点。在边际产量曲线与平均产量曲线相交前，平均产量是递增的，边际产量大于平均产量(MP>AP)；在边际产量曲线与平均产量曲线相交后，平均产量是递减的，边际产量小于平均产量(MP<AP)；在边际产量曲线与平均产量曲线相交时，平均产量达到最大，同时边际产量等于平均产量(MP=AP)。

(3) 当边际产量为正数时(MP>0)，总产量增加；当边际产量为零时(MP=0)，总产量达到最大；在此之后，当边际产量为负数时(MP<0)，总产量绝对减少。

(二)生产要素的合理投入区间

总产量、平均产量、边际产量之间的关系反映了边际收益递减规律。下面可以利用三者之间的关系来说明一种生产要素的合理投入区间的问题。

在确定一种生产要素的合理投入时，首先根据总产量、平均产量与边际产量的关系，将图 4.1 分为三个区域。I 区域是劳动量从零增加到 *A* 这一阶段，这时平均产量一直在增加，边际产量大于平均产量。这说明在这一阶段，相对于不变的资本量而言，劳动量不足，所以劳动量的增加可以使资本得到充分利用，从而产量递增。由此来看，劳动量最少要增加到 *A* 点为止，否则资本无法得到充分利用，所以理智的厂商不会在此时停止可变要素的投入。II 区域是劳动量从 *A* 增加到 *B* 这一阶段，这时平均产量开始下降，边际产量也递减，即增加劳动量仍可使边际产量增加，但增加的比率是递减的。由于边际产量仍然大于零，所以总产量仍在增加。在劳动量增加到 *B* 时，边际产量等于零，总产量达到最大。III区域是劳动量增加到 *B* 点以后，这时随着可变要素的增加带来的边际产量为负数，总产量绝对减少。由此看来，劳动量的增加超过 *B* 之后是不利的，所以理性的厂商不会将可变要素增加到这一区间。

从以上的分析可以看出，劳动量的增加应在II区域(*A*—*B*)为宜。但具体应在II区域的哪一点上呢？这还需要考虑其他因素。首先，考虑厂商的目标，如果厂商的目标是使平均产量达到最大，那么劳动量增加到 *A* 点就可以了；如果厂商的目标是使总产量达到最大，那么劳动量就可以增加到 *B* 点。其次，如果厂商以利润最大化为目标，则就要考虑成本、产品价格等因素。因为平均产量为最大时，并不一定是利润最大；总产量为最大时，利润也不一定最大。劳动量增加到哪一点所达到的产量能实现利润最大化，还必须结合成本与产品价格来分析。

第三节　生产要素最适投入组合

在技术系数即两种生产要素的配合比例可以变动的情况下，这两种生产要素按什么比例配合最好呢？这就是生产要素最适组合所研究的问题。设生产中只投入两种生产要素：

劳动(L)和资本(K)，则两种可变生产要素的生产函数为 $Q=f(K, L)$。此时，厂商处于生产的长期，即厂商所使用的全部生产要素都是可变的。

生产要素最适组合的分析与消费者均衡的分析很相似。消费者均衡研究消费者如何把既定的收入分配于两种产品的购买与消费上，以达到效用最大化。生产要素的最适组合，研究生产者如何把既定的成本(即生产资源)分配于两种生产要素的购买与生产上，以达到利润最大化。因此，研究这两个问题所用的方式也基本相同，即边际分析法和等产量线分析法。

一、生产要素最适组合的边际分析

厂商为了实现生产要素的最适组合，一定要考虑购买各种生产要素所能获得的边际产量与所付出的价格。这样，生产要素最适组合的原则是：在成本与生产要素价格既定的条件下，应该使所购买的各种生产要素的边际产量与价格的比例相等，即要使每一单位货币无论购买何种生产要素都能得到相等的边际产量。我们可做如下假设。

(1) 厂商购买两种生产要素——资本与劳动。

(2) 劳动和资本的价格既定。

(3) 厂商投入的成本既定(即厂商拥有的货币量是既定的)。

用 K 代表资本，MP_K 代表资本的边际产量，P_K 代表资本的价格，Q_K 代表购买的资本量；用 L 代表劳动，MP_L 代表劳动的边际产量，P_L 代表劳动的价格，Q_L 代表购买的劳动量，M 代表成本，则生产要素最适组合条件可写为：

$$P_K Q_K+P_L Q_L=M \tag{4.1}$$

$$MP_K / P_K=MP_L / P_L \tag{4.2}$$

式(4.1)表示的是限制条件，说明厂商由于所拥有的货币量是既定的，购买资本与劳动的支出不能超过这一货币量，也不能小于这一货币量。超过这一货币量是无法实现的，而小于这一货币量的购买也达不到既定资源时的产量最大化。

式(4.2)是生产要素最适组合的条件，即所购买的生产要素的边际产量与其价格之比相等。也就是说，每一单位的货币无论用于购买资本，还是购买劳动，所得到的边际产量都相等。生产要素的最适组合也可以称为生产者均衡。

二、生产要素最适组合的等产量线分析

(一)等产量线

1. 等产量线的含义

等产量线是表示两种生产要素的不同数量的组合可以带来相等产量的一条曲线，或者说是表示某一固定数量的产品，可以用所需要的两种生产要素的不同数量的组合生产出来的一条曲线。

假设：现在有资本(K)与劳动(L)两种生产要素，它们有 A、B、C、D 四种组合方式，这

四种组合方式都可以达到相同的产量。这样，可得出表 4.2。

表 4.2　资本、劳动两种生产要素的四种组合方式

组合方式	劳动(*L*)	资本(*K*)
A	1	6
B	2	3
C	3	2
D	6	1

根据表 4.2 可得出图 4.2。

在图 4.2 中，横轴 *OL* 代表劳动量，纵轴 *OK* 代表资本量，*Q* 为等产量线，即线上任何一点所表示的资本与劳动不同数量的组合，都能生产出相等的产量。等产量线与无差异曲线相似，所不同的是，它所代表的是产量，而不是效用。

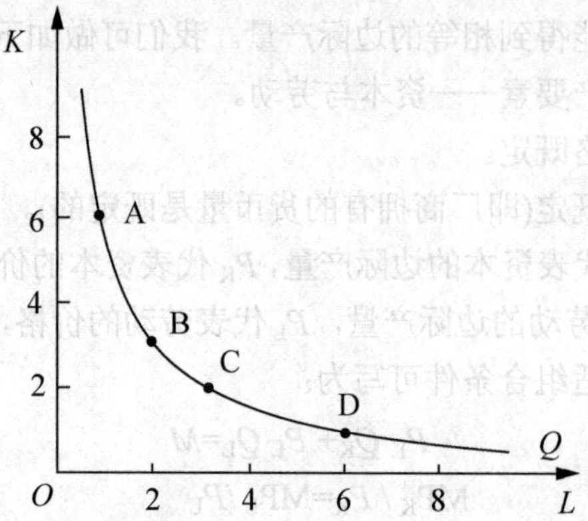

图 4.2　资本、劳动四种组合的等产量线

2. 等产量线的特征

等产量线有以下几个特征。

(1)　等产量线是一条向右下方倾斜的线，其斜率为负值。这就表明，在生产者的资源与生产要素价格既定的条件下，为了达到相同的产量，在增加一种生产要素时，必须减少另一种生产要素。两种生产要素的同时增加，是资源既定时无法实现的；两种生产要素的同时减少，不能保持相等的产量水平。

(2)　在同一平面图上，可以有无数条等产量线。同一条等产量线代表相同的产量，不同的等产量线代表不同的产量水平。离原点越远的等产量线所代表的产量水平越高，离原点越近的等产量线所代表的产量水平越低。可用图 4.3 来说明这一点。

在图 4.3 中，Q_1、Q_2、Q_3 是三条不同的等产量线，它们分别代表不同的产量水平，其顺序为：$Q_1<Q_2<Q_3$。

(3)　在同一平面图上，任意两条等产量线不能相交。因为在交点上两条等产量线代表了相同的产量水平，与第(2)个特征相矛盾。

(4)　等产量线是一条凸向原点的线。这是由边际技术替代率递减所决定的。

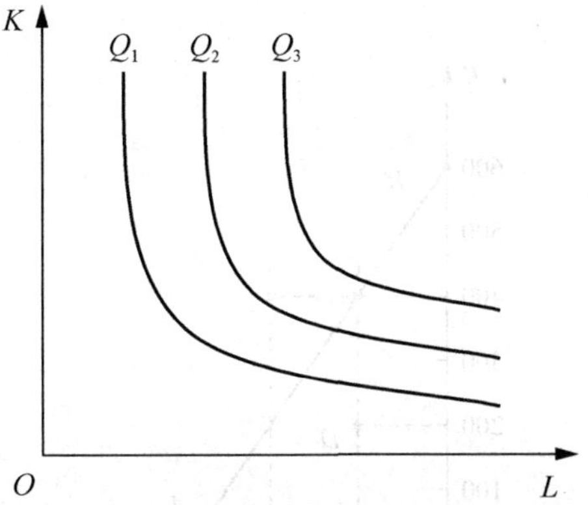

图 4.3　资本、劳动多种组合的不同等产量线

(二)边际技术替代率

边际技术替代率(Marginal Rate of Technical Substitution，MRTS)是在维持相同的产量水平时，减少一种生产要素的数量，与增加的另一种生产要素的数量之比。用ΔL代表劳动的增加量，ΔK代表资本的减少量，$MRTS_{LK}$代表以劳动代替资本的边际技术替代率，则有：

$$MRTS_{LK}=-\Delta K/\Delta L$$

边际技术替代率应该是负值，因为一种生产要素增加，另一种生产要素就要减少。

边际技术替代率是递减的。这是因为，根据边际收益递减规律，随着劳动量的增加，它的边际产量在递减。这样，每增加一定数量的劳动所能代替的资本量越来越少，即ΔL不变时，ΔK越来越小。边际技术替代率递减反映了边际收益递减规律。边际技术替代率也就是等产量线的斜率。等产量线的斜率递减决定了它是一条凸向原点的曲线。

(三)等成本线

等成本线是指在生产要素的价格和厂商的成本既定的条件下，厂商可以购买的两种生产要素组合所形成的曲线。

假定 M 为货币成本，P_K、P_L、Q_K、Q_L 分别为资本与劳动的价格和购买量，那么，可用下式表示：

$$M=P_K Q_K+P_L Q_L$$

上式也可以写为：

$$Q_K=M/P_K-(P_L/P_K)Q_L$$

这是一个直线方程式，其斜率为$-(P_L/P_K)$。

设 M、P_L、P_K 为既定的常数，所以给出 Q_L 的值，就可以解出 Q_K；同样，当给出 Q_K 的值时，也可以解出相应的 Q_L 的值。

如果 $Q_L=0$，则 $Q_K=M/P_K$；

如果 $Q_K=0$，则 $Q_L=M/P_L$。

设：M=600 万元，P_L=2 万元，P_K=1 万元，则有 $Q_L=0$，$Q_K=600$；$Q_K=0$，$Q_L=300$。这

样，就可以得出图 4.4。

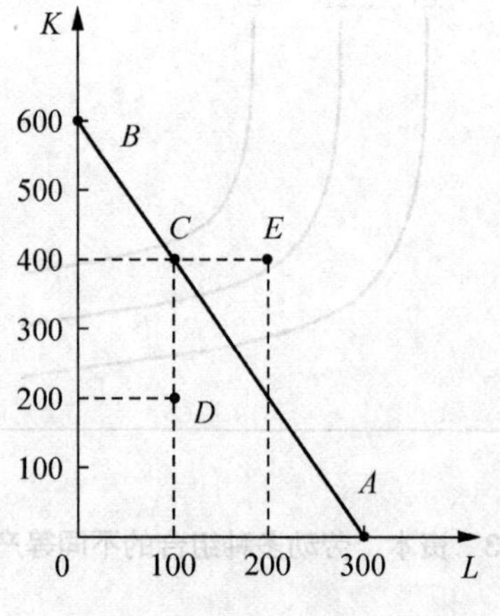

图 4.4 两种生产要素组合形成的等成本线

在图 4.4 中，如用全部货币购买劳动，就可以购买 300 单位(*A* 点)，如用全部货币购买资本，可以购买 600 单位(*B* 点)，连接 *A* 和 *B* 点则为等成本线。该线上的任何一点，都是在货币成本与生产要素价格既定条件下，能购买到的劳动与资本的最大数量的组合。

例如，在 *C* 点购买 100 单位劳动、400 单位资本，正好用完 600(2×100+1×400)万元。该线内的任何一点所购买的劳动与资本的组合，是可以实现的，但并不是最大数量的组合，即没有用完货币成本。例如，在 *D* 点购买 100 单位劳动、200 单位资本，只用了 400(2×100+1×200=400)万元。在该线外的任何一点，所购买的资本与劳动的组合大于 *C* 点时，无法实现，因为所需要的货币超过了既定的成本。再如，在 *E* 点，购买 200 单位劳动、400 单位资本，大于 *C* 点的 100 单位劳动和 400 单位资本，但这时要支出 800(2×200+1×400)万元，无法实现。

如果生产者的货币成本变动(或者生产要素价格都变动)，则等成本线会平行移动。货币成本增加，等成本线向右上方平行移动；货币成本减少，等成本线向左下方平行移动，如图 4.5 所示。

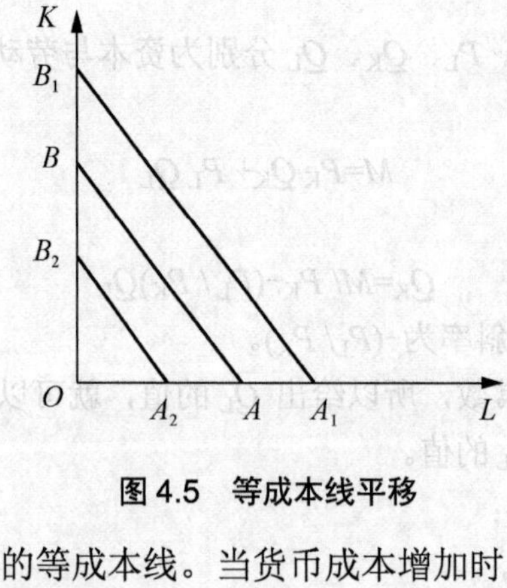

图 4.5 等成本线平移

在图 4.5 中，*AB* 是原来的等成本线。当货币成本增加时，等成本线移动为 A_1B_1；当货币成本减少时，等成本线移动为 A_2B_2。

(四)生产要素的最适组合

把等产量线与等成本线结合起来就可以分析生产要素的最适组合。

如果把等产量线与等成本线合在一个图上，那么等产量线与等成本线之间的关系包括：两者相交、相离和相切。从理论上说，同一平面内等成本线必然与无数条等产量线中的其中一条相切于 E 点。在这个切点上，就实现了生产要素的最适组合，如图 4.6 所示。

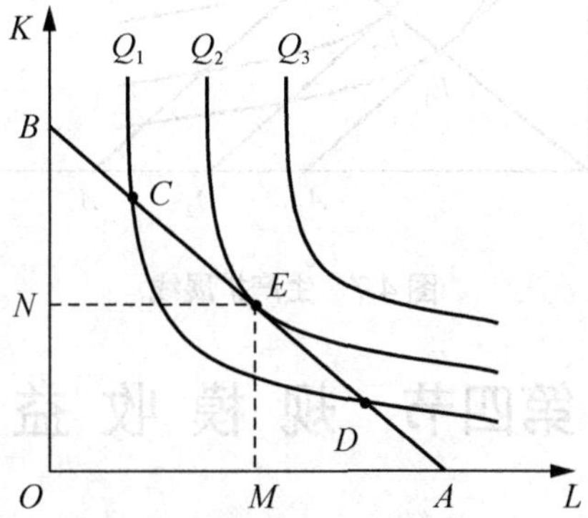

图 4.6　生产要素的最适组合

在图 4.6 中，Q_1、Q_2、Q_3 为三条等产量线，其产量大小的顺序为 $Q_1<Q_2<Q_3$。AB 为等成本线。AB 线与 Q_2 相切于 E 点，这时实现了生产要素的最适组合。这就是说，在生产者的货币成本与生产要素价格既定的条件下，OM 的劳动与 ON 的资本结合，能实现利润最大化，即既定产量下成本最小或既定成本下产量最大。

为什么只有在 E 点时才能实现生产要素的最适组合呢？从图 4.6 上看，C、E、D 点都是相同的成本，这时 C 和 D 点在 Q_1 上，而 E 点在 Q_2 上，$Q_2>Q_1$，所以在 E 点时的产量是既定成本时的最大产量。在 Q_2 上产量是相同的，除 E 点外，其他两种生产要素组合的点都在 AB 线之外，这些点在既定成本下无法实现，所以在 E 点时的成本是既定产量时的最小成本。

三、生产扩展线

扩展线的含义是：当生产者沿着这条线扩大生产时，可以始终实现生产要素的最适组合，从而使生产规模沿着最有利的方向扩大。

如果生产者的货币成本增加，则等成本线向右上方平行移动，不同的等成本线与不同的等产量线相切，形成不同的生产要素最适组合点，将这些点连接在一起，就得出生产扩展线。可以用图 4.7 来说明生产扩展线。

在图 4.7 中，A_1B_1、A_2B_2、A_3B_3 是三条不同的等成本线，从 A_1B_1 到 A_3B_3，等成本线向右上方移动，说明生产者的货币成本在增加。A_1B_1、A_2B_2、A_3B_3 分别与等产量线 Q_1、Q_2、Q_3 相切于 E_1、E_2、E_3 点，把 E_1、E_2、E_3 点与原点连接起来的 OC 线就是生产扩展线。

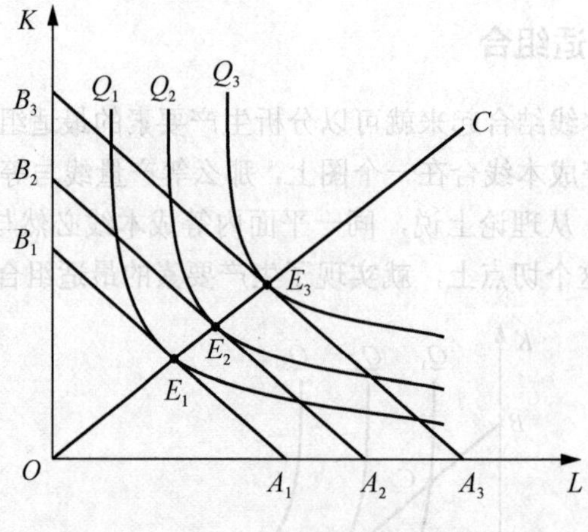

图 4.7　生产扩展线

第四节　规 模 收 益

一、规模经济

规模经济是指在技术水平不变的情况下，当两种生产要素按同样的比例增加，即生产规模扩大时，最初这种生产规模扩大会使产量的增加大于生产规模的扩大；但当规模的扩大超过一定限度时，则会使产量的增加小于生产规模的扩大，甚至使产量绝对减少，出现规模不经济。

在理解这一规律时，应注意以下三点。

(1)　这一规律发生作用的前提也是技术水平不变。

(2)　这一规律所指的是生产中使用的两种生产要素都在同比例地增加。这时技术系数可以是可变的，也可以是不变的。但由于它并不改变技术系数，从而生产要素的增加只是一种量的增加。这一规律就是研究技术系数不变时，两种生产要素的增加所引起的生产规模扩大给产量所带来的影响。例如，农业中土地与人力同时增加，或把若干小农场合并为大农场；工业中设备与人力同时增加，或把若干小厂合并为大厂，都属于这种情况。

(3)　两种生产要素增加所引起的产量或收益变动的情况可以分为三个阶段。第一阶段：规模收益递增，即产量增加的比率大于生产规模扩大的比率。例如，生产规模扩大了 10%，而产量的增加大于 10%。第二阶段：规模收益不变，即产量增加的比率与生产规模扩大的比率相同。例如，生产规模扩大了 10%，产量也增加了 10%。第三阶段：规模收益递减，即产量增加的比率小于生产规模扩大的比率，或者产量绝对减少。例如，生产规模扩大了 10%，而产量的增加小于 10%，或者是负数。

二、内在经济与内在不经济

生产规模的扩大会引起产量的不同变动，可以用内在经济与内在不经济来解释。

(一)内在经济

内在经济是指一个厂商在生产规模扩大时由自身内部所引起的产量增加。引起内在经济的原因主要有以下几个。

(1) 可以使用更加先进的机器设备。机器设备这类生产要素有其不可分割性。当生产规模小时，无法购置先进的大型设备，即使购买了也无法充分发挥效用。只有在大规模生产中，大型的先进设备才能充分发挥其作用，使产量更大幅度地增加。

(2) 可以实行专业化生产。在大规模的生产中，专业可以分得更细，分工也会更细，这样就会提高工人的技术水平，提高生产效率。

(3) 可以提高管理效率。各种规模的生产都需配备必要的管理人员，在生产规模小时，这些管理人员无法得到充分利用；而生产规模扩大，可以在不增加管理人员的情况下增加生产，从而可提高管理效率。

(4) 可以对副产品进行综合利用。在小规模生产中，许多副产品往往被作为废物处理，而在大规模生产中，就可以对这些副产品进行再加工。

(5) 在生产要素的购买与产品的销售方面也会更加有利。大规模生产所需各种生产要素多，产品也多，这样，企业就会在生产要素与产品销售市场上具有垄断地位，从而可以压低生产要素收购价格或提高产品销售价格，从中获得好处。

(6) 大规模生产可以节约能源和利用能源。大规模生产所带来的这些好处，在经济学上称为“大规模生产的经济”。

(二)内在不经济

在生产中，生产规模并不是越大越好。如果一个厂商由于本身生产规模过大而引起产量或收益减少，就是内在不经济。引起内在不经济的原因主要有以下两个。

(1) 管理效率降低。生产规模过大会使管理机构由于庞大而不灵活，管理上也会出现各种漏洞，从而使产量和收益反而减少。

(2) 生产要素价格与销售费用增加。生产要素的供给并不是无限的，生产规模过大必然大幅度增加对生产要素的需求，而使生产要素的价格上升。同时，生产规模过大，产品大量增加，也增加了销售的困难，需要增设更多的销售机构与人员，增加了销售费用。因此，生产规模并不是越大越好。

三、外在经济与外在不经济

一个厂商自身生产规模的扩大会对产量与收益产生影响。但对一个厂商产量与收益发生影响的，除了它本身的生产规模变化外，还会受到行业生产规模变化的影响。所谓行业，是由生产同种产品的厂商组成的，它的大小会影响到其中每一家厂商的产量与收益。

(一)外在经济

整个行业生产规模的扩大，给个别厂商所带来的产量与收益的增加称为外在经济。引起外在经济的原因是：个别厂商可以从整个行业的扩大中得到更加方便的交通辅助设施、更多的信息与更好的人才，从而使产量与收益增加。

(二)外在不经济

同样，一个行业的生产规模过大也会使个别厂商的产量与收益减少，这种情况称为外在不经济。

引起外在不经济的原因是：一个行业过大会使各个厂商之间竞争更加激烈，各个厂商为了争夺生产要素与产品销售市场，必须付出更高的代价。此外，整个行业的扩大，也会使环境污染问题更加严重，交通紧张，个别厂商要为此承担更高的代价。

四、适度规模

从以上的分析来看，一个厂商和一个行业的生产规模不能过小，也不能过大，即要实现适度规模。对一个厂商来说，就是两种生产要素的增加应该适度。

适度规模就是使两种生产要素的增加，即生产规模的扩大正好使收益递增达到最大。当收益递增达到最大时就不再增加生产要素，并使这一生产规模维持下去。

对于不同行业的厂商来说，适度规模的大小是不同的，并没有一个统一的标准。在确定适度规模时应该考虑到以下两个因素。

(一)本行业的技术特点

一般来说，需要的投资量大，所用的设备复杂先进的行业，适度规模也就大。例如，冶金、机械、汽车制造、造船、化工等重工业厂商，生产规模越大，经济效益越高。相反，需要投资少，所用的设备比较简单的行业，适度规模也小。例如，服装、服务这类行业，生产规模小能更灵活地适应市场需求的变动，对生产更有利，所以适度规模也就小。

(二)市场条件

一般来说，生产市场需求量大，而且标准化程度高的产品的厂商，适度规模也应该大，这也是重工业行业适度规模大的原因。相反，生产市场需求小，而且标准化程度低的产品的厂商，适度规模也应该小。因此，服装行业的厂商适度规模就要小一些。

除此之外，确定适度规模时要考虑的因素还很多，如交通条件、能源供给、原料供给和政府政策等。

由于各国和地区及其经济发展水平、资源、市场等条件的差异，即使同一行业，规模经济的大小也并不完全相同。对于一些重要行业，国际上有通行的规模经济标准。例如，钢铁厂为年产 600 万吨，彩色显像管厂为年产 200 万套。同时应注意，随着技术的进步，规模经济的标准也是在变的。重工业行业中普遍存在这种规模经济的生产规模不断扩大的趋势。这是因为这些行业的设备日益大型化、复杂化和自动化，投资越来越多，从而只有在产量达到相当大的数量时，才能实现规模经济。

应该注意，规模经济之所以能够给企业带来竞争优势，是因为这些行业的经营运作模式中固定成本与可变成本的比值较高，大规模生产更有利于分摊高昂的固定成本。但在当今许多行业中，由于技术进步，固定成本被大大降低，基于规模经济建立起来的竞争优势已不复存在。

此外，规模经济的方式对不同的行业是不同的。在生产连续性强的工业生产中，集中生产的方式是扩大规模的主要方式；但在商业中，实现规模经济并不是越来越大的商场，而大多是以进行连锁经营方式来实现的。连锁经营是由一个配送中心对一个城市、一个地区甚至一个国家的众多连锁商店进行统一管理、储运和调配，从而节约了流通成本，提高了效益。

本章小结

(1) 短期是企业不能全部调整所有生产要素投入的时期；长期是所有生产要素都可以调整的时期。

(2) 生产就是投入与产出的过程。生产要素是生产过程中的投入，即生产中所使用的各种资源，它包括资本、劳动、土地、企业家才能等要素。

(3) 生产函数表明一定技术水平之下，生产要素的数量与某种组合和它所能生产出来的最大产量之间关系的函数。

(4) 边际收益递减规律又称收益递减规律，它的基本内容是：在技术水平不变的情况下，当把一种可变的生产要素投入到一种或几种不变的生产要素中时，最初这种生产要素的增加会使产量增加，但当它的增加超过一定限度时，增加的产量将要递减，最终还会使产量绝对减少。

(5) 总产量(TP)是指一定量的某种生产要素所生产出来的全部产量。平均产量(AP)是指平均每单位某种生产要素所生产出来的产量。边际产量(MP)是指某种生产要素增加一单位所增加的产量。

(6) 等产量线是表示两种生产要素的不同数量的组合可以带来相等产量的一条曲线，或者说是表示某一固定数量的产品，可以用所需要的两种生产要素的不同数量的组合生产出来的一条曲线。等成本线是指在生产要素的价格和厂商的成本既定的条件下，厂商可以购买的两种生产要素组合所形成的曲线。

(7) 等成本线与无数条等产量线中的一条相切，在这个切点上就实现了生产要素的最适组合。

(8) 规模经济是指在技术水平不变的情况下，当两种生产要素按同样的比例增加，即生产规模扩大时，最初这种生产规模扩大会使产量的增加大于生产规模的扩大；但当规模的扩大超过一定限度时，则会使产量的增加小于生产规模的扩大，甚至使产量绝对减少，出现规模不经济。

复习思考题

1. 结合图形说明总产量、平均产量和边际产量之间的关系。

2. 什么是边际收益递减规律？

3. 用图形说明两种生产要素的最适组合。

4. 试说明理性的生产者应如何组织生产。

5. 结合图形说明单一生产要素的合理投入区间是如何确定的。

6. 案例：

1958 年的“大跃进”的时髦口号是“人有多大胆，地有多高产”。于是，有些地方把传统的两季稻改为三季稻。结果总产量反而减少了。从经济学的角度来看，这是因为违背了一个最基本的客观经济规律：边际产量递减规律。

边际产量递减规律在各部门、各行业都存在，但在农业中最突出。三季稻不如两季稻正说明了这一点。在农业仍为传统生产技术的条件下，土地、设备、水利资源、肥料等都是固定生产要素。两季稻改为三季稻并没有改变这些固定生产要素，只是增加了可变生产要素：劳动力和种子。两季稻是农民长期生产经验的总结，它行之有效，说明在传统农业技术下固定生产要素已经得到充分利用。改为三季稻后，土地过分利用引起肥力下降，设备、肥料、水利资源等由两次使用改为三次使用，每次使用的数量不足。这样，种植三季稻时的总产量就低于两季稻时的总产量。

四川省把三季稻改为两季稻之后，粮食产量反而增加了。江苏省邗江县 1980 年的试验结果表明：两季稻每亩总产量达 2 014 斤，而三季稻只有 1 310 斤。更不用说两季稻还节省了生产成本。群众总结的经验是“三三见九，不如二五一十”。这是对边际产量递减规律的形象说明。

（资料来源：于卫东，曾悟声. 管理经济学[M]. 北京：化学工业出版社，2006.）

问题：

(1) 试结合所学知识解释上述现象。

(2) 举例说明现实生活中还有哪些现象与该规律相近。

第五章　成本和收益理论

20 世纪 90 年代，美国航空运输业已是竞争激烈、盈利艰难的行业。但令人惊讶的是，就在美国航空业连续亏损、三个较具规模的航空公司(美国大陆航空公司、美国西部航空公司、TWA 公司)相继倒闭，而其他的航空公司惨淡经营的过程中，一家排名靠后、规模不大的美国西南航空公司，却是营业增长率和利润率大幅度、持续性提高。它靠什么法宝取胜？其实就是打低成本、低价格战，使得那些飞机型号齐全、长短途航班齐备的大型航空公司因成本高企，无法仿效，从这些公司手里抢来大批顾客，成为美国航空运输业中差异竞争的领先者。

为做成一家面向低端量大、廉价快捷的美国航空公司，西南航空公司不仅从大的方面努力降低航空运输成本，如只选择波音 737 一种型号的飞机用于经营，使得人员培训、维修、保管的费用都降低以及让空中小姐和飞行员都参加飞机的清洁工作，既减少了雇员，降低了雇员的使用成本，又让空中小姐和飞行员产生了一定的安全感和对公司的忠诚；而且还从许多小的细节方面竭力降低航空运输成本，如飞机飞行时不向乘客提供正餐，只提供花生与饮料，飞机座位不对号入座，想选择好座位就需抓紧时间登机，从而将登机时间减少到最低限度，不提供集中的订票服务，也不办理行李的转运，这些都成了乘客自己的事。这样做使得西南航空公司 70%的飞机滞留机场的时间只有 15 分钟，而普通客机需要一两个小时。对于短途航运而言，一两个小时就意味着多飞了一个来回。从表面上看，这些措施分明是降低服务质量，令乘客避而远之。但实质是，服务质量越高就意味着成本的攀升。反之，如果适当地牺牲服务质量就能带来成本的大幅度下降，那么会导致什么样的结局呢？实际情况是，虽然西南航空公司的措施令乘客感到不快，但由于它的价格实在便宜，再加上大部分为短途航班，所以人们还是乐于做出让步而倾向于低价格的短途旅行。用西南航空公司总经理凯勒赫形容自己低价策略的话说：“我们不是和飞机比赛，和我们竞争的是汽车。我们制定票价要针对福特、通用、尼桑、丰田这样的汽车制造商。公路早就有了，但那是在地上，而我们把高速公路搬到了飞机上。”虽然西南航空公司的服务水平与其他航空公司相比有所下降，但它并不低于汽车运输公司，而价格却与它们相差无几。用坐汽车的费用去乘坐飞机，何乐而不为呢？西南航空公司这种低成本、高效率的客运航空经营模式赢得了市场，保持了长久发展，而让竞争对手望尘莫及，压力重重。

对于任何厂商来说，从事生产经营活动的目的是追求利润最大化。在此过程中，厂商不仅要用生产函数工具来分析处理生产要素投入与产量产出之间的技术关系，还要运用成本函数工具来分析调整生产要素投入成本与产量产出之间的函数关系，以期用最低成本获取最大利润。

本章主要介绍几种重要的成本概念，描述短期和长期总成本、平均成本、边际成本的关系、曲线和变化规律，阐述总收益、平均收益和边际收益的关系、曲线和变化规律，说明成本、收益与利润之间的关系，解释利润最大化原则。

本章重点：

- 会计成本、经济成本和机会成本
- 短期和长期总成本、平均成本和边际成本
- 成本与经营管理
- 总收益、平均收益和边际收益
- 成本、收益与利润之间的关系
- 会计利润、经济利润和利润最大化原则

第一节　几种重要的成本概念

成本(cost)是经济学最基本的概念之一，它通常是指以货币支出来衡量的从事某项经济活动所必须支付的代价。

一、会计成本与经济成本、显成本与隐成本

按照一般人的理解，在企业中，所谓成本就是指企业中的会计成本(accountant cost，AC)，也就是厂商在产品或劳务的生产和经营过程中所支出的、在会计账目上作为成本项目计入账上的各种支付费用总和，包括厂商支付给雇员的薪金、支付购买原材料及辅助材料的费用、支付借入资本的利息等。会计成本显而易见，所以又被称为显成本。

但是，经济学所说的成本通常是指比会计成本概念更大的经济成本(economic cost，EC)，也就是厂商在产品或劳务的生产和经营过程中对使用的各项生产要素所做的货币支付总和，除了会计成本外，还包括厂商自己提供的生产要素所应支付的费用，如企业所有者自有资本的利息、自有土地的地租和企业家管理才能的报酬(企业利润)。由于这些厂商自有生产要素报酬没有计入会计成本，因而又被称为隐成本。经济成本就是显成本与隐成本之和。本章成本理论主要分析经济成本。

会计成本与经济成本、显成本与隐成本的关系如下。

经济成本=会计成本(显成本) +隐成本

会计成本(显成本)=经济成本−隐成本

二、机会成本

厂商在做出经济成本决策时，通常会比较以该经济成本用于其他产品生产或服务提供可能取得收入的机会损失，于是，就产生了机会成本的概念。机会成本(opportunity cost，OC)是指厂商所放弃的使用相同生产要素在其他用途上能够得到的比较收入，或者说是厂商使用相同生产要素生产某种产品或提供某种服务去获取某种收益而必须付出的代价。机会成本反映了厂商在可用经济资源稀缺性情况下如何更有效率地分配使用，获取更多收益。因而，机会成本是一种厂商经营决策的比较选择成本。

由于一个厂商生产某种产品或提供某种服务往往需要使用多种经济资源，支付多种经济成本，因而就会有多种机会成本。

第二节　短期成本分析

一、短期总成本、短期固定成本和短期可变成本

短期是指厂商不能够根据其所要达到的产量来调整厂房和设备这类生产要素的一个时期。短期成本(short run cost，SC)是指在一定时期内可以区分固定成本与可变成本的短期总成本。短期总成本(short run total cost，STC)是指厂商在短期内生产一定量产品所需要的生产要素的全部费用。在短期内，企业投入生产的某些要素成本一般不随产量的变动而变动，是不能调整的，是固定的，如厂房的租金、设备的折旧和保险费等，这部分成本称为短期固定成本(short run fixed cost，SFC)。而在短期内，有些要素成本是可以随企业的产出变化而调整的，是变动的，如燃料、原材料等，这部分成本称为短期可变成本(short run variable cost，SVC)。短期总成本包括短期固定成本和短期可变成本。

用$C(Q)$代表短期总成本，F代表短期固定成本，$c_v(Q)$代表短期可变成本，则反映短期成本和产量之间关系的函数，即短期成本函数可以用以下公式表示：

$$C(Q)=F+c_v(Q)$$

要说明的是：上述公式是建立在假设投入要素价格不变的前提下的表达式。

二、短期平均成本和短期边际成本

短期平均成本(short run average cost，SAC)是指短期内生产每一单位产品平均所需要的成本。它包括短期平均固定成本(SAFC)和短期平均可变成本(SAVC)。短期平均固定成本是短期内平均每单位产品所消耗的固定成本。短期平均可变成本是短期内平均每单位产品所消耗的可变成本。用Q代表产量，则短期平均成本可以用以下公式表示：

$$\mathrm{SAC}(Q)=\frac{C(Q)}{Q}=\frac{F}{Q}+\frac{c_v(Q)}{Q}=\mathrm{SAFC}(Q)+\mathrm{SAVC}(Q)$$

短期边际成本(short run marginal cost，SMC)是指新增加一个单位的产量所增加的总成本。用Δ代表增量，则短期边际成本可以用以下公式表示：

$$\mathrm{SMC}(Q)=\frac{\Delta C(Q)}{\Delta Q}\text{或}\mathrm{SMC}(Q)=\lim_{\Delta Q\to 0}\frac{\Delta C(Q)}{\Delta Q}=\frac{\mathrm{d}C(Q)}{\mathrm{d}Q}$$

由于短期固定成本不随企业产出水平的变化而变化，因此，短期边际成本就是每增加额外的一单位产出所引起的短期可变成本的增加量。短期边际成本实际上就等于短期边际可变成本。因此，可以将短期边际成本公式写成：

$$\mathrm{SMC}(Q)=\frac{\Delta c_v(Q)}{\Delta Q}\text{或}\mathrm{SMC}(Q)=\lim_{\Delta Q\to 0}\frac{\Delta c_v(Q)}{\Delta Q}=\frac{\mathrm{d}c_v(Q)}{\mathrm{d}Q}$$

其推导过程为：

$$\mathrm{SMC}(Q)=\frac{\mathrm{d}C(Q)}{\mathrm{d}Q}=\frac{\mathrm{d}\left(c_v(Q)+F\right)}{\mathrm{d}Q}=\frac{\mathrm{d}c_v(Q)}{\mathrm{d}Q}+\frac{\mathrm{d}F}{\mathrm{d}Q}=\frac{\mathrm{d}c_v(Q)}{\mathrm{d}Q}=\mathrm{SMAC}(Q)$$

SMAC 就是短期边际可变成本。

三、各类短期成本的变动规律及其关系

为了表述简便，把短期的 S(short-run)省略，即 STC 写作 TC 等。为了分析各类短期成本的变动规律及其关系，先列出一个假设的各类短期成本表，如表 5.1 所示。

表 5.1　一个假设的各类短期成本表

Q	FC	VC	TC	AFC	AVC	AC	MC
0	80	0	80				
1	80	41	121	80	41	121	41
2	80	75	155	40	37.5	77.5	34
3	80	97	177	26.67	32.33	59	22
4	80	114	194	20	28.5	48.5	17
5	80	128	208	16	25.6	41.6	14
6	80	146	226	13.33	24.33	37.67	18
7	80	172	252	11.43	24.57	36	26
8	80	222	302	10	27.75	37.75	50
9	80	298	378	8.88	33.11	42	76

根据表 5.1 来说明各种成本的计算及其相互关系。例如，当产量由 1 单位增加到 2 单位时，固定成本不随产量的变动而变动，仍为 80；可变成本随产量的变动而变动，由 41 增加至 75；总成本为固定成本与可变成本之和，为 155；边际成本为总成本增加量除以产量增加量，即(155-211)/(2-1)，为 34；平均固定成本为固定成本除以产量，即 80/2，为 40；平均变动成本为可变成本除以产量，即 75/2，为 37.5；平均成本为平均固定成本与平均可变成本之和，或总成本除以产量，为 77.5。

(一)总成本、固定成本、可变成本的变动规律

用图 5.1 来分析这几种成本的变动规律。在图 5.1 中，横轴 *OQ* 代表产量，纵轴 *OC* 代表成本，FC 为固定成本曲线，它与横轴平行，表示固定成本在短期中是固定不变的，不随产量的变动而变动，即使产量为零时，也仍然存在固定成本。

VC 为可变成本曲线，它从原点出发，表示没有产量时就没有可变成本。该曲线向右上方倾斜，表示随产量的变动而变动。它起初比较陡峭，其原因是最初在产量开始增加时，由于固定生产要素与可变生产要素的效率未得到充分发挥，因此可变成本的增加率大于产量的增长率。然后，这条曲线较为平坦，其原因是随着产量的增加，固定生产要素与可变生产要素的效率得到充分发挥，可变成本的增加率小于产量的增加率。最后，这条曲线又比较陡峭，主要是由于边际收益递减规律的作用，可变成本的增加率大于产量的增加率。

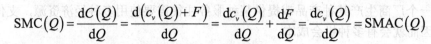

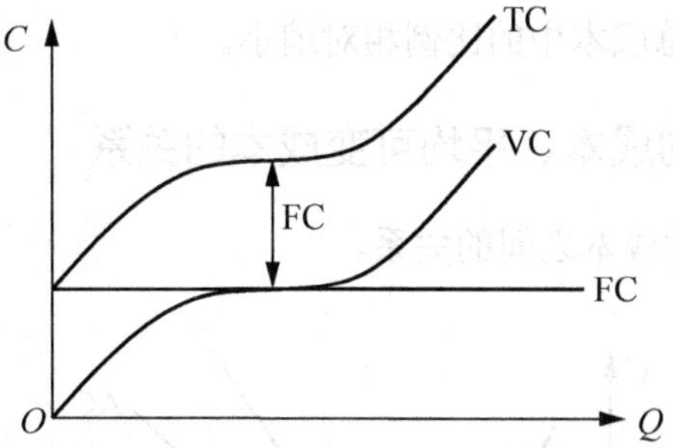

图 5.1　总成本、固定成本和可变成本

TC 为总成本曲线，它不从原点出发，而从固定成本出发，表示即使没有产量，总成本最小也等于固定成本。TC 曲线向右上方倾斜也表明了总成本随产量的增加而增加，其形状与 VC 曲线相同，说明总成本与可变成本变动规律相同。

(二)平均成本、平均固定成本、平均可变成本的变动规律

用图 5.2 来说明这几种成本的变动规律。

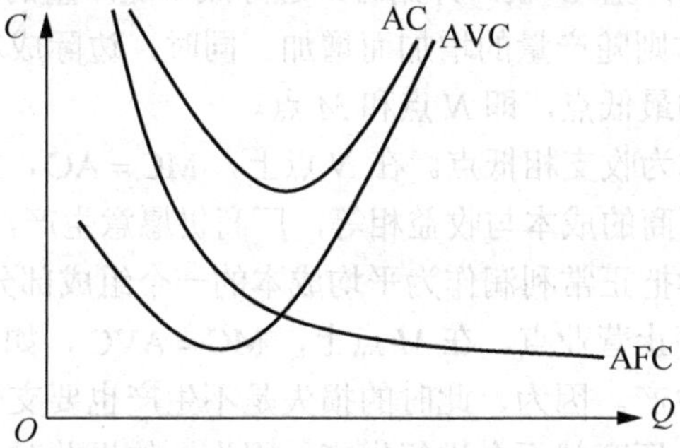

图 5.2　平均成本、平均固定成本和平均可变成本

在图 5.2 中，AFC 为平均固定成本曲线。平均固定成本是随着产量的增加而持续下降的，它会越来越接近横轴，但绝不会与横轴相交。因为随着产量的增加，固定成本分摊到单位产品的份额会越来越小，但不会为零，用数学式表达则为：

$$\lim_{Q\to+\infty}\frac{AFC}{Q}=0\text{，}\lim_{Q\to 0}\frac{AFC}{Q}=\infty$$

AVC 为平均可变成本曲线，呈 U 状，其原因是：它在生产的最初阶段向下倾斜，是因为在连续追加可变要素后，边际产量会以较大幅度递增，从而平均产量随之增加，与此相应，平均可变成本曲线向下倾斜。当产量达到较高水平时，由于机器设备的生产效率已得到充分发挥，再增加可变生产要素，边际产量就会递减，从而平均产量就会降低，因此平均可变成本曲线就会向上倾斜。

AC 为平均成本曲线，也呈 U 状，其原因是：平均固定成本的持续下降使平均成本曲线相应地下降，但后来由于平均可变成本的上升，最终也相应地上升。平均成本曲线在初期的产量水平上比平均可变成本曲线高很多，因为这时平均固定成本在平均成本中占很大比重。而随着产量水平的进一步提高，平均成本曲线则与平均可变成本曲线非常接近，这是

因为平均固定成本在平均总成本中的比例相对缩小。

(三)边际成本与平均成本、平均可变成本的关系

以图 5.3 来说明这几种成本之间的关系。

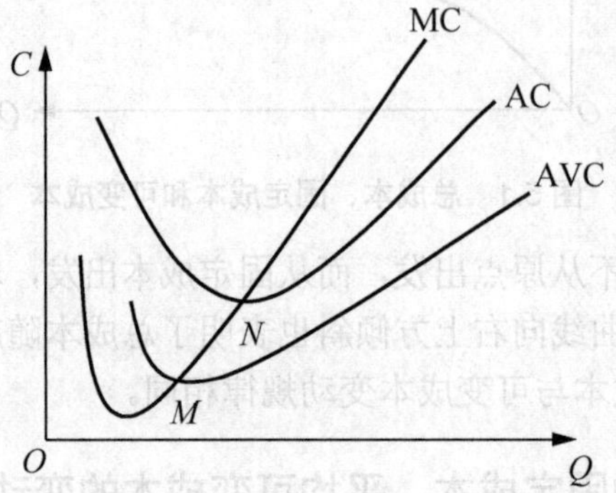

图 5.3　边际成本与平均成本、平均可变成本

MC 为边际成本曲线，呈 U 状。开始时，边际成本随产量的增加而减少，当产量增加到一定程度时，边际成本则随产量的增加而增加。同时，边际成本曲线相交于平均成本曲线和平均可变成本曲线的最低点，即 N 点和 M 点。

图 5.3 中的 N 点被称为收支相抵点。在 N 点上，$\mathrm{MC}=\mathrm{AC}$，如果此时价格等于平均成本，则 $P=\mathrm{MC}=\mathrm{AC}$，厂商的成本与收益相等，厂商仍愿意生产，因为可以获得正常利润。其原因在于，西方经济学把正常利润作为平均成本的一个组成部分。

图 5.3 中的 M 点为停止营业点。在 M 点上，$\mathrm{MC}=\mathrm{AVC}$，如果此时价格等于平均可变成本，厂商有可能进行生产。因为，此时的损失是不生产也要支付的平均固定成本。如果价格低于平均可变成本，厂商就不会进行生产，因为，如果此时不停止生产，厂商不仅蒙受固定成本的损失，而且还蒙受可变成本的损失。

第三节　长期成本分析

长期是指厂商根据自己所要生产的产量来调整全部生产要素的时期。因此，在长期中，就没有固定成本和可变成本之分，一切生产要素都是可以调整的。长期成本(long run cost，LC)就是指厂商调整全部生产要素时所发生的成本。本节分析长期成本与产量的关系。

一、生产扩展线与长期总成本曲线

企业生产扩展线上的每一点都代表在长期中，即在使用的全部要素的数量都可以变化的条件下，企业生产某一特定产量时成本最低的要素组合。长期总成本(long run total cost，LTC)可以从企业扩展线中推导出来，如图 5.4(a)所示。

如上所述，生产扩展线上的每一点都代表着在长期内生产某一产量的成本最低的投入组合。考察图 5.4(a)中与 50 单位产量相对应的 E_1 点。显然，由 E_1 所代表的投入组合的总成

本等于OA_1乘以单位劳动的价格P_L。这是因为，E_1是等成本线A_1B_1上的一点，它所代表的投入组合，是与A_1点所代表的投入组合所花费的成本相同。在A_1点上，其投入组合的成本等于$OA_1 \times P_L$。同理，E_2点的总成本为$OA_2 \times P_L$，E_3点的总成本为$OA_3 \times P_L$。这样，长期总成本曲线上与50、100和150单位产量相对应的点分别为$OA_1 \times P_L$、$OA_2 \times P_L$和$OA_3 \times P_L$。据此，就可以推导出长期总成本曲线，如图5.4(b)中所示。其中，$U = OA_1 \times P_L$、$V = OA_2 \times P_L$、$W = OA_3 \times P_L$。

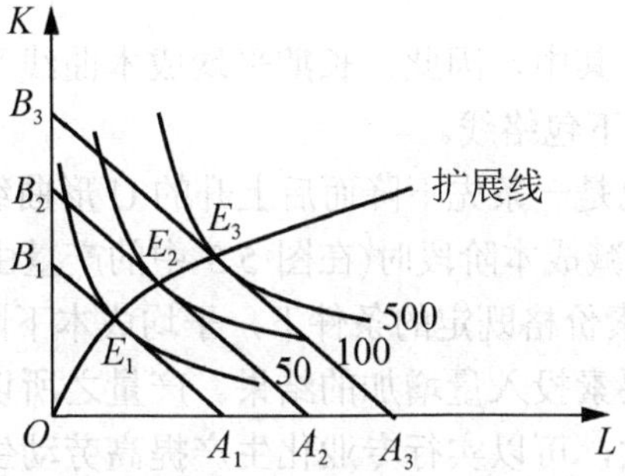

(a) 企业生产扩展线

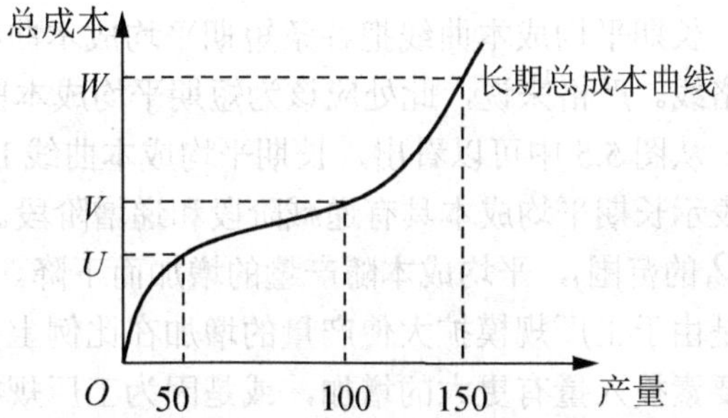

(b) 长期总成本曲线

图5.4　扩展线与长期总成本曲线

二、长期平均成本与规模经济

厂商为了取得最大利润，无论是短期经营还是长期计划，总是力求以最小的单位成本(即平均总成本)进行生产。表示各种不同产量的最小平均成本的曲线就是长期平均成本(long run average cost，LAC)曲线，如图5.5所示。

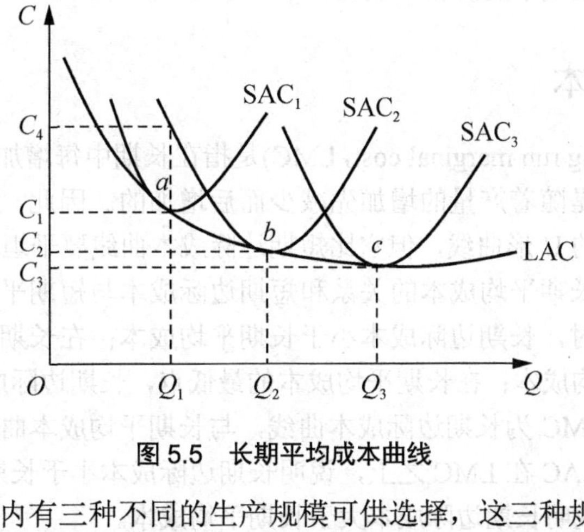

图5.5　长期平均成本曲线

假设某厂商在短期内有三种不同的生产规模可供选择，这三种规模的短期平均成本曲线如图5.5中的SAC_1、SAC_2、SAC_3所示。

厂商要根据产量的大小来决定生产规模，其目标是使平均成本达到最低。在产量为OQ_1时，厂商会选择SAC_1这一规模。因为，这时平均成本为OC_1，是最低的。如果选择SAC_2这一规模，则平均成本为OC_4，OC_4大于OC_1，以此类推。当产量为OQ_2时，厂商则要选用SAC_2

这一规模。因为，这时平均成本为OC_2，是最低的。当产量为OQ_3时，厂商则要选用SAC_3这一规模。因为，这时平均成本为OC_3，是最低的。

在长期中，生产者要根据它所要达到的产量来调整生产规模，以使平均成本达到最低。如果每个短期平均成本都达到了最低，那么长期平均成本也就达到了最低。因此，把短期平均成本曲线的最低点SAC_1、SAC_2、SAC_3、…的最低点a、b、c、…连接起来，就是长期成本曲线。短期成本曲线可以有无数条，长期成本曲线就是一条与这些无数条短期平均成本曲线相切的曲线，如图 5.5 所示。

长期平均成本曲线把各条短期平均成本曲线包在其中，因此，长期平均成本曲线又称包络线。严格来说，此处应该为短期平均成本曲线的下包络线。

从图 5.5 中可以看出，长期平均成本曲线 LAC 也是一条先下降而后上升的 U 形曲线。这表示长期平均成本具有递减阶段和递增阶段。在递减成本阶段时(在图 5.5 中的产量由 O 到Q_3的范围)，平均成本随产量的增加而下降。在要素价格既定的条件下，平均成本下降。这是由于工厂规模扩大使产量的增加在比例上大于要素投入量增加的结果。产量之所以会比要素投入量有更大的增加，或是因为工厂规模扩大，可以实行专业化生产提高劳动生产率，或是因为工厂规模扩大可以使用更先进的机器代替落后的机器，也可以用高效机器代替雇佣劳动等。这个阶段也叫作规模经济阶段或规模收益递增阶段。因为平均成本递减，所以在产品价格不变的条件下，也就意味着收益递增。

图 5.5 中大于Q_3的产量的阶段，是长期平均成本曲线递增阶段。在要素价格既定的条件下，平均成本出现递增，必然是因为产量增加的比例小于扩大规模所增加的要素量的比例的结果。这个阶段也叫做规模不经济阶段或规模收益递减阶段。这是由于规模的扩大造成了管理上或其他方面的效率降低的结果。

从上述分析可以看出，U 形的长期平均成本曲线是与企业所面临的产量较低时的规模经济和产量较高时的规模不经济相一致的。

三、长期边际成本

长期边际成本(long run marginal cost, LMC)是指在长期中每增加一单位产品所增加的成本。长期边际成本也是随着产量的增加先减少而后增加的。因此，长期边际成本曲线也是一条先下降而后上升的 U 形曲线，但它比短期边际成本曲线要平坦。

长期边际成本与长期平均成本的关系和短期边际成本与短期平均成本的关系一样，即在长期平均成本下降时，长期边际成本小于长期平均成本；在长期平均成本上升时，长期边际成本大于长期平均成本；在长期平均成本的最低点，长期边际成本等于长期平均成本。

如图 5.6 所示，LMC 为长期边际成本曲线，与长期平均成本曲线 LAC 相交于 LAC 的最低点。相交之前，LAC 在 LMC 之上，说明长期边际成本小于长期平均成本；相交之后，LAC 在 LMC 之下，说明长期边际成本大于长期平均成本。

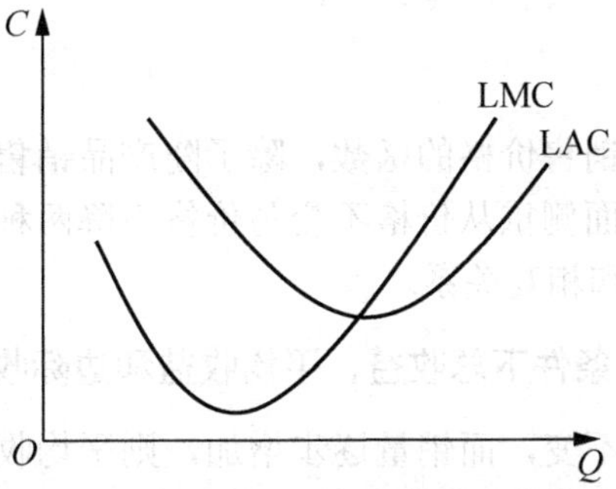

图 5.6　长期边际成本和长期平均成本

第四节　收益和利润最大化

厂商从事生产活动的目的在于获取利润，由于利润等于收益与成本之差，因此，要想研究利润的最大化，只分析成本是不够的，还必须研究收益。

一、收益及其分类和变化

(一)收益及其分类

收益是指厂商销售产品所得到的货币收入，包含产品成本与厂商的利润。收益可以分为总收益、平均收益和边际收益。

1. 总收益

总收益(total revenue，TR)是指厂商销售一定量的产品所得到的全部货币收入，是产品销售价格(P)与产品销售量(Q)的乘积，即：

$$\mathrm{TR} = PQ$$

2. 平均收益

平均收益(average revenue，AR)是指厂商销售每一单位产品所得到的货币收入，是总收益与总销量之比，等于产品销售价格，即：

$$\mathrm{AR} = \frac{\mathrm{TR}}{Q} = \frac{PQ}{Q} = P$$

3. 边际收益

边际收益(marginal revenue，MR)是指厂商每多销售一单位产品所增加的总收入，等于总收益增量与销量增量之比，即：

$$\mathrm{MR} = \frac{\Delta \mathrm{TR}}{\Delta Q} \text{或} \mathrm{MR} = \lim_{\Delta Q \to 0} \frac{\Delta \mathrm{TR}}{\Delta Q} = \frac{\mathrm{dTR}}{\mathrm{d}Q}$$

(二)收益的变化

收益是产品销售数量和销售价格的函数，除了随产品销售数量变化而变化外，还随产品销售价格变化而变化。下面侧重从价格不变与价格下降两种情况下来分析总收益、平均收益和边际收益的变化趋势和相互关系。

1. 价格不变、销量增加条件下总收益、平均收益和边际收益的变化

假定产品销售价格既定不变，而销量逐步增加，则平均收益等于边际收益，等于单位产品销售价格，而总收益也等量增加，如表 5.2 所示。

表 5.2　各类收益的变化(一)

产品销量 *Q*	产品销价 *P*= AR	总收益 TR	边际收益 MR
1	200	200	200
2	200	400	200
3	200	600	200
4	200	800	200
5	200	1000	200

假定产品销售价格不变而销量逐步增加，根据表 5.2，总收益曲线是一条从原点出发向右上方倾斜的曲线，如图 5.7 所示。由于产品销售价格不变，厂商只能按既定的产品销售价格出卖产品，多卖一单位产品所增加的总收益等于平均收益，因此平均收益线和边际收益线必然重叠，并且与价格线重合。

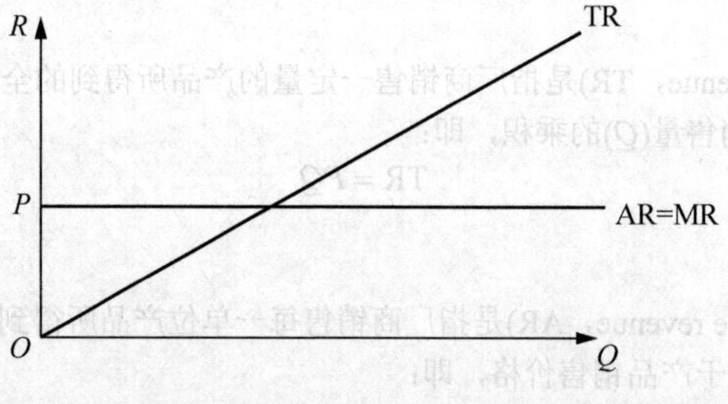

图 5.7　价格不变条件下总收益、平均收益和边际收益曲线

2. 价格下降、销量增加条件下总收益、平均收益和边际收益的变化

假定产品销售价格随销量的逐步增加而逐步降低，则平均收益随单位产品销售价格等比下降，边际收益也随同下降，且下降幅度大于平均收益，因此总收益随价格下降而增加的销售产品数量以递减的速度增加，如表 5.3 所示。

表 5.3　各类收益的变化(二)

产品销量 Q	产品销价 P= AR	总收益 TR	边际收益 MR
1	200	200	200
2	180	360	160
3	160	480	120
4	140	560	80
5	120	600	40

假定产品销售价格随销量的逐步增加而逐步降低，平均收益线是一条重合于从左上方向右下方倾斜的价格线的曲线，边际收益线是一条从左上方向右下方倾斜的曲线，且低于平均收益线。这是因为，在假定条件下，价格线从左上方向右下方倾斜，每增加一单位产品销售后的总收益增量小于平均收益，因此总收益曲线就是一条从原点(O)出发先向右上方倾斜但斜率逐渐下降的曲线，如图 5.8 所示。

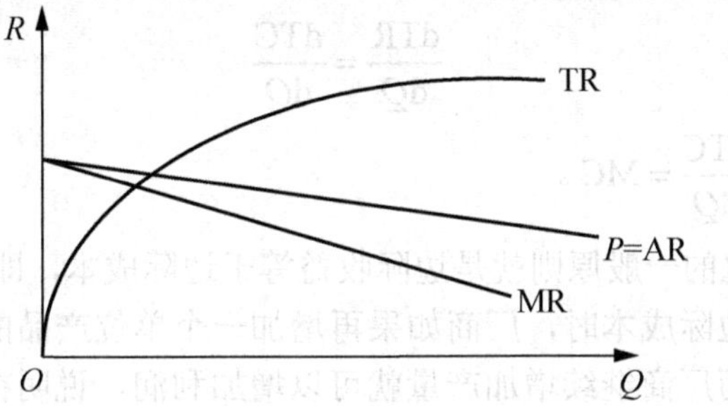

图 5.8　价格下降条件下总收益、平均收益和边际收益曲线

二、利润及其最大化

(一)利润及其分类

经济学中所说的利润(profit)有两种概念。一种是总收益减去会计成本(显成本)后剩下的部分，称为会计利润(accountant profit，AP)，或称为正常利润(normal profit，NP)，也就是厂商通过商品销售收入补偿经济成本后获得利润，等于隐成本。其计算公式如下。

$$AP(NP) = TR - AC$$

由此可见，在经济学中，会计利润(正常利润)相当于中等的、平均的利润，包括在成本之中。

另一种是总收益减去经济成本(显成本加隐成本)后剩下的部分，称为经济利润(economic profit，EP)，或称为超额利润(excess profit，XP)，也就是厂商通过商品销售收入超过经济成本后获得利润。

$$EP(XP) = TR - EC$$

经济利润(超额利润)是西方经济学真正所说的利润概念，是厂商生产经营追求的目标，也是重新调配各行各业稀缺性经济资源的重要杠杆。经济利润(超额利润)为正值时，表示收大于支，有超额利润，厂商会继续生产经营，并且增加投入，其他厂商生产性资源有可能会转移进来；经济利润(超额利润)为零时，表示收支相抵，有正常利润，厂商可以继续生产经营，但其他厂商生产性资源不一定会转移进来；经济利润(超额利润)为负值时，表明出现亏损，不能补偿正常利润，厂商就难以继续生产经营，长此下去还有破产的危险，厂商生产性资源将会撤离出去。

(二)利润最大化的条件

厂商利润最大化是指厂商在现有技术条件下，运用既定的投入资源，生产一定量的产品，并按一定价格销售，能够获得的最大利润。

总利润(total profit，TP)是总收益(TR)与总成本(TC)之间的差额，即 $TP = TR - TC$。假设厂商的全部产量都可以销售出去，即产量也就是销售量，那么总成本是产量(销售量)的函数。

$$TP(Q) = TR(Q) - TC(Q)$$

要实现利润最大化，就必须要求：

$$\frac{dTR}{dQ} = \frac{dTC}{dQ}$$

其中，$\frac{dTR}{dQ} = MR$，$\frac{dTC}{dQ} = MC$。

因此，利润最大化的一般原则就是边际收益等于边际成本，即 MC=MR。

当边际收益大于边际成本时，厂商如果再增加一个单位产品的生产，增加的收益就会大于增加的成本，因而厂商继续增加产量就可以增加利润，说明在这种情况下厂商还没有实现利润最大化，必须继续增加产量。但是，由于边际收益递减规律的作用，在产量继续增加的过程中，边际收益会逐步减少，与此同时，边际成本却会逐步增加，直到两者相等为止，厂商才不再继续增加产量，从而实现利润最大化。

而当边际收益小于边际成本时，厂商如果再生产一个单位的产品，所增加的收益将小于增加的成本，继续增加生产这个产品不仅不能增加利润，还会发生亏损。在这种情况下，厂商只有减少产量才能保持利润增加。因为，由于边际收益递减规律的作用，在产量减少的过程中，边际收益将会逐步增加，与此同时，边际成本又会逐步减少，直到两者相等为止，厂商才不再继续减少产量，从而实现利润最大化。

下面用图 5.9 来说明价格不变条件下厂商实现利润最大化的原则：边际收益等于边际成本。

假定价格 P_0 不变，边际收益曲线与横轴平行，边际成本曲线与边际收益曲线相交于 E 点，产量为 Q_E，从 Q_E 再增加最后一单位产量，于是总产量扩大到 Q_B，边际收益相应地扩大到 B，但边际成本则上升到 Z，超过边际收益扩大幅度，表明随着产量的增加，成本的增加大于收益的增加，利润的增加幅度逐步减少，没有达到利润最大化。此时，只有从 Q_B 减少一单位产量，回到 Q_E，使边际收益等于边际成本，从而总收益量的减少大于总成本量的减少，达到总利润的最大值。

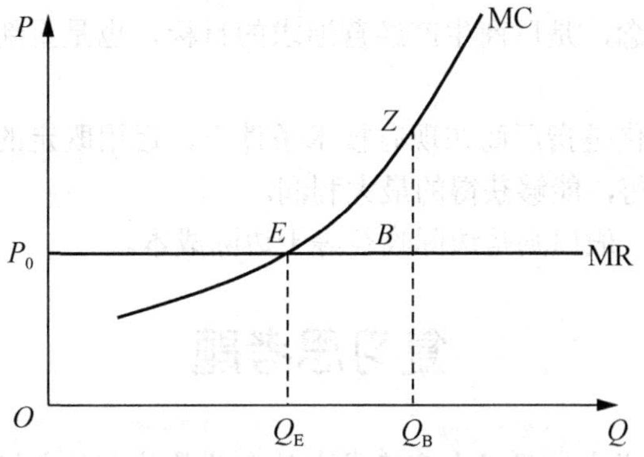

图 5.9　价格不变条件下利润最大化原则

本 章 小 结

(1) 成本是指厂商生产产品或劳务时对使用的生产要素所做的支付。

(2) 经济成本是指厂商生产产品或劳务时对所使用的生产要素所做的支付，它包括显成本和隐成本。经济成本一般大于会计成本，因为会计成本是指显成本。由此可以计算出经济利润和会计利润。

(3) 短期成本是指厂商只调整某些生产要素量时所发生的成本。

(4) 固定成本在短期中是固定不变的，它不随产量的变动而变动。

(5) 可变成本在未生产产品时为零，表示没有产量时就没有可变成本。曲线向右上方倾斜，表示随产量的变动而变动。总成本的变动规律与可变成本的变动规律基本相同。

(6) 平均成本和平均可变成本的变动规律是最初随着产量的增加而下降，当下降到一定程度时，又随产量的增加而上升，具体呈 U 形变动。

(7) 平均固定成本的变动规律是随着产量的增加而持续下降，并且越来越接近于零，但永远不为零。

(8) 边际成本开始时随产量的增加而减少，当产量增加到一定程度时，随产量的增加而增加，其曲线呈 U 形变动，并且相交于平均成本曲线和平均可变成本曲线的最低点。其中，与平均可变成本的交点为停止营业点，而与平均成本的交点为收支相抵点。

(9) 长期成本是指厂商调整全部生产要素量时所发生的成本。长期成本曲线可从企业生产扩展线推导出来。

(10) 长期平均成本曲线是短期平均成本曲线的下包络线，呈 U 形变动。

(11) 长期边际成本是长期中每增加一单位产品所增加的成本，它随着产量的增加先减少而后增加。长期边际成本曲线呈 U 形变动，并相交于长期平均成本曲线的最低点。

(12) 收益是指厂商销售产品所得到的货币收入，包含产品成本与厂商利润。

(13) 总收益是产品销售价格与产品销售量的乘积。平均收益是总收益与总销量之比，等于产品销售价格。边际收益等于总收益增量与销量增量之比。

(14) 会计利润又称为正常利润，是指总收益减去会计成本(显成本)后剩下的部分。经济利润又称为超额利润，是指总收益减去经济成本(显成本加隐成本)后剩下的部分，是西方经济学真正所说的利润概念，是厂商生产经营追求的目标，也是重新调配各行各业稀缺性经济资源的重要杠杆。

(15) 厂商利润最大化是指厂商在现有技术条件下，运用既定的投入资源，生产一定量产品，并按一定价格销售，能够获得的最大利润。

(16) 利润最大化的一般原则是边际收益等于边际成本。

复习思考题

1. 会计成本、经济成本、显成本和隐成本的含义是什么？它们之间的关系是怎样的？

2. 短期总成本、短期固定成本、短期可变成本、短期平均成本和短期边际成本的含义是什么？

3. 某产品的边际成本递增是否意味着平均可变成本递增或递减？

4. 某企业的平均成本曲线为U形，为什么其平均可变成本曲线比平均总成本曲线会在较低的产出水平上达到其最低点？

5. 为什么短期平均成本曲线经常是U形的，当平均成本曲线是U形时，平均成本与边际成本之间的关系是什么？如果平均成本曲线呈U形，总成本曲线会是什么形状？

6. 试证明边际成本曲线相交于平均成本曲线和平均可变成本曲线的最低点。

7. 为什么说边际成本曲线与平均成本曲线的交点N为收支相抵点，而与平均可变成本曲线的交点M为停止营业点？

8. 尝试证明短期边际成本曲线下的面积为可变成本。

9. 长期成本、长期平均成本和长期边际成本的含义是什么？

10. 具体解释长期平均成本曲线的U形变动反映了规模经济和规模不经济等现象。

11. 收益、总收益、平均收益和边际收益的含义是什么？它们之间的关系是怎样的？

12. 在假定产品销售价格不变而销量逐步增加的条件下，为什么平均收益线和边际收益线必然重叠，并且与价格线重合？

13. 在假定产品销售价格随销量的逐步增加而逐步降低的条件下，为什么总收益曲线是一条从原点出发先向右上方倾斜而斜率逐渐下降的曲线？

14. 会计利润、经济利润的含义是什么？成本、收益和利润之间的关系是怎样的？

15. 怎样理解利润最大化的一般原则是边际收益等于边际成本？

16. 已知某厂商的成本函数为$\mathrm{TC}=5Q^2+20Q+10$，产品的需求函数为$Q=140-P$。试求厂商利润最大化时的产量、价格及利润。

第六章　市 场 理 论

在现实的市场机制下，无论是消费者还是生产者都必须面对市场，彼此相互影响，接受市场价格变化的影响并影响市场价格。

我国生产粮食的农民一般都获利较低，仅能获得正常利润；湖南长沙的岳麓山属于天赐之物，政府将它圈起来进行有价经营收取门票，而当地有一口优质矿泉水井，政府从不收费，老百姓可以免费品尝；我国数码相机市场增长势头迅猛，但在数码相机市场高速增长的同时，多家数码相机公司相继宣布停止数码相机方面的业务；一位浙江民营企业家拿到了进口原油 20 万吨的配额指标，做了 4 万吨贸易后，就因无法获利将剩下的配额转让给中石油，在石油市场上浙商不败的神话遭到了损毁。为什么会出现以上的经济现象呢？这与不同的市场类型有关系。

在生产理论中，我们从要素投入和成本角度考察了如何实现生产优化问题，即从厂商角度或生产者角度考虑生产优化问题。市场理论是从消费者和厂商经济行为相互关系角度，考虑如何实现生产优化问题。即研究不同类型市场条件下，价格和产量决定问题。

无论市场的组织形式有什么差别，厂商在决策时仍有共性的一面：厂商需要确定的是产品利润最大化的产量；厂商按利润最大化原则边际收益等于边际成本来确定利润最大化产量；在利润最大化原则下，如果产品的价格低于其平均可变成本，厂商就应该停止生产或经营。本章将研究生产者在不同的市场条件下，如何为实现最大限度的利润而确定自己的产量与价格，这一理论被称为厂商理论或市场理论。

本章重点：

- 根据垄断竞争程度区分的市场类型及特点
- 完全竞争市场、完全垄断市场、垄断竞争市场和寡头垄断市场厂商均衡的条件
- 价格歧视
- 寡头垄断市场厂商定价方式
- 完全竞争市场、安全垄断市场、垄断竞争市场和寡头垄断市场的综合比较

第一节　市场类型及特点

一、市场类型

微观经济学的市场是指从事某一种商品买卖的交易场所或交易活动。这个市场可以是有形的，也可以是无形的。任何一种商品都有一个市场，有多少种商品就有多少个市场，如服装市场、蔬菜市场等。提供同类产品或劳务的所有厂商的总和就构成行业或部门。

厂商是指以追求利润最大化为目的、向市场提供产品和劳务的独立生产经营单位。而

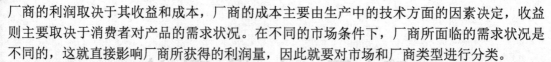

厂商的利润取决于其收益和成本，厂商的成本主要由生产中的技术方面的因素决定，收益则主要取决于消费者对产品的需求状况。在不同的市场条件下，厂商所面临的需求状况是不同的，这就直接影响厂商所获得的利润量，因此就要对市场和厂商类型进行分类。

区分市场的主要标准有以下三个。

(一)行业的市场集中程度

市场集中程度是指大企业在市场的控制程度，用市场占有额来表示。一个行业，企业规模越大，企业的数量越少，大企业的市场占有份额越大，这些企业对市场的控制程度越高，即市场集中程度越高，这个市场的垄断程度就越高；反之，一个行业，企业规模越小，企业的数量越多，市场占有的份额却不大，这些企业对市场控制程度低，这个市场的竞争程度就高。一般用两个指标来判断一个市场的集中程度：一是四家集中率，即某一市场中最大的四家企业在整个市场销售额中所占的比率；另一个是赫芬达尔-赫希曼指数，这个指数是计算某一市场上50家最大企业(如果少于50家企业就计算所有企业)每家企业市场占有份额的平方之和。显然，这些指标越高，表示市场集中程度越高，垄断程度也就越高。

(二)产品差别

产品差别是指同一种产品在质量、牌号、形式、包装等方面的差别。一种产品不仅要满足人们的实际需要，还要满足人们的心理需要。每个人由于收入水平、社会地位、文化教育、宗教信仰等不同，偏好也不同，人们对同一种产品的细微差别也有一定要求。

例如，对于同样的西装，收入高的人要穿名牌，以显示自己的身份和地位。产品差别正是为了满足消费者的不同偏好。每种有差别的产品都以自己的某种特色吸引消费者，这样有特色的产品就在喜爱这一特色的消费者中形成了自己的垄断地位。正是在这种意义上，产品差别引起垄断，产品差别越大，垄断程度越高。

(三)行业的限制

一个行业进入门槛越低，即进入限制越低，企业越容易进入，从而竞争程度越高；反之，一个行业进入门槛越高，即进入限制越高，企业进入越困难，从而垄断程度越高。

微观经济学按照竞争程度的标准，从行业的市场集中程度、产品差别程度以及进入市场的难易程度等方面将市场类型或结构分为四类：完全竞争市场、完全垄断市场、垄断竞争市场和寡头垄断市场。

二、四类市场的特点

(一)完全竞争市场的特点

完全竞争市场是一种竞争不受任何阻碍和干扰的市场结构。这种市场虽然在现实生活中并不多，甚至严格地说并不存在，但它却是分析各种市场结构厂商产品价格和产量决定的基础。接近于完全竞争的市场是农产品市场。完全竞争必须具备以下特征。

(1) 市场上有众多的买者和卖者，但其中任何一个买者或卖者，无论其购买量或销售量多大，它与整个市场规模相比都非常小，以至于其无法影响既定的市场均衡价格。而市场均衡价格是由全体买者的需求总量和全体卖者的供给总量决定的，单个的厂商和居民只能是市场价格的接受者，而不是价格的制定者。

例如，你是种植小麦的农民，即便耕种了 1 000 英亩土地的小麦，但是比较起澳大利亚、加拿大等地几百万英亩的小麦，1 000 英亩只不过是大海中的一滴。如果你要比其他种植小麦的农民多卖 0.1 美元，人们为什么要买你的呢？没有什么能使你的小麦比其他农民的好，而且所有小麦的购买者都知道小麦的市场价格。因此这种价格是小麦市场决定的，每一个农民都只是市场价格的接受者。小麦的需求弹性较小，市场需求曲线向右下方倾斜，其弹性取决于燕麦、玉米等其他谷物对小麦的替代性。但对其中的任何一个农民小麦的需求弹性是完全有弹性的，因为所有农民的小麦需求是完全替代品。

(2) 产品的同质性，即不存在产品差别。这就是所有厂商生产的某种产品在质上完全统一，都是同质的，并且无论是内在的品质，还是包装、牌号、服务等形式都是无差别的，从而各个生产者的产品具有完全的替代性，即如果某一厂商稍微提高其产品价格，买者就将转而购买其他厂商的产品。

(3) 所有资源具有完全流动性，即每种资源都能够自由地进入或退出市场。当外部条件发生变化时，产业发生相应调整往往会带来部分资源自由进入或退出该行业。当行业扩张时，新的劳动力、土地、能源、资金等会流入该行业；而当行业收缩时，原行业内的部分资源又会流出该行业另觅出路。一个完全竞争市场要求资源进入或者退出该行业时没有人为和自然的壁垒。

(4) 市场信息是畅通的。生产者和消费者可以获得完整而迅速的市场供求信息。对生产者来说，有关信息包括产品的生产方法、投入要素的价格以及产品的价格等；对消费者来说，有关信息包括他们自己的偏好、收入以及产品的价格等。信息畅通也就排除了由于市场信息不畅通而可能产生的一个市场同时存在几种价格的情况。

(二)完全垄断市场的特点

完全垄断是指市场被某一个厂商独家控制的状况。在市场经济中，完全垄断并不多，只是个别现象，但在计划经济中，完全垄断则普遍存在。完全垄断必须具备以下特征。

(1) 市场上只有一家厂商生产和销售某种产品。

(2) 该厂商提供的产品不受任何替代产品的竞争威胁。例如，公共服务公司提供的水，尽管有饮用水如瓶装矿泉水的相近替代品，但是矿泉水无法有效地作为洗车、灌溉等的替代品。垄断也始终受到新生产的替代品的打击。例如，影碟削弱了有线电视公司的垄断，但是新产品也一直在创造垄断，如微软公司的 Windows 操作系统。

(3) 不可能有新的厂商进入市场参加竞争。自然进入障碍和立法障碍是限制厂商进入最主要的原因。

① 一个企业有时候可以通过获得一种关键资源制造这种障碍，如南非的德比尔斯公司控制了世界天然钻石供给的 80%以上，这就是自然垄断。自然垄断使一个企业可以低于其他企业的价格供给整个市场。

② 立法垄断是竞争和进入受到公共特许、政府许可、专利或版权限制。公共特许是指市政府通过立法把某个行业的经营权交给某个企业，其他企业不得从事这个行业。例如，许多国家的邮政由国家邮政局独家特许经营。许可证制度是指政府颁发许可证，没有许可证不得进入。例如，开出租车要有许可证，当医生要有行医执照。这些都增加了进入行业的难度。专利是给予某种产品在一定时期内排他性的垄断权，其他企业不得从事这种产品生产，就无法进入该行业。

③ 独家垄断厂商控制了整个行业的生产和销售，没有相近的替代品，所以垄断厂商可以控制和操纵市场价格。例如，当铁路、民航和汽车长途运输之间有替代性时，这些部门就难以形成真正的垄断。

(三)垄断竞争市场的特点

所谓垄断竞争，是指一种既有垄断又有竞争、既不是完全竞争又不是完全垄断的市场结构。经济中许多产品都是有差别的。垄断竞争市场是一种普遍现象，最明显的是轻工业品市场。垄断竞争具有以下特征。

(1) 产品之间存在一定差别，即每一种产品都有别于那些与之相竞争的产品。产品差别具体体现为：内在品质不同，如由于技术或原材料等不同而功效不同；外观形象不同，如由于包装、商标等引起的外表形式上的区别；经济空间不同，如产地和销售地的地理位置、产品市场距消费者的远近等不同；推销方式不同，如广告、服务态度等方面的差别。另外，产品还存在名气、可靠性等差别。正因为存在产品差异，产品之间难以完全替代，所以形成了垄断，垄断程度与产品差异程度呈正向变动关系。由于产品之间存在一定替代关系，所以又会产生竞争，竞争的程度与产品差异程度呈反向变动关系。由此可见，产品差异存在而又不太大，使每个厂商既是垄断者，又是竞争者。

产品差别使企业可以与其他企业在三个方面竞争：质量、价格和市场营销。一种产品的质量是使它不同于其他产品的物质形态，包括设计、可靠性、为买者提供的服务以及买者得到该产品的容易程度。由于产品差别，垄断竞争者一样可以确定价格和产量，但是产品和价格之间有一种权衡，即高质量产品企业可以收取的价格高于低质量产品企业。一些产品差别是消费者不容易识别的，甚至产品本身没有什么实际差别，只是消费者认为它有差别，因此创造产品差别就要使消费者认知这种差别，这样垄断竞争厂商必须推销自己的产品，主要通过广告的形式，要发生一定费用。企业的广告宣传和产品的包装必须使购买者相信企业为高质量产品支付了高价格。例如，服装公司对其名牌衣服的广告宣传要使买者相信这些衣服优于普通品牌的服饰。同样，较低质量产品的生产者也要用广告使买者相信价格可以低到弥补质量缺陷这个事实的程度。在产品差别中，品牌是一种重要的产品差别，它既有实际差别，又有消费者对它的认知。名牌首先是高质量的、受消费者欢迎的，但名牌还要靠广告宣传，要消费者认知。据美国有关机构调查，70%以上的消费者有品牌忠诚的习惯，习惯于购买自己熟悉并向往购买的品牌产品。

(2) 厂商数目较多。每一厂商面对着众多的竞争对手，每个企业只占行业总产量的一小部分，其决策对其他厂商影响不大。垄断竞争厂商对产品的平均市场价格很敏感，它不用注意任何一个竞争对手，因为所有企业都不大，没有一个可以支配市场，因此没有一个企业的行为直接影响其他企业行为。而且由于存在许多企业，垄断难以实现。

(3) 厂商进出市场比较容易。因为行业中的厂商规模一般不太大，所需要资本也不太多，进出行业没有严重障碍，因此一个企业不能在长期中获得超额利润。当企业获得超额利润的时候，新企业进入该行业。随着新企业的不断加入，降低了价格，并最终消除了超额利润。当出现经济亏损时，一些企业离开该行业，随着这些企业的退出，提高了价格并增加了利润，最终消除了亏损。在长期，企业既不进入也不离开该行业。

(4) 对价格有一定影响力。由于产品差异，厂商对其产品有一定的垄断性，因此能够得到一些定价的自主权。当其提高产品价格，以致高出其他销售者时，便会失去一些顾客；相反，如果降低产品价格，以致低于其他销售者时，将获得更多的顾客，但仍有一部分顾客不会被吸引过来。这表明垄断竞争厂商的产品存在着替代性，厂商进出市场比较容易，他们对价格有一定影响，但影响程度是有限的。

(四)寡头垄断市场的特点

寡头垄断是指少数厂商完全控制了某一行业的市场结构。寡头垄断市场不受产品差别的影响，生产无差别产品的寡头称为纯粹寡头，生产有差别产品的寡头称为差别寡头。在钢铁、汽车、造船、石油这类工业行业中，寡头垄断是最普遍的。其特点如下。

(1) 厂商数量少。通常只有几个，但最少为两个，如果只有两个，称为双头垄断。新厂商很难进入，因为原有几个厂商已控制了本行业，新厂商很难与之抗衡。

(2) 厂商之间相互依存、相互影响、相互制约。行业中任何一家厂商变动产销量和价格，必然影响其他厂商的销售量和利润，引起其他厂商做出反应。因此，厂商做出产销量和价格决策时，必须考虑对其他厂商的影响。寡头之间这种相互依存性对寡头市场的均衡有至关重要的影响。一家寡头做出一项决策，其结果很难预测，因为它并不知道其他厂商会做出什么反应。厂商行为的不确定，使厂商的决策面临很大困难。在寡头市场上，很难对产量和价格问题做出像其他市场那样肯定的答案，因为，各个寡头决策时要考虑到竞争对手的反应，而竞争对手的行为可能是多种多样的。寡头厂商在决策时只知道自己的产量和价格，并不知道其他厂商的产量价格，为了推测厂商的产量和价格，只有通过各种假设，假设不同决策也不同。无法找到寡头厂商和市场的短期均衡和长期均衡。但产量价格一旦决定后，就相对稳定。因为各个寡头由于难以捉摸对手的行为，一般不会轻易变动自己已经确定的产量和价格。各寡头的相互依存性使它们之间形成某种勾结。但各寡头的利益又是互相矛盾的，这就决定了勾结并不能代替或取消竞争，包括价格竞争，也有广告等非价格竞争。

(3) 这种市场行业的特点是规模大才能实现最低成本，形成寡头市场的关键是规模经济。只有这个市场仅有几家大企业，每家企业的规模都十分大时，整个行业才有效率。

第二节 完全竞争市场

一、完全竞争市场需求曲线

在讨论这一问题时，必须区分行业与单个厂商。对整个行业而言，其需求曲线是一条从左上方向右下方倾斜的曲线，供给曲线是一条从左下方向右上方倾斜的曲线，整个行业产品的价格就是由该行业的需求曲线与供给曲线的均衡点决定的[见图 6.1(a)]。对单个厂商而言，当市场价格由行业的供求状况确定之后，这一价格就是既定的，无论厂商增加或减少产量都不能影响这一价格。换言之，在既定的价格之下，市场对单个厂商的需求是无限的。因此，单个厂商的需求曲线是一条由既定市场价格出发，平行于横轴的直线[见图 6.1(b)]。以下均研究的是单个厂商的情况。

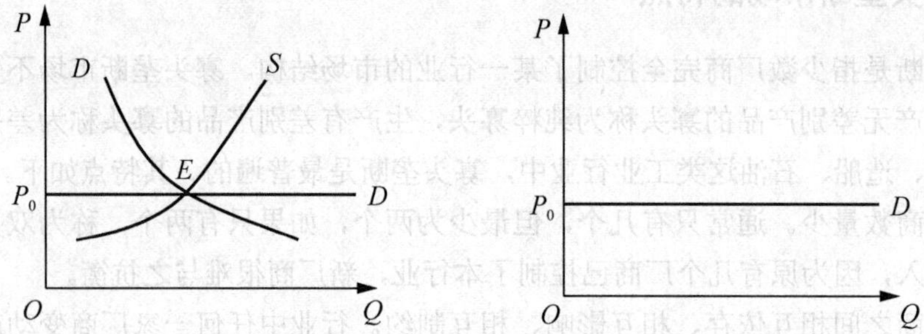

(a) 整个行业需求曲线　　(b) 单个厂商需求曲线

图 6.1　市场需求曲线

厂商按既定的市场价格出售商品，每单位产品的售价也就是每单位产品的平均收益。所以，价格等于平均收益，即 P=AR。在完全竞争条件下，厂商每增加一单位产品的销售，而市场价格却不变，从而每增加一单位产品销售的边际收益也不会变动，所以，平均收益又与边际收益相等，即 AR=MR=P。值得注意的是，在各种类型的市场上，平均收益与价格都是相等的，因为每单位产品的售价就是其平均收益，但只有在完全竞争市场上，对个别企业来说，平均收益、边际收益、价格才相等。完全竞争市场中厂商面临的水平需求曲线实际上一身四任，它不仅是厂商的需求曲线，而且是厂商的产品价格曲线、平均收益曲线和边际收益曲线，即 D=P=AR=MR。

可以用表 6.1 说明完全竞争市场上价格、平均收益和边际收益的关系。

表 6.1　价格、平均收益和边际收益的关系

销 售 量	价格 P	总收益 TR	平均收益 AR	边际收益 MR
0	10	0		
1	10	10	10	10
2	10	20	10	10
3	10	30	10	10

续表

销 售 量	价格 P	总收益 TR	平均收益 AR	边际收益 MR
4	10	40	10	10
5	10	50	10	10
6	10	60	10	10

二、完全竞争市场厂商均衡

(一)完全竞争市场短期均衡

在短期内，厂商不能根据市场需求来调整全部生产要素，因此，从整个行业看，有可能出现供小于求或供大于求的情况。如果供给小于需求，则价格高；如果供给大于需求，则价格低。短期均衡就是分析这两种情况下，个别厂商如何决定产量与盈利状况。

一般说来，完全竞争市场中由供求决定的市场均衡价格是变动的，而厂商在短期内随价格变动对平均成本进行调控是有限的。因此，价格与平均成本不相等，厂商在短期内生产可能有盈利，也可能出现亏损，厂商只能做到在既定的价格下，通过调整产销量使利润达到最大或亏损减少到最低限度。

1. 供给小于需求，价格水平高的情况

完全竞争市场供给小于需求时的均衡状态，如图 6.2 所示。

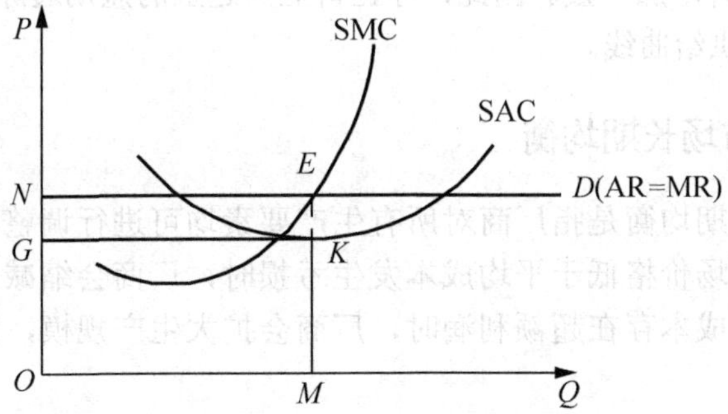

图 6.2　完全竞争市场供小于需时的均衡状态

D 为需求曲线，同时也是平均收益 AR 曲线、边际收益 MR 曲线；市场价格为 *ON*；SAC 为短期平均成本；SMC 为短期边际成本；*OG* 是产量为 *OM* 时的平均成本。

厂商根据利润最大化原则 MR=MC 的交点 E 来确定产量为 *OM*。厂商的总收益是：平均收益乘以产量，即 *ON*×*OM*=*OMEN*；厂商的总成本是：平均成本乘以产量，即 *OG*×*OM*=*OMKG*。

从图 6.2 可见，总收益大于总成本，存在超额利润 *GKEN*。

2. 供给大于需求，价格水平低的情况

完全竞争市场供给大于需求时的均衡状态，如图 6.3 所示。

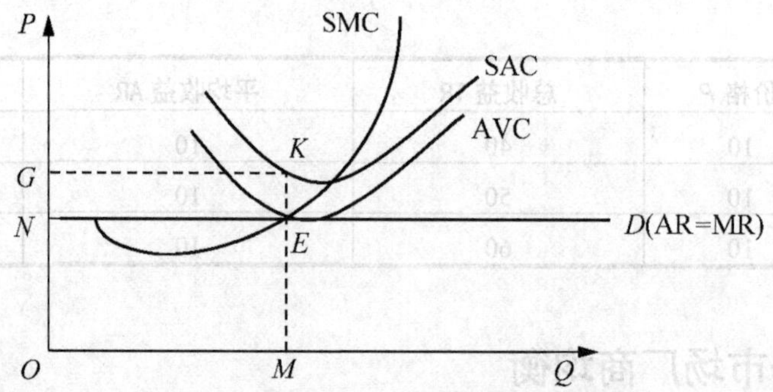

图 6.3　完全竞争市场供大于需时的均衡状态

厂商根据利润最大化原则 MR=MC 的交点 *E* 来确定产量为 *OM*。厂商的总收益是：平均收益乘以产量，即 *ON*×*OM*=*OMEN*；厂商的总成本是：平均成本乘以产量，即 *OG*×*OM*=*OMKG*。

从图 6.3 可见，总收益小于总成本，存在亏损 *NEKG*。

因此，结合以上两种情况，完全竞争市场短期均衡的条件是：MR=MC=AR。

图 6.3 中，市场价格 *ON* 低于均衡价格 *OG*，企业有亏损。此时企业是否生产取决于平均可变成本的情况，*E* 就是停止营业点。这就是说，价格为 *ON* 时，收益正好抵补平均可变成本，由于短期无论是否生产都有固定成本，所以企业只要收益能弥补可变成本，就要生产。如果价格低于 *ON*，企业连可变成本也无法弥补，企业就不能再生产了。停止营业点是由价格水平与平均可变成本决定的，在停止营业点之下，企业停止生产；在停止营业点之上，企业随着价格上升增加产量。因此，停止营业点之上的短期边际成本曲线就是完全竞争市场中一个企业的供给曲线。

(二)完全竞争市场长期均衡

完全竞争市场长期均衡是指厂商对所有生产要素均可进行调整，而且可以自由进出该行业的均衡。当市场价格低于平均成本发生亏损时，厂商会缩减生产或退出该行业。当市场价格高于平均成本存在超额利润时，厂商会扩大生产规模，新的竞争者将进入该行业。

在长期中，如果市场价格高到存在超额利润的情况下，此时需求曲线为 D_1，其产量由长期边际成本 LMC 与边际收益 D_1 的均衡点决定，这时厂商可取得最大限度的超额利润，但由于超额利润的存在，刺激新厂商进入本行业使产品的总供给量增加，而总供给增加则会引起市场价格下降，总供给一直增加到超额利润消失为止。如果市场价格低到厂商亏损，此时需求曲线为 D_2，其产量由长期边际成本 LMC 与边际收益 D_2 的均衡点决定，那么厂商将收缩生产甚至退出该行业，供给总量减少，市场价格上升，亏损减少这一过程一直进行到亏损消失为止。这时，市场价格必然等于厂商的长期平均成本曲线的最低点，在这一点，厂商的长期平均成本等于长期边际成本，这样总收益等于总成本，为 *OMEN*，如图 6.4 所示，厂商既无超额利润也无亏损，实现了长期均衡。在长期中，厂商的均衡条件是：MR=AR=LMC=LAC。

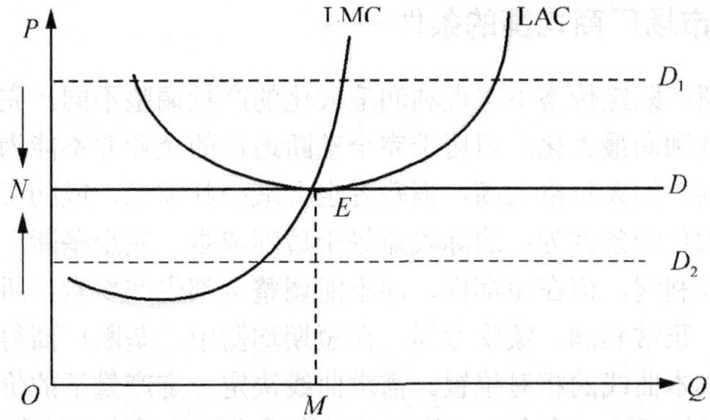

图 6.4 完全竞争市场长期均衡

在理解长期均衡时应注意两点：一是长期均衡的 *E* 点就是收支相抵点，这时，成本与收益相等。这说明在完全竞争市场上，由于竞争激烈，长期中厂商无法实现超额利润，只要获得正常利润就是实现了利润最大化。二是实现了长期均衡时，平均成本与边际成本相等，也就是这两条曲线相交时，平均成本一定处于最低点。这就说明了在完全竞争条件下，可以实现成本最小化，从而也就是经济效率最高。这正是经济学家把完全竞争作为最优状态的理由。

第三节 非完全竞争市场

一、完全垄断市场厂商均衡

(一)完全垄断市场需求曲线

由于完全垄断行业只有一个厂商，因此，完全垄断市场的需求曲线就是完全垄断厂商的需求曲线。如果垄断者想销售更多的商品，就必须降低商品的价格。因此，完全垄断厂商的需求曲线向右下方倾斜。正因为这样，完全垄断的边际收益(MR)曲线就低于平均收益(AR)曲线，即低于需求曲线，并且每个产量上的边际收益总是小于价格(即平均收益)，完全垄断市场中的边际收益曲线总是位于需求曲线(即平均收益曲线)之下，其形状如图 6.5 所示。

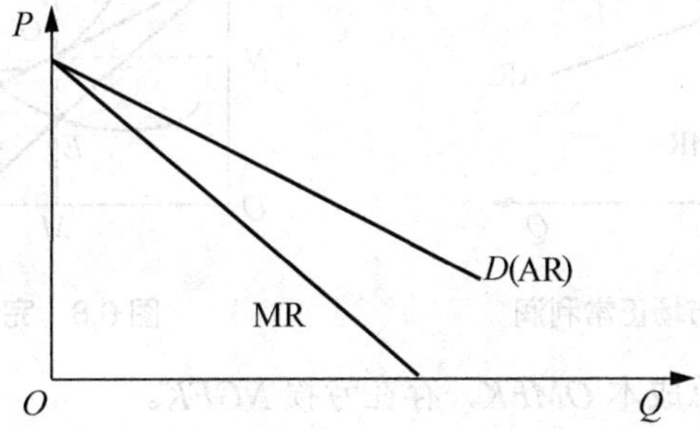

图 6.5 完全垄断市场 AR 与 MR

(二)完全垄断市场厂商均衡的条件

与完全竞争厂商在既定价格下实现利润最大化的产量调整不同，完全垄断厂商通过调整产量和价格来实现利润最大化。但居于完全垄断地位的企业并不能为所欲为，也要受到市场需求状况的限制。如果价格太高，消费者也会减少其需求，或购买其他替代商品。垄断厂商实现利润最大化的条件为：边际收益等于边际成本。完全垄断厂商虽然能够调整产量和价格以实现最大利润，但在短期内，却不能调整全部生产要素，所以仍有三种不同情况：获得超额利润、正常利润、蒙受亏损。在短期均衡中，垄断厂商得失究竟如何，取决于需求曲线与平均成本曲线的相对位置。需求曲线决定一定产量下的价格水平，平均成本曲线决定这一产量下的平均成本水平。价格与平均成本的关系决定厂商的获利情况。

(1) 价格大于平均成本，厂商获得超额利润 (如图 6.6 所示)。

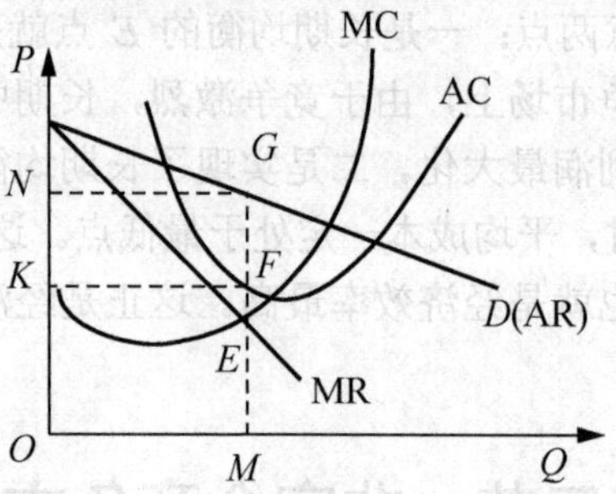

图 6.6 完全垄断市场超额利润

根据利润最大化原则：边际收益等于边际成本，MR 与 MC 的交点 *E* 决定了产量是 *OM*。从图 6.6 可见，总收益 *OMGN* 大于总成本 *OMFK*，存在超额利润 *KFGN*。

(2) 价格等于平均成本，厂商获得正常利润(如图 6.7 所示)。

总收益等于总成本为 *OMGN*，厂商获得正常利润。

(3) 价格小于平均成本，厂商亏损(如图 6.8 所示)。

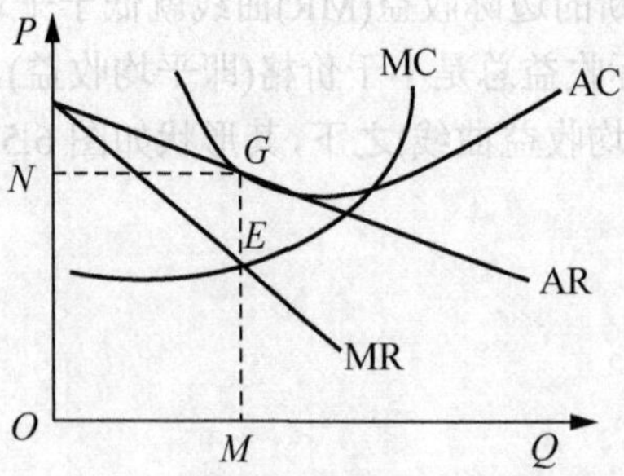

图 6.7 完全垄断市场正常利润

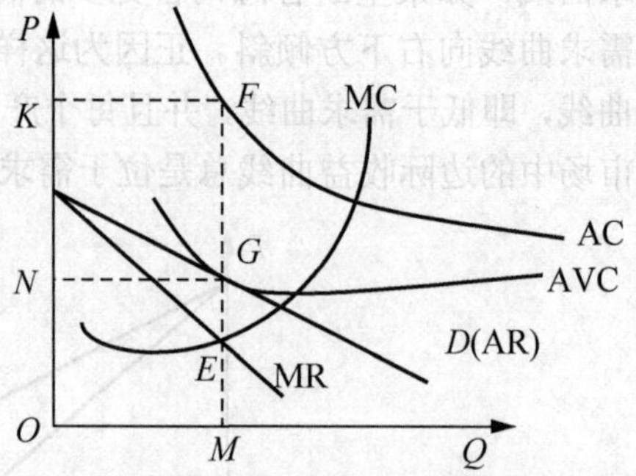

图 6.8 完全垄断市场亏损

总收益 *OMGN* 小于总成本 *OMFK*，存在亏损 *NGFK*。

从短期的三种情况可见，完全垄断市场厂商短期均衡的条件是：MR=MC。

在长期中，厂商可以调整全部生产要素，即调整生产规模来获取最大利润，存在垄断

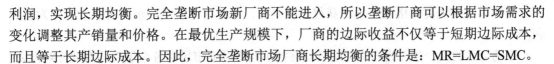

利润，实现长期均衡。完全垄断市场新厂商不能进入，所以垄断厂商可以根据市场需求的变化调整其产销量和价格。在最优生产规模下，厂商的边际收益不仅等于短期边际成本，而且等于长期边际成本。因此，完全垄断市场厂商长期均衡的条件是：MR=LMC=SMC。

另外，垄断厂商不存在明确的供给曲线，供给曲线只属于那些接受既定价格的厂商，表示在一定价格水平愿意提供的产量，而垄断厂商直接决定了利润最大化产量，并同时间接地决定了市场价格。当然垄断市场不存在供给曲线，并不意味着厂商不提供供给量，而是表明厂商利润最大化的产量和价格不受供给量与价格之间一一对应的函数关系制约。

(三)完全垄断企业的定价策略

1. 单一定价

完全垄断企业对卖给不同消费者的同样的产品确定了相同的价格，即卖出去每一单位产品价格都是相同的。这种定价策略称为单一定价。

在完全垄断市场中，垄断企业实现利润最大化的关键是确定一个合理的价格。由于垄断企业控制了一个市场的全部供给，完全控制了市场，所以可以通过改变产量来决定价格，既可以通过减少产量定高价，也可以增加产量定低价。但垄断者定价时必须考虑市场需求，垄断者可以定高价，但消费者可以拒绝购买，这样就无法实现利润最大化。在市场上，消费者用自己的购买选择影响价格的决定。在实行单一价格时，垄断者采取高价少销或是低价多销取决于利润最大化目标，并受需求与供给双方制约。一般来说，某种商品需求缺乏弹性时，垄断者采取高价少销是有利的，这时价格提高的幅度大于销售量减少的幅度，从而总收益增加。当某种产品是需求富有弹性时，垄断企业采取低价多销是有利的，这时价格降低的幅度小于销售量增加的幅度，从而总收益增加。

2. 歧视定价

完全垄断的差别价格又称歧视价格，是指垄断者在同一时间内对同一成本的产品向不同的购买者收取不同的价格，或是对不同成本的产品向不同的购买者收取相同的价格。例如，航空公司对于同样的旅行提供了不同的价格安排。歧视定价可以实现更大的利润，其基本原则是对需求富有弹性的商品收取低价，而对需求缺乏弹性的商品收取高价。这样，需求富有弹性的商品在低价时会更大幅度地增加消费量，从而总收益增加；需求缺乏弹性的商品在高价时会小幅度地减少需求量，总收益也增加。例如，在电力部门，工业用户对电的需求为缺乏弹性，价格高也无法减少用电量，因此电力部门对工业用户收取高价；而居民用户对电的需求富有弹性，有煤气、天然气等替代品，价格高则使用替代品，价格低就增加使用电力，因此电力部门对居民用户收取低价。

价格歧视分为三种类型。

1) 三级价格歧视

垄断者把不同类型的购买者分割开来，形成各个子市场，然后把总销量分配到各个子市场出售，根据各子市场的需求价格弹性分别制定不同的销售价格。这种垄断者的市场分割称为三级价格歧视。例如，电力部门对工业用户和居民用户实行不同的价格，这种情况下，就可以在实现高价格的市场上获得超额利润，即把这个市场的消费者剩余转化为超额利润。

市场分割的两个条件为：①垄断者能够把不同市场或市场的各个子市场有效分割开来；②各个子市场或消费团体具有不同的需求价格弹性。

2) 二级价格歧视

这是指垄断者对某一特定的消费者，按其购买商品数量不同制定不同的价格。垄断企业为了了解消费者的需求曲线，把其分成不同段，根据不同购买量确定不同价格。例如，电力部门对一定量电力 1 度至 100 度实行一种价格，对 101 度至 200 度的用电实行另外一种价格。垄断企业把部分消费者剩余转换为超额利润。

3) 完全价格歧视

它是指垄断者根据每一个消费者每买进一单位的产品愿意并且能够支付的最高价格来逐个确定每单位产品销售价格的方法。完全价格歧视吸收了所有的消费者剩余，垄断者的产量与完全竞争行业一样。例如，一个医术高超的医生对每个患者收取不同的医疗费就是这种情况。

与单一价格相比，价格歧视可获得更多的利润。但垄断者并不能普遍采用价格歧视定价，因为价格歧视必须具备两个条件：①实现价格歧视的商品不能转售，如果商品可以转售，价格歧视就没有意义了，因为低价购买者可以把这种商品转售出去获利，垄断企业就得不到好处了；②要能用一个客观的标准把消费者分为需求缺乏弹性者和需求富有弹性者。不同的消费者对同一种商品的需求弹性不同是客观存在的，关键在于用一种客观而具有可操作性的方法把这两类消费者分开。例如，民航实行实名制，机票不可转让。同时，民航乘客对民航的需求弹性不同，公务乘客根据工作需要决定是否乘飞机，费用由公司承担，很少考虑价格因素，因此需求缺乏弹性；私人乘客根据价格及其他因素，在民航、公路、铁路等交通方式中选择，自己承担费用，因此需求富有弹性。在运用客观方法把不同需求弹性乘客分开的时候，民航采用了不同的方法：第一，对两个城市之间的往返乘客，周六在对方城市过夜的实行折扣价，周六不在对方城市过夜的实行全价。因为一般公务乘客周六不在对方城市过夜，即便价格高他们也要在周末回去与家人团聚；但民用乘客在有折扣时愿意选择在对方城市过夜。第二，根据订票时间票价不同。一般私人乘客出行有一个计划，可以提前订票，而公务乘客临时决定外出购票者多。这样就可以根据订票时间不同实行歧视价格。如提前两周订票可以打折，临时订票全价。第三，对不同收入者的价格歧视，机票在高收入者支出中占的比例较少，需求缺乏弹性；而在低收入者支出中占的比例较高，需求富有弹性，因此根据不同的服务对象收取不同的票价。例如，高价票无任何限制随时可以登机，高收入者不在乎多花钱，为了方便愿意买高价票；低价票有种种限制，如周末不能乘机等，但低收入者为了节约开支也愿意接受。

价格歧视原理告诉我们：价格竞争不只是提价或降价，还可以灵活运用多种价格形式。价格歧视是一种重要的定价方式。

二、垄断竞争市场厂商均衡

(一)垄断竞争市场需求曲线

垄断竞争市场的一个主要特点是每个垄断竞争厂商都面临两条需求曲线，该厂商认为，要扩大自己产品的销售，必须降低一点价格，因此，其产品需求曲线向右下方倾斜，有些像完全垄断厂商的需求曲线，如图 6.9 中的 D_1。然而，垄断竞争厂商对自己产品的要价所具有的控制能力，又远不及完全垄断厂商，因为相近的替代品的存在严重地限制了卖主的“垄断”力量。当他降低价格时，其他相关厂商势必跟着降价。例如，某种牌号香烟降价，其他牌号香烟为了不失去自己的顾客，也会采取相应的降价措施。因而拟打算扩大的销售量一部分被跟随降价的厂商所抢去，因此其他厂商跟随降价的需求曲线更倾斜，如图 6.9 中的 D_2。如果说 D_1 线是厂商主观需求曲线的话，则 D_2 线就是厂商实际的需求曲线。

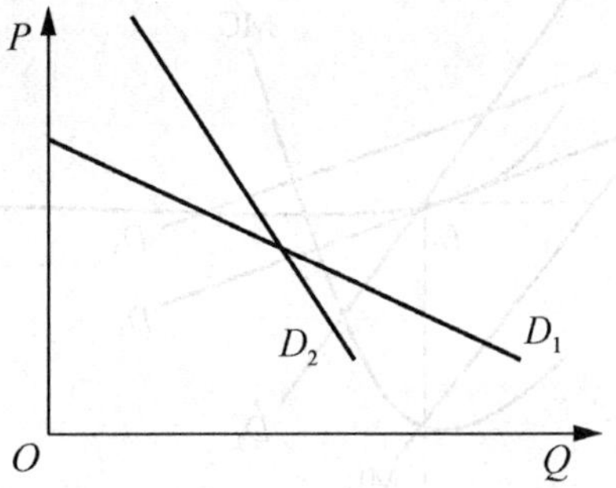

图 6.9　垄断竞争市场需求曲线

(二)垄断竞争市场厂商均衡的条件

1. 垄断竞争市场的短期均衡

在短期中，每一个生产有差别产品的厂商，都可以在部分消费者中形成自己的垄断地位，处于完全垄断状态。这样，垄断竞争市场上的短期均衡与完全垄断市场上的相同，存在超额利润，如图 6.10 所示。和垄断厂商一样为了获取最大化利润，短期内垄断竞争厂商按照 MR=MC 决定产量，图中 *OMEN* 为总收益，*OMFG* 为总成本，存在超额利润 *GFEN*。

同样，垄断竞争厂商在短期还可能蒙受亏损或者只获得正常利润，这取决于价格大于、等于还是小于平均成本，图 6.10 只是价格大于平均成本的一种情况。垄断竞争厂商短期均衡条件是边际收益等于边际成本，即：MR=MC。

2. 垄断竞争市场的长期均衡

由于垄断竞争市场厂商的进入与退出比较容易，因此，如果这一市场中的厂商能够获得超额利润，一方面会导致原有厂商扩大生产规模，另一方面会吸引新的厂商进入该行业。随着供给量的增加和竞争的加剧，会造成价格下降，直至下降到等于长期平均成本的水平。这时，超额利润不存在，只存在正常利润。新的厂商不再进入，原有的厂商保持原有生产规模不变，竞争导致 P=LAC，为零利润，如图 6.11 所示，总收益等于总成本为 *OMEN*，从而形成长期均衡，条件是：MR=MC，AR=LAC。

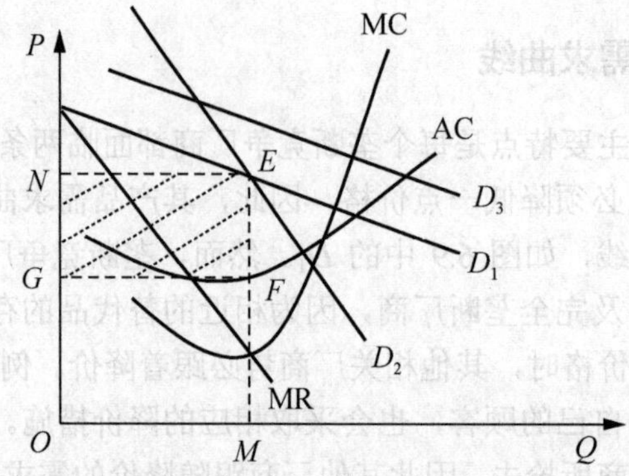

图 6.10 垄断竞争厂商短期的超额利润

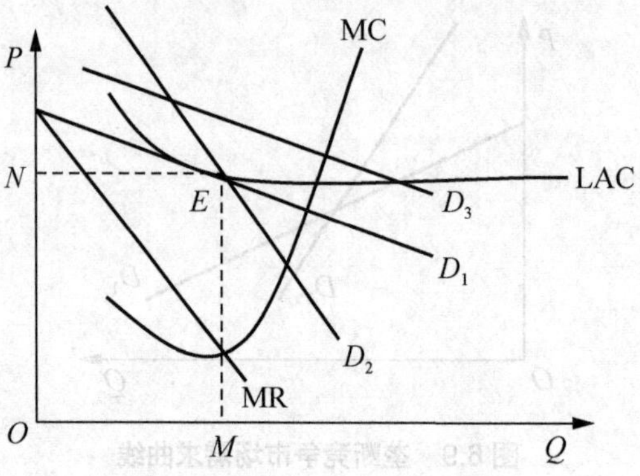

图 6.11 垄断竞争的长期均衡

三、寡头垄断市场的厂商均衡

(一)寡头垄断市场需求曲线

寡头垄断市场需求曲线是拐折的需求曲线，就是寡头垄断的需求曲线在某一价格上存在着拐折现象，如图 6.12 中的 AR 在 *K* 点拐折。这一理论假设：在寡头市场为数不多的厂商中，如果有一家厂商提价，但其他寡头为了增加销售量按兵不动，保持原来价格，从而使该厂商所占市场份额大为降低，收益下降。如果一家厂商降价，其他厂商则随之降价，从而使该厂商降价的好处化为乌有。这种拐折的需求曲线存在于寡头厂商决策者心目中的主观需求曲线，在钢铁、汽车等行业，当成本有一定量的改变时而价格却保持不变，在拐折点成本不同，但是价格却保持不变，寡头厂商维持刚性价格。

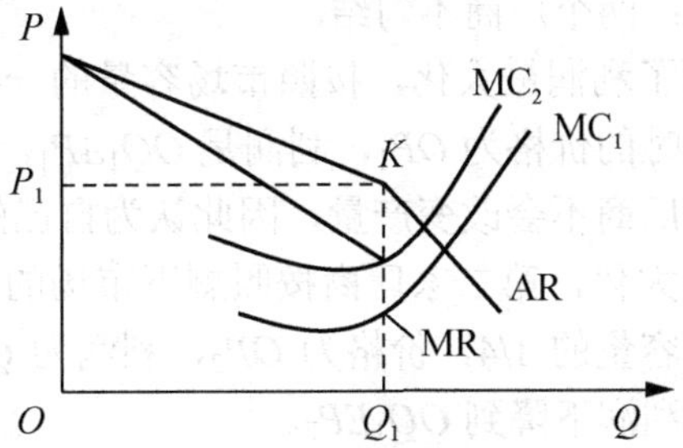

图 6.12　寡头市场需求曲线

(二)寡头垄断市场的产量

各寡头之间在决定市场产量的时候，有相互勾结和不勾结两种形式，不同的形式下，产量的决定是有区别的。在各寡头相互勾结的情况下，产量由各寡头协商决定，产量的多少有利于哪一方取决于寡头实力的大小，体现为有实力的寡头在协商中起到领袖作用，带头确定产量或者是市场销售范围。这种勾结的方式通常是暂时性的，因为寡头的实力处在动态变化中，当占有领导地位的寡头改变之后，产量或市场范围的瓜分又重新开始。

在寡头之间不勾结的情况下，各寡头根据其他寡头的产量决策调整自己的产量，但是各寡头只知道自己的产量和价格，并不知道其他厂商的产量和价格，这是寡头厂商决策时所面临的困境。为了推测其他厂商的产量，只有通过假设。不同的假设条件就有不同的解。西方经济理论中存在着很多对寡头市场的解，本章仅介绍法国经济学家的古诺解，如图 6.13 所示。

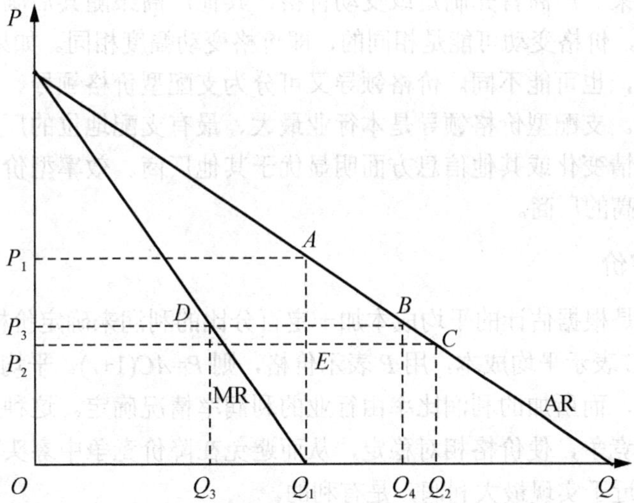

图 6.13　古诺解

假设寡头市场仅有两个厂商，即双头市场，产品是同质的；每个厂商的产量都是独立变量，两个厂商的产量总和影响市场价格；每个厂商都认为自己变动产量时另一家厂商不会变动产量；两家厂商的成本均为零，并且面临着共同的线性市场需求曲线；两家寡头通过调整产量达到利润最大化；两个厂商不勾结。

开始时，第一家厂商为了利润最大化，按照市场容量的一半提供产量，这时正好是总收益最大，数量为 OQ_1，此时的价格为 OP_1，利润是 OQ_1AP_1。

第二家厂商认为第一家厂商不会改变产量，因此认为自己的市场容量是 Q_1Q，为总市场容量的一半，为了利润最大化，第二家厂商按照剩下市场的半数提供商品。这样，产品数量为 1/2(Q_1Q)，占市场总容量的 1/4，价格为 OP_2，利润为 Q_1Q_2CE。与只有一家厂商时候比较，此时第一家厂商的利润下降到 OQ_1EP_2。

在这种情况下，第一家厂商会采取行动，它认为第二家厂商不会改变销售量，因此认为自己的市场容量是排除第二家厂商的市场容量的 1/4 后为 3/4，在图 6.13 中为 OQ_2。根据利润最大化原则，它按照市场容量的半数提供产品，即为 3/8。与原来相比，其产量减少了 1/8。

此时第二家厂商也会采取行动，它认为第一家厂商不会改变产量，因而认为自己的市场容量是剩余的 5/8，并且按照此容量的一半 5/16 来提供产品，这样第二家厂商的产量比原来增加了 1/16。

这样继续下去，第一家厂商的产量逐渐减少，第二家厂商的产量逐渐增大，直到最后两家厂商的产量各占市场容量的 1/3。最后，两家厂商的总产量是 OQ_4，价格为 OP_3，总利润为 OQ_4BP_3。

(三)寡头垄断市场的价格

1. 价格领导定价

这是指行业中某一厂商首先制定或变动价格，其他厂商跟随其后制定各自的价格。如果产品是无差别的，价格变动可能是相同的，即价格变动幅度相同。如果产品是有差别的，价格变动可能相同，也可能不同。价格领导又可分为支配型价格领导、晴雨表型价格领导和效率型价格领导。支配型价格领导是本行业最大、最有支配地位的厂商。晴雨表型价格领导在掌握市场行情变化或其他信息方面明显优于其他厂商。效率型价格领导是本行业中成本最低、效率最高的厂商。

2. 成本加成定价

这种定价方式是根据估计的平均成本加一定百分比的利润来确定价格。例如，用 r 表示固定利润率，用 AC 表示平均成本，用 P 表示价格，则 $P=AC(1+r)$。平均成本可以根据长期成本变动情况确定，而所加的利润比率由行业的利润率情况确定。这种定价方法可以避免各寡头之间的价格竞争，使价格相对稳定，从而避免在降价竞争中寡头两败俱伤。从长期看，这种方法能接近于实现最大利润，是有利的。

3. 卡特尔

这是寡头市场的厂商采取协议形式公开勾结共同确定价格、产量分配的形式。卡特尔根据行业需求曲线和利润最大化原则确定价格和总产量，再将总产量分配给参加卡特尔的各个厂商。例如，OPEC(石油输出国组织)这个组织于 1960 年 9 月由 5 个主要石油输出国——伊朗、伊拉克、科威特、沙特和委内瑞拉设立。它的目的就是通过限制每个国家的石油输出数量，达到提高石油价格的目的。但实际上，各成员国因为配额分配、提交幅度等不同而经常争吵。后来随着俄罗斯石油输出、英国北海石油开采，OPEC 对世界石油市场的影响力有所削弱。

(四)寡头垄断市场的博弈

博弈论又名对策论、游戏论，顾名思义，是一门研究参与者各自选择策略的科学，换言之，是研究机智而理性的决策者之间冲突及合作的学科。博弈论把这些复杂关系理论化，以便分析其中的逻辑和规律，并对实际决策提供指导或借鉴。如前所述，寡头市场的特点是各个寡头之间相互依存，也就是各个寡头各自独立决策，相互之间并不了解对方的决策。但一个寡头的决策要影响到其他寡头，每个寡头都要根据对方可能的决策做出自己的决策。各个寡头的决策相互作用，最后形成均衡市场。因此，现代的寡头理论就是应用博弈论来研究寡头行为。

下面讨论一个著名的例子“囚犯的困境”。假设两个犯罪嫌疑人甲和乙被捕，检察官把他们分别关在两个房间审讯。检察官对甲、乙分别说，如果你们两个都不坦白，你们都将被判刑 2 年；如果你坦白而他不坦白，那么你判 1 年，他判 8 年；如果他坦白而你不坦白，那么你判 8 年，他判 1 年；如果你们两个都坦白，你们都将从轻宣判；实际上，如果两个人都坦白，都被判刑 5 年。

甲和乙的选择矩阵如表 6.2 所示。

表 6.2　甲和乙的选择矩阵

		甲	
		坦白	不坦白
乙	坦白	5，5	1，8
	不坦白	8，1	2，2

在本例中，甲和乙都可以选择坦白和不坦白两种策略。他们的所有选择的不同组合可能有四种结局，依次为(坦白，坦白)(坦白，不坦白)(不坦白，坦白)(不坦白，不坦白)，括号中前后两种策略分别为甲和乙的选择策略。表中，前一列数字是甲的判刑年数，后一列数字则是乙的判刑年数。

分析一下上述矩阵，可以发现囚犯甲和乙都面临一种两难境地。如果他们都听从检察官的劝告而坦白的话，他们将被判入狱 5 年。如果他们都选择不坦白的话，他们都只判 2 年。入狱两年当然比 5 年好，但是他们都面临同伙背叛的风险，也就是面临被判刑 8 年的风险。如果所有参与人都有占优策略存在，可以证明，博弈将在所有参与人的占优策略的基础上达到均衡，这种均衡称为占优策略均衡。上面提到的囚犯困境中的“甲坦白，乙坦白”就是占优策略均衡解。在一个博弈过程中，无论对方的策略选择如何，当事人一方都会选择某个确定的策略，则该策略被称为支配性策略。如果两个博弈的当事人的策略组合分别构成各自的支配性策略，那么这个组合就被定义为纳什均衡。

纳什均衡又称为非合作博弈均衡，是博弈论的一个重要术语，它是以美国数学家——日后成为电影《美丽心灵》主人公的纳什的名字命名的。在上述“囚徒的困境”例子中，两个囚犯符合自己利益的选择是坦白招供。这种两人都选择坦白的策略以及因此被判刑 5 年的结局就是“纳什均衡”。

在寡头市场上，当寡头数量很少时，从理论上说，他们很容易通过谈判实行勾结定价，即像一个垄断者那样用高价格来宰消费者。这样做，交易费用(寡头进行价格勾结谈判达成协议所需要的费用)并不高，而勾结定价可以为参与者带来共同的利益。尽管许多国家的《反垄断法》中有禁止勾结定价的条款，但实际上这个条款的作用极为有限，因为寡头之间可以采用不易被发现的隐蔽性勾结——默契，但这种勾结定价在现实中是很少成功的。

现实中，一个最常用的例子就是 OPEC(石油输出国组织)的价格勾结。OPEC 是一个限制产量并提高石油价格的寡头价格联盟(又称“卡特尔”)。它们在 20 世纪 70 年代的成功更多的是共同的政治动机，但经济利益在长期中是高于政治的。随着时间流逝，博弈论分析的情况就出现了。各成员国都想，无论其他国家是否守约，我违约对自己是有利的，于是纷纷打破限产规定，增加生产，结果到 20 世纪 80 年代，石油价格就大幅度下跌了。以后的石油价格上升不是价格协议起作用，而是供求关系变动的结果。在任何一种市场上，决定价格的最基本因素还是供求关系。在供大于求的情况下，任何价格勾结都不能长远地提高价格。在供小于求的情况下，无须价格勾结，价格也会上升。在价格决定中，价格勾结是无用的。我国出现过的汽车行业自律价和民航的禁折令等形式的价格勾结，哪一个行业也没有真正实现。人为的价格勾结当然阻挡不了供求决定价格的客观规律，博弈论分析的结论与现实是一致的。

第四节　不同市场类型经济效率的比较

一、完全竞争市场经济效率

完全竞争市场模型被认为是一种理想的经济模型。完全竞争市场的主要优势如下。

(1) 均衡产量最大。完全竞争市场各种商品的市场价格等于最低的平均成本，厂商和行业的均衡产量最大。

(2) 平均成本最低，资源充分利用。当完全竞争厂商达到长期均衡时，该厂商不仅在长期平均成本最低点生产，而且也是在短期平均成本最低点生产。这说明，在完全竞争下的生产规模是适度的生产规模，因为它能够使长期生产成本最小化。同时其生产量也是适度的生产量，因为其短期平均成本最小化，厂商在这种状态下从事生产活动，只能获得正常的利润，因而社会资源能够得到最佳配置和获得最充分的利用。

(3) 均衡价格最低，消费者剩余最大。经济学家根据对完全竞争市场企业均衡的分析提出，在这种完全竞争条件下，价格可以充分发挥其“看不见的手”的作用，调节整个经济的运行。由于产品的标准化，可以节省广告竞争所发生的费用。由于完全竞争的作用，可以使均衡价格降到最低点，从而消费者也可以从中获得最大消费者剩余。因此完全竞争市场在市场机制充分发挥作用的情况下，经济效率最高。

但是，完全竞争也有缺点。不利之处有以下几点。

(1) 产品无差别，消费者的个性化需求无法得到满足。

(2) 完全竞争市场上的生产规模都很小，这样它们就没有能力去实现重大的科学技术突破，不利于技术的发展。

(3) 在实际中完全竞争的状况是很少的，一般来说，竞争也必然引起垄断。

二、完全垄断市场经济效率

完全垄断优势具体如下。

(1) 有一些行业可以实现规模经济。例如，自来水行业，只有在一家企业时才能实现平均成本最低，这种情况属于规模经济引起的自然垄断。

(2) 垄断企业可以以自己雄厚的资金与人才实力实现重大的技术突破，有利于技术进步。例如，美国电话电报公司曾经长期垄断美国的电信行业，这虽然有效率损失，但其以自己的资金创办了贝尔实验室，在半导体、通信、电视等方面深深地影响着人们的生活。

(3) 尽管在一国国内是垄断的，有效率损失，但在国际上是有竞争力的，有利于一国世界竞争力的提高。例如，美国的波音和麦道合并后，在美国商用大型客机市场上是垄断者，但这种合并有利于美国波音对欧洲空中客车公司的竞争。现实中既有打破垄断走向竞争的，也有加强垄断的，在不同行业垄断的利弊是不同的，要具体情况具体分析。

在完全垄断市场上不利之处主要有以下几点。

(1) 产量低、价格高。垄断市场的厂商和行业均衡不是在长期平均成本曲线最低点实现的，垄断厂商通过控制产量和价格实现利润最大化，因此产量低、价格高，资源不能得到有效配置和充分利用，消费者必须用高价购买产品和劳务，无法得到最大满足。

(2) 垄断加剧了收入分配的不均等，阻碍了技术进步。完全垄断一方面导致了社会经济资源的浪费，另一方面还容易造成一定程度的经济净福利的损失，特别是完全垄断厂商实行的价格歧视政策，可以加大对消费者剩余的剥夺。

(3) 垄断造成的社会成本包括技术性低效率和租金耗散。技术性低效率指的是这样一种情况：一方面，垄断性大企业由于缺乏市场竞争的压力，造成内部组织层次多、关系复杂、机构庞大，再加上所有权与控制权的分离，使得这些企业的管理者和工人“故意”不去实现利润最大化，从而导致企业内部配置效率低下。另一方面，垄断条件下企业的超额利润被称为租金，这种租金的取得依赖于垄断特权，因此，企业愿意为获得和保持这种特权而付出额外的代价。人们把资源被用来寻求或保持垄断利润的行为称为寻租(rent seeking)。例如，游说立法者以给自己垄断特权，甚至贿赂决策者给予自己某种垄断特权(如独家供应办公用品等)。由于有可能存在数个企业为同一个垄断特权的寻租而竞争，它们的努力可能互相抵消，从而寻租的总花费超过预期的总收益(即胜利者实际获得的垄断利润远小于其预期的垄断利润)。这种寻租导致的实际垄断利润的减少，被称为“租金耗散”。

因此，从总体上看，尽管完全垄断市场可以在某些特定的情况下有益于经济发展，但其资源配置的效率并不高。垄断市场限制市场机制配置资源的作用，被认为是效率最低的市场结构。

三、垄断竞争市场经济效率

垄断竞争市场的经济效率介于完全竞争市场和完全垄断市场之间。在垄断竞争厂商处于长期均衡时，市场价格高于厂商的边际成本，等于厂商的平均成本但高于平均成本最低点。这就决定了垄断竞争市场的经济效率低于完全竞争市场。但从程度上来看，垄断竞争市场利弊同时并存。

垄断竞争市场的优势如下。

(1) 由于垄断竞争市场的产品有差别，因而可以满足多样化的市场需求，充分体现消费者的消费个性。由于产品的差别包含了销售条件，如品牌、售后服务等，所以企业会不断地提高某品牌的质量，改善售后服务，从而有利于消费者。

(2) 垄断竞争有利于鼓励进行创新和技术进步。因为竞争的存在，短期超额利润的存在激发了企业进行创新的内在动力。通过生产出与众不同的产品可以在短期内获得垄断地位及超额利润，使各企业有创新的愿望，长期中的竞争又使这种动力持久不衰。在垄断竞争的市场结构中，既存在对技术创新的保护，如专利等，又存在着同类产品的竞争，具有较大的外在压力，所以，垄断竞争市场被认为是最有利于技术进步的市场结构。

垄断竞争市场的不利之处如下。

(1) 产品价格高于边际成本。与完全竞争相比，消费者被迫多支付市场价格。

(2) 存在一定的资源浪费。在垄断竞争市场条件下，由于长期中不可能在平均成本最低点上实现最大利润，并存在广告等非价格竞争，因而其资源利用效率要比完全竞争市场低，存在着一定的资源浪费。

与完全垄断市场和寡头垄断市场比较，产量较高，价格较低，利润较低。因此经济效率低于完全竞争市场，但高于完全垄断和寡头垄断市场。总体上看，垄断竞争市场利大于弊。在现实中，这也是一种普遍存在的市场结构。

四、寡头垄断市场经济效率

寡头垄断市场的优势主要有以下几个。

(1) 由于几个厂商供应整个市场的全部需求量，生产规模一般是较大的，可以获得规模经济的好处。

(2) 寡头垄断市场上的厂商规模很大，说明厂商有较为雄厚的技术力量和财政力量从事技术革新和产品革新。为了竞争，寡头厂商总是要积极从事研究与开发，以不断提高产品质量，降低产品成本，改进产品性能。它们多为大企业，能够承担起研究与开发所需要的高昂费用，在汽车、计算机等寡头市场上，我们可以充分感受到技术的突飞猛进和产品的日新月异。

(3) 寡头垄断厂商具有抵御风险的能力。由于一般实行多样化经营，所以企业总体风险较小，可在各种业务、各个方面平衡盈亏，因而具有较强的应变能力和生存能力。在资金筹集方面，由于有强大的经济实力，破产风险相对较小，因而它能得到利息较低、数额较大的贷款，使资金成本节约、资金有保证。

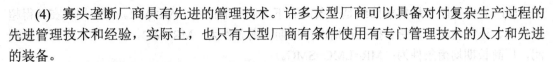

(4) 寡头垄断厂商具有先进的管理技术。许多大型厂商可以具备对付复杂生产过程的先进管理技术和经验，实际上，也只有大型厂商有条件使用有专门管理技术的人才和先进的装备。

寡头垄断市场的不利主要体现在以下几个方面。

(1) 市场价格高于平均成本，资源得不到充分利用，消费者得不到最大满足。

(2) 产品差别和广告竞争加大了费用，造成资源浪费。

(3) 寡头垄断市场在生产量和技术使用方面应该是缺乏效率的。但从程度上看，由于寡头市场存在竞争，有时候竞争还是比较激烈的，因而效率比完全垄断市场要高。

以上是 4 种市场类型关于经济效益的综合比较，分析中也涵盖了对技术进步和规模经济的比较。各种市场类型的差异性如表 6.3 所示。

表 6.3 4 个市场综合比较

特征	类型			
	完全竞争	垄断竞争	寡头垄断	完全垄断
厂商数目	很多	较多	几个	一个
产品差别	无	有	有或无	唯一的产品
进出行业	很容易	比较容易	比较困难	很困难
市场信息	完全了解	比较了解	比较了解	完全了解
价格控制	无	有一些	相当程度	很大程度
超额利润	短期有 长期无	短期有 长期无	通常情况下有	有(但公共事业可能没有)
经济效率	最高	较高	较低	最低
对技术进步的作用	较有利	最有利	较有利	最不利
对规模经济的作用	阻碍	有一定阻碍	较有利	最有利
典型部门	农业	轻工业、零售业(如香烟、糖果)	重工业(如汽车、钢铁、石油)	公用事业(如水、电)

本章小结

(1) 按照竞争程度的标准，将市场类型或结构分为四类：完全竞争市场、垄断竞争市场、寡头垄断市场和完全垄断市场。

(2) 完全竞争是指一种竞争不受任何阻碍和干扰的市场结构；完全垄断是指市场被某一个厂商独家控制的状况；垄断竞争是指一种既有垄断又有竞争、既不是完全竞争又不是完全垄断的市场结构；寡头垄断是指少数厂商完全控制了某一行业的市场结构。

(3) 完全竞争市场个别厂商需求曲线是一条水平线，即：AR=MR。在短期，供给小于需求的情况下，存在超额利润；在供给大于需求的情况下，存在亏损。短期均衡条件为：MR=MC=AR。在长期供给等于需求，既不存在超额利润，也不存在亏损。长期均衡条件为：MR=AR=LMC=LAC。

(4) 完全垄断市场需求曲线是一条向右下方倾斜的曲线，AR>MR。在短期存在获得超额利润、正常利润、蒙受亏损三种情况，短期均衡条件为：MR=MC。在长期，存在垄断利润，厂商长期均衡条件为：MR=LMC=SMC。

(5) 垄断竞争市场的一个主要特点是每个垄断竞争厂商都面临两条需求曲线。垄断竞争市场短期均衡条件为：MR=MC；长期均衡条件为：MR=MC，AR=AC。

(6) 寡头垄断市场的需求曲线是特殊的拐折的需求曲线。寡头垄断市场的价格决定方式主要有价格领导定价、成本加成定价和卡特尔三种。无法找到寡头厂商和市场的短期均衡和长期均衡解。

(7) 就资源配置效率而言，大致上可以按照完全竞争最优、垄断竞争次之、寡头垄断再次、完全垄断最差的顺序确定。

复习思考题

1. 在完全竞争时，企业的需求曲线与市场的需求曲线有什么关系？
2. 试述完全竞争、完全垄断和垄断竞争市场的短期和长期均衡。
3. 简述什么是价格歧视，并举例说明。
4. 最需要广告宣传的是哪种类型的市场？
5. 举出一些学校周围在垄断竞争中经营的行业的例子。
6. 寡头厂商是如何决定价格的？
7. 比较完全竞争、完全垄断、垄断竞争和寡头垄断市场的经济效率。
8. 案例

九寨沟是四川的一个旅游热点，日游客量最多超过两万人，淡季时则仅数百人。该地的大小宾馆近百家，宾馆过多导致竞争加剧，各宾馆纷纷通过降价来争取顾客，旅游淡季的最低标准间的价格仅为30元。为结束恶性竞争，几年前九寨沟各宾馆酒店联合起来，成立了行业协会，规定标准间的最低价格为140元。但不到3个月，价格同盟就瓦解了，各宾馆又开始了无序的竞争。

2003年，成都市的几家主要报纸的价格同时上涨，上涨的幅度均为20%，如《成都商报》《华西都市报》的价格由年120元上涨为年144元。结果是消费者接受了涨价事实，各报的销售量没有受什么影响。

上述两例分别属于什么市场？它们为什么都选择了联合涨价？九寨沟酒店联合涨价为什么没有成功？成都报纸联合涨价为什么会成功？

9. 计算题：完全竞争企业的长期成本函数：$LTC = Q^3 - 6Q^2 + 30Q + 40$，市场需求函数：$Q_D = 204 - 10P$，$P = 66$。试求：长期均衡的市场产量和利润。

第七章 分配理论

分配的问题是解决为谁生产的问题，即生产出来的产品按什么原则分配给社会各阶级。经济学家认为劳动、资本、土地和企业家才能这四种生产要素共同创造了社会财富，分配就是把社会财富分配给这四种生产要素的所有者。劳动者提供了劳动得到工资，资本家提供了资本得到利息，土地所有者提供了土地得到地租，企业家提供了企业家才能得到正常利润。

社会财富的分配问题是涉及全体社会成员(各要素所有者)的切身利益问题，也是社会最敏感的问题。劳动与资本的对立和冲突的根本原因就在于财富分配上的巨大差距。

是谁在分配社会财富？是社会的统治者或者管理者吗？不是，是市场。那么市场又是依据什么原则分配社会财富的呢？为什么有人富有人穷？它公平吗？怎样促进社会财富的公平分配？这些问题不仅是社会成员关注的问题，也是经济学家深入探讨的问题。

本章从生产要素的需求与供给入手，介绍工资、利息、地租和利润理论以及收入分配政策是如何促进收入分配的平等化等方面的内容。

本章重点：

- 工资、利息、地租和利润的决定
- 资本带来利息的根源
- 超额利润的来源
- 洛伦兹曲线和基尼系数
- 收入分配政策

第一节 生产要素价格的决定

和普通商品一样，生产要素的价格也是由供求关系决定的。换句话说，生产要素的供给与需求的状况决定了生产要素的价格。因此，分配理论实际上就是一般的价格决定理论在收入分配问题中的运用。

一、生产要素的需求

对生产要素的需求与一般产品市场上对消费品的需求很不相同。在产品市场上，需求来自消费者。消费者为了直接满足自己的吃、穿、住、行等需求而购买商品，因此，对这些消费品的需求是“直接”需求。与此不同，在生产要素市场上，需求不是来自消费者，而是来自企业，来自生产者。企业购买劳动力或其他一些生产要素并不是为了自己的直接需要，而是为了生产和出售产品以获得收益，对生产要素的需求不是直接的需求，而是“间接”的需求。

此外，企业通过购买生产要素进行生产并从中获得收益，同时也取决于消费者对其所生产的产品的需求。如果不存在消费者对产品的需求，则企业就无法从生产和销售产品中得到收益，从而也不会去购买生产要素。例如，如果没有人去购买电视机，就不会有电视机企业对生产电视机的工人的劳动需求；如果没有对医疗保健的需求，也就不会有对医生和护士的需求。可见，企业对劳动力等生产要素的需求是从消费者对产品的直接需求中派生出来的。对生产要素的需求又是所谓“派生”的需求或者“引致”的需求。再如，消费者购买面包，这是直接需求；消费者对面包的直接需求引致面包企业去购买劳动力以及其他生产要素去生产面包，面包企业对劳动力等生产要素的需求就是派生的需求或引致的需求。

由以上生产要素需求的性质可以看出，影响生产要素需求的主要有如下一些因素。

(1) 市场对产品的需求及产品的价格。这两个因素影响产品的生产与企业的利润，从而也就影响生产要素的需求。一般而言，市场对某种产品的需求越大，该产品的价格越高，则生产这种产品所用的各种生产要素的需求也就越大；反之，这种需求就越少。

(2) 生产技术状况。生产的技术决定了对某种生产要素需求的大小。如果技术是资本密集型的，则对资本的需求大；如果技术是劳动密集型的，则对劳动的需求大。

(3) 生产要素的价格。各种生产要素之间有一定程度的替代性，如何进行替代在一定范围内取决于各种生产要素本身的价格。企业一般要用价格低的生产要素替代价格高的生产要素，从而生产要素的价格本身对其需求就有重要的影响。

生产要素需求的联合性与派生性，决定了它的需求比产品的需求要复杂得多，在分析生产要素需求时可分为产品市场结构的类型是完全竞争还是不完全竞争。

(一)完全竞争条件下的要素需求

首先来看，当生产要素市场为完全竞争时，一家企业对一种生产要素的需求。

企业购买生产要素是为了实现利润最大化。这样，它就必须使购买最后一单位生产要素所支出的边际成本与其所带来的边际收益相等。在完全竞争市场上，边际收益等于平均收益，即等于价格。因此，企业对生产要素的需求就是要实现边际收益、边际成本与价格相等，即：$\mathrm{MR}=\mathrm{MC}=P$。

在完全竞争市场上，对一家企业来说，价格是不变的。由此可见，企业对生产要素的需求就取决于生产要素的边际收益，生产要素的边际收益取决于该要素的边际生产力。在其他条件不变的情况下，增加一单位某种生产要素所增加的产量(或者这种产量所带来的收益)就是该生产要素的边际生产力，如果以实物来表示生产要素的边际生产力，则称为边际物质产品；如果以货币来表示生产要素的边际生产力，则称为边际收益产品，或边际产品价值。

根据边际收益递减规律，在其他条件不变的情况下，生产要素的边际生产力是递减的。因此，生产要素的边际收益曲线是一条向右下方倾斜的曲线。这条曲线也是生产要素的需求曲线。

整个行业的生产要素需求是各个企业需求之和，也是一条向右下方倾斜的曲线。

(二)不完全竞争条件下的要素需求

在不完全竞争(即垄断竞争、完全垄断、寡头垄断)市场上，对一个企业来说价格也并不是不变的。因此，边际收益不等于价格。边际收益取决于生产要素的边际生产力与价格水平。这时，生产要素需求仍要取决于 MR=MC，因此，生产要素的需求曲线仍然是一条向右下方倾斜的曲线。这两种市场上的差别在于生产要素需求曲线的斜率不同，从而在同一生产要素价格时，对生产要素的需求量不同。一般而言，同一价格时完全竞争市场上的生产要素需求量大于不完全竞争市场。

二、生产要素的供给

生产要素各种各样，不同种类的生产要素各有自己的特点，一般来说，可以把生产要素分为三类。第一类是自然资源，在经济分析中假定这类资源的供给是固定的。第二类是资本品。资本品是利用其他资源生产出来的，也是和其他产品一样的产品。在经济中，这一行业的产品往往就是另一行业的生产要素。因此，这种生产要素的供给与一般产品的供给一样，与价格同方向变动，供给曲线向右上方倾斜。第三类是劳动力，这种生产要素的供给有其特殊性，下一节将作详细介绍。

生产要素的价格则是由其供求状况所决定的。

第二节　工资、利息、地租和利润

一、工资理论

(一)完全竞争市场上工资的决定

这里所说的完全竞争指在劳动市场上的完全竞争状况，无论是劳动力的买方或卖方都不存在对劳动的垄断。在这种情况下，工资完全由劳动的供求关系所决定。

1. 劳动的需求

企业对劳动的需求主要取决于劳动的边际生产率。劳动的边际生产率是指在其他条件不变的情况下，增加一单位劳动所增加的产量。劳动的边际生产率随着劳动量的增加而递减，当劳动的边际生产率与工资相等时就决定了所需要的劳动量。如果工资高于劳动的边际生产率，企业就减少劳动需求量；如果工资低于劳动的边际生产率，企业就增加劳动的需求量。因此，劳动需求量和工资呈反方向变动，即随工资的下降而增加，随工资的上升而减少。劳动的需求曲线是一条向右下方倾斜的曲线，表明劳动的需求量与工资呈反方向变动。如图 7.1 所示，横轴 OL 代表劳动的需求量，纵轴 OW 代表工资水平，D 为劳动的需求曲线。

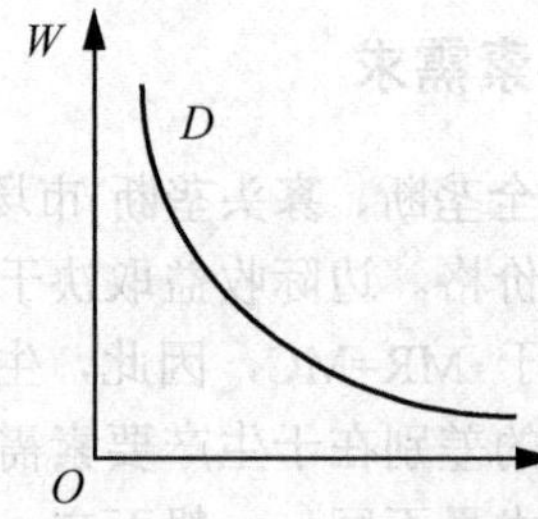

图 7.1　劳动的需求曲线

2. 劳动的供给

劳动的供给主要取决于劳动的成本。这种劳动的成本包括两类：一类是实际成本，即维持劳动者及其家庭生活必需的生活资料的费用以及培养、教育劳动者的费用；另一类是心理成本，劳动是以牺牲闲暇的享受为代价的，劳动会给劳动者心理上带来负效用，补偿劳动者这种心理上负效用的费用就是劳动的心理成本。

劳动的供给有自己的特殊规律。工资的变化对劳动供给会产生替代效应与收入效应。

一般来说，当工资增加时劳动供给会增加，但工资增加到一定程度后如果再继续增加，劳动供给不但不会增加，反而会减少。这是因为，工资提高后，人们会增加劳动时间以替代部分休闲时间，即原先的休闲时间会减少，这是替代效应。

同时，工资提高使人们的收入增加，这样人们会增加对“休闲”或“闲暇”这种特殊商品的消费，也就是享受更多的非劳动时间，从而表现为劳动供给的减少，这是收入效应。

工资提高产生的替代效应大于收入效应时，劳动供给会增加；反之，劳动供给会减少。可用图 7.2 说明，横轴 OL 代表劳动供给量，纵轴 OW 代表工资水平，S 为劳动的供给曲线。起初当工资提高时，劳动供给增加；但工资提高到一定的水平后，工资再提高反而会导致劳动供给减少。这是因为高工资使人们的物质生活和收入水平达到一定程度后，人们会追求“闲暇”的增加。这时的工资的收入效应大于替代效应。这时的供给曲线称为“向后弯曲的供给曲线”。这也是许多发达国家感到劳动力不足的原因之一，也是目前许多国家实行双周日工作制，而且日劳动时间小于 8 小时的重要理论依据。

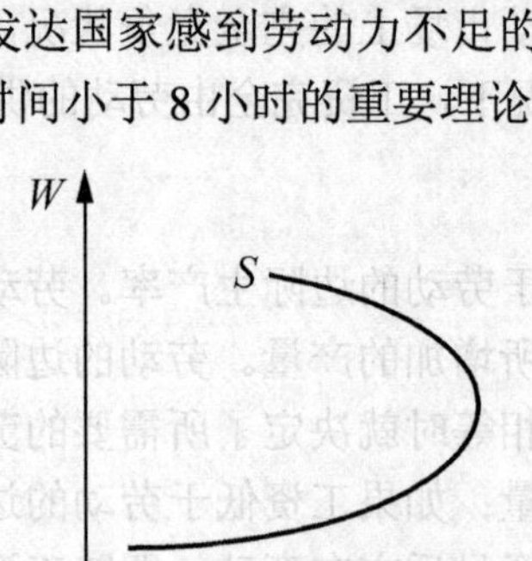

图 7.2　劳动的供给曲线

3. 工资的决定

劳动的需求与供给共同决定了完全竞争市场上的工资水平。在图 7.3 中，劳动的需求曲线 D 与劳动的供给曲线 S 相交于 E 点，这就决定了工资水平为 W_0，这时劳动的需求量与供

给量都是 L_0。

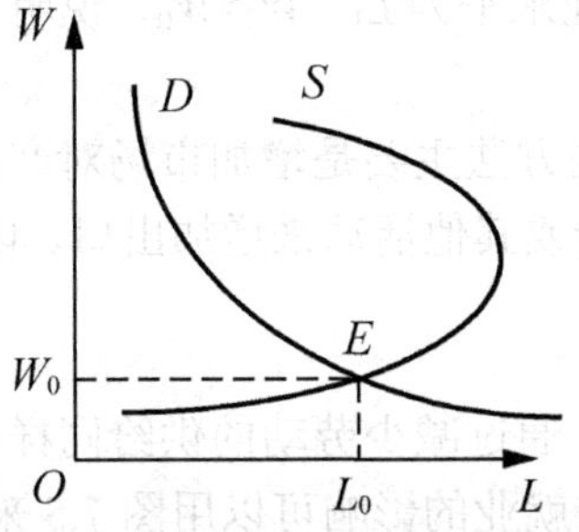

图 7.3 工资的决定

当劳动的需求大于供给时，工资会上升，从而增加劳动的供给，减少劳动的需求；当劳动的需求小于供给时，工资会下降，从而减少劳动的供给，增加劳动的需求。正如价格的调节使物品市场实现供求相等一样，工资的调节也使劳动市场实现供求相等，并保证充分就业。

(二)工会影响工资的三种方式

在西方国家中，工会是在与资方进行各种形式经济斗争、争取更好的工作条件与工资水平的斗争中成立发展起来的。工会一般是按行业组织的，如美国的汽车工人联合会；也有的是跨行业的组织，如美国的劳联—产联。工会不受政府或政党操纵，完全是独立的，它也不是像政党那样的政治组织，只是维护工人权益的经济组织。在社会中，工会、政府、企业被认为是三个并列的组织。在工资决定中，工资水平一般是由工会与企业协商确定的，政府起一种协调作用。因为工会控制了入会的工人，而且工会的力量相当强大，所以，在经济学中被作为劳动供给的垄断者，并以这种垄断来影响工资的决定。工会影响工资的方式主要有以下三种。

1. 增加对劳动的需求

在劳动供给不变的条件下，通过增加对劳动的需求的方法来提高工资，不但会使工资增加，而且可以增加就业。这种方法对工资与就业的影响可用图 7.4 来说明。

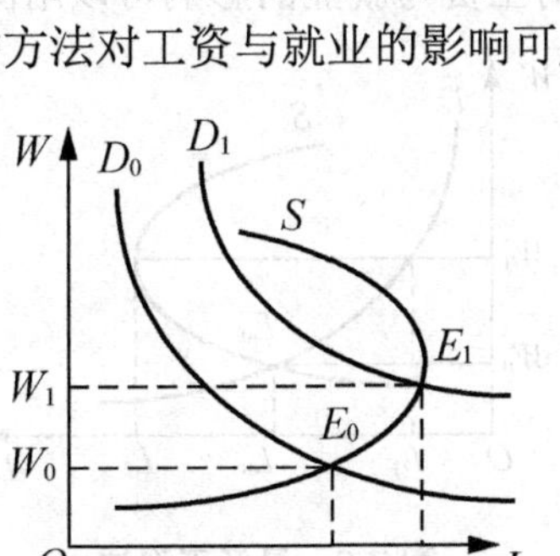

图 7.4 增加对劳动的需求

在图 7.4 中，劳动的需求曲线原来为 D_0，D_0 与 S 相交于 E_0，决定了工资水平为 W_0，

就业水平为 L_0。劳动的需求增加后，劳动的需求曲线由 D_0 移动到 D_1，这时 D_1 与 S 相交于 E_1，决定了工资水平为 W_1，就业水平为 L_1。$W_1>W_0$，说明工资上升了；$L_1>L_0$，说明就业水平提高了。

工会增加厂商对劳动需求的方法主要是增加市场对产品的需求，因为劳动需求是由产品需求派生而来的，如通过议会或其他活动来增加出口、限制进口、实行保护贸易政策等。

2. 减少劳动的供给

在劳动需求不变的条件下，通过减少劳动的供给同样也可以提高工资，但这种情况会使就业减少。这种方法对工资与就业的影响可以用图 7.5 来说明。

在图 7.5 中，劳动的供给曲线原来为 S_0，S_0 与 D 相交于 E_0，决定了工资水平为 W_0，就业水平为 L_0。劳动的供给减少后，劳动的供给曲线由 S_0 移动到 S_1，这时 S_1 与 D 相交于 E_1，决定了工资水平为 W_1，就业水平为 L_1。$W_1>W_0$，说明工资上升了；$L_1<L_0$，说明就业水平下降了。

工会减少供给的方法主要是：限制非工会会员受雇，迫使政府通过强制退休、禁止使用童工、限制移民、减少工作时间的法律等。减少劳动供给同样可以提高工资，但会使就业减少。

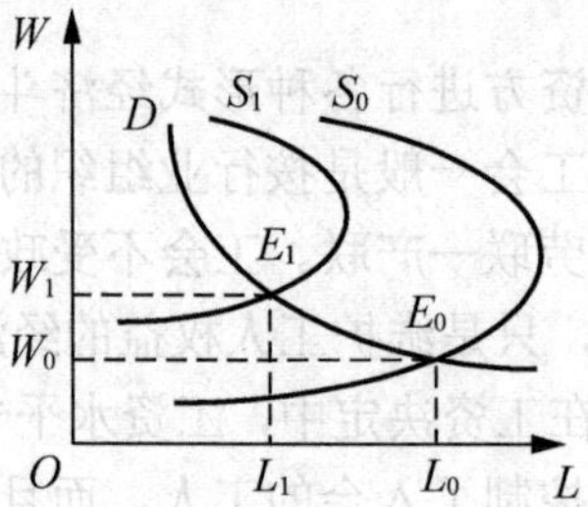

图 7.5 减少对劳动的供给

3. 最低工资法

工会迫使政府通过立法规定最低工资。这样，在劳动的供给大于需求时也可以使工资维持在一定水平上。这种方法对工资与就业的影响可以用图 7.6 来说明。

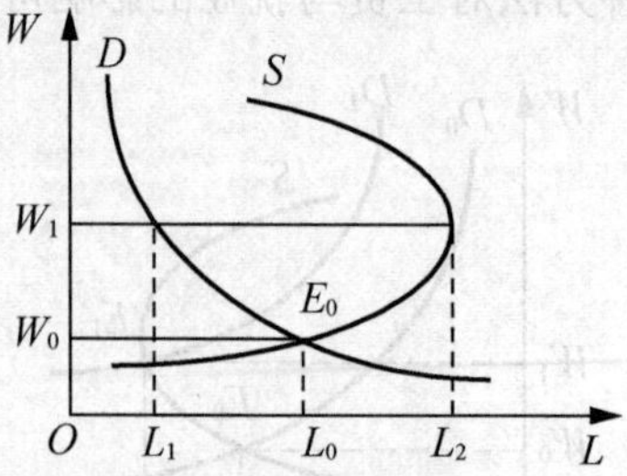

图 7.6 最低工资法

在图 7.6 中，劳动的需求曲线 D 与供给曲线 S 相交于 E_0 点，决定了工资水平为 W_0，就业水平为 L_0。最低工资法规定的最低工资为 W_1，$W_1>W_0$。这样能使工资维持在较高的水平，但在这种工资水平时，劳动的需求量为 L_1，劳动的供给量为 L_2，有可能出现失业。

(三)影响劳动供需的因素

工会对工资决定的影响是有一定限度的，劳动的供需状况也影响了工资的决定。

1. 从劳动的需求来看

从劳动的需求来看，受到三种因素的影响。

(1) 产品的需求弹性。劳动的需求也是一种派生需求，取决于对产品的需求。如果产品的需求弹性大，则工资增加引起产品价格上升，会使产品需求量大幅度减少，从而工资无法增加；如果产品需求弹性小，则工资增加较为容易。

(2) 劳动在总成本中所占的比例。如果劳动在总成本中占的比例大，则工资增加引起总成本增加得多，工资的增加就有限；如果劳动在总成本中所占比例小，则工资增加对总成本影响不大，工资增加就较易。

(3) 劳动的可替代性。如果劳动不易被其他生产要素替代，则提高工资容易；如果劳动可以较容易地被其他生产要素代替，则工资提高就有限。

2. 从劳动的供给来看

从劳动的供给来看，受到以下三种因素的影响。

(1) 工会所控制的工人的多少。如果控制的工人多，工会力量强大，则易于增加工资。也就是说，工会的垄断程度越高，要求增加工资的力量越大。

(2) 工人流动性的大小。如果工人流动性大，某一行业或地区可以从其他来源得到工人，则工会难以增加工资；反之，工人流动性小，工会增加工资就较容易一些。

(3) 工会基金的多少。如果工会保证罢工期间工人生活的基金多，提高工资就容易一些；反之，基金少，工会难以增加工资。

工会提高工资的斗争能否成功在很大程度上还要取决于整个经济形势的好坏、劳资双方的力量对比、政府干预的程度与倾向性、工会的斗争方式与艺术、社会对工会的同情和支持程度等。工会只有善于利用各方面的有利条件，才能在争取提高工资的斗争中取得胜利。从西方国家的历史与现实来看，工会在维护工人权益方面还是起了重要的作用的。

当然，在劳动市场上还有厂商买方的垄断因素。当企业的垄断程度高时，企业就会竭力把工资压低。

尽管劳动市场上的垄断因素对工资的决定有相当大的影响，但从长期来看，劳动的供求状况起决定性作用，劳动的供求是决定工资的关键因素。

二、利息理论

(一)利息产生的原因

利息是资本这种生产要素的价格。利息与工资计算的方式不同，它不是用货币的绝对量来表示，而是用利息率来表示。利息率是利息在每一单位时间内(例如一年内)在货币资本中所占的比例。例如，货币资本为 10 000 元，利息为一年 1 000 元，则利息率为 10%，这 10%就是货币资本在一年内提供生产性服务的报酬，即这一定量货币资本的价格。

为什么资本能带来利息呢？西方经济学认为有以下两点原因。

(1) 时间偏好。人们具有一种时间偏好，即在未来消费与现期消费中，人们是偏好现期消费的。换句话来说，现在多增加一单位消费所带来的边际效用大于将来多增加这一单位消费所带来的边际效用。之所以有这种情况，是因为未来是难以预期的，人们对物品未来效用的评价总要小于现在的效用。因此，放弃现期消费，把货币作为资本就应该得到利息作为报酬。

(2) 迂回生产和资本的净生产力。迂回生产就是先生产生产资料(或称资本品)，然后用生产资料去生产消费品。迂回生产提高了生产效率，而且迂回生产的过程越长，生产效率越高。例如，原始人直接去打猎是直接生产，当原始人先制造弓箭而后用弓箭去打猎，这就是迂回生产。用弓箭打猎比直接打猎的效率要高。如果延长迂回生产的过程，先采矿、炼铁、造机器，然后制造出猎枪，用猎枪打猎，那么，效率就会更高。现代生产的特点就在于迂回生产。但迂回生产如何能实现呢？这就必须有资本。资本使迂回生产成为可能，从而提高了生产效率。这种由于资本而提高的生产效率就是资本的净生产力。资本具有净生产力，是资本能带来利息的根源。

(二)利率的决定

利息率取决于对资本的需求和供给。资本的需求主要是企业投资的需求，因此，可以用投资来代表资本的需求。资本的供给主要是储蓄，因此，可以用储蓄来代表资本的供给。这样就可以用投资与储蓄来说明利息率的决定。

企业借入资本进行投资，是为了实现利润最大化，这样投资就取决于利润率与利息率之间的差额。利润率与利息率的差额越大，即利润率越是高于利息率，纯利润就越大，企业就越愿意投资；反之，利润率与利息率的差额越小，即利润率越接近于利息率，纯利润就越小，企业也就越不愿意投资。这样，在利润率既定时，利息率就与投资呈反方向变动，即利息率与资本的需求呈反方向变动。

人们进行储蓄，放弃现期消费是为了获得利息。利息率越高，人们越愿意增加储蓄；利息率越低，人们就越要减少储蓄。这样，利息率与储蓄呈同方向变动，即利息率与资本的供给呈同方向变动。

在图 7.7 中，横轴 OK 为资本量，纵轴 Oi 为利息率，D 为资本的需求曲线，S 为资本的供给曲线，这两条线相交于 E 点，决定了利息率水平为 i_0，资本量为 K_0。

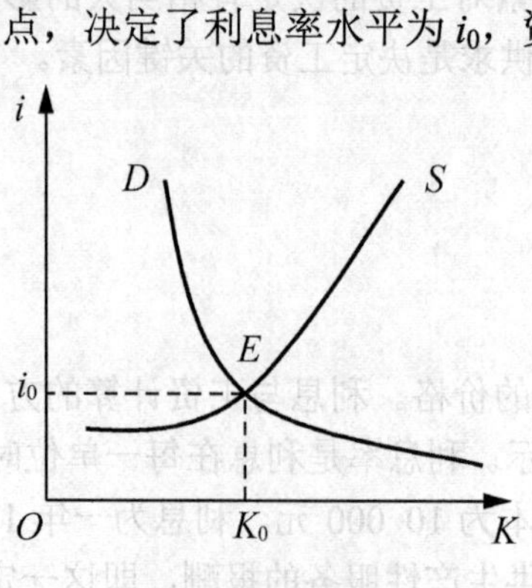

图 7.7　利息的决定

(三)利息在经济中的作用

在经济活动中，通过利率的调节作用，资本市场出现了均衡，这也是价格调节经济的作用之一。因为利率是资本的价格，它所调节的是资本市场。这种调节作用就在于当资本的需求大于供给时，利息率会上升，从而减少资本的需求，增加资本的供给；当资本的需求小于供给时，利息率会下降，从而增加资本的需求，减少资本的供给。因此，利息率的调节会使资本市场处于均衡状态。

从利息率的这种调节中可以看出，利息在经济中具有十分重要的作用。

三、地租理论

(一)土地与地租

地租是土地这种生产要素的价格，土地可以泛指生产中使用的自然资源，地租也可以理解为使用这些自然资源的租金。

土地的基本特征被描述为“原始的和不可毁灭的”。说它是原始的，因为它不能被生产出来；说它是不可毁灭的，因为它在数量上不会减少。土地的数量既不能增加，也不能减少，因而是固定不变的。

地租由土地的需求与供给决定。土地的需求取决于土地的边际生产力，土地的边际生产力也是递减的。所以，土地的需求曲线是一条向右下方倾斜的曲线。但土地的供给是固定的，这样，土地的供给曲线就是一条与横轴垂直的线。在图 7.8 中，横轴 ON 为土地量，纵轴 OR 为地租，垂线 S 为土地的供给曲线，表示土地的供给量固定为 N_0，D 为土地的需求曲线，D 与 S 相交于 E 点，确定了地租为 R_0。

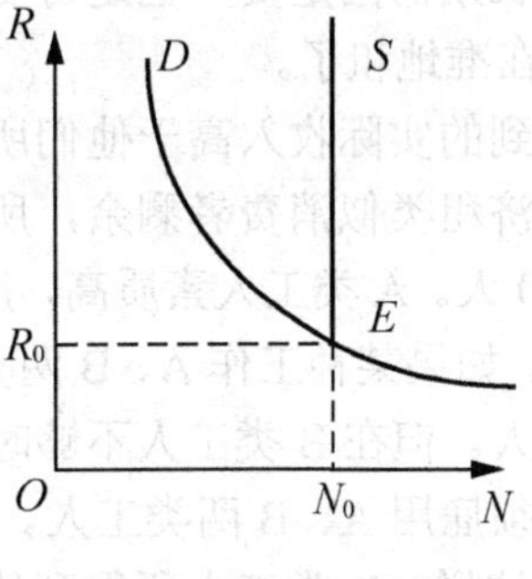

图 7.8 地租的确定

随着经济的发展，对土地的需求不断增加，而土地的供给不能增加，这样地租就有不断上升的趋势。房地产从长期看来会增值正是这个原因。

(二)转移地租

虽然土地的总量是固定的，但不同用途的土地的供给量却是可以变动的。例如，原用于种小麦的土地可用于建大型游乐场，原用于商业的土地可用于建生产性工厂。

当某一块土地移作他用时，土地所有者必须进行收益和机会成本的比较，以获得最大收益。这时某种用途的土地的供给曲线就是一条向右上方倾斜的曲线，它与该种用途的土地需求曲线的交点决定该用途的地租和土地使用量。在这种情形下的地租称为转移地租，它反映的是特定地块用途转移的价格。转移地租是推进土地资源实现合理配置的内在机制。

当然，并不是所有土地的用途都是可以转移和相互替代的。例如，大城市的商业中心、名山大川、生产优质葡萄的地块等，就是不能替代的，因而其特定用途的供给量也是固定的。

(三)级差地租

土地有肥瘠之别，矿藏有贫富之分，位置有优劣之异，土地质量和等级的差异性导致了土地特定用途的边际生产力的差异性。例如，城市中心的地块比郊区的地块在商业开发上能产生更大的经济效益，即边际生产力较高，租用它自然要付出更高的地租。同一用途的不同级别的土地交付的地租与该用途最劣等土地交付的地租的差额便是级差地租。

要说明的是，地租只是租用土地的价格。土地这种生产要素还会发生所有权的转让和买卖，这时的要素价格便表现为土地价格，简称地价。地价的决定同级差地租的决定相仿，即取决于土地的边际生产力。

(四)准地租与经济租

准地租指固定资产在短期内得到的收入，因其性质类似地租，而被马歇尔称为准地租。在短期内，固定资产是不变的，与土地的供给相似。不论这种固定资产是否取得收入，都不会影响其供给。只要产品的销售价格能够补偿平均可变成本，就可以利用这些固定资产进行生产。在这种情况下，产品价格超过其平均可变成本的余额，代表固定资产的收入。这种收入是由于产品价格超过弥补其可变平均成本的余额而产生的，其性质类似地租。

准地租只在短期内存在。在长期内固定资产也是可变的，固定资产的收入就是折旧费及其利息收入。这样，也就不存在准地租了。

如果生产要素的所有者所得到的实际收入高于他们所希望得到的收入，则超过的这部分收入就被称为经济租。这种经济租类似消费者剩余，所以也称为生产者剩余。例如，劳动市场上有A、B两类工人各100人。A类工人素质高，所要求的工资为200元；B类工人素质低，所要求的工资为150元。如果某种工作A、B两类工人都可以担任，那么，企业在雇用工人时，当然先雇用B类工人。但在B类工人不够时，也不得不雇用A类工人。假设某企业需要工人200人，他就必须雇用A、B两类工人。在这种情况下，企业必须按A类工人的要求支付200元的工资。这样，B类工人所得到的收入就超过了他们的要求。B类工人所得到的高于150元的50元收入就是经济租。其他生产要素所有者也可以得到这种经济租。

准地租与经济租是不一样的，准地租仅在短期内存在，而经济租在长期中也存在。

四、利润理论

在经济学中，一般把利润分为正常利润与超额利润。这两种利润的性质与来源都不相同，因此要分别加以论述。

(一)正常利润

正常利润是承担风险的企业家才能的报酬。它存在于普通会计学中所说的成本之中。正如所有其他的生产要素(如劳动、资本等)都要得到相应的报酬(如工资、利息等)一样，企业家才能也是一种生产要素，也要获得一定的报酬。如果没有这个报酬，就无法吸引企业家才能到当前的生产上来；或者，如果企业家才能已经存在于当前的生产，也无法把它继续保持下去，它可能流到其他地方去。

正常利润也是由企业家才能的需求与供给所决定的，使劳动、资本与土地结合在一起生产出更多产品的决定性因素是企业家才能。而企业家才能的供给又是很小的。并不是每个人都具有企业家的天赋，能受到良好的教育，只有那些有胆识、有能力又受过良好教育的人才具有企业家才能。所以，培养企业家才能所耗费的成本也是比较高的。企业家才能的需求与供给的特点，决定了企业家才能的收入——正常利润必然是很高的。可以说，正常利润是一种特殊的工资，其特殊性就在于其数额远远高于一般劳动所得到的工资。

(二)超额利润

超额利润是指超过正常利润的那部分利润，又称经济利润或非正常利润。超额利润产生的原因主要如下。

(1) 创新。企业家在经营管理中不断地进行创新，如引进新的技术和生产方法，开发、生产新产品等。这些创新活动都会降低成本，增加收益，从而带来经济利润。

(2) 风险。生产、经营活动总是面临着很大的风险性，而这种风险性是由企业家承担的。承担风险需要很高的报酬，以作为可能遭到失败的补偿；否则，就没有人愿意去从事这项高风险事业。

(3) 垄断。垄断的形式可以分为两种：卖方垄断与买方垄断。卖方垄断也称垄断或专卖，指对某种产品出售权的垄断。垄断者可以抬高销售价格以损害消费者的利益而获得超额利润。买方垄断也称专买，指对某种产品或生产要素购买权的垄断。在这种情况下，垄断者可以压低收购价格，以损害生产者或生产要素供给者的利益而获得超额利润。

第三节 社会收入分配与分配政策

在现实社会中，有的人拥有别墅、花园、高档轿车，到旅游名胜地去度假；而有的人整天为自己的生计奔波，甚至不能解决温饱。这种收入不平等现象不仅中国有，其他市场经济国家也都存在。研究不平等现象存在的原因及政策，在平等与效率之间做出协调是一个困难而又最具争议的问题。

一、洛伦兹曲线与基尼系数

衡量一个社会收入分配是否平等的常用工具是洛伦兹曲线和基尼系数。

如果把社会上的人口按其收入由低到高分为 5 个等级，各占总人口的 20%，每一等级的收入分配情况如表 7.1 所示。

表 7.1　洛伦兹曲线

收入等级	占人口的百分比/%	合　计	收入等级	占收入的百分比/%	合　计
1	20	20	1	6	6
2	20	40	2	12	18
3	20	60	3	17	35
4	20	80	4	24	59
5	20	100	5	41	100

根据表 7.1 的资料，可以做出如图 7.9 所示的洛伦兹曲线。

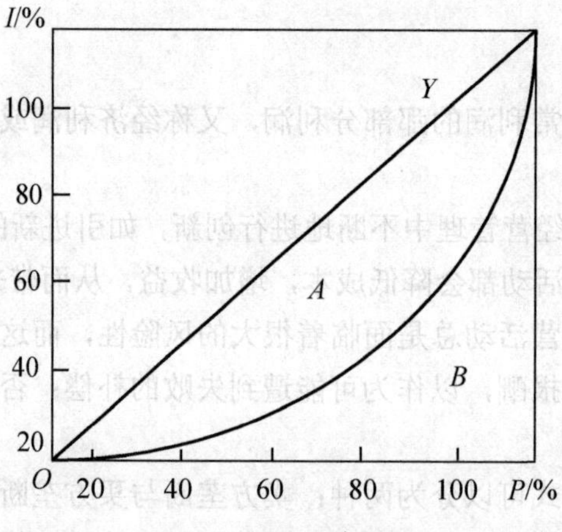

图 7.9　洛伦兹曲线

在图 7.9 中，横轴 *OP* 代表人口百分比，纵轴 *OI* 代表收入百分比。*OY* 为 45° 线，在这条线上，每 20%的人口得到 20%的收入，表明收入分配绝对平等，称为绝对平等线。*OPY* 表示收入绝对不平等，是绝对不平等线。根据表 7.1 的资料，反映实际收入分配状况的洛伦兹曲线介于绝对平等线与绝对不平等线之间。洛伦兹曲线与 *OY* 越接近，收入分配越平等；洛伦兹曲线与 *OPY* 越接近，收入分配越不平等。

根据洛伦兹曲线可以计算出反映收入分配平等程度的指标，称为基尼系数。

如果把图 7.9 中洛伦兹曲线与绝对平等线之间的面积用 *A* 来表示，把洛伦兹曲线与绝对不平等线之间的面积用 *B* 来表示，则计算基尼系数的计算公式如下：

$$基尼系数=A/(A+B)$$

当 A=0 时，基尼系数等于 0，这时收入绝对平均；当 B=0 时，基尼系数等于 1，这时收入绝对不平均。

实际基尼系数总是大于 0 而小于 1。基尼系数越小，收入分配越平均；基尼系数越大，收入分配越不平均。例如，2005 年 A、B 两个国家，A 国基尼系数为 0.27，B 国基尼系数为 0.38，这说明 A 国的收入分配比 B 国平均。

按国际上通用的标准，基尼系数小于 0.2 表示绝对平均，0.2～0.3 表示比较平均，0.3～0.4 表示基本合理，0.4 为临界点，0.4～0.5 表示差距较大，0.5 以上表示收入差距悬殊，即存在两极分化。改革开放后，我国由基尼系数所反映出来的收入差距，总的来说呈现一种上升的趋势。据世界银行的统计数字，我国的基尼系数在改革开放前为 0.16，2003 年为 0.458，2004 年为 0.465，超过了国际公认的警戒线 0.4，收入分配领域存在的矛盾较突出，已引起了我国政府的高度重视。

运用洛伦兹曲线与基尼系数可以对各国收入分配的平均程度进行对比，也可以对各种政策的收入效应进行比较。作为一种分析工具，洛伦兹曲线与基尼系数都是很有用的。

在图 7.10 中有 a、b、c 三条洛伦兹曲线。如果把 a、b、c 三条洛伦兹曲线分别作为 A、B、C 三个国家的洛伦兹曲线，就可以看出，A 国收入分配最平均，B 国收入分配平均程度次之，C 国收入分配最不平均。

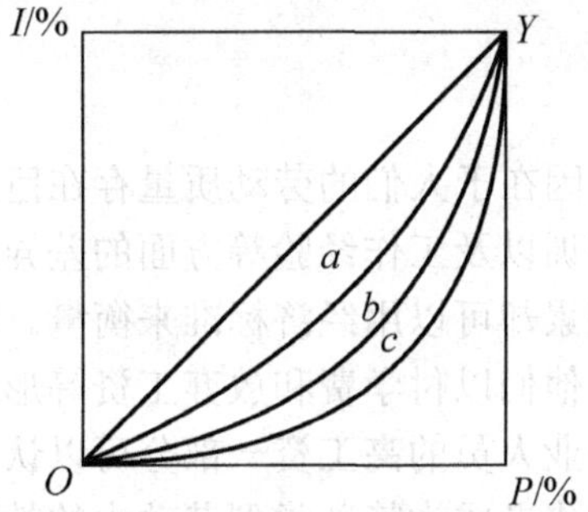

图 7.10　用洛伦兹曲线比较收入分配状况

如果把 a、b 这两条洛伦兹曲线作为实施一项政策前后的洛伦兹曲线，就可以看出，在实施该项政策后，收入分配更不平均了。

二、收入分配不平等的原因

在任何一个社会都存在不同程度的收入分配不平等问题，市场经济社会中这一问题更为突出。各个社会引起收入分配不平等的原因既有共同之处，又有不同之处。研究引起收入分配不平等的原因，对解决这一问题是十分必要的。

(一)社会的经济发展状况

收入不平等的状况与一个社会的经济发展状况相关，根据美国经济学家库兹涅茨的研究，一个社会收入状况变动的规律是：在经济开始发展时，收入分配不平等随着经济发展而加剧，只有发展到一定程度之后，收入分配才会随经济发展而较为平等。他根据一些国家的资料做出了反映这种收入分配变动规律的库兹涅茨曲线。库兹涅茨曲线是表示随经济发展收入不平等程度加剧，但经济发展到一定程度时，随经济发展收入分配逐渐平等的一条曲线。

对于库兹涅茨曲线，学术界有不同的看法。在发达国家，第二次世界大战之前收入分配不平等较为严重，但第二次世界大战后收入分配有平等的趋势，这与库兹涅茨曲线表示的趋势大体相同。在 20 世纪 80 年代以后，发达国家尽管经济发展较快，但收入分配不平等却加剧了，这与库兹涅茨曲线并不一致。在发展中国家，随着经济发展，的确都呈现出收入分配状况的不平等加剧。但这种收入分配状况是否完全是由于经济发展的作用，学者们仍有不同的看法。由此看来，经济发展程度的确与收入分配状况相关，但是否能成为收入分配平等或不平等的原因还要具体分析。不过在经济发展过程中，各国都出现过收入分配不平等加剧的现象，这的确是事实。

当今在由计划经济转向市场经济的各国，无论经济发展状况如何，都出现了较为严重的收入分配不平等，甚至是两极分化。俄罗斯等国在转型过程中，经济发展并不快，曾出现过较长时期的停滞，甚至负增长，但收入分配不平等却极为严重。我国在转型过程中，经济发展相当迅速，与此同时也出现了收入分配不平等加剧的现象。

(二)个人原因

1. 劳动质量的差异

收入分配不平等的一个原因在于人们的劳动质量存在巨大差别。这种差别包括智力、体力、教养、所受的教育和培训以及工作经验等方面的差异，这种差异虽然不是由经济因素所决定，但对人力资本的积累却可以用经济标准来衡量。医生和工程师将多年时间投资于接受正规教育和在职培训，他们以付学费和放弃工资等形式投资于上大学和读研究生，并且进行不断的学习。这些专业人员的高工资一部分可以认为是其人力资本投资的回报，即对使这些受过高度训练的工作者成为特殊类型劳动力的教育的回报。因此，最重要的人力资本类型是教育。对收入和教育的经济学研究表明，人力资本一般来说是一项好的投资。受教育较多的人群与受教育较少的人群相比，不仅收入的起点高，而且增长速度快。例如，美国 20 世纪 70 年代末，一个大学生比一个具有相同背景的高中生工资要高 45%。10 年以后，工资差异扩大为 85%。在知识经济和全球经济一体化时代，这一差距还在扩大。

2. 劳动数量的差异

劳动的数量取决于个人的努力程度，一个“工作狂”一周可能有 70 个小时用在工作上，而另一个人可能工作得很少，其收入仅仅够支付其生活必需。由工作努力的差别而带来的收入差别可能相当大。

3. 工种的差异

日常生活中看到的工资的差别，有一些是由工种本身的质量差别引起的。当一个人决定是否接受某个工作时，工资仅仅是这个工人考虑的许多因素之一，有些工作轻松、有趣又安全，而有些工作却艰苦、枯燥又危险。如果工资既定，愿意从事前一种工作的人就多。这样，前一种工作的劳动供给大于后一种，因此，“好”工作往往比“差”工作的均衡工资低。例如，煤矿工人得到的工资应该高于其他有相似教育水平的工人，他们的高工资用来补偿采煤的枯燥和危险以及对健康的影响。同样，工厂中夜班工人的工资也应当高于同类日班工人，高工资补偿他们不得不夜里工作而白天睡觉，大多数人都不喜欢这种生活方式。

(三)制度上存在的问题

各国收入分配不平等也与制度上存在的问题相关。例如，由于制度或社会习俗，一部分人对另一部分人的歧视，如许多国家普遍存在对妇女的歧视，美国白人对黑人的歧视等。在发达国家，工会制度的存在也是引起不平等的原因，工会会员受工会保护获得较高工资，而非工会会员则无力与雇主抗争，工资较低。在法国、加拿大这类传统上工会力量强大的国家，工会在引起收入分配不平等中起的作用还是相当大的。

总之，收入分配差距拉大，既有社会原因，又有个人原因，对不同社会、不同阶层人的收入差别及原因要进行具体分析。

三、收入分配政策如何促进收入分配的平等化

收入分配涉及效率与公平的关系。但是，在很多情况下，效率与公平是一对矛盾。这个矛盾可以从两方面来说明。一方面，效率的提高并不一定意味着公平的增进。伴随着效率的提高，收入分配的状况既可能得到改善，也可能保持不变，甚至还可能进一步恶化。另一方面，公平的增进也不一定有利于效率的提高。随着分配的改善，经济的效率可能会提高，也可能会下降。

公平与效率的矛盾困扰了人类一个世纪。在富裕的市场经济国家，欧洲人选择了公平优先，兼顾效率；美国人选择了效率优先，兼顾公平。在新兴市场经济国家，效率优先、兼顾公平是普遍的选择，这可能与市场经济社会发展的一般规律相关。

如果收入差距过大，政府就有必要用收入分配的政策来加以纠正。收入分配政策的主要手段是税收政策和社会保障与福利政策。

(一)税收政策

收入分配政策中的税收政策的目的是通过税收减少富人的收入，缩小收入差距。用于这种目的的税收政策包括个人所得税、遗产税、财产税以及消费税。个人所得税是最重要的，它通过累进所得税制来缩小收入差距。累进税制是根据收入的多少确定税率，收入越高，税率也越高，对于高收入者按高税率征收，对于低收入者按低税率征收，低于一定水平的收入免征所得税。

例如，美国个人所得税按收入的高低分为 14 个税率等级。最低税率(单身年收入在 2 300～3 300 美元，夫妇年收入在 3 400～5 500 美元，有抚养人口的户主纳税人的年收入在 2 300～4 400 美元)为 11%，最高税率(单身年收入在 55 300 美元以上，夫妇年收入在 109 400 美元以上，有抚养人口的户主纳税人的年收入在 81 800 美元以上)为 50%。

我国现在实行的是九级累进所得税制。遗产税和财产税都是针对富人的，因为低收入者没有什么财产，也谈不上给子孙留遗产，这种税率一般都是较高的，普遍在 50%以上。有些国家遗产税甚至高达 80%～90%。其目的在于减少由于财产所引起的收入不平等。消费税是对某些奢侈性商品和劳务征收高税收。这些物品主要由高收入者消费，对这些物品的

征税也是为了让他们缴更多的税。

(二)社会保障与福利政策

社会保障与福利政策则是通过给穷人以补助来实现收入分配平等化。社会保障与福利政策主要包括以下几种。

(1) 各种形式的社会保障与社会保险。例如，给失业工人的失业津贴；给老年人的养老金；对收入低于贫困线者的贫困补贴；对有未成年子女的家庭的补助；等等。这些补贴以货币支付为主要形式，也有发放食品券等方式。

(2) 向贫困者提供就业与培训机会。收入不平等的根源在于贡献的大小，而贡献的大小与个人的机遇和能力相关。这样，政府就可以通过改善穷人就业的能力与条件，来实现收入分配的平等化。在这方面，主要是实现机会均等，尤其是保证所有人的平等就业机会，并按同工同酬的原则支付报酬。其次是使穷人具有就业的能力，包括进行职业培训，实行文化教育计划(如扫盲运动)，建立供青年交流工作经验的青年之家，实行半工半读计划，使穷人有条件读书，等等。这些都有助于提高穷人的文化技术水平，使他们能从事收入高的工作。

(3) 医疗保障与医疗援助，帮助低收入者医疗之用。医疗保障指医疗的各种必要支出；医疗援助指护理及出院后的其他费用。

(4) 各种保护劳动者的立法，包括最低工资法和最高工时法以及环境保护法、食品和医药卫生法等。这些都有利于增加劳动者的收入，改善他们的工作与生活条件，从而也减少了收入分配不平等的程度。

(5) 改善住房条件，包括以低房租向穷人出租国家兴建的住宅；对私人出租的房屋实行房租限制；资助无房者建房，如提供低利息率的长期贷款，或低价出售国家建造的住宅；实行住房房租补贴等。这些政策改善了穷人的住房条件，也有利于实现收入分配平等化。

应该承认，这些政策对缩小收入差距、改善低收入者的状况、稳定社会起到了积极作用，但也有副作用。

(1) 降低了社会的生产效率。增加个人所得税会使有能力的人生产积极性下降，也增加了低收入者对社会保障和社会福利的依赖。

(2) 增加了政府的财政负担。在许多西方国家，用于社会保障和福利的支出已占政府支出的50%以上，在一些高福利的欧洲国家甚至已占到GDP的50%以上。

收入平等化政策的必要性与所引起的问题，又一次提出了平等与效率的矛盾。如何解决这一问题，已成为经济学的重要内容之一。

本章小结

(1) 生产要素的价格也是由供求关系决定的，生产要素的供给与需求的状况决定了生产要素的价格。

(2) 企业对劳动的需求主要取决于劳动的边际生产率。劳动的边际生产率是指在其他条件不变的情况下，增加一单位劳动所增加的产量。

(3) 工资的变化对劳动供给会产生替代效应与收入效应。工资提高产生的替代效应大于收入效应时，劳动供给会增加；反之，劳动供给会减少。这时的供给曲线称为“向后弯曲的供给曲线”。

(4) 工会影响工资的方式主要有三种：增加对劳动的需求、减少劳动的供给和最低工资法。

(5) 土地的供给是固定的，这样，土地的供给曲线就是一条与横轴垂直的线。

(6) 利润分为正常利润与超额利润：正常利润是承担风险的企业家才能的报酬；超额利润是指超过正常利润的那部分利润，又称经济利润或非正常利润。

(7) 衡量一个社会收入分配是否平等的常用工具是洛伦兹曲线和基尼系数。

(8) 收入分配政策的主要手段是税收政策和社会保障与福利政策。

复习思考题

1. 劳动的供给曲线有什么特殊性？为什么？

2. 西方经济学是如何分析利息的合理性的？

3. 简要论述超额利润的来源。

4. 什么是洛伦兹曲线和基尼系数？试用图表说明。

5. 从劳动的供求关系解释高级蓝领工资超过白领的社会现象。

6. 房地产被认为是一种最有利的投资，2005 年《福布斯》中国富人排名前 100 位中，近 50%都是主要从事房地产投资的。如何用经济学理论解释这种现象？

7. 从构建社会主义和谐社会，谈谈如何利用收入分配政策调节收入分配的问题。

8. 在扶贫中一种做法是输血式的，即对贫困者给予金钱或实物补助；另一种做法是培养造血机制式的，即让贫困者自己有脱贫的能力。你认为哪一种扶贫的方法更好，为什么？

9. 降低利息率对下列两类人的收入有何影响？较低的利息率使谁获利，使谁损失？

A. 老年人与退休者　　　　B. 有孩子的年轻家庭

10. 案例

在深圳，华为公司新建的华为城分为生活区、科研开发区和生产厂房三个部分，均由来自美国、德国和中国香港的工程师规划和设计。这个设施齐全、技术先进、环境优美的现代化工业城为员工提供“比这个城市的其他人相对优越的生活和待遇”。

华为是个创造神话的企业，它不仅创造了超过 20 亿元的年销售额，而且创造出一批敬业高效，贴着“华为创造”标签的华为人。30 000 名华为员工用自己的全部青春和热情，日复一日地过着两点一线的生活。

据猎头公司介绍，摩托罗拉和贝尔等外资企业要想挖华为的人很难，但华为要挖它们的人就容易多了。其中，钱是重要的因素。一名刚毕业的硕士生可拿到 10 万元的年薪；一名刚工作两年、本科毕业的技术或市场人员可派发 8 万股内部股票；对于一个总监级的员工(约占公司人数的 2%)，平均拥有 300 万元的内部股票。华为的基本管理费用都比竞争对手(如中兴通讯)要高。

总之，高薪和一个巨大的持股计划，使得华为员工都很关心公司的市场前景和发展，也使他们愿意用自己的努力创造企业的神化。

试结合要素分配理论分析华为公司给付薪酬、分配股票的实质。

第八章　微观经济政策

20 世纪初的一天，列车在绿草如茵的英格兰大地上飞驶。车上坐着英国经济学家庇古(A.C.Pigou)。他边欣赏风景边对同伴说：“列车在田间经过，机车喷出的火花(当时是蒸汽机)飞到麦穗上，给农民造成了损失，但铁路公司并不用向农民赔偿。”这正是市场经济的无能为力之处，称为“市场失灵”。

将近 70 年后，1971 年，美国经济学家乔治·斯蒂格勒(George Joseph.Stigler)和阿尔钦(A.A. Alchian)同游日本。他们在高速列车(这时已是电气列车)上见到窗外的禾田，想起了庇古当年的感慨，就问列车员，铁路附近的农田是否受到列车的损害而减产。列车员说，恰恰相反，飞速驶过的列车把吃稻谷的飞鸟吓走了，农民反而受益。

我们该如何看待上面的情况？微观经济学该从何处进行分析呢？

微观经济学在分析市场机制运行时，认为在完全竞争的理想条件下，供求力量的互相作用能导致符合帕累托条件的最优状态。但这些理论分析是建立在许多假定的条件之上的，在现实生活中人们很难遇到这些假定条件，因此，抽象的理论分析和推导与现实中的社会经济状况有很大的差距。社会资源的配置不可能像抽象的理论分析所指出的那样，在市场经济中自发地达到最优配置。现代经济学把这种情况称为“市场失灵”。

这种“失灵”并不是说市场完全不好，只是指市场没有达到可能达到的最佳效果。这里的“失灵”包含两层意思：一方面是指市场没能做到使社会资源的分配达到最有效率的状态；另一方面是指市场不能达到某些社会目标，如社会收入的公平分配等。因此许多经济学家认为有必要执行微观经济政策，对自由的市场经济实行各种管理规则，对市场的自发作用进行某些修正、限制和补充，使社会经济尽可能地在接近完全竞争的条件下进行活动，从而使社会资源的配置真正达到或接近最优状态。

导致“市场失灵”的原因是多方面的，主要有以下几种：垄断、外部性、公共物品、信息不对称以及市场机制本身的不完善等。本章将着重介绍外部性和公共物品，并以此为基础，分析解决“市场失灵”的微观经济政策。

本章重点：

- 市场失灵
- 外部性
- 科斯定理
- 公共物品
- 共有资源
- 公共选择

第一节 外 部 性

外部性也称外在性或第三方面的效应。在存在外部性的条件下，市场也会失灵，即“看不见的手”无法实现帕累托最优状态。外部性最突出的表现是环境问题。随着经济的发展，日益严重的环境污染已成为困扰各国的一个世界性问题，因此，如何采取措施控制和消除环境污染，使“外部性”内部化已成为经济学研究的一个现实问题。

一、外部性及其后果

(一)外部性的含义

在第五章对成本概念进行讨论时，是假定私人成本与社会成本是一致的。但现实经济社会中，不满足这一假定条件的现象并不少见。例如，造成附近河流污染的企业并未支付这一污染的成本——足够抵偿污染的费用，但污染却影响了人们的健康和生活，增加了人们的医疗费用和其他费用的支出，而且社会为使河流变清需要支付一定的费用。河流受污染本身就是社会的一种牺牲和代价。在这种情况下，企业的生产成本(私人成本)小于社会成本，或者说企业的私人收益大于社会收益。当然也存在私人成本大于社会成本，或者说私人收益小于社会收益的情况。如果社会成本得不到完全补偿，个体收益甚至会使整个社会福利状况变差，社会所受的损害远远大于企业在生产中的收益。这种由于私人成本和社会成本的不一致导致了市场机制无法达到经济效率。

因此，外部性是指某种经济活动所产生的、由第三者或社会承担的成本或利益。

(二)外部性的类型

从上面的例子中可以看到由于企业的经济活动给社会成员带来了危害，而企业并没有为此付出代价，这种现象称为外部不经济(或负外部性)。而如果某项经济活动给社会上其他成员带来了好处，却没有因此得到补偿，则称为外部经济(或正外部性)。外部经济和外部不经济为外部性的两种类型。

根据经济活动的主体是生产者还是消费者，外部经济可分为生产的外部经济和消费的外部经济，外部不经济也可分为生产的外部不经济和消费的外部不经济。

1. 生产的外部经济

当一个生产者采取的经济行动对他人产生了有利影响，而自己却不能从中得到报酬时，便产生了生产的外部经济。例如，果园主扩大果树种植面积会使养蜂者受益，养蜂者无须向果园主付费。在果树授粉期，养蜂者同样使果园主受益，果园主也无须向养蜂者付费。再如，企业为生产对职工进行培训，提高了职工的技术素质，而当这些职工今后可能转到其他企业工作，该企业并不能从其他单位索回培训费用或其他形式的补偿。因此，该企业从培训职工中得到的私人利益就小于该活动的社会利益。

2. 消费的外部经济

当一个消费者采取的行动对他人产生了有利影响，而自己却不能从中得到补偿时，便产生了消费的外部经济。例如，保持自己的衣着整洁、住宅周围环境的美化、自家庭院中花草的培植，对社会当然也是有益的。再如，家庭成员的教育消费也是为社会培养合格的公民。

3. 生产的外部不经济

当一个生产者采取的行动使他人付出了代价而未给他人以补偿时，便产生了生产的外部不经济。例如，企业的生产活动造成的污染；因生产的扩大可能造成交通拥挤及对风景的破坏等。

4. 消费的外部不经济

当一个消费者采取的行动使他人付出了代价而又未给他人以补偿时，便产生了消费的外部不经济。例如，吸烟者对周围人群的健康造成危害，但并未为此支付任何东西。

上述各种外部性在现实生活中无所不在，无时不在。尽管对每一个生产者或消费者而言，它造成的外部经济或外部不经济对整个社会也许是微不足道的，但把它们加起来，所造成的总效果将是巨大的。

(三)外部性造成的后果

各种形式的外部性的存在造成的严重后果：完全竞争条件下的资源配置将偏离帕累托最优状态。换言之，即使假定整个经济仍然是完全竞争的，但由于存在着外部性，整个经济的资源配置也不可能达到帕累托最优状态。外部性实际上是私人成本与社会成本、私人利益和社会利益存在差异的结果。所谓私人成本是指个体进行某项经济活动时所支付的费用。社会成本则是全社会为这项活动需要支付的费用，包括从事该项经济活动的私人成本加上这一活动给其他经济单位施加的成本。

用图 8.1 加以说明，由于存在着外部不经济(如环境污染)，所以社会的边际成本曲线 MC+ME(其中 ME 为边际外部成本)高于私人的边际成本曲线 MC。完全竞争的厂商为了追求利润最大化，按照边际收益等于边际成本的原则，将产量定在 Q^*处，而社会收益最大化产量(社会的边际收益等于边际成本)应在 Q^{**}处。因此，外部不经济造成产品生产过多，超过了帕累托最优状态所要求的水平 Q^{**}。

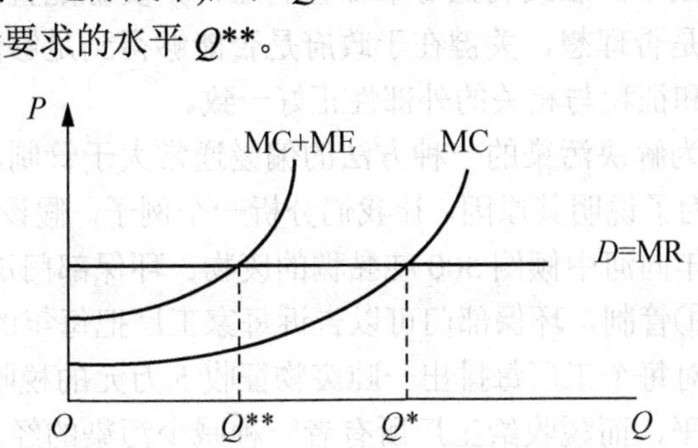

图 8.1　外部不经济导致资源配置失调

如果生产某种产品是外部经济的，则完全竞争条件下，该产品的产量就可低于使社会达到最佳状况的数量，因为生产者不愿增产，原因仅仅是这可能使其他厂商的成本得到降低。

不论是存在外部经济还是外部不经济，都没有达到帕累托最优状态。在外部经济的情况下，产量小于帕累托最优状态下的产量；在外部不经济的情况下，产量超过了帕累托最优状态下的产量。

二、解决外部性问题的方法

如何解决由于外部性所造成的资源配置不当？微观经济学理论提出了如下方法。

(一)管制

政府可以通过规定或禁止某些行为来解决外部性。例如，把有毒的化学物质倒入供水区中是一种犯罪。在这种情况下，社会的外部成本远远大于排污者的收益。因此，政府制定了从根本上禁止这种行为的命令与控制政策。

但是，在大多数污染的情况下，事情并不这么简单。尽管宣布了一些环境保护主义的目标，但要完全禁止有污染的活动是不可能的。例如，各种形式的交通运输，如马匹，会带来一些污染副产品。然而，让政府禁止所有运输方式肯定是不明智的。因此社会不是要完全消除污染，而是要评价成本与收益，以便决定允许哪种污染与允许污染多少。环保部门是政府机关，其任务就是提出并实施目的在于保护环境的管制。

环境管制可以采取多种形式。有时环保部门规定工厂可以排放的最高污染水平；有时环保部门要求企业采用某项减少排污的技术。

(二)征税和补贴

对于造成外部不经济的企业，国家应该征税，其数额应该等于该企业给社会其他成员造成的损失，从而使该企业的私人成本恰好等于社会成本。例如，在生产污染情况下，政府向污染者收税，其税额等于治理污染所需的费用。而对于造成外部经济的企业，国家则可给予其补贴，使得企业的私人利益与社会利益相等。无论何种情况，只要政府采取措施使得私人成本等于社会成本，私人利益等于社会利益，则资源配置便可达到帕累托最优状态。征税和补贴的效果是否理想，关键在于政府是否能够得到足够的信息，准确地制定征税和补贴标准，使补贴和征税与相关的外部性正好一致。

经济学家对税收作为解决污染的一种方法的偏爱通常大于管制，因为税收可以以较低的社会成本减少污染。为了说明其原因，让我们分析一个例子。假设有两个工厂——造纸厂和钢铁厂，每家工厂每年向河中倾倒500吨黏稠的废物。环保部门决定，要想减少污染量，考虑了两种解决方法：①管制，环保部门可以告诉每家工厂把每年的排污量减少为300吨；②税收，环保部门可以对每个工厂每排出一吨废物征收5万元的税收。

管制规定了污染水平，而税收给工厂所有者一种减少污染的经济激励。大多数经济学家偏爱税收。他们认为，在减少污染总水平上税收和管制的方法同样有效。环保部门可以通过把税收确定在适当的水平上，而达到它想达到的任何污染水平。税收越高，减少的污染也越多。实际上，如果税收足够高，工厂将完全关门，污染减少为零。

经济学家偏爱税收的原因是它减少污染更有效率。管制要求每个工厂减少等量污染，但等量减少并不一定是清洁水质最省钱的方法。可能的情况是，造纸厂减少污染的成本比钢铁厂低。如果是这样的话，造纸厂对税收的反应是大幅度地减少污染，以便少缴税；而钢铁厂的反应是减少的污染少，缴的税多。

实际上，税收规定了污染权的价格。正如市场把物品分配给那些对物品评价最高的买者一样，税收把污染权分配给那些减少污染成本最高的工厂。无论环保部门选择的污染水平是多少，它都可以用税收以最低的总成本达到这个目标。

经济学家还认为，征税对环境更有利。在命令与控制的管制政策下，一旦工厂达到了300 吨污染物的目标就没有理由再减少排污。与此相比，税收激励工厂去开发更清洁的技术，因为更清洁的技术可以减少工厂不得不支付的税收量。

(三)可交易的污染许可证

现在我们假设，尽管经济学家提出了建议，环保部门仍采用管制，并规定每个工厂每年要把排污量减少到 300 吨。在管制实施而且两个工厂都遵守之后的某一天，两个企业来到环保部门提出一个建议。钢铁厂想增加其排污量 100 吨。造纸厂同意，如果钢铁厂付给它 500 万元，它就减少等量的污染。环保部门应该允许两个工厂进行这种交易吗？

从经济效率的观点看，允许这种交易是一种好政策。这个交易必然使这两个厂所有者的状况变好，因为它们是自愿对此达成一致的。而且，这种交易没有任何外部影响，因为污染总量仍然是相同的。因此，通过允许造纸厂把自己的排污权出卖给钢铁厂可以提高社会福利。

同样的逻辑也适用于任何一种排污权从一个企业转移给另一个企业。如果环保部门允许进行这些交易，实际上它就创造了一种新的稀缺资源：污染许可证。交易这种许可证的市场将最终形成，而且，这种市场将由供求因素支配。“看不见的手”将保证这种新市场有效地配置排污权。只有以高成本才能减少污染的企业将愿意为污染许可证出最高的价格，那些以低成本可以减少污染的企业也愿意出卖它们所拥有的许可证。

虽然，用污染许可证减少污染看起来与用征税完全不同，但实际上这两种政策有许多共同之处。在这两种情况下，企业都要为污染进行支付。在征税时，排污企业必须向政府缴税。在采用污染许可证时，排污企业必须为购买许可证进行支付。征税和污染许可证都通过使企业排污要付出成本而把污染的外部性内在化。

(四)企业合并

合并企业是解决外部性问题，改进资源配置效率的另一种方法。

以造纸和养鱼为例。造纸厂生产一定数量的纸，同时产生了一定数量的污染物流入河中，渔场位于河流的下游，受到造纸厂排出的污染物的不利影响。如果通过某种产权的分配，使造纸厂和渔场同属一个公司，那么造纸给养鱼所增加的成本仍然是该公司的内部成本，合并使得外部性内部化了。公司在决定造纸产量时，不能不考虑污染成本。为了最大化利润，公司必然考虑外部经济效应，协调造纸和养鱼两项业务的决策。这种协调会带来帕累托改进。

事实上，现在许多企业已经使互相影响生产的单位之间的外部性内部化了。例如，渔场同时种植水生作物；出于使苹果花粉受精的目的，苹果园养蜜蜂也是十分普遍的事情。

(五)规定财产权

在许多情况下，外部性之所以导致资源配置失当，是由于财产权不明确。财产权是法律规定的对某一资源的所有及其使用权利。如果财产权界定是明确的，那么通过市场交易解决外部性问题是可行的。

例如，某条河流上游的企业排放污染物使下游用水者受到损害。如果假定河流下游用水者对一定水质的河水拥有明确的财产权，当下游水质下降到特定质量以下，这一地区的人们就可以对企业破坏水质行为提出诉讼，要求企业赔偿因水质污染给他们带来的损失。如果这时双方进行谈判协商的成本不是太大，上游企业便会同下游用水者协商，将这种权利从他们那里买过来，然后再让河流受到一定程度的污染；同时遭到损害的下游用水者也会使用他出售污染权而得到的收入来治理河水。结果是市场交易本身使得污染问题得到解决。总之，由于污染者为其外部不经济支付了代价，故其私人成本与社会成本之间不存在差别。

三、科斯定理

上述解决外部性问题的最后一种办法，即规定财产权的政策，一般也称为科斯定理。

(一)科斯定理的内容

科斯是英国经济学家，1951 年移居美国，后成为芝加哥大学教授，在 1960 年发表《社会成本问题》一文。他认为，如果不考虑外部性，就谈不上实现资源配置的帕累托最优状态。要解决这个问题，关键在于把环境的使用权作为一种财产权，并且应把这种财产权明晰化，这样，在某项生产活动产生外部不经济时，就可以明确地判定是谁对谁造成了损害，受损害的一方就有权获得相应的赔偿。科斯认为，只要交易成本为零，则法定的财产权的分配并不妨碍社会经济达到帕累托最优状态，也就是使资源配置达到最有效率的状态。这些观点被人们称为科斯定理之后，已成为现代西方产权理论的核心内容，科斯本人也在 1991 年获得诺贝尔经济学奖。

假定有一湖泊，周围住着 10 户人家，他们都需要以湖水作为饮用水；湖边还有一家造纸厂，要向湖中排放污水。于是造纸厂的生产活动就造成了外部不经济，它排放的污水使湖水的水质变坏，不能饮用了。假定这 10 户人家因饮用这种受污染的水而遭受的损害可以用货币来衡量，且这种损害是每户 10 万元，那么这 10 户人家受到总损失就是 100 万元。为了避免这种损失，再假定存在着两种治理污染的办法：一种是给造纸厂安装一套污水处理系统，使污水经过处理后再排放入湖，从而不会使湖水的水质变坏。假设这种污水处理系统需20万元支出。另一种办法是给这10户人家每家安装一个湖水净化器，使受污染的湖水经处理后符合饮用标准，若每个湖水净化器要4万元，那么这10户人家就总共需要支出40万元。两种办法一比较，就可以看出，给造纸厂安装污水处理系统是比较经济的，也就是说，这种方法消除污染的成本最低。

按照科斯定理的含义，不论把使用湖泊的产权给了造纸厂还是给这10户居民，只要交易成本为零，市场机制会自动找到最经济的处理方法。为什么会如此呢？假定法定的湖泊使用权给了造纸厂，那造纸厂就会认为向湖泊排放污水是它的权利，它自然不会为处理污水而多花20万元，于是这10户居民就要考虑了：与其每家花4万元装一个湖水净化器，不如大家拼凑20万元给造纸厂安装一套污水处理系统更合算。于是这10户人家就会互相商量，达成一致意见后，再和造纸厂商量，并说服它，由这10户人家给造纸厂安装一套污水处理系统。相反，要是法定的湖泊使用权给了这10户人家，那他们绝不会同意造纸厂污染湖水的，他们会向造纸厂提出赔偿损失的要求，于是造纸厂就要考虑了：与其赔偿10户人家100万元，不如自己花20万元安装一套污水处理系统更合算。

(二)科斯定理的局限性

科斯定理在理论上和实践上存在一些局限性。

(1) 资产的财产权是否能够明确地加以规定。科斯定理的一个前提是明晰的产权，但是，由于环境与生态资源多属于公共财产(如生物多样性、臭氧层、大气、公海等)，根本无法做到明晰产权，即使明晰了产权，后代人受害了也无法维护自身的利益。按照科斯定理的说法，在发生这类涉及后代人权益的环境问题时，应该由当代人和后代人共同协商加以解决，而后代人现在还没有出生。况且有的资源的财产权即使在原则上可以明确，但由于不公平问题、法律程序的成本问题等也变得实际上不可行。

(2) 在现实生活中交易成本不可能等于零。就拿上面的例子来说，这10户人家互相商量以及他们和造纸厂协商，都需要时间、精力和费用，这就是所谓的“交易费用”。在有交易费用的情况下，市场机制是否能自动地找到最佳的解决方案，是很值得怀疑的。

(3) 交易双方在协商中采取的策略性行为。这也是科斯定理难以应用的另一个主要限制因素。在上面的例子中，该湖泊使用权在造纸厂，那10户人家和造纸厂商量，愿意出20万元安装污水处理系统时，造纸厂出于策略上的考虑，就有可能提出额外的要求，如要这10户人家另外再付10万元给造纸厂作为“申请手续费”。这10户人家虽然被敲了10万元，但30万元的支出仍比他们各家自己安装湖水净水器的40万元低。因此他们还是会支付这30万元的。但这样一来，市场交易就没能产生只花20万元治理污染的最佳方案。

此外还应该指出，分配产权会影响收入分配，而收入分配的变动可以造成社会不公平，引起社会动乱。在动乱的情况下，就谈不上解决外部性问题了。

不管怎么说，科斯的研究开辟了一个把法律和经济学相结合的新领域，提出了一条发挥市场机制作用来处理外部经济效果的新思路，这对于产权理论的发展，对于环境经济学的发展都产生了很大的影响。在人们面临日益严重的环境保护任务的时候，在人们更多地考虑“经济可持续发展”的问题的时候，科斯的观点还是值得人们认真研究的。

外部性多种多样，努力解决市场失灵的政策也多种多样。

(1) 汽车废气。汽车废气有外部不经济，因为它产生了其他人不得不呼吸的烟雾。政府努力通过规定汽车的排放废气标准来解决问题。政府还对汽油征税，以减少人们开车的次数。

(2) 修复历史建筑。修复历史建筑具有外部经济，因为在这种历史建筑物附近散步或骑车的人会享受到这些建筑的美丽，并感受到这种建筑物所提供的历史。建筑物的所有者得不到修复的全部收益，因此，往往很快遗弃了这些建筑物。许多地方政府对这个问题的反应是对拆毁历史建筑物实行管制，并向修复这些建筑的所有者提供税收减免。

(3) 狂吠的狗。狂吠的狗引起外部不经济，因为邻居受到噪声干扰。狗的主人并不承担噪声的全部成本，因此很少谨慎地防止自己的狗狂吠。地方政府通过“干扰安静”为非法来解决问题。

(4) 新技术研究。新技术研究提供了外部经济，因为它创造了其他人可以运用的知识。由于发明者并不能占有他们发明的全部收益，所以，往往倾向于用很少的资源从事研究。政府通过专利制度部分解决了这个问题，专利制度使发明者可以在一定时期内排他性地使用自己的发明。

第二节　公共物品和公共选择

在日常生活中最美好的东西往往都是免费的。有一些东西是大自然提供的，如河流、山川、海岸、湖泊和海洋。政府提供了另一些物品，如游览胜地、公园、节庆游行。在每一种情况下，当人们选择享用这些物品的好处时，并不用花钱。

免费物品向经济分析提出了特殊的挑战。在我们的经济中，大部分物品是在市场中配置的。买者为得到这些东西而付钱，卖者因提供这些东西而得到钱。对这些物品来说，价格是引导买者与卖者决策的信号。但是，当一些物品可以免费得到时，在正常情况下，经济中配置资源的市场力量就不存在了。

一、物品的分类

在提供人们需要的物品方面，市场如何完美地发挥作用呢？对这个问题的回答取决于所涉及的物品。如果这物品是冰激凌，可以依靠市场提供有效率的冰激凌数量，冰激凌价格的调整使供求平衡。如果这物品是清新的空气，则不能依靠市场来阻止钢铁制品的制造者污染空气：一般情况下市场上的买者和卖者不会考虑他们决策的外部效应。因此，当物品是冰激凌时，市场完美地发挥了作用；当物品是清新的空气时，市场的作用则很糟。

在考虑经济中的各种物品时，以下两个特点对物品分类是有用的。

(1) 物品有排他性吗？可以阻止人们使用这些物品吗？

(2) 物品有竞争性吗？一个人使用这种物品减少了其他人对该物品的享用吗？

根据这两个特点可以把物品分为四类：私人物品、公共物品、共有资源和自然垄断物品。

(一)私人物品

私人物品既有排他性又有竞争性。私人物品是指数量将随着任何人对它的消费增加而减少的物品。以冰激凌为例，一个冰激凌之所以有排他性，是因为你付了钱，你可以阻止其他人吃冰激凌——只要你不把冰激凌送给别人就行。一个冰激凌之所以有竞争性，是因为如果一个人吃了一个冰激凌，另一个人就不能吃同一个冰激凌。经济生活中大多数物品都是像冰激凌这样的私人物品。在前面的章节中我们隐含地假设物品既有排他性又有竞争性，市场机制只有在具备上述两个特点的私人物品场合才真正起作用，才有效率。

(二)公共物品

公共物品既无排他性又无竞争性。无竞争性指的是对于某一给定的公共物品产出水平，额外增加一个人的消费，不会引起生产成本的任何增加，即消费者人数的增加所引起的物品的边际成本等于零。例如，一盏路灯，一个人享受它的照明和多个人享受它的照明，效果是一样的。无排他性指的是很难禁止他人不付代价而消费该物品。无排他性表明要采取收费方式限制任何一个消费者对公共物品的消费是非常困难的，甚至是不可能的。任何一个消费者都可以免费消费公共物品。例如，海上的灯塔，它为过往的船只提供照明，却无法一一收费。因为如果对这些船只收费的话，在技术上是不可能的，在经济上也是不划算的。国防、法律、外交、公安等都属于公共物品。

(三)共有资源

共有资源有竞争性但没有排他性。例如，海洋中的鱼是一种竞争性物品：当一个人捕到鱼时，留给其他人捕的鱼就少了。但这些鱼并不是排他性物品，因为几乎不可能对渔民所捕到的鱼收费。

(四)自然垄断物品

自然垄断物品有排他性但没有竞争性。例如，一个小镇中的消防部门，要排除享用这种物品是容易的：消防部门只要袖手旁观，让房子烧下去就行了。但消防没有竞争性，消防队员大部分时间在等待发生火灾，因此多保护一所房子并不会减少其他人可以得到的保护。换句话说，一旦该镇为消防部门付了钱，多保护一所房子的额外成本是微不足道的。

在这里我们要考虑没有排他性的物品，也就是每个人都可以免费得到的物品。因为这个问题与外部性研究密切相关。就公共物品和共有资源而言，外部性的产生是因为没有价格可以对这些物品评价。如果向一个人提供了一种公共物品，如国防，其他人的状况也会变好，但并不能由于这种好处而向他们收费。同样，当一个人使用一种共有资源，如海洋中的鱼，其他人的状况会变坏，但对这种损失也无法补偿。由于这些外部效应，私人关于消费和生产的决策会引起无效率的结果，而且，政府干预可以潜在地增进经济福利。

二、公共物品与免费搭车

免费搭车又称搭便车，指一个人不用进行购买就可以消费某种物品。公共物品的无竞争性与无排他性，使公共物品产生了免费搭车的问题。例如，不用支付国防的费用可以享受到保护，不用支付灯塔的费用同样可以享受到灯塔的服务。而且还没有一种方法可以有效地防止免费搭车。由于免费搭车的存在，消费公共物品而不用购买，这样对于私人厂商来说，提供公共物品就无利可图，私人就不会提供公共物品。公共物品的供求也不能由市场机制来调节。但公共物品是社会存在与发展所必需的，也是实现社会福利最大化的条件之一，只有把部分资源用于公共物品才能实现资源配置效率。既然市场机制对公共物品的有效配置无能为力(这正是市场失灵的表现之一)，那么，由政府或公共部门开支安排生产并根据社会福利原则来分配公共物品就成为解决免费搭车的唯一选择。

三、私人物品和公共物品的最优数量

市场机制不能提供适当数量的公共物品，因为它的运行是以不付钱者不能消费为原则的。正如我们看到的，不管人们付费与否，要阻止其消费一种公共物品是不可能的。因此，在许多情况下，市场机制根本就没法运用。

既然公共物品不能由私人提供，那么只能由政府来生产或提供。政府提供公共物品也需要各种生产要素支出，但公共物品不能通过市场出卖，所以政府就通过强制性税收来为提供公共物品筹资。在社会上，每个人都有义务向政府纳税，政府用这种税收作为生产公共物品的费用，这样，纳税人都已事先付费，或者说“无票”来客都已事先买了票。

在一个社会中，为使资源能够得到有效配置，政府应该提供多少公共物品呢？可用图 8.2 来说明。假定社会上只有 A、B 两个消费者，他们对某种私人物品的需求曲线分别为 D_A 和 D_B，市场供给曲线为 S，市场需求曲线 D 则是由 D_A 和 D_B 水平相加而得到。市场需求曲线 D 和市场供给曲线 S 的交点决定了该私人物品的均衡数量 Q_0 和均衡价格 P_0，Q_0 为该物品的最优数量，如图 8.2(a)所示。

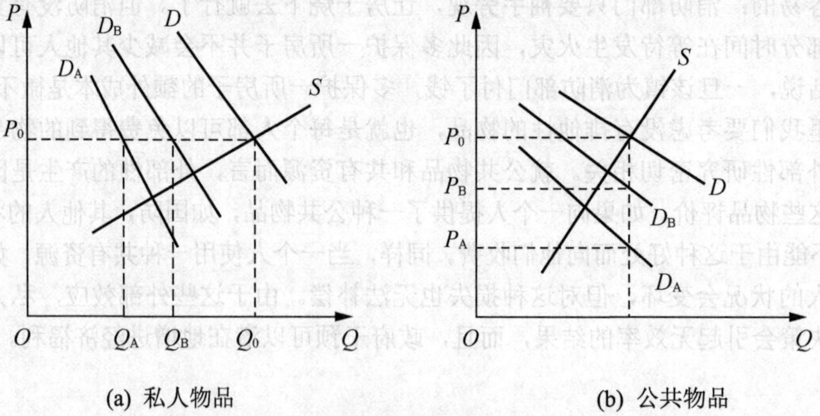

(a) 私人物品　　(b) 公共物品

图 8.2　私人物品和公共物品的最优数量

如图 8.2(b)所示，D_A 和 D_B 为消费者 A、B 的需求曲线，S 为供给曲线。但公共物品的需求曲线并不是由个人需求曲线水平相加而得，而是它的垂直方向相加而得，这是由公共物品的无竞争性和无排他性决定的。由于每个消费者都可以消费同等数量的某种公共物品，因此，可以把每个消费者为同一数量公共物品支付的价格相加就得到所有消费者愿意为该公共物品支付的费用。市场需求曲线和供给曲线的交点决定了公共物品的均衡数量，它代表着公共物品的最优产量。在图中，当产量在 Q_0 时，消费者 A 愿意支付的价格是 P_A，消费者 B 愿意支付的价格是 P_B，则价格总和为 P_0，Q_0 是最优数量。

在上面的图形分析中，实际上暗含着这样的假设，即每个消费者的需求曲线都是真实的，是以其真实愿意支付的价格为前提的，但实际上这个假设是不现实的。由于“免费搭车”现象的存在，每个人愿意支付的价格都比实际价格要低。另外，由于公共物品的无竞争性和无排他性，每个人都不能准确地表示其所需要的数量。因此，无法得到每个消费者对公共物品的需求曲线，更谈不上把它们加总得到公共物品的市场需求曲线，并进而确定公共物品的最优产量了。这说明企图用市场机制解决公共物品最优数量的方法是无效的，必须由政府采用非市场的决策方式来决定公共物品的数量。成本—收益分析和公共选择理论是两个非常重要的工具。

四、公共物品和成本—收益分析

公共物品的生产和消费的问题不能够由市场上的个人决策来解决。那么应当怎样来估计它的价值，并决定对它的消费水平呢？经济学所用的一种方法是成本—收益分析。根据这种方法，在公共物品生产之前，应先由专家对它的经济效益进行评估。这个经济效益既包括通常市场上可以用价格明确表示出来的经济效益，也包含那些市场上难以用价格反映出来的效益。

例如，原来人们过河需要买船票乘渡船，现在政府决定建一座桥来代替渡船。那这座桥的经济价值既包括所有通过桥梁的车辆、人员和用渡船摆渡的费用；也包括另一些方面，如桥梁能够全天候发挥作用，通过能力比渡船大，且更加安全、迅速。当然，也可能会有一些不利的经济影响。再如，在河中造桥，桥面高度就有可能对河道上的通船能力产生不利的影响。把以上所有这些方面结合起来，可以得出这件公共物品的全部经济效益，然后把它和建造这个公共物品的成本进行比较。如果经济效益大于成本，这个公共物品就是值得生产的。

在实际工作中，要恰当地评估一件公共物品的经济效益，特别是对那些不易用市场价格表示的经济影响进行评价，是一件十分困难的事情，人们的主观因素在其中起着重要作用。

例如，修一条新的公路。因为所有人都可以免费使用公路，所以没法判断公路所值的价格。简单地问人们给公路的估价是多少是不可靠的。第一，用问卷调查的结果来定量分析收益是困难的。第二，回答问卷的人没有如实回答的激励。那些要用公路的人为了修这条路有夸大他们所得到收益的激励，那些受公路伤害的人为了阻止修这条路有夸大其成本的激励。

因此，有效率地提供公共物品在本质上比有效率地提供私人物品更困难。私人物品由市场提供，其买者通过愿意支付的价格反映出其对该物品的评价，卖者通过愿意接受的价格反映出物品的成本。与此相比，当评价政府是否应该提供一种公共物品时，成本—收益分析并没有提供任何价格信号。因此，关于公共项目，成本—收益的结论充其量是近似而已。

有许多公共物品的例子，下面考虑三种最重要的公共物品。

(1) 国防。保卫国家免受外来入侵是公共物品的典型例子。国防也是一项非常的支出。1995 年，美国政府用于国防的支出总计为 2720 亿美元，或者说每人平均 1035 美元。人们对于这种支出量是太少还是太多看法并不一致，但几乎没有人怀疑政府用于国防的某些支出是必要的。甚至那些主张"小政府"的经济学家也同意国防是政府应该提供的公共物品。

(2) 基础研究。知识的创造是一种公共物品。如果一个数学家证明了一个新定理，该定理就成为人类知识宝库的一部分，任何人都可以免费使用。由于知识是公共物品，以营利为目的的企业就可以免费使用别人创造的知识，结果用于知识创造的资源就太少了。

在评价有关知识的适当政策时，重要的是区分一般性知识与特殊的技术知识。特殊的技术知识，如一种高效电池的发明，可以申请专利。因此发明者得到了他的发明的大部分好处，尽管肯定得不到全部好处。与此相反，数学家不能为定理申请专利，每个人都可以免费得到这种一般性知识。换句话说，专利制度使特殊的技术知识具有排他性，而一般性知识没有排他性。

政府努力以各种方式提供一般性知识这种公共物品。例如，国家保健研究所和国家科学基金补贴医学、数学、物理学、化学、生物学，甚至经济学中的基础研究。

(3) 消除贫困计划。许多"政府计划"的目的是帮助穷人。对未成年子女家庭提供补贴，对某些需要的家庭提供收入补助，往往被称为"福利"。这些消除贫穷计划由那些经济上较为成功的家庭的税收来提供资金。

经济学家对政府在反贫穷中应该起什么作用的看法并不一致。反贫穷计划的支持者声称，反贫穷是一种公共物品。

假定每个人都喜欢生活在一个没有贫穷的社会里。尽管这种偏好普遍存在，但反贫困并不是私人市场可以提供的"物品"。由于贫困问题如此之大，没有一个人可以消除贫困。而且私人慈善事业也很难解决这个问题：那些没有向慈善事业捐款的人可以免费利用别人的慷慨。在这种情况下，对富人征税来提高穷人的生活水平可以使每个人的状况变好。穷人的状况变好，是因为他们现在享有了较高的生活水平，而那些纳税的人状况变好，是因为他们享受到一个较少贫困的社会的生活。

五、共有资源

共有资源与公共物品一样没有排他性：想要使用共有资源的任何一个人都可以免费使用。但是，共有资源有竞争性：一个人使用共有资源减少了其他人对它的享用。因此，共有资源产生了一个新问题。一旦提供了一种物品，决策者就需要关注它被使用了多少。下面用一个例子来理解这个问题。

这个例子称为共有地的悲剧。设想在一个中世纪小镇上，该镇的人从事许多经济活动，其中最重要的一种是养羊。镇上的许多家庭都有自己的羊群，并靠出卖羊毛来养家。

当我们的故事开始时，大部分时间，羊在镇周围土地的草场上吃草，这块地被称为镇共有地。没有一个家庭拥有土地。相反，镇里的居民集体拥有这块土地，所有居民被允许在这块地的草场上放羊。集体所有权很好地发挥作用，因为土地很大，每个人都可以得到他们想要的有良好草场的土地，镇共有地就不是一种竞争性物品，而且，允许居民在草场上免费放羊也没有引起问题，镇上的每一个人都是满足的。

时光流逝，镇上的人口在增加，镇共有地草场上的羊也在增加。由于羊的数量日益增加，而土地是固定的，土地开始失去自我养护的能力。最后，土地变得寸草不生。由于共有地没有草，养羊不可能了，导致该镇曾经繁荣的羊毛业也消失了，许多家庭失去了生活来源。

什么原因导致这种悲剧？为什么牧羊人让羊繁殖得如此之多，以至于毁坏了镇上的共有地呢？原因是社会与私人激励不同。避免草地破坏要依靠牧羊人的集体行动。如果牧羊人可以共同行动，他们就应该使羊群繁殖减少到共有地可以承受的规模。但没有一个家庭有减少自己羊群规模的激励，因为每家的羊群只是问题的一小部分。

实际上，共有地悲剧的产生是因为外部性。当一个家庭的羊群在共有地上吃草时，它降低了其他家庭可以得到的土地质量。由于人们在决定自己有多少羊时并不考虑这种外部性，结果羊的数量过多。

如果预见到了这种悲剧，镇里可以用各种方法解决这个问题。例如，可以控制每个家庭羊群的数量，通过对羊征税把外部性内部化，或者拍卖有限量的牧羊许可证。这就是说，中世纪小镇可以用现代社会解决污染问题的方法来解决过度放牧的问题。

但是，土地这个例子还有一种比较简单的解决方法。该镇可以把土地分给各个家庭。每个家庭都可以把自己的一块土地用栅栏圈起来，并使之免于过分放牧。用这种方法，土地就成为私人物品而不是共有资源。在 17 世纪英国圈地运动时期就出现了这种结果。

共有地悲剧是一个有一般性结论的故事：当一个人用共有资源时，就减少了其他人对这种资源的享用。由于这种负外部性，共有资源往往被过度使用。政府可以通过管制或税收，来解决减少共有资源的使用这个问题。此外，政府有时也可以把共有资源变为私人物品。

数千年前人们就知道这个结论。古希腊哲学家亚里士多德就指出了共有资源的问题："许多人共有的东西总是被关心最少的，因为所有的人对自己东西的关心都大于其他人共同拥有的东西。"

在经济生活中，存在许多共有资源的例子。几乎所有的例子都产生了与共有地悲剧一样的问题：私人决策者过分地使用共有资源。政府通常管制其行为或者实行收费，以减轻过度使用的问题。下面来看一些重要的共有资源。

(1) 清洁的空气和水。前面我们说过，由于市场没有充分地保护环境，产生的污染可以用管制或税收来解决负外部性。可以把这种市场失灵作为共有资源问题的一个例子。清新的空气和洁净的水与开放的草地一样是共有资源，而且，过度污染也与过度放牧一样，环境恶化是现代的共有地悲剧。

(2) 石油矿藏。考虑一个地下石油矿藏如此之广大，埋在地下的许多财产属于不同的所有者。任何一个所有者都可以钻井采油，但当一个所有者采油时，留给其他人的油就少了。石油是一种共有资源。

正如与在小镇的共有地上牧羊效率不高一样，开采石油的钻井数量也将是无效率得多。由于每一个打井的所有者都带给其他所有者负外部性，所以钻井的社会效益小于钻井所有者的收益。这就是说，钻井尽管对社会是不合理的，但对私人有利。如果财产的所有者个人决定钻多少口井，他们就会钻得太多。

为了保证以最低的成本采油，为了解决共有资源问题，就需要所有者之间的某种联合行动。我们在讨论科斯定理时表明，私人解决方法是可能的。所有者之间可以就如何采油和分配利润问题达成一个协议。实际上，所有者可以像他们是在一家企业中那样行事。

但是，当有许多所有者时，私人解决方法是较为困难的。在这种情况下，政府管制可以保证有效地开采石油。

(3) 拥挤的道路。道路可以是公共物品也可以是共有资源。如果道路不拥挤，一个人用道路就不影响其他任何一个人。在这种情况下，使用没有竞争，道路是公共物品。但如果道路是拥挤的，那么道路的使用就会引起负外部性，道路就变得更为拥挤，其他人必然开得慢。在这种情况下，道路是共有资源。

政府解决道路拥挤问题的一个方法是对驾车人收取通行费。实际上，道路通行费就是拥挤外部性的税收。但道路通行费往往并不是一种理想的现实解决方法，因为收费的成本太高了。

有时拥挤只是一天中某段时间的问题。例如，如果一座桥只是在上下班高峰期过往车辆多，那么，一天中这个时间的拥挤负外部性就比一天中其他时间大得多。解决这些负外部性的有效方法是：在上下班高峰时高收费。这种收费就会激励驾车人改变时间表，以便减少最拥挤时的收费次数。

对道路拥挤问题做出反应的另一种政策是汽油税。汽油是开车的互补品，汽油价格上升往往会降低驾车的需求量。因此，汽油税减少了道路拥挤。

但是，汽油税并没有完全解决道路拥挤问题。问题在于，汽油税还影响在拥挤的道路上开车量之外的其他决策。首先，汽油税使人们打消在不拥挤的道路上开车的念头，即使这些道路没有拥挤外部性也不愿意开车。其次，它鼓励人们购买轻型汽车，这种车省油但不太安全。在这两种情况下，汽油税扭曲了决策，并引起无谓损失。

(4) 鱼类、鲸鱼和其他野生动物。许多动物物种都是共有资源。例如，鱼和鲸鱼有商业价值，而且任何人都可以到海里捕捉所能得到的任何鱼类。每个人很少有为下一年保留物种的激励。正如过分放牧可以毁坏镇上的共有地一样，过分捕鱼和捕鲸也会摧毁有商业价值的海洋生物。

海洋仍然是最少受管制的共有资源之一。有两个问题使之不易解决：第一，许多国家进入了海洋，因此，任何一种解决的方法都要求持有不同价值观的各国之间进行国际合作；第二，由于海洋如此浩瀚，实施任何协议都是困难的。结果，捕鱼权通常成为引起友好国家之间的国际紧张局势的缘由。

在美国国内，有各种旨在保护野生动物的法律。例如，政府对钓鱼与打猎的许可证收费，并规定捕鱼和打猎季节的期限。通常要求渔民把小鱼放回水中，而且，猎人只能捕杀有限量的动物。所有这些法律都减少了共有资源的使用，这有助于保持动物种群。

六、公共选择理论

公共选择理论是指非市场的集体选择，实际是政府选择。公共选择理论也就是把经济学用来分析政府的运行，即所谓政府经济学。公共选择与市场选择的不同之处在于：一是市场选择以私人物品为对象，公共选择以公共物品为对象；二是市场选择是通过完全竞争的经济市场来抉择，即消费者用“货币选票”来购买私人物品，公共选择是通过一定政治秩序的政治市场来抉择，即消费者用投票来购买公共物品；三是抉择行为的主体在市场选择下是个人，在公共选择下是集体。

在现实社会中，人们通过各种不同的社会体制来决定公共物品的生产。

(一)集权决策

集权决策即由一个人或少数人决定各种公共物品的生产数量。这种办法的优点是决策成本较低，所费时间也少，但这种方法不一定能体现大多人的意见，还可能会引起多数人的不满。如果把这种不满作为决策的外部成本的话，则这种集权决策的外部成本是比较大的。

(二)集体投票

集体投票即由社会全体成员用投票的方式来决定公共物品的生产数量。能够表现出集体决策规则特点的有下列几种规则。

(1) 一致同意规则，指候选人或方案须经全体投票人认可才能当选或通过的规则。这里的“认可”意味着赞成或者至少不反对。因此凡是一致同意规则通过的方案都是最优的。此方案不会使任何一个人的福利受到损失，可以满足全体投票人的偏好，不存在把一些人的偏好强加于另一些人的因素。但一致同意规则的实现需要花费大量的时间和资源，社会机会成本较大，在许多情况下甚至根本就无法达成协议。

(2) 多数规则，指的是候选人或方案只需经半数以上投票人认可才能当选或通过的规则。多数规则可分为简单多数规则和比例多数规则。简单多数，即超过总数的一半；比例多数，即达到总数的2/3或3/4才算有效。采取多数规则选择时，往往会出现两个问题：一是多数人投票同意而少数人投票反对，则意味着增进了多数派的福利而使少数派福利受损，满足了多数派的偏好而不能满足全体成员的偏好。这样多数规则下做出的方案不但不能达到帕累托最优状态，而且还难以确定社会总效用是增加了还是减少了。二是出现不确定的投票结果。无明确投票结果的民主决策是无效率的。

(3) 加权规则，指的是一个方案对不同的参加者有不同的重要性。于是，可以按照重要性的不同，给参加者的意愿“加权”，即分配选举的票数。相对重要的，拥有的票数就多，否则就少。因此所谓加权规则，就是按实际得到的赞成票数(而非人数)的多少来决定集体行动方案。

(4) 否决规则，这一规则的具体做法是：首先让每个参加集体行动方案投票的成员提出自己认可的行动方案，汇总之后，再让每个成员从中否决掉自己所反对的那些方案。这样一来，最后剩下的没有被否决掉的方案就是所有成员都可以接受的集体选择结果。如果有不止一个方案留下来，就再借助其他投票规则(如一致同意规则或多数规则等)来进行选择。因此，凡经过这一规则筛选之后留下来的方案都将是帕累托最优状态的。

(三)政府官员制度的效率

按照公共选择理论，政府官员制度是指那种由通过选举所产生的、被任命的以及经过考试而录用的政府官员来管理政治事务的制度。总的来说，这种政府官员制度的效率是比较低的。其原因如下：首先是缺乏竞争。政府的各个部门都是某些特殊服务的垄断供给者。没有任何其他的机构可以替代这些政府部门的工作。由于缺乏竞争，政府部门的效率一般比较低下。而且人们常常无法判断政府部门的成本即每年的财政支出是否太多；或者它们的产出即提供的服务是否太少，即很难准确地判定政府部门的效率。其次是机构庞大。政府官员一般不会把利润最大化(或者成本最小化)作为自己的主要目标，因为他们很难把利润直接据为己有。政府官员追求的主要是规模(即官员机构)最大化，因为规模越大，官员们的地位就越高，权力就越大，得到进一步提升的机会就越多。最后是成本昂贵。政府官员会千方百计地增加自己的薪金，改善工作条件，减轻工作负担，从而不断地提高他们的服务成本，导致浪费极大化。

公共选择理论认为，解决政府官员制度低效率的主要途径是引入竞争机制。具体做法如下。

(1) 使公共部门的权力分散化，分散有利于减少垄断的成分。

(2) 由私人部门承包公共服务的供给。

(3) 在公共部门和私人部门之间展开竞争，竞争将提高公共部门的效率。

(4) 加强地方政府之间的竞争。地方政府的权力不仅受到公民选票的制约，而且受到居民自由迁移的制约。当一个地方政府的公共服务的成本(税收)太高而质量太低时，居民就可能迁移到其他地区去。居民的迁出会减少当地政府的税收，因此地方政府之间的竞争也可以促使它们提高效率。

本章小结

(1) 市场失灵：是由于经济生活中存在垄断、外部性、公共物品、不完全信息，使市场机制在许多场合不能实现资源的有效配置。市场失灵表明政府在一定规则下的适度干预是必要的。政府的微观经济政策是为了保护经济个体的利益、更好地发挥市场效率、促进社会福利目标的实现。

(2) 外部性：是由买者和卖者之间的交易，直接影响第三者时所产生的。外部性分为外部经济(正外部性)和外部不经济(负外部性)，不管生产行为还是消费行为都存在外部性。

(3) 外部性问题可以通过政府管制、税收和补贴、可交易的许可证、企业合并、产权界定等方式，使其在一定程度上予以克服。

(4) 科斯定理：如果财产权是明确的并且可以无成本(交易成本很小)地进行协商和交易，则无论最初的财产权属于谁，市场总会有效地配置资源并解决外部性问题。

(5) 排他性、竞争性：在考虑经济中的各种物品时，根据这两个特点来对物品分类是有用的。据此物品可分为四类：私人物品、公共物品、共有资源、自然垄断物品。

(6) 公共物品：既无竞争性又无排他性。就是说，不能排除人们使用一种公共物品，而且一个人享用一种公共物品并不减少另一个人对它的享用。但是，政府可以潜在地解决这个问题。如果政府确信，总收益大于总成本，它就可以提供公共物品，并用税收为它支付，这可以使每个人的状况变好。

(7) 搭便车：得到一种物品的收益但回避了为此而支付一定费用。由于不能对使用公共物品的人收费，所以在私人提供这种物品时，就存在搭便车问题。

(8) 成本—收益分析：目的在于帮助政府机构对各种工程开支做出合理的决策。如果一个政府机构用于某类工程的开支是固定的，那么要使社会收益最大化，就应该选择那些收益成本比率最高的工程。如果其总预算是可变的，那么要使社会收益最大化，它就应接受所有收益成本比率超过 1 的工程。虽然成本—收益分析背后的基本理论是比较简单的，但由于对每个工程的收益和成本进行度量十分困难，这一理论的应用往往并不容易。

(9) 共有资源：有竞争性但无排他性，包括共有的草地、清洁的空气和拥挤的道路。由于不能向使用共有资源的人收费，他们往往会过度地使用共有资源。因此，政府努力限制共有资源的使用。

(10) 公共选择：公共物品不能由市场提供，政府是大部分公共物品的供给者。公共物品的选择即公共选择由投票来决定。投票并不是总能解决公共物品的生产分配问题。市场存在失灵，政府也存在失灵，需要寻找更有效的方法去弥补市场的不足，并不断地修正政府失灵。

复习思考题

1. 什么是外部性？请举例说明。
2. 什么是公共物品？它有哪些特点？
3. 为什么要用微观经济政策来调节经济的运行？
4. 外部性的存在是如何干扰市场对资源的配置的？
5. 你如何看待科斯定理？它在我国的社会中适用吗？
6. 你认为我国出现的环境污染的原因是什么？应当如何解决？
7. 请根据竞争性和排他性的特点，对下列物品进行分类。

①食品及日用品；②环境和洁净的空气；③拥挤的不收费道路；④汽车；⑤消防；⑥春节燃放的焰火；⑦有线电视；⑧国防；⑨拥挤的收费道路；⑩海洋中的鱼；⑪不拥挤的收费道路；⑫政府提供的邮政服务和养老金；⑬公共图书馆的座位和图书；⑭基础研究；⑮天然林木；⑯未受保护的野生动物；⑰公共牧场；⑱矿藏资源；⑲不拥挤的不收费道路。

排他性	竞争性	
	是	否
是	私人物品	自然垄断物品
否	共有资源	公共物品

8. 在一些城市中，交通高峰期道路收费站前经常出现十几辆车排队等候缴费通行，此时每辆车通行的私人成本与社会成本是否存在差异？如果存在，可以通过什么方式进行调节？
9. 试指出易拉罐的使用和生产会引起哪些社会成本？

第九章　国民收入核算和决定理论

国内生产总值已经成为我们日常生活中关注的重要经济指标之一，平时经常听到与国内生产总值这一指标相关的报道。如据 2017 年 2 月 28 日新华社报道，我国 2016 年国内生产总值 744 127 亿元，按可比价格比上年增长 6.7%。国内生产总值是衡量一国经济状况的重要指标，国内生产总值的增长速度、增长的质量是经济学家和各国政府关心的一个重要问题。

本章首先从介绍国内生产总值的概念入手，阐述国内生产总值与国民生产总值的联系与区别以及国内生产总值决定理论。

本章重点：

- 国内生产总值的含义
- 物价指数
- 总需求与总供给模型
- 消费函数与储蓄函数
- 乘数理论

第一节　国民经济宏观经济指标

1993 年，我国国家统计局正式使用"国内生产总值"这个指标作为我国国民经济核算的核心指标。国内生产总值的计算方法有生产法、收入法和支出法。多年来，我国国家统计局公布的国内生产总值核算数都是以生产法为准。在本节中，将详细地讲述国内生产总值的含义及各种计算国内生产总值的方法。

一、国内生产总值和国民生产总值

(一)国内生产总值

国内生产总值(gross domestic product，GDP)是指一国在一定时期(通常为 1 年)在其境内生产的最终产品的市场价值总和。

理解国内生产总值需要注意下面几个问题。

(1)　最终产品与中间产品的区别。最终产品是指一定时期内生产的为最终用户购买和使用的产品。中间产品是指作为原材料投入生产中供生产其他产品所使用的产品。最终产品和中间产品的区别，不取决于产品的物质属性如何，而是按其在再生产循环流转过程中的功能来区分。根据不重复出售这一划分标准，一般把用作个人消费、投资、政府购买和出口的产品称为最终产品。

一种产品既可以作为最终产品计入国内生产总值，又可以作为中间产品生产其他产品。例如，苹果，既可以销售给厂商作为生产果汁的原材料，又可以销售给家庭以供日常消费。当苹果被厂商购买作为生产果汁的原材料时就是中间产品，如果被家庭购买用作日常消费时就是最终产品。

(2) 国内生产总值是市场价值的总和。首先，国内生产总值只计算能够通过市场交易活动的产品的价值，不能通过市场交换过程的那些用于赠与活动和慈善事业活动的物品价值，则不能被计算在国内生产总值中。其次，国内生产总值是以本国货币计算的当年所有最终产品的市场价值的加总，因此，国内生产总值通常受到通货膨胀的影响。为了便于国内生产总值的比较，我们通常将国内生产总值分为名义国内生产总值和实际国内生产总值。

名义国内生产总值和实际国内生产总值之间的关系，将在下面的论述中做详细的讲解。

(3) 国内生产总值中的最终产品不仅包括有形的产品，而且包括无形的产品——劳务，也就是要把旅游、服务、卫生、教育等行业提供的劳务，按其所获得的报酬计入国内生产总值中。

(4) 国内生产总值是一个流量概念。这就是说国内生产总值是指一定时期内新生产的最终产品的价值，如一年内新生产的最终产品的价值。

(5) 国内生产总值是指新增价值。国内生产总值统计的是一定时期内新生产的价值，而并不考虑这些新增价值是否销售出去。在这一年内生产但没有销售出去的那部分价值，应该作为这一时期库存计入当期国内生产总值。

上年库存和今年库存的差额称为库存变动额。库存增加说明今年产品产值大于销售额，库存减少说明今年销售额大于产品产值。厂商存货增加被看作存货投资，而存货减少则被看作存货负投资。

(二)国民生产总值

国民生产总值(gross national product，GNP)是指一国居民一定时期(通常为 1 年)内在国内和国外生产的最终产品的市场价值总和。

(三)国内生产总值与国民生产总值的关系

国内生产总值与国民生产总值都是反映宏观经济的总量指标，它们既有联系又有区别。

(1) 国内生产总值和国民生产总值都是以本国货币计算的当年所有最终产品和提供劳务的市场价值的总和，都只包括当年生产的最终产品和提供的劳务。例如，2015 年某单位竣工的一处房产，2016 年该单位将该处房产销售给最终用户，该处房产应当计入 2015 年的国民(内)生产总值，而不是计入 2016 年的国民(内)生产总值。由于国民生产总值和国内生产总值都是以当年货币计算的，因此，这两个经济指标都会受到当年通货膨胀的影响。

(2) 国民生产总值是“生产要素”概念，国内生产总值是“领土”概念；国民生产总值是“收入”概念，国内生产总值是“生产”概念。在经济封闭的国家或地区，国民生产总值等于国内生产总值；在经济开放的国家或地区，国民生产总值等于国内生产总值加上国外净要素收入。具体来说，国民生产总值和国内生产总值之间的关系可以用下面的两个公式表示：

国民生产总值=国内生产总值+国内居民在国外投资所得收入和劳务收入−国外居民在本国投资所得收入和劳务收入

国内生产总值=国民生产总值+国外居民在本国投资所得收入和劳务收入−本国居民在国外投资所得收入和劳务收入

因此，国内生产总值和国民生产总值是两个不同但又有联系的指标。

(四)名义国内生产总值与实际国内生产总值

从前面的论述中，可以知道国内生产总值是一个市场价值概念，其数量大小要用货币指标进行反映，它是最终产品数量与其价格的乘积。因此，国内生产总值的高低不仅要受实际产量变动的影响，还要受价格水平变动的影响。也就是说，国内生产总值的变动可能是由于实际产量变动引起的，也可能是由于产品价格变动引起的。为了排除价格因素变动的影响，使国内生产总值指标变化能够确切地反映国民经济实际变动情况，就必须明确名义国内生产总值和实际国内生产总值这两个指标的含义及区别。

1. 名义国内生产总值

在某一年内，按当年生产的产品价格计算的国内生产总值称为名义国内生产总值。名义国内生产总值的计算可以举例列表说明，如表 9.1 和表 9.2 所示。

表 9.1　2010 年某地区名义国内生产总值计算表

产品名称	产量/万吨	价格/(元/吨)	国内生产总值/万元
产品 A	500	920	460 000
产品 B	300	1 860	558 000
产品 C	400	1 220	488 000
合计			1 506 000

表 9.2　1978 年某地区名义国内生产总值计算表

产品名称	产量/万吨	价格/(元/吨)	国民生产总值/万元
产品 A	300	160	48 000
产品 B	140	360	50 400
产品 C	160	280	44 800
合计			143 200

2. 国内生产总值价格指数

为了说明名义国内生产总值和实际国内生产总值之间的关系，必须先了解什么是国内生产总值价格指数。

国内生产总值价格指数是指名义国内生产总值与实际国内生产总值的比值。它反映按当年市场价格计算的国内生产总值和按某一基年价格计算的国内生产总值的对比关系，前

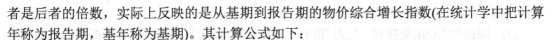

者是后者的倍数，实际上反映的是从基期到报告期的物价综合增长指数(在统计学中把计算年称为报告期，基年称为基期)。其计算公式如下：

$$国内生产总值价格指数=名义国内生产总值/实际国内生产总值\times100\%$$
$$=\left(\sum P_T Q_T\right)/\left(\sum P_0 Q_T\right)\times100\%$$

其中，P_T是报告期的产品价格，Q_T是报告期的产品产量，P_0是基期的产品价格。根据上面的资料，可以求得该地区 2010 年的名义国民生产总值与按 1978 年价格计算的实际国民生产总值的价格指数是：

$$国内生产总值价格指数=(1\ 506\ 000\div300\ 000)\times100\%=502\%$$

从这里可以看到实际国内生产总值是通过将名义国内生产总值用相应的国内生产总值价格指数“紧缩”而来的，因此相应的国内生产总值价格指数又可以称为国内生产总值折算指数。在这个例子中反映的是该地区从 1978 年到 2010 年的综合物价增长指数，也就是在此期间内，2010 年的物价综合水平是 1978 年的 5.02 倍。

3. 实际国内生产总值

按不变价格计算的某一年的国内生产总值称为实际国内生产总值。不变价格是指统计时确定的某一年(称为基年)的价格。其计算公式如下：

$$实际国内生产总值=名义国内生产总值/国内生产总值价格指数\times100\%$$

根据公式，由上面计算的结果可以知道，在该地区，2010 年的国内生产总值比 1978 年增长了近 10 倍，而产量综合指标只增长了近两倍。产量指标具有不可累加性，分析不同年份经济发展变化情况的综合指标主要是国内生产总值。为了便于把 2010 年的国内生产总值和 1978 年的国内生产总值直接进行对比，就要排除物价因素的影响，以 1978 年的产品价格作为不变价格计算 2010 年的实际国内生产总值，如表 9.3 所示。

表 9.3 2010 年某地区的实际国内生产总值计算表(按 1978 年的价格计算)

产品名称	产量/万吨	价格/(元/吨)	国民生产总值/万元
产品 A	500	160	80 000
产品 B	300	360	108 000
产品 C	400	280	112 000
合计			300 000

二、其他相关的宏观经济指标

(一)国内生产净值、国民收入、个人收入和个人可支配收入

在国民收入核算体系中，与国内生产总值紧密相关的宏观经济指标有：国内生产净值、国民收入、个人收入和个人可支配收入。

(1) 国内生产净值(NDP)是指一定时期内，一个国家或地区新增加的产值。从逻辑上讲，NDP 的概念比 GDP 更容易反映国民收入和社会财富变动的情况，但由于 GDP 同 NDP 相比，容易确定统计标准，而且折旧费的计算方法不一，政府的折旧政策也会变动，因此

各国还是常用 GDP 而不常用 NDP。

(2) 国民收入(NI)是指在一定时期内，一国或一个地区各种生产要素所得到的全部要素收入，包括工资、利息、利润和地租等的总和。国民收入有广义和狭义之分，广义的国民收入也可以指国内生产总值，如后面几章中提到的国民收入核算和决定理论中的国民收入就是指国内生产总值。狭义国民收入是指从国内生产净值中扣除企业间接税和企业转移支付(加政府补助金)后得到的国民收入。企业间接税和企业转移支付是列入产品价格的，但并不代表生产要素创造的价值或者收入，因此计算狭义国民收入时必须扣除。相反，政府给企业的补助金不列入产品的价格，但成为生产要素收入，因此应当加上。

(3) 个人收入(PI)是指在一定时期内，一个国家或地区个人所得到的全部收入。因此从国民收入中减去公司未分配利润、公司所得税和社会保险税，加上政府转移支付，就得到个人收入。

(4) 个人可支配收入(PDI)是指一定时期内，一个国家和地区个人可获得的供个人自由支配的全部收入。一般来说，个人可支配收入最终可以分解成为两个部分，即消费和储蓄。

从上面的论述可以看出，这四个经济指标与国民生产总值之间以及各个经济指标之间存在着一定的关系：

国内生产净值=国内生产总值-折旧

国民收入=国内生产净值-间接税

个人收入=国民收入-公司未分配利润-企业所得税+政府转移支付+

利息个人可支配收入=个人收入-个人所得税

(二)物价指数和失业率

国民生产总值和国内生产总值无疑是宏观经济中两个重要的指标，但是仅仅这两个指标并不能全面地反映宏观经济的状况。除了国民生产总值和国内生产总值这两个经济指标外，和经济状况紧密相连的还有物价指数、失业率等其他宏观经济指标。

1. 物价指数

物价指数也称商品价格指数，是反映各个时期商品价格水准变动情况的指数，通常以计算期(年度、季度或月度)与基期(某年度、季度或月度)相对比，以百分数表示。

假设一定时期内，一经济体选用汽车和住房作为一篮子商品计算物价指数。在 2005 年，该经济体生产了 5 辆汽车，兴建了 50 平方米的住房，每辆汽车的价格是 10 000 元，每平方米的住房是 1 200 元。那么，2005 年消费者为 5 辆汽车和 50 平方米的住房支出总计是 11 (5×10 000+50×1 200)万元。2010 年，每辆汽车的价格为 8 000 元，每平方米的住房价格为 3600 元。那么，2010 年消费者为这 5 辆汽车和 50 平方米的住房支出总计是 22(5×8 000+50×3 600)万元。如果以 2005 年为基期，11 万元物价指数为 100%，2010 年物价指数为 200%(22/11×100%)。

物价指数是宏观经济指标中比较复杂的一种相对数。按照不同的方式，物价指数可以分成各种物价指数。例如，按包括商品种类的不同，可以分为单项商品价格指数、商品类别指数和总指数；按采用基期的不同，分为环比物价指数(以上一期为基期)、年距环比物价指数(以上年同期为基期)、定基物价指数(和固定时期比较)；按商品的种类和流通环节区分，有工业品出厂价格指数、农副产品收购价格指数、批发物价指数、零售物价指数、服务项目价格指数、职工生活费用价格指数和工农业商品的综合比价指数。

我们经常用到的物价指数有商品零售价格指数、消费价格指数、工业品出厂价格指数、固定资产投资价格指数和国内生产总值平减指数。

(1) 商品零售价格指数是反映城乡商品零售价格变动趋势的一种经济指数。零售物价的调整变动直接影响到城乡居民的生活支出和国家的财政收入，影响居民购买力和市场供需平衡。因此，计算零售价格指数，可以从一个侧面对上述经济活动进行观察和分析。

(2) 消费价格指数又称为居民消费价格指数，是反映一定时期内城乡居民所购买的生活消费品价格和服务项目价格变动趋势和程度的相对数，是对城市居民消费价格指数和农村居民消费价格指数进行综合汇总计算的结果。城市居民消费价格指数是反映城市居民家庭所购买的生活消费品价格和服务项目价格变动趋势和程度的相对数；农村居民消费价格指数是反映农村居民家庭所购买的生活消费品价格和服务项目价格变动趋势和程度的相对数。利用居民消费价格指数，可以观察和分析消费品的零售价格和服务价格变动对城乡居民实际生活费支出的影响程度。

(3) 工业品出厂价格指数是反映全部工业产品出厂价格总水平的变动趋势和程度的相对数，包括工业企业售给本企业以外所有单位的各种产品和直接售给居民用于生活消费的产品。通过工业品出厂价格指数能观察出厂价格变动对工业总产值的影响。

(4) 固定资产投资价格指数是反映固定资产投资额价格变动趋势和程度的相对数。固定资产投资额是由建筑安装工程投资完成额，设备、工器具购置投资完成额和其他费用投资完成额三部分组成的。编制固定资产投资价格指数应首先分别编制上述三部分投资的价格指数，然后采用加权算术平均法求出固定资产投资价格总指数。

编制固定资产投资价格指数可以准确地反映固定资产投资中涉及的各类商品和收费项目价格变动趋势和变动幅度，消除按现价计算的固定资产投资指标中的价格变动因素，真实地反映固定资产投资的规模、速度、结构和效益，为国家科学地制订、检查固定资产投资计划并提高宏观调控水平，为完善国民经济核算体系提供科学的、可靠的依据。

(5) 国内生产总值平减指数又称国内生产总值价格折算指数，指现期国内生产总值与基期国内生产总值之比，或者说是名义国内生产总值与实际国内生产总值之比，与我们前面讲过的国民生产总值价格指数相同。由于国内生产总值平减指数包括了所有的物品和劳务，所以能够最全面地反映经济中物价水平的变动。

通常，人们所关心的是与本身密切相关的工资、养老金、失业金等，因此，消费物价指数由于与人们的生活密切相关，我们在衡量通货膨胀时通常说的是消费物价指数的变动。

通货膨胀是指物价水平在一定时期内持续普遍的上升过程，或者是说货币价值在一定时期内持续的下降过程。在日常生活中，这种或那种商品及劳务价格的上升是一种正常现象，这种现象并不是通货膨胀，只有当物价水平或者说消费物价指数持续而普遍地上升时，才称这种物价指数的上升为通货膨胀。

例如，在上面举的例子中，2010 年的物价指数为 200%，相对于 2005 年物价指数上升了 100%，则从 2005 年到 2010 年这 6 年中，通货膨胀率平均为 33.3%。

2. 失业率

失业率是宏观经济的一个重要指标，是衡量一国失业严重程度和经济景气的指标。

国际劳工组织将在一定年龄范围内的人分成三种状态，即就业者、失业者和非经济活动人口。就业者是指那些在过去一周中从事了至少一个小时有收入的工作或者暂时离开了工作岗位(如休假)的人；失业者则是指那些不工作、积极寻找工作且能够立即工作(到岗)的人；非经济活动人口是指那些不工作而又不能满足失业标准的人。

根据国际劳工组织的标准，失业率是指失业人口与劳动力总数的比例，即：

$$失业率=\frac{失业者人数}{劳动力总数}\times 100\%=\frac{失业者人数}{就业人数+失业人数}\times 100\%$$

关于失业率问题，将在第十一章做详细介绍。

三、国民收入的核算方法

在国民经济的核算体系中，有不同的计算国内生产总值的方法，这些方法主要有收入法、支出法和生产法。

(一)收入法

收入法又称所得法、要素收入法，或者要素支付法、分配法，是指从收入的角度，把各种生产要素在生产过程中的所得相加得到国民收入的方法，即把劳动所得工资、资本所得利息、土地所得地租以及企业家才能所得利润、固定资产折旧以及间接税各项相加得到国内生产总值的方法。

各国在按照收入法计算国内生产总值时，具体项目的分类并不完全相同。各国根据本国经济实践和传统设置本国的统计项目。例如，美国的国民收入统计中，按照收入法计算时大体包括以下项目：

工资和其他补助
净利息
租金收入
利润
公司利润
　红利
　未分配利润
非公司利润
　合营企业
　农民
企业税
间接税
公司税
资本折旧
误差调整

合计：国内生产总值

(二)支出法

支出法又称为产品流动法、产品支出法或最终产品法。它是从产品的使用出发，把一年内购买各项最终产品的支出加总起来，计算出该年内生产出来的产品与劳务的市场价值，即把购买各种最终产品所支出的货币加在一起，得出社会最终产品的流动量的货币价值总和。运用这种方法计算国民生产总值时不计算作为以后生产阶段投入的中间产品，仅考虑最后供人们使用的产品。

同收入法计算国内生产总值一样，各国在使用支出法计算国内生产总值时，具体项目的设置并非完全相同。例如，在美国的国内生产总值统计中，按产品流动法计算可将其国内生产总值表示为：

$$GDP=C+I+G+(E-X)$$

C 代表个人消费支出

　耐用品支出

　非耐用品支出

　住房租金支出

　其他劳务支出

I 代表私人总投资

　厂房

　设备

　企业净存货(期末存货-期初存货)

G 代表政府支出

　联邦政府购买支出

　地方政府购买支出

$(E-X)$代表净出口

　出口 E

　进口 X

　合计：国内生产总值(GDP)

我国按照支出法核算国内生产总值时，通常将国内生产总值设为三个项目：最终消费，包括居民消费和政府消费，居民消费又分为农村居民消费和城镇居民消费等项目；资本形成总额，包括固定资本形成总额和存货增加；净出口，包括出口和进口。

(三)生产法

生产法是指按照各个生产阶段创造的价值进行加总来核算国内生产总值的方法。这种核算国内生产总值的方法一般是按照部门来核算一个时期每个部门的增加值，因此又称为部门法或增值法。

在使用生产法核算国内生产总值时，要剔除各物质生产部门当年所使用的中间产品的价值，仅仅计算本部门的增加值。假定从棉花到衣服需要经过四个阶段：在第一个阶段，棉花种植者生产出价值 3 单位的棉花，并把它出售给棉纺厂；在第二个阶段，棉纺厂生产出价值 7 单位的棉纱，并把它出售给织布厂，在这个阶段，棉纺厂新创造出来的价值是 4 单位；在第三个阶段，织布厂生产出来价值 12 单位的布匹，并把它出售给制衣厂，在这个阶段，织布厂新创造出来的价值是 5 单位；在第四个阶段，制衣厂生产出来价值 18 单位的衣服，并出售给最终消费者，制衣厂新创造出来的价值是 6 单位。把各个生产阶段新创造出来的价值进行加总，就可以得到上述生产过程创造出来的国内生产总值，即 18(3+4+5+6)单位，也就是衣服的最终价值。

在实际国内生产总值核算中，如果使用生产法，一般是把国民经济划分为不同的部门，但是由于各国的实际情况不同，对各部门的分类方法也是不同的。例如，在美国的国民收入核算体系中，通常将国民经济各部门划分成如下部门：

农林渔业
采掘业
建筑业
制造业
运输业
邮电和公用事业
电、煤气、水业
批发零售业
金融、保险、不动产
服务业
政府服务和政府企业
统计误差

合计：国内生产总值(GDP)

根据国家新的国民经济行业分类，考虑我国宏观经济管理、社会公众和对外交流工作的需要和统计基础，我国目前的产业部门分为三大产业：第一产业，主要包括农、林、牧、渔业；第二产业，包括工业和建筑业；第三产业，除第一、第二产业之外的所有行业都归入第三产业，如商业、金融、服务等行业。国家统计部门根据这三个产业分别计算其增加值、劳动者报酬、生产税净额、固定资产折旧、营业盈余等。

按照上述三种方法计算的国内生产总值，理论上讲应该是一致的，因为这三种方法都是对统一国内生产总值的计算，只是计算的角度不同。但是，在实际国民收入核算中，这三种方法计算的结果并不完全一致。在这三种方法中，以支出法核算的国内生产总值为标准。如果使用收入法或生产法计算国内生产总值，要使用误差调整项目，使之与按照支出法核算的国内生产总值一致。

第二节　总需求和总供给

总需求一总供给模型是宏观经济学的基本模型之一，运用这一模型，可以分析市场经济体系中的均衡产量水平与均衡物价水平。

一、总需求与总需求曲线

(一)总需求与总需求曲线的含义

总需求(aggregate demand，AD)是指在一定时期内，在不同价格水平上整个社会对商品与劳务的需求总量。总需求包括消费支出(*C*)、投资(*I*)、政府支出(*G*)和净出口(*E*–*X*)，即：

$$Y=C+I+G+(E-X)$$

总需求是按照支出法计算的国内生产总值。总需求曲线是表示物价水平与总需求之间关系的一条曲线。

如图 9.1 所示，横轴表示国民收入 *Y*，纵轴表示价格水平 *P*，向右下方倾斜的曲线 AD 即为总需求曲线。总需求与价格水平呈反方向变动，即价格上升，总需求量减少；价格下降，总需求量增加。

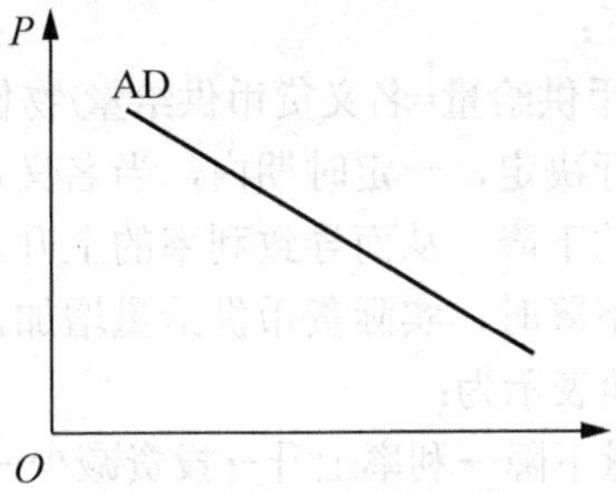

图 9.1　总需求曲线

(二)财产效应、利率效应和汇率效应

通常情况下，政府支出由于受政府政策的影响，我们在分析的时候假定其与物价水平是不相关的，因此可以通过财产效应、利率效应和汇率效应分析为什么总需求曲线是一条向右下方倾斜的曲线。

1. 财产效应

财产效应是由英国经济学家庇古提出的，又称庇古财产效应或者庇古效应。财产效应说明物价水平如何通过对财产的影响来影响人们的消费。人们持有的财产可以分为名义财产与实际财产。名义财产是用货币数量表示的财产；实际财产是用货币的购买力表示的财产。这两种财产与物价水平相关，用一个公式来表示就是：

$$实际财产=名义财产/物价水平$$

在名义财产既定的情况下，物价水平上升，实际财产下降；物价水平下降，实际财产上升。

人们的消费支出并非是取决于其名义财产，而是取决于其实际财产。随着物价水平的上升，消费者所拥有的实际财产会下降，消费者会减少消费支出，从而导致总需求的减少；相反地，随着物价水平的下降，消费者所拥有的实际财产会增加，消费者会增加消费支出，从而导致总需求的增加。

这种关系可以简单地表示为：

物价水平上升→实际财产下降→消费支出减少→总需求下降

例如，某人有 100 万元财产，当物价水平上升了 50%，他的实际财产随之下降 50%，由原来的 100 万元变成了 50 万元；如果物价水平不是上升而是下降了 50%，那么，他的实际财产也随之上升了 50%，由原来的 100 万元变成了 150 万元。

2. 利率效应

影响投资需求的因素很多，其中最为重要的就是利率，无论是用自由资金投资还是贷款投资，利率都是衡量投资成本的一个重要因素。人们投资的目的是利润最大化，在利润率不变的情况下，如果利率上升，则利润率减少，投资需求就减少；反之，如果利率下降，则利润率上升，投资需求就增加。

利率效应是指物价水平通过影响利率的变化从而影响投资的变化导致总需求的变化。利率取决于实际货币供求量，当实际货币需求量稳定时，利率就取决于实际货币供给量。实际货币供给量的计算公式如下：

实际货币供给量=名义货币供给量/物价水平

名义货币供给量由中央银行决定，一定时期内，当名义货币量不变的情况下，物价水平的上升导致实际货币供给量的下降，从而导致利率的上升，利率上升导致投资减少，总需求减少；反之，当物价水平下降时，实际货币供给量增加，利率下降导致投资增加，总需求增加。这种关系可以简单地表示为：

物价水平上升→实际货币量下降→利率上升→投资减少→总需求下降

3. 汇率效应

汇率效应是指物价水平通过影响汇率的变化从而影响净出口导致总需求的变化。汇率上升引起一国进口增加，出口减少，从而净出口减少；汇率下降引起一国进口减少，出口增加，从而净出口增加。

在资本自由流动的情况下，根据利率效应的分析，一国物价水平上升，导致利率上升，利率上升会吸引外币流入，外币的流入导致对本币需求的增加，在自由汇率制度下，对本币需求的增加导致本币价格上升，即汇率上升，从而净出口减少，总需求减少。这种关系可以简单地表示为：

物价上升→利率上升→汇率上升→净出口下降→总需求下降

汇率对总需求的影响是由美国两位经济学家弗莱明和芒德尔共同提出的，因此，汇率效应又被称为弗莱明—芒德尔效应。

(三)总需求曲线的移动

从形状上看，总需求曲线 AD 与微观经济分析中的需求曲线 *D* 形状是相似的，但是两者的内涵不同。需求曲线表示的是特定商品的需求量与其价格的关系，总需求曲线则表示全社会总需求量与总物价水平的关系，总需求曲线表达的关系要比需求曲线复杂得多。

由于物价水平引起的总需求的变化是总需求沿着同一条曲线上下移动，在物价水平不变的情况下，其他因素同样可以引起总需求的变动，我们称其他因素引起的总需求的变动为自发总需求的变动，自发总需求的变动表现在图形上是总需求曲线的平行移动。引起自发总需求变化的因素主要有消费习惯的变化、政府支出的变化、技术进步、国外宏观经济形势的变化等。

在其他因素不变的情况下，总需求会随着价格水平的上升而趋于下降。但是，其他因素也会变化，从而引起总需求变动，即引起总需求曲线的移动。那么，能够引起总需求变动的因素到底有哪些呢？引起总需求变动的因素可分为两类：一类是由政府控制的政策变量，另一类是外部变量。

政府控制的政策变量包括货币政策和财政政策。政府采用扩张性的宏观经济政策，使消费或投资等增加引起自发总需求增加时，总需求曲线平行向右上方移动，AD_0 右移到 AD_1，表示在相同的价格水平下，社会的总需求增加。政府采用紧缩性的宏观经济政策，使消费或投资等减少引起自发总需求减少时，总需求曲线平行向左下方移动，从 AD_0 左移到 AD_2，表示在相同的价格水平下，社会的总需求减少。自发总需求变化如图 9.2 所示。

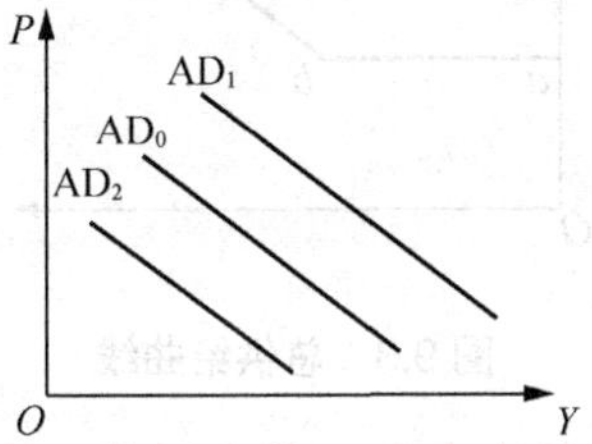

图 9.2　总需求曲线的移动

增加货币供应量会降低利率并改善贷款条件，从而增加投资和对耐用品的消费；政府在物品和劳务上的支出增加，会直接增加支出总量，减税或增加转移支付会增加可支配收入，从而增加消费。外部变量包括资产价值、石油价格、外国的产出等。在资产价值中，股票价格或住宅价格的上升会使家庭财产价值增多，从而增加消费，而且还会导致资本成本降低，并使企业投资增加。至于石油价格，世界石油产量增加会使世界石油价格下降，从而使消费者实际收入水平提高，并增强企业的信心，使消费和投资增加。外国产出增长则会导致净出口增加。

在外部变量中，有些外国产出处于国内政策控制之外，其余(如股票价格)则具有相当大的独立变动性。经济学家在分析总需求的变动时，对影响总需求变动的各种因素的重视程度有所不同。货币主义者强调货币的作用，特别是货币供应量的作用，认为货币供应量是总需求的主要决定因素，并认为货币供应量与总需求有一定的比例关系。另一些经济学家则认为，外部因素常常起决定作用，如技术进步就是一个关键性的决定因素。例如，19 世纪 50 年代的铁路上的技术创新，导致了此后的 20 年间，世界各地投入巨额资金兴建铁路，使工业发达国家享受了持续的经济扩张。20 世纪 90 年代的通信革命掀起一个投资浪潮，大公司花数亿美元发展移动电话和建设信息高速公路等基础设施。至于宏观经济学的主流学派则持一种折中观点，认为不同的政策因素和外部因素在不同时期对经济起推动作用。再如，在第二次世界大战时期，美国军费几乎占用了 GDP 的一半，财政政策被看作总需求的首要决定因素。近年来，联邦储备当局在对付通货膨胀和失业上变得更积极，货币政策对经济波动起着支配性的影响。

二、总供给和总供给曲线

总供给(aggregate supply，AS)是指一定时期内，在不同价格水平上整个社会对商品和劳务的供给总量。总供给分为短期总供给和长期总供给。

总供给曲线是表示物价水平与总供给之间关系的一条曲线。与总需求曲线不同，总供给曲线的形状是西方宏观经济学中较有争议的一个问题。不同学派的经济学家在论证其经济理论时，使用不同形状的总供给曲线。与总供给相适应，总供给曲线可以分为短期总供给曲线和长期总供给曲线，如图 9.3 所示。

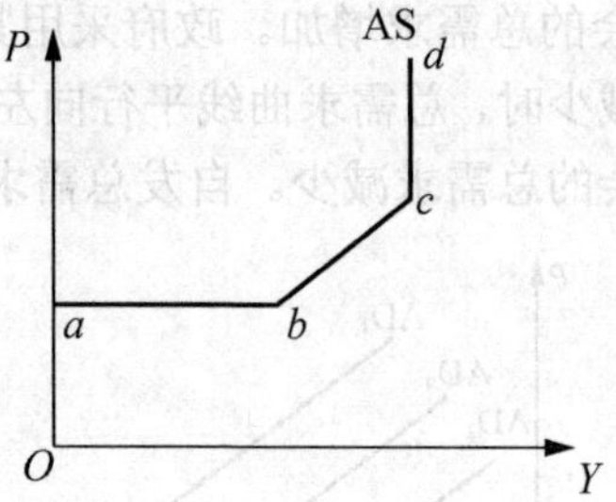

图 9.3　总供给曲线

图 9.3 中，*ab* 段总供给曲线基本上是一条水平线。它表示：短期内社会上还存在着一部分闲置资源，即未充分就业以前，即使价格总水平保持相对稳定，总供给数量也会随总需求的增加而增加，即可以在不提高价格水平的情况下，增加总供给。水平形状的总供给曲线被称为“凯恩斯总供给曲线”。

bc 段总供给曲线为向右上方倾斜的曲线。它表示：这时资源已处于接近充分利用状态，总需求的增加如果没有相应的价格水平的提高，供给者是不愿继续增加总供给的数量的。此时，价格总水平与总供给同方向变动。我们称之为“短期总供给曲线”。

cd 段总供给曲线基本上是一条垂直线。它表示：总供给水平已经达到充分就业水平，即资源已经被充分利用，这时无论社会的总需求如何增加，价格水平如何上涨，都不能使总供给继续扩大。这种情况在长期中存在，我们称之为“长期总供给曲线”或者“古典供给曲线”。

在本节中，我们只研究在资源接近和得到充分利用的假设前提下，分析总供给和总需求的变动对国民收入和物价水平的影响，即短期总供给曲线和长期总供给曲线与总需求的关系。与总需求类似的是，在价格不变的情况下，其他条件的改变可以使短期总供给曲线发生平行移动，如技术的进步等，如图 9.4 所示。

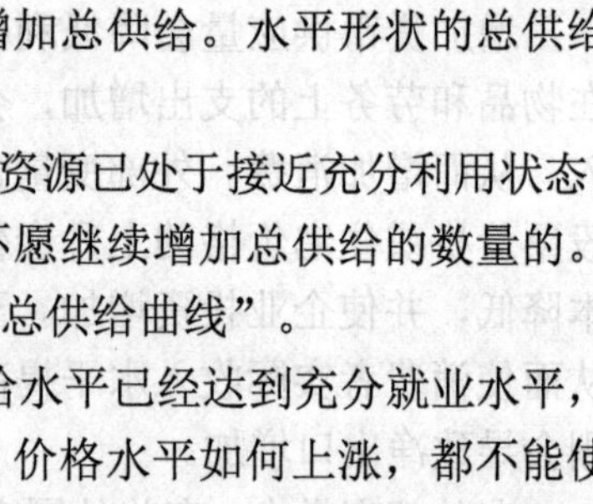

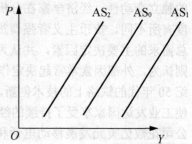

图 9.4　短期总供给曲线的变动

图 9.4 中，短期总供给曲线向右下方移动，从 AS_0 右移至 AS_1，表示在相同的价格水平下，社会的总供给增加了，如技术进步使总供给增加；短期总供给曲线向左上方移动，从 AS_0 左移至 AS_2，表示在相同的价格水平下，社会的总供给减少了，如发生自然灾害。

三、总需求—总供给模型

把总需求曲线和总供给曲线放在同一个坐标中，就可以得到总需求—总供给模型，如图 9.5 所示。总需求曲线和总供给曲线的交点 E 决定的国民收入水平 Y_0 和价格水平 P_0 就是均衡的国民收入和价格水平。

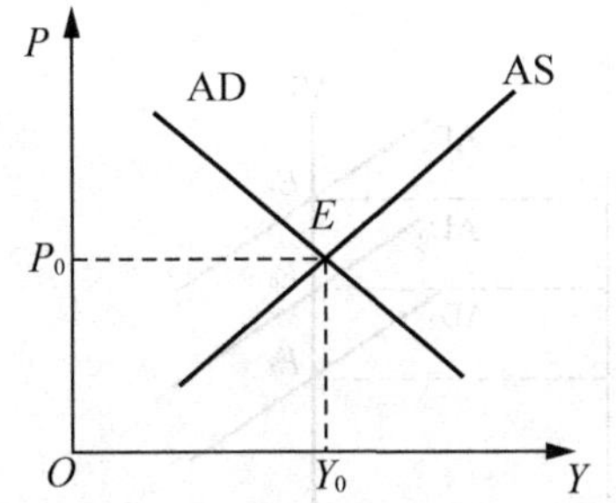

图 9.5　总需求—总供给模型

四、总需求和总供给变动对国民收入和价格水平的影响

经济中的均衡状态取决于总需求和总供给之间的关系，无论总需求曲线移动还是总供给曲线移动都会改变均衡点，从而改变经济中的实际国民收入和价格水平。

(一)总需求变动对国民收入与价格水平的影响

下面分析在两种不同的总供给曲线不变的情况下，总需求的变动对国民收入和价格水平的影响。

(1) 短期总供给曲线不变的情况下，总需求的变动对国民收入和物价水平的影响。在图 9.6 中，总需求增加，总需求曲线从 AD_0 右上移至 AD_1，会使国民收入增加，从 Y_0 增加到 Y_1，价格水平也上升，从 P_0 上升到 P_1；总需求减少，总需求曲线从 AD_0 左下移至 AD_2，会使国民收入减少，从 Y_0 减少到 Y_2，价格水平也下降，从 P_0 下降到 P_2。也就是说总需求的变动引起国民收入与价格水平均同方向变动。

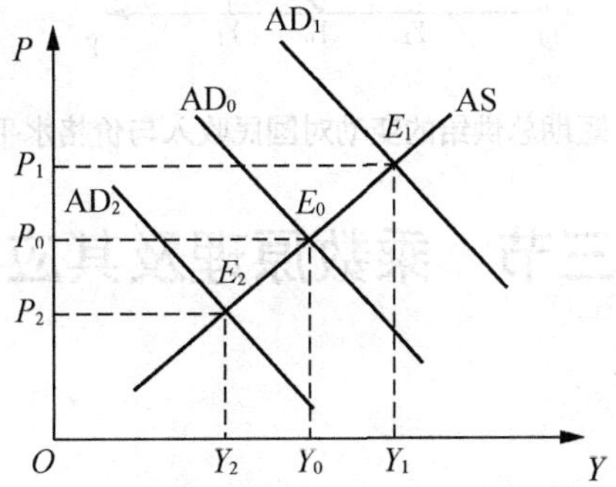

图 9.6　总需求曲线变动与短期总供给曲线

(2) 在长期总供给曲线不变的情况下，总需求变动对国民收入和物价水平的影响。在图 9.7 中，由于资源得到充分利用，所以总需求增加，总需求曲线从 AD_0 右上移至 AD_1，只会使价格水平上升，从 P_0 上升至 P_1，而国民收入不会变动，为 Y_f(表示充分就业的国民收入水平)；总需求减少，总需求曲线从 AD_0 左下移至 AD_2，也只会使价格水平下降，从 P_0 下降到 P_2，而国民收入水平仍不会变动，为 Y_f。也就是说总需求的变动会引起价格水平同方向变动，而不会引起国民收入的变动。

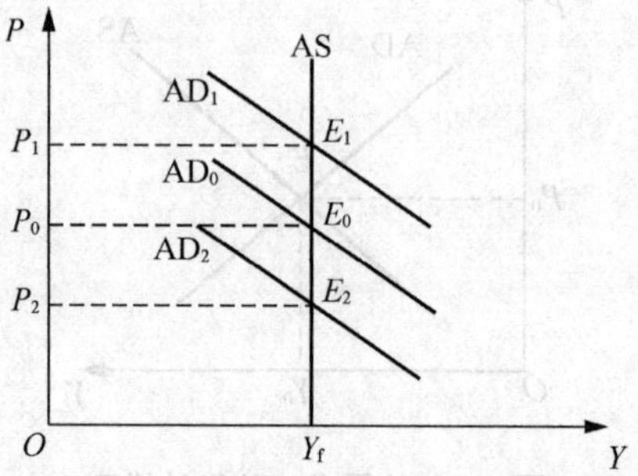

图 9.7 总需求曲线变动与长期总供给曲线

(二)短期总供给变动对国民收入和价格水平的影响

在总需求不变的情况下，短期总供给的变动会导致国民收入和物价水平的变动。在图 9.8 中，随着总供给的增加，总供给曲线从 AS_0 右下移至 AS_1，会使国民收入从 Y_0 增加至 Y_1，价格水平从 P_0 下降为 P_1；当总供给减少，总供给曲线从 AS_0 左上移至 AS_2，会使国民收入从 Y_0 减少至 Y_2，价格水平从 P_0 上升至 P_2。因此，短期总供给的变动会引起国民收入同方向变动，价格水平反方向变动。

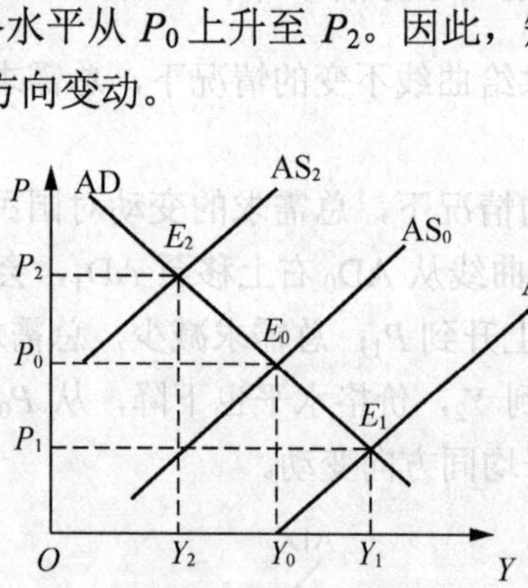

图 9.8 短期总供给的变动对国民收入与价格水平的影响

第三节 乘数原理及其应用

一、消费函数

(一)消费函数的含义

消费函数是指影响消费的各因素与消费支出之间的一种映射关系。现实生活中，影响消费的因素很多，如物价水平的变动、收入、政府的政策、人们的消费习惯、人们对经济的预期等。在影响消费的各种因素中，收入是最主要的因素之一。本节中，我们假定其他因素保持不变，消费支出由收入唯一决定，即收入(Y)为自变量，消费支出(C)为因变量，消费函数为：

$$C=f(Y)$$

在其他条件不变的情况下，消费支出随收入的变动而呈现同方向的变动，即收入增加，消费增加；收入减少，消费减少。

消费支出并不是和收入呈同比例变化的关系。在人们的消费中，一部分属于必需消费，即为了满足生存的需要而必须进行的衣食住行等的消费。这一部分消费是为了维持生存的需要，即使人们没有收入也要消费，这种消费称为自发消费。自发消费与收入没有关系。另一部分消费会随着人们收入的增加而增加，这种消费称为引致消费。如果用 C_0 代表自发消费，c 代表边际消费倾向，则消费函数可以写成：

$$C=C_0+cY$$

用 Y 代表横轴，C 代表纵轴，消费曲线如图 9.9 所示。

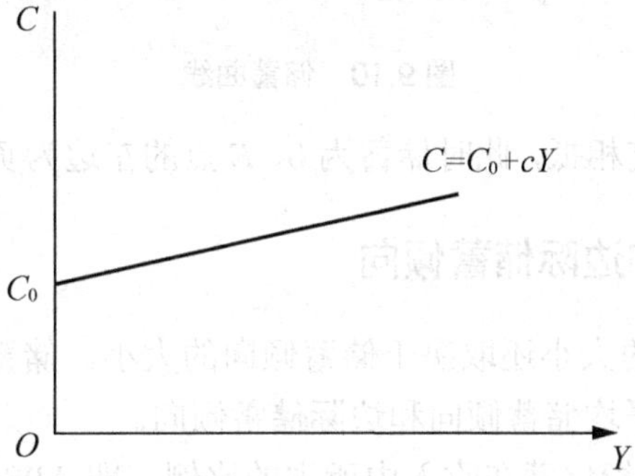

图 9.9　消费曲线

(二)平均消费倾向和边际消费倾向

平均消费倾向(APC)是指消费支出在收入中所占的比重，即 $APC= C/Y$。

边际消费倾向(MPC)是指每增加一单位的收入消费的增加量。如用ΔC 代表消费增量，ΔY 代表收入增量，即 $MPC=\Delta C/\Delta Y$

(三)边际消费倾向递减规律

边际消费倾向递减规律是凯恩斯的三大心理规律之一，它是描述在其他条件不变的情况下，边际消费倾向随收入增加而呈现递减的趋势，被称为边际消费倾向递减规律。

二、储蓄函数

(一)储蓄函数的含义

储蓄函数是表示影响储蓄的因素与储蓄之间的一种映射关系。与消费函数的假设一致，我们仍然假定收入仍然是决定储蓄的唯一因素。因此，储蓄函数就反映了收入与储蓄之间的依存关系，一般而言，在其他条件不变的情况下，储蓄随收入的变动而同方向变动，即收入增加，储蓄增加；收入减少，储蓄减少。

如果用 S 表示储蓄，Y 表示收入，则储蓄函数为：

$$S=f(Y)$$

以 Y 为横轴，S 为纵轴，储蓄曲线如图 9.10 所示。

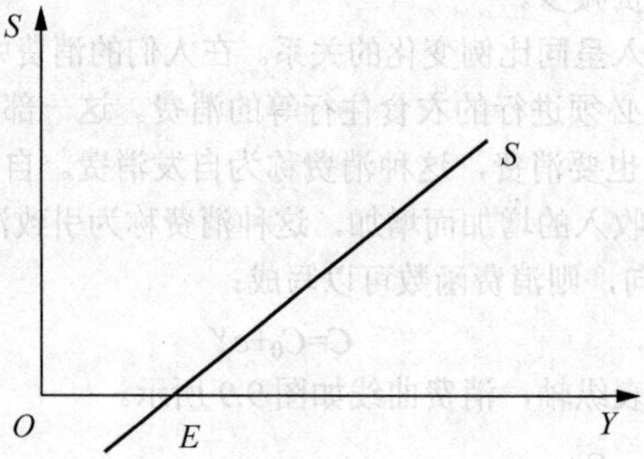

图 9.10　储蓄曲线

在图 9.10 中，E 点收支相抵，此时储蓄为 0，E 点的左边为负储蓄，E 的右边储蓄为正。

(二)平均储蓄倾向和边际储蓄倾向

假定收入一定，储蓄的大小还取决于储蓄倾向的大小。储蓄倾向是指储蓄在收入中所占的比例。储蓄倾向分为平均储蓄倾向和边际储蓄倾向。

平均储蓄倾向(APS)是指储蓄在收入中所占的比例，即 $APS=S/Y$；边际储蓄倾向(MPS)是指增加的收入中用于储蓄的比例，即 $MPS=\Delta S/\Delta Y$。

(三)消费函数与储蓄函数的关系

储蓄是消费者消费后剩余的部分，即储蓄为收入与消费之差，因此，消费函数和储蓄函数互为补数，两者之和总是等于收入。从公式看：

$$C=C_0+cY$$

$$S=Y-C=-C_0+(1-c)Y$$

消费和储蓄的关系在图 9.11 中同样可以得到表现。

在图 9.11 中，收入为 Y_0 时，消费支出等于收入，储蓄为 0。在 E 点左方，消费曲线位于 45° 线之上，表明消费大于收入，此时，储蓄曲线位于横轴下方；在 E 点右方，消费曲线位于 45° 线之下，表明消费小于收入，此时储蓄曲线位于横轴上方。

根据以上性质，消费函数和储蓄函数中只要有一个确立，另一个随之确立。当消费函数已知时，即可求得储蓄函数；当储蓄函数已知时，即可求得消费函数。

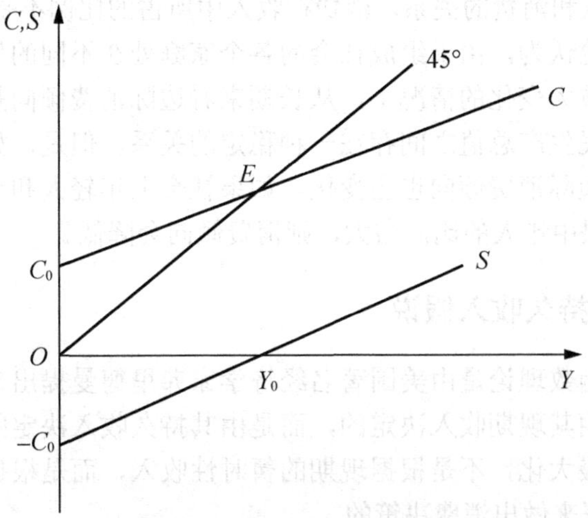

图 9.11 消费曲线和储蓄曲线

三、消费函数的稳定性及原因

经济学家通过对长期消费资料的分析发现，在长期中，消费者将收入用于消费的比例的波动十分微小，也就是说，在长期中消费在收入中所占的比例基本上是固定的，即消费函数是相当稳定的。例如，在美国，边际消费倾向长期稳定在 0.676 左右，只有在 20 世纪 90 年代，边际消费倾向才有所提高，提高了 0.004，达到 0.68。经济学家提出了许多理论来证明消费函数的稳定性。其中最有影响的是美国经济学家莫迪利安尼提出的生命周期假说和弗里德曼提出的持久收入假说。

(一)莫迪利安尼的生命周期假说

莫迪利安尼的生命周期假说强调了消费与个人生命周期阶段之间的关系和收入与财产之间的关系，该理论与凯恩斯消费函数理论的区别在于，凯恩斯消费函数理论强调当前消费支出与当前收入的相互联系，而生命周期假说则强调当前消费支出与家庭整个一生的全部预期收入的相互联系。该理论认为，每个家庭都是根据一生的全部预期收入来安排自己的消费支出的，即每个家庭在每一时点上的消费和储蓄决策都反映了该家庭希望在其生命周期各个阶段达到消费的理想分布，以实现一生消费效应最大化的目标。因此，各个家庭的消费取决于其在两个生命期内所获得的总收入和财产。这样，消费就取决于家庭所处的生命周期阶段。

生命周期假说将人的一生分为年轻时期、中年时期和老年时期三个阶段。年轻和中年时期是工作阶段，老年时期是退休以后的阶段。一般来说，在年轻时期，家庭收入低，但因为未来收入会增加，因此在这一阶段往往会把家庭收入的绝大部分用于消费，有时甚至举债消费，导致消费大于收入。进入中年阶段后，家庭收入会增加，但消费在收入中所占的比例会降低，收入大于消费，因为一方面要偿还年轻时期的负债，另一方面还要把一部分收入储蓄起来用于防老。退休以后，收入下降，消费又会超过收入。因此，在人的生命周期的不同阶段，收入和消费的关系，消费在收入中所占的比例不是不变的。

生命周期假说理论认为，由于组成社会的各个家庭处在不同的生命周期阶段，所以，在人口构成没有发生重大变化的情况下，从长期来看边际消费倾向是稳定的，消费支出与可支配收入和实际国民生产总值之间存在一种稳定的关系。但是，如果一个社会的人口构成比例发生变化，则边际消费倾向也会变化，如果社会上年轻人和老年人的比例增大，则消费倾向会提高，如果中年人的比例增大，则消费倾向会降低。

(二)弗里德曼的持久收入假说

持久收入的消费函数理论是由美国著名经济学家弗里德曼提出来的。该理论认为，消费者的消费支出不是由其现期收入决定的，而是由其持久收入决定的。也就是说，理性的消费者为了实现效应最大化，不是根据现期的暂时性收入，而是根据长期中能保持的收入水平，即持久收入水平来做出消费决策的。

弗里德曼认为，持久收入不仅包括劳动收入，而且还包括财产收入，因此，持久收入假说理论认为，消费不仅取决于收入，而且还取决于财产，这一点与生命周期假说理论相同。

把收入分为持久性收入和暂时性收入，从而把收入变动分为持久性收入变动和暂时性收入变动是持久收入函数理论假说的贡献。这一区别既解释了短期消费函数的波动，又解释了长期消费函数的稳定性。这一理论认为，在长期中，持久性收入是稳定的，所以消费函数是稳定的。暂时性收入变动通过对持久性收入变动的影响而影响消费，所以短期中暂时性收入的变动会引起消费波动。

(三)消费函数稳定性的意义

消费函数的稳定性保证了宏观经济的稳定性。在短期中，决定宏观经济状况的是总需求，在总需求中占 2/3 的消费的稳定性保证了宏观经济的稳定性。尽管经济中有周期性波动，但这种波动并不是无限的。经济繁荣不会无限度，是以资源和技术进步为限，当国内生产总值增加到资源和技术进步所允许的极限时，就无法再增加了，这就是经济周期的上限。经济衰退时，也不会无限地下跌，因为人们总要消费，消费的稳定性使衰退也有一定限度。在总需求中，消费是一个重要的稳定性因素。

但是刺激消费的政策作用十分有限。因为消费取决于收入和边际消费倾向，边际消费倾向是稳定的，因此，增加消费的关键是增加收入。如果一种政策不能增加收入，就无法刺激消费。收入的增加关键在于经济的增长潜力。因此，就刺激总需求的政策而言，刺激消费是困难的，以繁荣为目的的总需求政策不应以刺激消费为中心，而应以刺激投资为中心。这是因为在总需求中，除了消费之外还有投资、政府支出和净出口。在任何一个经济中，政府支出是由政府的政策决定的，一般情况下，也是稳定的，而且随着政府在经济中作用的加强，其支出在稳定增加，因此，政府支出不是引起经济波动的主要根源。净出口在经济中占的比例很少，它的变动也不足以引起周期性波动。由此可以推导出，引起经济波动的主要因素是投资。

四、乘数及其效应

(一)乘数的含义

乘数是指国民收入的变动量与引起这种变动的因素之间的比率，如果引起国民收入变动的是投资，我们称国民收入变动量与投资之比为投资乘数；如果引起国民收入变动的是政府支出，我们称国民收入变动量与政府支出之比为政府支出乘数。本节将以两部门经济中的投资乘数为例分析乘数对国民收入的效应。

(二)乘数的效应

投资的增加之所以会有乘数作用，是因为各经济部门是互相关联的，某一部门的一笔投资不仅会增加本部门的收入，而且会在国民经济各部门中引起连锁反应，从而增加其他部门的投资与收入，最终使国民收入成倍增长。

如果用ΔY代表国民收入的变动量，用ΔI代表投资的变动量，用K代表乘数，则$K=\Delta Y/\Delta I$，由于$\Delta Y=\Delta I+\Delta C$，所以$\Delta I=\Delta Y-\Delta C$，则：

$$K=\frac{\Delta Y}{\Delta I}=\frac{\Delta Y}{\Delta Y-\Delta C}=\frac{1}{1-\dfrac{\Delta C}{\Delta Y}}\text{(由于 }\Delta C/\Delta Y\text{ 是边际消费倾向)}=\frac{1}{1-\text{MPC}}$$

因此乘数是 1 减去边际消费倾向的倒数，也就是边际储蓄倾向的倒数。例如，设 MPC=0.8，如果部门增加 100 万元投资，则这笔新增加的投资可以使国民收入增加 500 万元 (K=1/(1−0.8)=5，新增国民收入=100×5=500 万元)。因为边际消费倾向一般小于 1 而大于 0，所以乘数一般大于 1。

当然，乘数的作用是有两面性的，即当投资增加时，引起国民收入成倍增加；当投资减少时，国民收入成倍减少。因此它是一把双刃剑。

乘数定理成立的条件是生产能力没有得到充分利用，即经济处在萧条时期。经济在没有达到充分就业的情况下，一笔投资的增加，可以使国民收入的增加量超过初始投资量。但是，在经济达到充分就业的情况下，社会已经没有闲置的资源，一个部门增加投资，必然是以另一个部门的资源流出为代价。在充分就业的情况下，乘数不再起作用。

本 章 小 结

(1) 国民生产总值是指一定时期(通常为1年)内一国或地区内常住居民在国内和国外所生产的所有最终产品和提供劳务的市场价值总和。

(2) 国内生产总值是指一定时期(通常为1年)内一国或地区内常住居民生产的最终产品和提供劳务的市场价值总和。

(3) 计算国内生产总值的方法有收入法、支出法和生产法。

(4) 总需求是指在一定时期内，在不同价格水平上整个社会对商品与劳务的需求总量。

总需求包括消费支出(C)、投资(I)、政府支出(G)和净出口(E−X)，即：

$$Y=C+I+G+(E-X)$$

(5) 总供给是指一定时期内，在不同价格水平上整个社会对商品和劳务的供给总量。总供给分为短期总供给和长期总供给。

(6) 总需求—总供给模型是宏观经济学的一个基本模型。

(7) 消费函数是指影响消费的各因素与消费支出之间的一种映射关系。平均消费倾向(APC)是指消费支出在收入中所占的比重，即 $\mathrm{APC}=C/Y$。边际消费倾向(MPC)是指每增加一单位的收入消费的增加量。如用 ΔC 代表消费增量，ΔY 代表收入增量，即 $\mathrm{MPC}=\Delta C/\Delta Y$。

(8) 边际消费倾向递减规律是指在其他条件不变的情况下，边际消费倾向随收入增加而呈现递减的趋势。

(9) 乘数是指国民收入的变动量与引起这种变动的因素之间的比率，如果引起国民收入变动的是投资，我们称国民收入变动量与投资之比为投资乘数；如果引起国民收入变动的是政府支出，我们称国民收入变动量与政府支出之比为政府支出乘数。

复习思考题

1. 在计算国内生产总值时，下列哪些项目可以计入？

(1) 糖果厂为生产罐头购买的苹果;

(2) 小张去看他奶奶购买的苹果;

(3) 今年建成但没有销售出去的房子;

(4) 去年建成但没有销售出去的房子;

(5) 公司为其经理购买的轿车;

(6) 老张自己购买的轿车;

(7) 在拍卖市场上拍卖的齐白石的画;

(8) 教师讲课的收入;

(9) 政府支付给公务员的工资;

(10) 老张打扫自己的房子。

2. 下列哪些项目在使用支出法计算国内生产总值时应该计算在内？

(1) 老张购买轿车支出 15 万元;

(2) 老张为其孩子请家教支出 5 000 元;

(3) 老张公司投资 2 000 万元购买厂房和设备;

(4) 老张今年公司年初存货为 1 500 万元，年末存货为 1 000 万元;

(5) 老张向银行支付利息和向政府交纳税收合计为 2 000 万元;

(6) 老张的公司今年进口 3 000 万元，出口 5 000 万元。

3. 短期总供给曲线和长期总供给曲线之间是什么关系？

4. 长期总供给曲线为什么是一条垂直的直线？

5. 政府在调节经济时，是应该采取增减投资的措施还是应该采取影响边际消费倾向的措施？为什么？

6. 一个社会的总收入为 15 万亿元，消费为 8 万亿元，当总收入增加到 20 万亿元时，消费增加到 11 万亿元。求平均消费倾向、边际消费倾向和乘数。

7. 用总需求—总供给模型分析我国提出的刺激国内消费政策的意义。

第十章　经济增长与经济周期理论

在过去的30年中，中国经济取得了长足的发展，而孟加拉却徘徊不前。是什么因素决定了不同国家的经济增长？在过去的 100 年中，人类积累的财富超过了此前所有世纪的总和，但是各国的经济增长并不是一帆风顺的，每隔几年的经济衰退总是打断经济增长的进程。又是什么原因导致了各国的经济波动？经济增长理论主要分析经济的长期变动趋势，而经济周期理论主要分析短期内经济波动问题。经济增长理论试图说明：在一个相对长的时间内，经济系统中实际产量的增长率是由什么因素决定的，这些因素的相互作用能否使经济处于充分就业下的稳定增长，其条件如何。经济波动成为经济的一种常态，虽然每隔几年经济就出现复苏与衰退的交替，但经济波动并没有规律可循。“没有增长，周期能够存在。反之，没有周期增长也能够存在。经济学中增长与周期概念的特殊之处在于两者密切联系，以至于离开其中一个分析另一个是很不恰当的。”①因此，我们将经济增长理论和经济周期理论放在同一个章节中进行论述。

本章首先介绍经济增长理论，分析经济增长的含义与源泉；其次，对经济周期进行简单的分析；最后，对目前比较流行的可持续发展理论进行概览。

本章重点：

- 经济增长的含义与特征
- 经济增长的源泉
- 哈罗德—多马增长模型
- 经济周期的定义、阶段及相应对策
- 经济发展与人口、资源和环境的关系
- 可持续发展理论的主要内容

第一节　经济增长理论

人类要生存和发展，其前提就是物质产品的增加。可以说，自从有人类以来，经济增长就是学者们所关心的问题了。近代经济学的奠基人、英国古典经济学家亚当·斯密研究的中心实际就是经济增长问题。经济增长主要指的是生产的增长、生产能力的扩大。由于经济增长可以通过经济增长速度、国内生产总值的增长率、国民收入的增长率、按人口平均的国民收入增长率以及劳动生产率的增长率等指标反映出来，从而实现数量化，体现出

---

① 约翰·伊特韦尔、默里·米尔盖特、彼得·纽曼. 新帕尔格雷夫经济学大辞典[M]. 北京：经济科学出版社，1996.

比“发展”概念更为可靠的科学基础，因而一向为经济学家们所青睐，成为几百年来经济学著作中的永恒主题。经济增长是决定一个经济长期状态最重要的基础。现代经济增长理论是在凯恩斯主义出现之后形成的，它研究国民收入的长期增长趋势。

一、经济增长的含义与特征

要给经济增长下一个精确的定义是相当困难的。目前对经济增长的最简单的定义是指GDP或人均GDP的增加。美国经济学家S. 库兹涅茨曾给经济增长下了这样一个定义：“一个国家的经济增长，可以定义为给居民提供种类日益繁多的经济产品的能力长期上升，这种不断增长的能力是建立在先进技术以及所需要的制度和思想意识之相应的调整的基础上的。”

这个定义包含了三层含义。

(1) 经济增长集中表现在经济实力的增长上，而这种经济实力的增长就是商品和劳务总量的增加，即国内生产总值的增加。如果考虑到人口的增加和价格的变动，也可以说是人均实际国内生产总值的增加。因此，经济增长最简单的定义就是国内生产总值的增加。

(2) 技术进步是实现经济增长的必要条件。这就是说，只有依靠技术进步，经济增长才是可能的。在影响经济增长的各种因素之中，技术进步是第一位的。一部经济增长的历史就是一部技术进步的历史。

(3) 经济增长的充分条件是制度与思想意识的相应调整。这就是说，只有社会制度与意识形态适合于经济增长的需要，技术进步才能发挥作用，经济增长才是可能的。社会制度与意识形态的某种变革是经济增长的前提。

应该说，这个定义是对各国经济增长的高度概括，体现了经济增长的实质。因此，这一定义已被经济学家广泛接受，并作为研究经济增长问题的出发点。

从这个定义出发，库兹涅茨总结出经济增长的六个基本特征。

(1) 按人口计算的产量的高增长率和人口的高增长率。这一个特征在经济增长过程中是十分明显的，可以用统计资料得到证明。

(2) 生产率本身的增长也是迅速的。这包括所有投入生产要素的产出率是高的。例如，劳动生产率和其他要素生产率的迅速提高。这反映了由于技术进步所引起的生产效率的提高。这也是产量高增长率以及在人口增长迅速的情况下，人均产量高增长率的原因。这一特征也可用统计资料加以证明。

(3) 经济结构的变革速度是高的，这包括从农业转移到非农业上以及从工业转移到服务业、生产单位生产规模变化、劳动力职业状况变化、消费结构变化等。

(4) 社会结构与意识形态的迅速改变。例如，城市化以及教育与宗教的分离就是整个社会现代化的一个组成部分，也是经济增长的必然结果。

(5) 经济增长在世界范围内迅速扩大。这就是发达国家凭借其技术力量，尤其是运输和通信，通过和平或战争的形式向世界其他地方伸展，使全世界都卷入增长范围之内，成为一个统一体。

(6) 世界增长的情况是不平衡的。从目前看，还有占世界人口3/4的国家是落后的，有些国家的经济现状远远低于现代技术的潜力可能达到的最低水平。在国际范围内，贫富的差距在拉大。

这六个特征中，前两个数量特征属于总和的比率，中间两个属于结构的转变，后两个属于国际间扩散。这六个特征是密切相关的。

二、经济增长的源泉

纵观历史，世界各国经济增长的差别很大。有的国家人均 GDP 达数万美元以上，有的国家人均 GDP 不足几百美元。引起这种巨大差别的原因很多，既有制度方面的，也有各国资源禀赋差异方面的。

(一)制度

制度是一种涉及社会、政治和经济行为的行为规则。如果把人类的所有活动都看作游戏，制度就是游戏规则。制度规范人们的行为，同时也提供激励。人的行为是对制度所做出的反应。制度决定人们的经济与其他行为，也决定一国的经济增长。美国经济学家诺思强调“增长的路径依赖”，其含义就是增长取决于制度，适于经济发展的制度是实现增长的前提。人类社会出现过多种经济制度，但从目前来说，最适于经济增长的是市场经济制度。只有选择这种制度，经济的迅速增长才是可能的。市场经济是一个制度体系，包括了多种制度。其中包括保护个人财产的产权制度，降低交易费用的货币制度，规范人们行为的合约制度，组织经济活动的公司制度，等等。这些制度的建立与完善是经济增长的前提。

经济增长是产量的增加，产量是用各种生产要素生产出来的。各种生产要素是资源，因此增长的源泉是资源的增加。资源主要包括劳动、资本与技术。

(二)劳动

劳动是指生产过程中劳动者体力和脑力的支出。劳动的增加又可以分为劳动数量的增加与劳动质量的提高。这两个方面对经济增长都具有重要的作用。劳动数量的增加可以有 3 个来源：一是人口的增加，二是人口中就业率的提高，三是劳动时间的增加。劳动质量的提高则是文化技术水平和健康水平的提高。劳动是数量与质量的统一。劳动数量的不足，可以由质量的提高来弥补。例如，第二次世界大战后美国劳动数量的增加并不多，但美国发达的教育水平提高了劳动的质量，从而使劳动对经济增长做出了重要贡献。根据索洛估算，在 1909—1940 年，美国经济年增长率为 2.9%，由劳动引起的增长率为 1.09%，即劳动在经济增长中做出的贡献占 38%左右。这与第二次世界大战后劳动数量增长较高的西欧各国劳动对经济增长做出的贡献比例相当。还应该指出的是，在经济增长的开始阶段，人口增长率也高。因此，这时劳动的增加主要依靠劳动力数量的增加。而经济增长到了一定阶段，人口增长率下降，劳动工时缩短，这时就要通过提高劳动的质量来弥补劳动力数量的不足。这是一个普遍规律。

(三)资本

资本的概念分为物质资本和人力资本。物质资本又称有形资本，是指设备、厂房、存货等的存量。人力资源又称无形资本，是指体现在劳动者身上的投资，如劳动者的文化技术水平、健康状况等。这里所研究的是物质资本。经济增长中必然有资本的增加，英国古典经济学家亚当·斯密就曾把资本的增加作为国民财富增加的源泉。现代经济学家认为，在经济增长中，一般的规律是资本的增加要大于人口的增加，即人均资本量是增加的，从而每个劳动力所拥有的资本量(资本-劳动比率)是增加的。只有人均资本量的增加，才有人均产量的提高。根据美国经济学家索洛的研究，美国在 1909—1940 年，平均年增长率为 2.9%，其中由于资本增加所引起的增长率为 0.32%，即资本在经济增长中所做出的贡献占 11%左右。应该指出，许多经济学家都把资本积累占国民收入的 10%～15%作为经济起飞的先决条件，把增加资本作为实现经济增长的首要任务。在以后的增长中，资本的相对作用下降了。但第二次世界大战后西方各国经济增长的事实，仍然说明了储蓄多从而资本增加大的国家的经济增长率仍然是比较高的，如德国、日本等。

(四)技术进步

技术进步在经济增长中的作用体现在生产率的提高上，即同样的生产要素投入量能够提供更多的产品。技术进步在经济增长中起了最重要的作用。据索洛估算，1909—1940 年，美国 2.9%的年增长率中由于技术进步而引起的增长率中为 1.49%，即技术进步在经济增长中所做出的贡献占 51%左右。而且，随着经济的发展，技术进步的作用越来越重要。技术进步主要包括资源配置的改善、规模经济和知识的进展。资源配置的改善主要指人力资源配置的改善，即劳动力从低生产率部门转移到高生产率部门中，包括农业劳动力转移到工业中以及独立经营者与小企业中的劳动力转移到大企业中去。劳动力的这种转移，提高了生产率。规模经济是指由于企业规模扩大而引起的成本下降与收益增加。企业规模的扩大，由于能采用新技术与最先进的设备，能采用新的生产方法而提高了生产率。尤其在一些工业部门(如汽车、机械、冶金行业)，这种规模经济的效果特别明显。知识的进展是技术进步中的最重要的内容。根据美国经济学家 E. 丹尼森估算，技术进步引起的生产率提高中有 60%左右要归功于知识进展。知识进展包括科学技术的发展及其在生产中的运用，新工艺的发明与采用，等等。应特别强调的是，知识进展不仅应包括自然科学与技术科学的进展，而且也包括管理科学的进展。管理科学的发展，新的管理方法的应用，在经济增长中起了重要的作用。从这种意义上说“科学技术本身是生产力”这句名言中，应该包括管理科学。

三、简单经济增长模型

经济增长理论是研究在制度为既定的条件下，决定经济增长的资源和技术与增长相互之间的关系。经济增长模型是这三种因素之间关系的分析，经济增长因素分析是运用定量方法分析这些因素在增长中的具体作用，增长极限论是分析这些因素对增长的制约。20 世纪 80 年代之后出现的新增长理论重点研究技术进步在经济增长中的作用。经济增长模型旨在通过对决定经济增长的因素之间量的关系的分析来解决这样 3 个问题：①在长期中是否存在一种稳定状态的增长；②实现稳定均衡增长的条件是什么；③这种均衡增长是否有稳定性。总而言之，经济增长模型是寻求经济长期稳定增长的途径。

(一)哈罗德—多马增长模型

早期最有影响的增长模型是在 20 世纪 40 年代分别由英国经济学家 R.哈罗德和美国经济学家 E.多马提出来的。他们所提出的模型基本相似，故称为哈罗德—多马模型。我们以哈罗德模型为主来介绍这一模型的基本内容。这一模型在假设技术不变的前提下研究资本增加与经济增长之间的关系，其基本公式是：

$$G=S/J$$

在上式中，G 代表国民收入增长率，即经济增长率。S 代表储蓄率，即储蓄量在国民收入中所占的比例。J 代表资本—产量比率，即生产一单位产量所需要的资本量。根据这一模型的假设，资本与劳动的配合比率是不变的，从而资本—产量比率也就是不变的。这样，经济增长率实际就取决于储蓄率。例如，资本—产量比率 J 为 3，储蓄率 S 为 15%，经济增长率 G 则为 5%。在资本—产量比率不变的条件下，储蓄率高，则经济增长率高。可见这一模型强调的是资本增加对经济增长的作用，分析的是资本增加与经济增长之间的关系。

哈罗德模型还用实际增长率、有保证的增长率与自然增长率三个概念分析了经济长期稳定增长的条件与波动的原因。

实际增长率 G 是实际上所发生的增长率，它由实际储蓄率 S 和实际资本—产量比率 J 决定，即 $G=S/J$。

有保证的增长率 G_w，又称合意增长率，是长期中理想的增长率，它由合意的储蓄率 S_d 和合意的资本—产量比率 J_r 决定，即 $G_w=S_d/J_r$。

自然增长率 G_n 是长期中人口增长和技术进步所允许达到的最大增长率，它由最适宜的储蓄率 S_o 和合意的资本—产量比率 J_r 决定，即 $G_n=S_o/J_r$。

哈罗德模型认为，长期中实现经济稳定增长的条件是实际增长率、有保证的增长率与自然增长率相一致，即 $G=G_w=G_n$。

如果这三种增长率不一致，则会引起经济中的波动。具体来说，实际增长率与有保证的增长率的背离，会引起经济中的短期波动。当实际增长率大于有保证的增长率($G>G_w$)时，会引起累积性的扩张，因为这时实际的资本—产量比率小于合意的资本—产量比率($C>C_w$)，资本家会增加投资，使这两者一致，从而就刺激了经济的扩张。相反，当实际增长率小于有保证的增长率($G<G_w$)时，会引起累积性的收缩，因为这时实际的资本—产量比率大于合意的资本—产量比率($C>C_r$)，资本家会减少投资，使这两者一致，从而引起了经济收缩。在长期中，有保证的增长率与自然增长率的背离也会引起经济波动。当有保证的增长率大于自然增长率($G_w>G_n$)时，由于有保证的增长率超过了人口增长和技术进步所允许的程度，将会出现长期停滞；反之，当有保证的增长率小于自然增长率($G_w<G_n$)时，由于有保证的增长率不会达到人口增长和技术进步所允许的程度，将会出现长期繁荣。因此，应该使这 3 种增长率达到一致。

(二)新古典增长模型

新古典增长模型是由美国经济学家索洛等人提出来的。这一模型认为，哈罗德—多马模型所指出的经济增长途径是难以实现的。也就是说，在现实中，由于多种因素的影响，实际增长率、有保证的增长率和自然增长率很难达到一致，于是他们提出了自己的增长模型。新古典增长模型的公式是：

$$G = a(\Delta K / K) + b(\Delta L / L) + \Delta A / A$$

式中：$\Delta K / K$ 代表资本增加率；$\Delta L / L$ 代表劳动增加率；a 代表经济增长中资本所做的贡献比例，b 代表经济增长中劳动所做的贡献比例，a 与 b 之比即资本—劳动比率；$\Delta A / A$ 代表技术进步率。

新古典增长模型的含义如下。

(1) 决定经济增长的因素是资本的增加、劳动的增加和技术进步。

(2) 资本—劳动比率是可变的，从而资本—产量比率也是可变的。这是对哈罗德—多马模型的重要修正。

(3) 资本—劳动比率的改变是通过价格的调节进行的。如果资本量大于劳动量，则资本的相对价格下降，劳动的相对价格上升，从而就使生产中更多地利用资本，更少地利用劳动，通过资本密集型技术来实现经济增长。反之，如果资本量小于劳动量，则资本的相对价格上升，劳动的相对价格下降，从而就使生产中更多地利用劳动，更少地利用资本，通过劳动密集型技术来实现经济增长。这样，通过价格调节使资本与劳动都得到充分利用，经济得以稳定增长。因为这一模型强调了价格对资本—劳动比率的调节作用，与新古典经济学的观点相似，故称为新古典增长模型。

四、经济增长因素分析

经济增长是一个复杂的经济和社会现象。影响经济增长的因素很多，正确地认识和估计这些因素对经济增长的贡献，对于理解和认识现实的经济增长和制定促进经济增长的政策都是至关重要的。因此，经济增长因素分析就成为现代经济增长理论的重要研究部分，很多西方学者都投入这一研究中来。这里简要介绍美国经济学家丹尼森和库兹涅茨对经济增长因素的分析。

(一)丹尼森对经济增长因素的分析

在经济增长因素分析中首先遇到的问题是经济增长因素的分类。丹尼森在《经济增长因素》一书中把经济长期增长因素概括为两大类：生产要素投入量和投入要素的生产率，即单位投入要素的产量。生产要素投入量是指劳动就业的数量和质量、资本和土地的数量对经济增长产生重要影响；投入要素的生产率是指资源配置的优化、规模经济以及知识和技术的进步对经济增长起促进作用。

在总量生产函数中，各种生产要素的形态各不相同。经济因素的分析在很大程度上是说明如何对影响经济增长率的各个因素进行度量的问题。

1. 劳动投入量

劳动投入量首先表现为就业人数。在就业人数既定的条件下，劳动质量的变化影响劳动投入的数量。

劳动质量的变化主要有三个方面：一是正常劳动时间的缩短；二是劳动者受教育程度

的提高；三是劳动者年龄、性别构成的变化。

(1) 工作日的经常缩短引起产量的减少，在经过工作日缩短提高的人均产量增加的抵消之后，对产量的影响即为工作日缩短的产出损失。在工作日较长时，缩短工作日引起的产量减少可以由单位工时的产量增加所弥补。但随着工作日总量的减少，工作日缩短导致产量损失。因此，就工时缩短而言，劳动投入量的增长应在就业量增长率中减去工时缩短引起的每个劳动者工时产量降低的百分比。

(2) 劳动者的受教育程度对经济增长产生正向影响。这里的受教育程度是指受教育的时间长短，不包括教育水平的提高。由于教育年限增加，提高了劳动者对生产的贡献，也就提高了个人收入，因而某一个收入等级相应于标准收入等级的百分比反映了受教育程度的结构变化。于是，就受教育程度而言，劳动投入量等于处于不同收入等级的劳动者数量乘以各自收入等级占标准收入等级的百分比的加权和。

(3) 劳动者年龄、性别构成也对劳动投入量产生影响。当年龄、性别比重发生变化后，劳动质量也发生变化，从而引起劳动投入量的变动。校正这种变动的方法与校正教育程度变动的方法大致相同。首先按年龄、性别分组，在每一组中计算每工时收入占标准工时收入的百分比，然后以此权重乘以各组的劳动就业量，就反映了包含年龄、性别结构变动的劳动投入量。

经过上述三个方面调整的就业量的变动反映出劳动投入数量的变动。

2. 资本、土地投入量

资本(包括土地)是指生产过程中的资本投入量，它主要有五类：厂商用于生产的建筑物和设备；非农业住宅建筑；存货；本国家庭在国外的资产；外国人在本国的资产。这些资本形式按不变的价格即可折算出经济中资本存量的价值，并以此作为资本投入量的度量。

3. 单位投入要素的产量

促进单位投入要素的产量变动的因素主要有以下三个。

(1) 资源配置的优化是促进生产率提高的因素。资源配置的优化主要表现为农业劳动力向其他部门转移和独立经营者向工资劳动者转化两个方面。

由于农业机械化水平的提高，农业劳动力向外转移。劳动力转移带来的利益来自两个方面：一是农业过剩人口转移可以使得农业部门人均产量增加；二是农业部门的生产率与非农业部门生产率的差异。因而，农业部门的劳动投入量的变化是资源优化配置的表现。

资源优化配置的第二个表现是独立经营者向工资劳动者的转化。由于独立经营者增加产量的能力很小，劳动使用缺乏效率，因而在他们受雇于他人时，将会增加单位投入要素产量。

(2) 规模经济也是促进经济效率提高的因素。当经济活动的规模扩大时，产出扩大的规模超过投入扩大的规模，就产生规模经济。就单个厂商而言，可能出现规模浪费，但就行业或整个社会而言，由于市场扩大，协作和专业化程度相应地提高，增加规模所获得的好处一般大于规模扩大的成本。

(3) 知识进步对单位投入要素的产量产生重要影响。知识进步包括技术水平的提高和管理知识的进步以及运用知识的速度提高。技术知识是关于物品的具体性质、用途的知识以及如何制造它们的方法，这些知识的进步有利于提高生产率。管理知识是指管理技术和管理组织的知识。管理知识通过对建筑、工位、装配线等进行合理的改进从而提高生产效率，人事管理、市场预测、竞争战略等知识使厂商的生产和组织更加富有成效。

以上几个因素的变动很难从统计上测算出来，它们对生产率的影响往往与生产要素质量的提高所产生的作用混杂在一起。因此，这些因素对增加率的贡献常采用从增长率中减去其他增长因素的作用后得到的剩余加以估计。

(二)库兹涅茨对经济增长因素的分析

库兹涅茨对经济增长因素的分析是运用统计分析方法，通过对国民生产总值及其组成部分的长期估量、分析与研究进行各国经济增长的比较，从各国经济增长的差异中探索影响经济增长的因素。库兹涅茨在一系列关于经济增长的著作中提出的经济增长的因素主要是知识存量的增加、劳动生产率的提高和结构变化。

1. 知识存量的增加

库兹涅茨认为，随着社会的发展和进步，人类社会迅速增加了技术知识和社会知识的存量，当这种存量被利用的时候，它就成为现代经济高比率的总量增长和迅速的结构变化的源泉。但知识本身不是直接生产力，由知识转化为现实的生产力要经过科学发现、发明、革新、改良等一系列中间环节。在知识的转化过程中需要有一系列中介因素，这些中介因素是：对物质资本和劳动力的训练进行大量的投资；企业家要有能力克服一系列从未遇到的障碍；知识的使用者要对技术是否适宜运用做出准确的判断，等等。在这些中介因素作用下，经过一系列知识的转化过程，知识最终会变为现实的生产力。

2. 劳动生产率的提高

库兹涅茨认为，现代经济增长的特征是人均产值的高增长率。为了弄清什么是导致人均产值的高增长率的主要因素，库兹涅茨对劳动投入和资本投入对经济增长的贡献进行了长期分析。他得出的结论是：以人均产值高增长率为特征的现代经济增长的主要原因是劳动生产率的提高。

3. 结构变化

库兹涅茨认为，发达的资本主义国家在其增长的历史过程中，经济结构转变迅速。从部门来看，先是从农业活动转向非农业活动，后又从工业活动转移到服务性行业。从生产单位的平均规模来看，是从家庭企业或独资企业发展到全国性甚至跨国性的大公司。从劳动力在农业和非农业生产部门的分配来看，在美国，1870 年全部劳动力 53.3%在农业部门，到了 1960 年则降低到 7%以下。在比利时，农业劳动力从 1946 年占全部劳动力的 51%减少到 1961 年的 7.5%。以前要把农业劳动力降低 50 个百分点，需要经过许多个世纪的时间，现在在一个世纪中，农业劳动力占全部劳动力的百分比减少了 30～40 个百分点，就是由于迅速的结构变化。库兹涅茨强调，发达国家经济增长时期的总体增长率和生产结构的转变速度都比它们在现代化以前高得多。库兹涅茨把知识力量因素和生产因素与结构因素联系起来，以强调结构因素对经济增长的影响。不难看出，库兹涅茨对经济增长因素的分析与丹尼森分析的一个不同之处是他重视结构因素对经济增长的贡献。库兹涅茨认为，不发达国家经济结构变动缓慢，结构因素对经济增长的影响比较小，主要表现在，不发达国家传统结构束缚着被聚集在传统农业部门中的 60%以上的劳动力，而传统的生产技术和生产组织方式阻碍了经济增长；同时，制造业结构不能满足现代经济增长对它提出的要求，需求结构变化缓慢，消费水平低，不能形成对经济增长的强有力刺激。

关于经济增长与收入分配的关系，库兹涅茨提出了所谓倒 U 字假说。他在 1954 年美国经济学会年会上所做的演说中，首次论述了如下观点：随着经济发展而来的“创造”与“破坏”改变着社会、经济结构，并影响着收入分配。库兹涅茨利用各国的资料进行比较研究，他得出的下述结论流传较广：“在经济未充分发展的阶段，收入分配将随同经济发展而趋于不平等。其后，经历收入分配暂时无多大变化的时期，到达经济充分发展的阶段，收入分配将趋于平等。”

如果用横轴表示经济发展的某些指标(通常为人均产值)，纵轴表示收入分配不平等程度的指标，则这一假说表示的关系呈倒 U 字形，因而被命名为库兹涅茨的倒 U 字假说，又称库兹涅茨曲线。

库兹涅茨在说明这一倒 U 字假说时，设想了一个将收入分配部门划分为农业、非农业两个部门的模型。在此情况下，各部门收入分配不平等程度的变化可以用 3 个因素的变化来说明。这 3 个因素是：按部门划分的个体数的比率；部门之间收入的差别；部门内部各方收入分配不平等的程度。库兹涅茨推断这 3 个要素将随同经济发展而起下述作用：①在经济发展的初期，由于不平等程度较高的非农业部门的比率加大，整个分配趋于不平等；②一旦经济发展达到较高水平，由于非农业部门的比率居于支配地位，比率变化所起的作用将缩小；③部门之间的收入差别将缩小；④使不平等程度提高的重要因素——财产收入所占的比率将降低以及以收入再分配为主旨的各项政策将被采用等，各部门内部的分配将趋于平等，总的来说分配将趋于平等。

库兹涅茨的倒 U 字假说提出后，一些西方学者曾就有关倒 U 字形形成的过程、导致倒 U 字形的原因以及平等化过程进行过较多的讨论。经济发展的资料表明：库兹涅茨曲线不符合第三世界国家的实际情况。换言之，随着经济发展的进程，第三世界国家的收入不平等程度越来越大，并没有向平等方向转变。

第二节 经济周期理论

一、经济周期的定义及阶段

经济周期是指繁荣、衰退、萧条、复苏不断循环往复的过程。经济在沿着不断上升的总体趋势的增长过程中，常常伴随着经济活动的上下波动，且呈现出周期性变动的特征。美国经济学家米歇尔(W. Mitchell)和伯恩斯(A. Burns)曾对经济周期下过一个经典性的定义：“经济周期是在主要按商业企业来组织活动的国家的总体经济活动中所看到的一种波动，一个周期由几乎同时在许多经济活动中所发生的扩张，随之而来的是同样的普遍衰退、收缩和与下个周期的扩张阶段相连的复苏所组成；这种变化的顺序反复出现，但并不是定时的；经济周期的持续时间在 1～10 年；它们不再分为具有接近自己振幅的类似特征的更短周期。”这一定义全面地反映了经济周期的特征，受到经济学界的公认，并被作为确定经济周期顶峰与谷底的标准。

如果用简短而通俗的语言来表述，那么所谓经济周期(又称商业循环)，是指经济活动沿着经济发展的总体趋势所经历的有规律的扩张和收缩。图 10.1 是一个典型的表示经济周期的曲线图。

图 10.1 中的正斜率的直线是经济的长期增长趋势线。由于经济在总体上保持着或多或少的增长，所以经济增长的长期趋势是正斜率的。经济周期大体上经历周期性的四个阶段：繁荣、衰退、萧条和复苏。

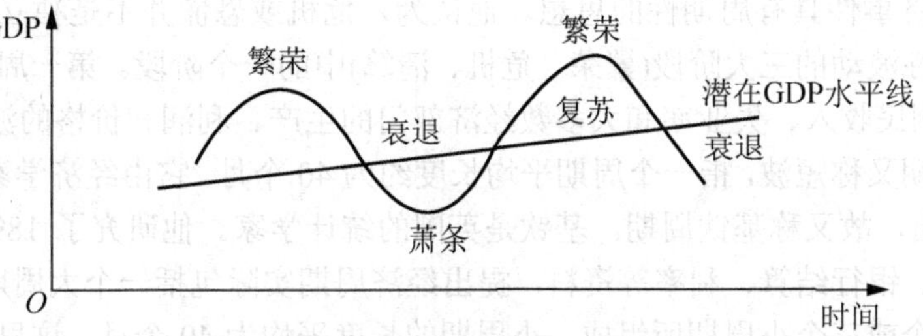

图 10.1　经济周期曲线

按照经济学的说法，假定开始时，经济处于繁荣阶段，这时候经济活动处于高水平时期，就业增加，产量扩大，社会总产出逐渐达到了最高水平。繁荣阶段不可能长期维持下去，当消费增长放慢，引起投资减少，或投资本身下降时，经济就会开始下滑，使经济处于衰退阶段。在衰退阶段初期，由于需求，一方面是消费需求与生产能力的偏离，使投资增加的势头受到抑制，随着投资减少，生产下降，失业增加；另一方面，消费减少，产品滞销，价格下降，进而使企业利润减少，致使企业的投资进一步减少，相应地，收入也不断地减少，最终会使经济跌落到萧条阶段。萧条(又称谷底)阶段是指经济活动处于最低水平的时期。在这一阶段存在大量的失业，大批生产能力闲置，工厂亏损，甚至倒闭。但萧条时期也不可能无限延长，随着时间的推移，现有设备的不断损耗以及由消费引起的企业存货的减少，致使企业考虑增加投资，引起就业开始增加，产量逐渐扩大，使经济进入复苏阶段。复苏阶段是指经济走出萧条阶段并转向上升的阶段。在这一阶段，生产和销售回涨，就业增加，价格也有所提高，整个经济呈上升的势头。随着生产和就业继续扩大，价格上升，整个经济又逐渐走向繁荣阶段，然后又开始经济的又一个循环。

二、经济周期的类型

米歇尔的定义表明：经济周期是按商业企业来组织波动的现代经济社会中不可避免的经济活动；经济周期是总体经济活动中所看到的一种波动，它不仅仅发生在一个或几个经济部门，而是同时发生在几乎所有的经济部门；经济周期在经济发展过程中反复出现，但每个周期的时间长短和振荡幅度并不完全一样，表现出各自的特点。

由于经济学家各自从不同的角度进行分析，也就得出了不同类型的经济周期。从经济周期波动时间长短分析，有的分为古典型、传统型和现代型等；有的分为短周期、中周期和长周期等。这里着重介绍按周期波动时间的长短划分的几种类型。

(1) 长周期又称长波，指一个周期长度平均为50年左右。这一划分是由苏联经济学家康德拉耶夫(Nikolar D. Kondratiev)于1926年发表的《经济生活中的长波》一文中首先提出的，故长周期又称康德拉耶夫周期。康德拉耶夫研究了有关法国、德国、英国和其他国家的大量经济资料，提出了著名的“长波理论”。他认为经济有一种较长的循环，平均年度约50年。这种长周期以各种时期的主要发明、新资源的利用、黄金的供求等作为标志。

(2) 中周期又称中波，指一个周期平均长度为8～10年。关于中周期的研究较早。1860年，法国经济学家朱格拉(C. Juglar)在其《论法国、英国和美国的商业危机及其发生周期》一书中系统地分析了这种周期，故又名朱格拉周期。朱格拉是19世纪法国的经济学家。他首先得出了经济事件具有周期性的思想。他认为，危机或恐慌并不是独立的偶然性事件，而是经济周期性波动的三大阶段(繁荣、危机、清算)中的一个阶段。第一周期的平均长度为9～10年，以国民收入、失业率和大多数经济部门的生产、利润和价格的波动为标志。

(3) 短周期又称短波，指一个周期平均长度约为40个月。它由经济学家基钦(J. Kitchin)于1923年提出，故又称基钦周期。基钦是英国的统计学家。他研究了1890—1922年英国与美国的物价、银行结算、利率等资料，提出经济周期实际包括一个大周期和一个小周期，大周期是由两个或三个小周期所组成。小周期的长度平均为40个月。这里的大周期相当于朱格拉所说的中周期，这种小周期就是短周期。

三、经济周期产生的原因

经济周期的阶段性变动特征及其每一周期的长度是宏观经济运行周期性变动的外部特征。那么，造成经济周期的原因为何呢？对此，西方学者做了种种不同的说明和解释，大致来说，可划分为凯恩斯主义的经济周期理论和非凯恩斯主义的经济周期理论。关于前者，后面给出一个有代表性和影响力的经济周期模型。关于后者，内容较多，这里仅做简要概述。

在西方经济学家看来，在众多的非凯恩斯主义的经济周期理论中，比较有名的有7种理论：消费不足论、投资过度论、货币信用过度论、创新理论、心理理论、太阳黑子论、政治周期理论。

(1) 消费不足论认为，衰退的原因在于收入中用于储蓄的部分过多，用于消费的部分不足。储蓄过多和消费不足，又是由于收入分配过于不均等所造成的。同可以投资的数量相比，富人得到了过多的收入。如果收入分配均等一些，储蓄就不会过多，消费也就不会不足。

(2) 投资过度论认为，衰退的原因不是投资太少，而是投资过多。投资过多是指生产资本品(和耐用品)部门的发展超过了生产消费品部门的发展。经济扩张时，资本品(和耐用品)的增长速度比消费品快，经济衰退时，资本品(和耐用品)下降速度也比消费品快。资本品(和耐用品)投资的波动造成了整个经济波动。

(3) 货币信用过度论把经济周期看作一种货币现象，认为经济波动是银行货币和信用波动的结果。按照这一理论，银行货币和信用的扩张导致利率下降，从而引起投资增加，走向繁荣；反之，银行货币和信用的紧缩导致利率上升，从而引起投资减少，走向衰退。

(4) 创新理论认为，创新是经济周期波动的主要原因。据称，技术革新和发明不是均匀的连续的过程，而是有它的高潮和低潮，因而导致经济上升和下降，形成经济周期。

(5) 心理理论认为，经济周期波动的原因在于公众心理反应的周期变化。这种理论用心理上的乐观预期和悲观预期的交替说明繁荣和萧条的交替：人们对前途抱乐观态度时，投资和生产增加，经济走向繁荣；人们对前途抱悲观态度时，投资和生产下降，经济走向衰退。

(6) 太阳黑子论认为，太阳黑子周期性地造成恶劣的气候，使农业收成不好，影响了工商业，从而使整个经济周期性地出现衰退。

(7) 政治周期理论认为，政府交替执行扩张性政策和紧缩性政策的结果，造成了扩张和衰退的交替出现。政府企图保持经济稳定，实际上却在制造不稳定。为了充分就业，政府实行扩张性财政和货币政策。但是，在政治上，财政赤字和通货膨胀会遭到公众反对。于是，政府又不得不转而实行紧缩性政策，也就是人为地制造经济衰退。这是政府干预经济所造成的新型的经济周期，其原因在于充分就业和价格水平稳定之间存在着矛盾。

除了上述几种理论外，还有非货币投资过度论、机器和耐用消费品的重置论等。它们从不同的角度分析说明了产生经济周期性波动的原因。但经济周期性波动的根本原因究竟是什么呢？马克思主义认为，根本原因在于生产力和生产关系的矛盾，在西方经济社会，生产力和生产关系的矛盾表现为社会化大生产与生产资料私人占有形式之间的矛盾，这一矛盾具体表现为两种矛盾：一是个别工厂中的生产的组织性和整个社会的生产的无政府状态之间的矛盾；二是社会生产能力的巨大增长和广大劳动群众有支付能力的需求相对缩小之间的矛盾。这些矛盾交织在一起，必然直接导致经济的衰退和萧条。

四、经济周期的相应对策

为了稳定经济，避免经济周期性地波动，西方经济学家提出了许多相应的对策。归纳起来，这些对策无非是以下两个方面。

(一)利用货币政策影响经济行为

凯恩斯在其经典著作《就业、利息与货币通论》中提出了利率决定理论，即所谓流动偏好理论。这种理论在本质上只是供给与需求理论的运用。他认为，通过利率的调整可以使货币供给与货币需求平衡，进而影响物品与劳务的需求量，最后达到减少甚至避免经济的波动。影响货币需求量的因素很多，但最重要的一个因素是利率。因为利率中有持有货币的机会成本。这就是说，当你用钱包中的现金持有财富，而不用有利息的债券来持有财富时，你就失去了本来能赚到的利息。利率提高增加了持有货币的成本，因此货币需求量就减少了；相反，利率降低减少了持有货币的成本，结果货币需求量却增加了。从经济活动的全过程来看影响货币需求量的决定因素是物价。但物价对货币的需求量的影响又同利率的高低密切相关。当物价较高时，必定使任何一种既定利率时的货币需求平衡，利率必然上升，以抑制额外的需求。利率的这种提高，不仅对货币市场有影响，而且对物品与劳务需求量也有影响。例如，在较高的利率时，借款的成本与储蓄的收益都大了。从家庭来看，选择为未来的储蓄多了，而选择借款购买住房的家庭少了，而且人们即使买房，也将买较小的房子，因此住房投资需求就减少了。从企业来看，选择借款建立新工厂和添置新设备的企业少了，因此企业投资减少了。概括起来说，凯恩斯的利率效应分三步：较高的物价水平增加了货币需求；较高的货币需求引起了较高的利率；较高的利率减少了物品与劳务的需求量。

根据流动偏好理论，调整利率使货币的供求取得了平衡。这种使货币的需求量正好与货币的供给量平衡时的利率，称为均衡利率。如果利率在任何一种其他水平上，人们就要调整自己的资产组合，结果就使利率倾向于均衡。正因为利率具有这种作用，所以政府可以通过调整法定准备金率或再贴现率来改变货币供给，从而起到稳定经济的作用。

(二)利用财政政策影响经济行为

财政政策是指政府为了实现宏观经济政策目标而对政府支出、税收和借债水平所进行的选择，或对政府财政收入和财政支出水平所做出的决策。在长期中影响储蓄、投资和经济的增长，在短期中影响对物品和劳力的总需求。

财政政策的重要工具之一是政府支出。当政府削减支出时，总需求将减少，这就会在短期内压低生产和就业；当政府增加支出时，总需求将增加，这就会在短期内扩大生产和就业。例如，由政府出面向某汽车公司订购一大批轿车，这笔订货增加了该公司生产汽车的需求，这种增加又使该公司雇用更多的工人并增加生产。随着工人收入的增加，业主的利润更是大大增加。他们对收入增加的反应是增加自己对消费品的支出。政府对该公司轿车的购买，还增加了许多其他企业如钢铁、玻璃、橡胶、油漆、汽油等企业的需求。由于政府支出 1 元钱可以增加的物品与劳务的总需求大于 1 元钱，所以说政府购买对总需求有一种乘数效应。甚至在这一轮购买之后，这种乘数效应仍然在继续。乘数效应虽然表明财政政策引起的需求变动可能大于政府购买的变动，但还有另一种效应即挤出效应在相反的方向发生作用。当政府增加购买刺激了物品与劳力需求时，它也引起了利率上升，而较高的利率往往会减少物品与劳务需求。这种当财政扩张使利率上升时引起的需求减少的挤出效应，要求政府在增加支出调节总需求时必须掌握一个适当的度。

财政政策的重要工具之二是赋税水平。当政府减税时，它就增加了家庭可以拿回家的工资。家庭把减税的额外收入一部分用于储蓄，另一部分用于购买消费品。由于减税增加了消费支出，也就使总需求增加；同样，增税压低了消费支出，并使总需求减少。税收变动引起的总需求变化也要受乘数效应和挤出效应的影响。当政府减税并刺激消费支出时，收入和利润增加，这就进一步刺激了消费支出，这是乘数效应。同时，较高的收入引起较高的货币需求，这又倾向于提高利率。较高的利率使借款成本更高，这就减少了投资支出，这是挤出效应。根据乘数效应和挤出效应的大小，总需求的变化可以大于或小于它的税收变动。此外，家庭对税收变动是持久的还是暂时的预测，也是决定税收变动所引起的总需求移动大小的一个重要因素。当政府宣布减少个人所得税时，如果家庭预计减税是持久的，他们将认为减税会大大增加自己的经济实力，从而大量增加他们的支出。这种情况下的减税，对总需求就有较大的影响。相反，如果家庭预计税收变动是暂时的，他们将认为这不会增加自己的收入，从而只增加少量支出。在这种情况下的减税，对需求的影响就不会太大。

五、乘数—加速数模型

在凯恩斯主义的经济周期理论中，乘数—加速数模型是一个有代表性和有影响力的模型。下面来论述这一模型。首先，有必要说明加速原理。

(一)加速原理

在宏观经济学中，产量水平的变动和投资支出数量之间的关系被称为加速原理。

一般来说，要生产更多的产量需要更多的资本，进而需要用投资来扩大资本存量。在一定的限度内，企业有可能通过节约地使用现有的资本来生产更多的产品，但在任何时候，企业总认为有一个最优的资本—产量比率。这个比率不仅在行业与行业之间差别很大，而且还随着社会技术和生产环境的变动而发生变动。在宏观经济学中，为了减少复杂性，通常假定这个比率在一定时间内保持不变。

(二)乘数—加速数模型的基本思想

乘数—加速数原理相互作用理论可以用三部门的国民经济模型来表示：

$$Y_t = C_t + I_t + G_t$$

式中，Y_t为现期国内生产总值，C_t为现期消费，I_t为现期投资，G_t为现期政府支出。这个公式说明根据凯恩斯主义的国民收入决定理论，现期收入等于现期消费、现期投资与现期政府支出之和(不考虑开放经济中的净出口)。

乘数—加速数模型在试图把外部因素和内部因素结合在一起对经济周期做出解释的同时，特别强调投资变动的因素。假设由于新发明的出现使投资的数量增长，投资数量的增长会通过乘数作用使收入增加。当人们的收入增加时，他们会购买更多的物品，从而整个社会的物品销售量增加。通过上面所说的加速数的作用，销售量的增加会促进投资以更快的速度增长，而投资的增长又使国民收入增加，从而销售量再次上升。如此循环往复，国民收入不断增加，于是，社会便处于经济周期的扩张阶段。

然而，社会的资源是有限的，收入的增加迟早会达到资源所能容许的峰顶。一旦经济达到经济周期的峰顶，收入便不再增加，从而销售量也不再增长。根据加速原理，销售量增长的停止意味着投资量下降为零。由于投资的下降，收入减少，从而销售量也因之而减少。又根据加速原理，销售量的减少使得投资进一步减少，而投资的下降又使国民收入进一步下降。如此循环往复，国民收入会持续下降。这样，社会便处于经济周期的衰退阶段。

收入的持续下降使社会最终达到经济周期的谷底。这时，由于在衰退阶段的长时期所进行的负投资，生产设备和生产能力逐年减少，最后出现工厂倒闭，工人失业增加，消费需求萎缩。随着时间的推移，现有设备的不断消耗以及由消费引起的企业存货的减少，致使企业重新考虑增加投资。这样，随着投资的增加，收入开始上升。上升的国民收入通过加速数的作用又一次使经济进入扩张阶段。于是，一个新的经济周期又开始了。

经济学家指出，在社会经济生活中，投资、收入和消费者相互影响，相互调节，通过加速数，上升的收入和消费会引致新的投资；通过乘数，投资又使收入进一步增长。假定政府支出为一固定的量，则靠经济本身的力量自行调节，就会自发形成经济周期。经济周期中的阶段正是乘数与加速数相互作用而形成的：投资影响收入和消费(乘数作用)；反过来，收入和消费又影响投资(加速数作用)。两种作用相互影响，形成累积性的经济扩张或收缩的局面，这是西方经济学家对经济波动做出的一种解释。他们认为，只要政府对经济干预，就可以改变或缓和经济波动。例如，采取适当政策刺激投资，鼓励提高劳动生产率以提高加速数，鼓励消费等措施，就可克服或缓和经济萧条。

第三节　国民经济可持续发展

经济发展是比经济增长更加复杂的概念。一般认为，经济发展指社会经济由小到大、由简单到复杂、由低级到高级的变化过程。它不仅表现为数量的增长，更重要的是表现为质量的提高。经济发展本质上取决于社会生产的状况。而社会生产则取决于生产要素的数量与质量。因此，经济发展与人口、自然资源、自然环境等生产要素有着密切的关系。如何认识经济发展与这些生产要素的关系，将直接影响到人类的生存和发展。

一、经济发展的三种代表性思潮

自20世纪以来，在经济发展的问题上曾出现过3种代表性思潮。

(一)经济增长决定论的发展观

其代表人物是英国经济学家凯恩斯。“有了经济就有了一切”是这种发展观的代名词。他们把国民生产总值的增长视为发展的唯一指标，认为社会发展可以把环境的质量放在经济增长之后，认为只能在国家富裕后才有可能考虑环境问题。这种经济理论适应了第二次世界大战后世界各国发展经济的强烈愿望，成为全世界普遍接受的发展理论。在这种发展理论的影响下，20 世纪五六十年代世界经济出现了前所未有的高峰期。但是世界经济的高速发展是以牺牲环境为代价的，人们还来不及享受物质进步带来的巨大利益，便遭到了自然界的报复。

(二)反增长或主张零增长的发展观

20 世纪 60 年代出现的以罗马俱乐部为代表的学派认为，现代社会最大的祸害是追求增长。为了摆脱人与自然之间日益扩大的鸿沟，他们主张应该在世界范围内或在一些国家范围内有目的地停止物质资料和人口的增长，回到“零增长”的道路上去。罗马俱乐部的发展观作为对传统经济发展观的反驳，在 20 世纪 70 年代产生过相当大的影响。但“零增长”理论，把自然从单纯的索取对象变为简单的保护对象，在实践中发达国家不能接受，发展中国家也普遍予以抵制。按照这种观点，富国将意味着保持他们的既得利益，穷国将意味着永远处于贫穷落后的状态而得不到发展。其结果只能使地球的自然环境由于两极分化而遭到更大的破坏。

(三)主张经济与社会、人口、资源和环境协调发展的可持续发展观

可持续发展观萌芽于 20 世纪 70 年代，成形于 80 年代，成熟于 90 年代。它是人们对单纯追求经济发展的传统发展观的深刻反思和检讨的结果，是经济发展历程中的一次飞跃。可持续发展观认为：经济发展既要考虑当前发展的需要，又要考虑未来发展的需要，不要以牺牲后代人的利益为代价来满足当代人的利益。在经济发展的同时，不能破坏经济发展所依赖的资源和环境基础。事实上，并不是所有的经济发展都必须以牺牲环境为代价。生态环境问题的解决，除了转变经济发展方式，还需要相应的经济政策作为保证。只要制定出相应适当的经济政策，完全可以在发展经济的同时，保护人类赖以生存和发展的环境。

二、经济发展与人口、资源、环境的关系

土地、资本、劳动力、组织管理和技术等生产要素是经济发展的源泉，它们对于经济发展各自起着不同程度的作用。

人口作为人力资源是经济发展的重要源泉。它表现在数量和质量两个方面。就数量而言，一方面，充足而低廉的熟练劳动力是低收入国家经济发展的有利条件，它有助于降低成本，促进投资，加速积累；另一方面，低收入国家的人口仍然在迅速增长，迅速增长的人口吃掉了国民收入的增长部分，使低收入国家的储蓄率和投资率难以提高。因此，低收入国家必须积极采取措施，促使人口的增长率下降。

就人力资源的质量而言，一些经济学家认为，经济增长模型总是把劳动力看作同质的，总是假定任何一个工人对产量的贡献与其他工人相等，这与实际情况不相符。实际上，工人的生产技能和劳动生产率各不相同，他们在生产中所起的作用也不完全一样。因此，为了提高劳动力的质量，必须进行人力资本的投资。教育投资是人力资本的主要组成部分，这种投资具有很高的收益率。在低收入国家，人力资本比物质资本显得更为缺乏，而低收入国家人力资本投资收益率大大高于物质资本收益率。

土地等自然资源对经济发展有着极其重要的意义。土地作为经济活动的空间和场地，是工农业等一切生产活动所必需的条件，是经济发展的前提。可耕土地的面积和肥沃程度直接影响着一个国家的农业产量和农业生产发展速度。矿石、石油等地下矿产资源的丰富与否直接影响着一个国家的工业乃至整个国民经济的发展水平。高山平原、山川河流等地形特征在一定程度上决定着一个国家的交通运输事业的发展速度，进而影响整个国民经济的发展。

同时，土地等自然资源的多寡和优劣并不是一个国家能否取得经济发展的必要条件。一个国家的土地面积大小和质量的好坏，矿藏等自然资源的贫富程度，不是经济发展的最终决定因素。事实上，许多缺乏自然资源的国家和地区已经取得国民经济的迅速发展。例如，已经成为发达国家的日本，进入发达国家和地区的新加坡、韩国和我国香港。土地对于经济发展所具有的重要性将随着经济发展水平的提高而降低。这是因为，其他生产要素与土地之间存在着替代关系，而且随着经济发展水平的提高，新的生产技术不断出现，凭借它们可以在某种程度上创造和生产出土地的新型替代品，从而为进一步取代土地创造条件。因此，一个国家越贫穷落后，土地替代品越有限，土地就显得越重要；一个国家越富

裕发达，土地替代品越丰富，土地对于经济发展的限制作用就越小。

自然环境是指特定社会所处的天然的和经过人类改造过的自然条件的总和，它包括气候、地形、河流、海洋、矿藏、动植物的分布情况等。自然环境为人类提供生活资料和生产资源，是人类社会赖以存在和发展的自然前提。不同的自然环境对不同国家的社会发展会产生不同的影响，起着加速或延缓发展进程的作用。在生产力水平相同的条件下，自然资源较好的国家和地区，生产的发展会快些；而自然资源较差的国家和地区，生产的发展会慢些。同时，应该看到自然环境对社会发展虽有一定的作用和影响，但它不是社会发展的决定力量。自然环境给生产发展和社会发展提供了自然条件，而自然条件的发现、利用却是由一定的社会条件、社会生产发展水平和科学技术发展水平所决定的。人类不只是消极地适应自然条件，而是能积极能动地改变自然条件，改造自然环境。随着生产力的提高和科学技术的发展，人类改造自然、利用自然的能力也在不断增强。

当今，人类面临着许多严重的环境问题，如水土流失、土壤退化、森林锐减、能源耗竭、沙漠扩大化、滥用化学品、大气污染、河水污染、海洋污染、臭氧层遭破坏、生物物种减少等，这些都对人类提出了严峻的挑战。为此，人类在认识自然、改造自然、发展生产的同时，必须按照客观规律改造自然，搞好环境保护，保护生态平衡，防止环境污染，合理开发和综合利用自然资源，实现社会的可持续发展。

三、可持续发展理论的产生及其主要内容

作为人类全新的发展观，可持续发展观是在全球面临经济、社会、环境三大问题的情况下，人类从对自身的生产、生活行为的反思和对现实与未来的忧患中领悟出来的。1987年世界环境和发展委员会的报告《我们共同的未来》，明确提出可持续发展的概念。1992年在巴西里约热内卢召开的联合国环境与发展大会上确立了可持续发展作为人类社会共同的发展战略。

可持续发展虽然源于环境保护问题，但作为一个指导人类社会的发展理论，它已超出了单纯的环境保护问题。它将环境问题与发展有机地结合起来，已经成为一个有关社会经济发展的全面战略问题。它的主要内容涉及可持续经济、可持续生态和可持续社会三方面的协调统一。

(一)可持续发展鼓励经济增长

可持续发展是鼓励经济的增长，而不是以环境保护为名取消经济增长，因为经济发展是国家实力和社会财富的基础。

可持续发展不仅重视经济增长的数量，更追求经济发展的质量。可持续发展要求改变传统的以“高投入、高消耗、高污染”为特征的生产模式和消费模式，实施清洁生产和文明消费，节约资源和减少废物，以提高经济活动中的效益。从某种高度上说，集约型的经济增长方式就是可持续发展在经济方面的体现。

(二)可持续发展要求经济建设和社会发展要与自然承载能力相协调

发展的同时必须保护和改善地球生态环境，保证以可持续的方式使用自然资源和环境成本，使人类的发展控制在地球承载能力之内。因此，可持续发展强调了发展是有限制的，没有限制就难以维持发展的持续。生态可持续发展同样强调环境保护，但不同于以往将环境保护与社会发展对立的做法，可持续发展要求通过转变发展模式，从根本上解决环境问题。

(三)可持续发展强调社会公平是环境保护得以实现的机制和目的

可持续发展指出世界各国的发展阶段可以不同，发展的具体目标也各不相同，但发展的本质应包括改善人类生活质量，提高人类健康水平，创造一个保障人们平等、自由、教育、人权和免受暴力的社会环境。这就是说，在人类可持续发展系统中，经济可持续是基础，生态可持续是条件，社会可持续是目的。21 世纪人类应该共同追求的是以人为本的和谐的自然—经济—社会复杂系统的持续、稳定、健康的发展。

为了推进可持续发展战略的实施，1992 年联合国成立了高级别的可持续发展委员会作为里约热内卢会议的后续行动。委员会每年举行会议审议世界各国执行里约热内卢会议通过的全球《21 世纪议程》的情况。自 1992 年联合国环境与发展大会以来，世界上大多数国家都开始考虑本国的可持续发展问题，几乎所有国际组织都对可持续发展战略做出了反应。据联合国估计，至今全球已有 100 多个国家设立了专门的可持续委员会，许多国家制定了自己的可持续发展战略或本国的《21 世纪议程》。

但是，从各国推行可持续发展战略的实际情况来看，处于不同地区、不同发展水平和不同发展阶段的国家，其贯彻的侧重点和追求的目标是不一样的。发达国家贯彻可持续发展的目标在于加强环境保护和提高经济增长的质量，并通过强调气候变化等全球环境问题，企图保持既得利益，扼制发展中国家的发展，尝试进一步掠夺发展中国家的自然资源。而发展中国家所追求的目标则主要是发展经济和清除贫困，解决人口、健康、教育、安全等社会问题，在发展中提高保护环境与生态的能力。

本 章 小 结

(1) 美国经济学家 S. 库兹涅茨给经济增长下了这样一个定义：“一个国家的经济增长，可以定义为给居民提供种类日益繁多的经济产品的能力长期上升，这种不断增长的能力是建立在先进技术以及所需要的制度和思想意识之相应的调整的基础上的。”

(2) 市场经济制度的建立和完善是实现经济增长的前提。

(3) 经济增长的源泉主要包括劳动、资本和技术进步。

(4) 经济周期是指经济活动沿着经济发展的总体趋势所经历的有规律的扩张和收缩。经济周期大体经历繁荣、衰退、萧条和复苏四个阶段。

(5) 解决经济周期负面影响的相应政策主要有财政政策和货币政策。

(6) 可持续发展观认为：经济发展既要考虑当前发展的需要，又要考虑未来发展的需要，不要以牺牲后代人的利益为代价来满足当代人的利益。在经济发展的同时，不能破坏经济发展所依赖的资源和环境基础。

复习思考题

1. 什么是经济增长的含义与特征？

2. 经济增长的源泉是什么？

3. 简述经济周期的定义、阶段及相应对策。

4. 经济周期主要有几种类型？

5. 简述经济发展与人口、资源和环境的关系。

6. 可持续发展理论的主要内容是什么？

7. 假设已知一国的实际储蓄率是25%，实际的资本—产量比率是5，合意的储蓄率是18%，合意的资本—产量比率为6，而最适宜的储蓄率是15%。求实际增长率、有保证的增长率和自然增长率，并判断该国经济的增长趋势。

8. 在一国经济中，资本增长率为0.2，劳动增长率为0.1，资本对经济增长的贡献率是0.6，劳动对经济增长的贡献率是0.5，技术进步率是0.03。试计算该经济的增长率。

第十一章　失业与通货膨胀理论

从1922年1月到1924年12月德国的货币和物价都以惊人的比率上升。例如，每份报纸的价格从1921年1月的0.3马克上升到1922年5月的1马克、1922年10月的8马克、1923年2月的100马克直到1923年9月的1 000马克。在1923年秋季，价格实际上飞起来了：一份报纸的价格10月1日2 000马克、10月15日12万马克、10月29日100万马克、11月9日500万马克直到11月17日7 000万马克。这是历史上最惊人的通货膨胀事件。而类似的情况在20世纪40年代的中国也发生过。

由于高通货膨胀会给社会带来各种各样的影响福利的成本与代价，所以世界各国都把保持低通货膨胀作为经济政策的一个目标。而自20世纪30年代世界经济发生第一次严重萧条以来，失业和通货膨胀已成为经济生活中经常性和普遍性的现象，这对难题一直困扰着全球的经济增长和经济发展。本章旨在讨论失业和通货膨胀的成因、影响、对策及其相互间的关系等问题，目的是使大家更全面地了解失业与通货膨胀这一对矛盾的经济现象。

本章重点：

- 失业的定义和种类
- 自然失业及其种类
- 周期性失业及其原因
- 失业的影响与奥肯定理
- 通货膨胀的含义、测量与分类
- 需求拉动型通货膨胀
- 成本推进型通货膨胀
- 菲利普斯曲线的含义与作用

第一节　失业理论

一、失业人数和失业率

衡量失业通常有两个指标：失业人数和失业率。按照国际劳工组织的规定，失业人数是指在一定年龄以上、有劳动能力的劳动者，在某一时间内没有职业或工作时间没有达到规定的标准，正在寻找有报酬的工作，并已在就业机构进行了登记的人员。符合下列情况之一者均属失业者。

(1) 工作合同已经终结或暂时终止，正在寻找有报酬工作的人。

(2) 从未受雇工作，正在寻找有报酬工作的人。

(3) 目前尚无工作，但已经安排好，在未来某一时期开始从事新的工作的人。

(4) 暂时被解雇而又没有薪金的人。

失业率一般是指失业人数占就业人数与失业人数之和的百分比，即：

$$失业率=\frac{失业人数}{失业人数+就业人数}\times 100\%$$

二、失业的种类

西方经济学对失业做了较为详尽的分类，大致可以分为如下两种。

(一)自然失业

自然失业是指由于市场经济中某些难以避免的原因所引起的失业，任何动态的市场经济中都存在着这类失业。现代经济学家按照引起失业的具体原因将自然失业主要分为以下几种类型。

1. 摩擦性失业

摩擦性失业是指经济中由于正常的劳动力流动而引起的失业。在一个动态经济中，各行业、各部门与各地区间劳动需求的变动是经常发生的。这种变动必然导致劳动力的流动，在劳动力的流动过程中总有部分工人处于失业状态，这就形成了摩擦性失业。经济中劳动力的流动是正常的，因此，摩擦性失业的存在也是相当正常的。

通常，我们还将新加入劳动力队伍正在寻找工作而造成的失业，也列入摩擦性失业的范畴。

2. 求职性失业

求职性失业是指工人不满意现有的工作，离职去寻找更理想的工作所造成的失业。这种失业的存在主要是因为劳动力市场不是同质的，即使是完全相同的工作也存在着工资与其他条件的差异，而且，劳动力市场信息又是不充分的，并不是每一个工人都可以得到完全的工作信息。工人在劳动市场上得到的信息越充分，就越能找到理想的工作。如果好工作的收益大于寻找这种工作的成本，工人就宁愿失业去找工作。工人在寻找理想工作期间的失业就是求职性失业。这种失业也是劳动力流动的结果，但它不同于摩擦性失业。因为这种劳动力的流动，不是经济中难以避免的原因所引起的，而是工人自己所造成的，属于自愿失业的性质。

3. 结构性失业

由于劳动力市场结构的特点，劳动力的流动不能适应劳动力需求变动所引起的失业称结构性失业。经济结构的变动(如有些部门发展迅速，而有些部门正在收缩；有些地区正在开发，而有些地区已经衰落)要求劳动力的流动能迅速适应这些变动，但由于劳动力有其一时难以改变的技术结构、地区结构和性别结构，很难适应经济结构的这种变动，从而就会出现失业。在这种情况下，往往是“失业”与“空位”并存，即一方面存在着有工作无人干的“空位”，另一方面又存在着有人无工作的“失业”。这种失业的根源在于劳动力市场的结构特点。

4. 技术性失业

由于技术进步所引起的失业。在经济增长过程中，技术进步的必然趋势是生产中越来越广泛地采用了资本密集型技术，越来越先进的设备替代了工人的劳动。这样，对劳动力需求的相对缩小就会使失业增加。此外，在经济增长过程中，资本品相对价格的下降和劳动力相对价格的上升加剧了机器替代工人的趋势，从而也加重了技术性失业的程度。

5. 季节性失业

这是由于某些行业的季节性变动所引起的失业。某些行业的生产具有季节性。生产繁忙的季节所需的工人多，生产淡季所需的工人少，这样就会引起具有季节性变动特点的失业。这些行业生产的季节性是由自然条件决定的，很难改变。因此，这种失业也是正常的。在农业、建筑业、旅游业中，这种季节性失业最为严重。

6. 古典失业

古典失业是由于工资刚性所引起的失业。按照古典经济学家的假设，如果工资具有完全的伸缩性，则通过工资的调节能实现人人都有工作的目标。也就是说，如果劳动的需求小于供给，则工资下降，直至全部工人都被雇用为止，从而不会有失业，但是由于人的本性不愿使工资下降，而工会的存在与最低工资法又限制了工资的下降，这就形成工资能升不能降的工资刚性。这种工资刚性的存在，使部分工人无法受雇，从而形成失业。这种失业是古典经济学家提出的，所以称为古典失业。

(二)周期性失业

周期性失业又称需求不足的失业，也就是凯恩斯所说的非自愿失业。根据凯恩斯的分析，就业水平取决于国民收入水平，而国民收入又取决于总需求。周期性失业是由于总需求不足而引起的短期失业。它一般出现在经济周期的萧条阶段，故称为周期性失业。

可以用紧缩性缺口来说明这种失业产生的原因。紧缩性缺口是指实际总需求小于充分就业的总需求时，实际总需求与充分就业总需求之间的差额。可用图 11.1 来说明紧缩性缺口与周期性失业的关系。

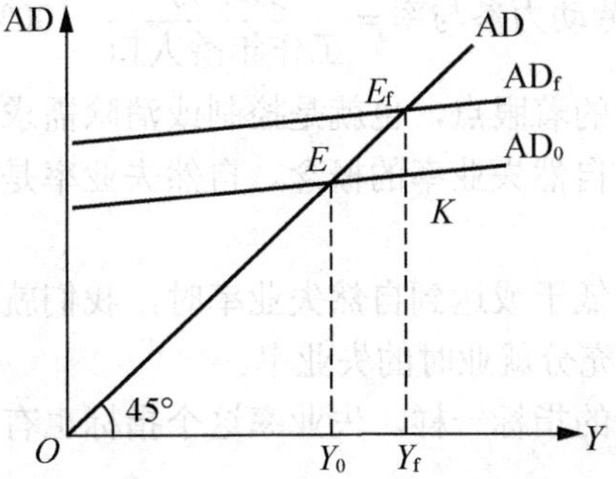

图 11.1　紧缩性缺口与周期性失业

在图 11.1 中，横轴 OY 代表国民收入，纵轴 AD 代表总需求。当国民收入为 Y_f 时，经济中实现了充分就业，Y_f为充分就业的国民收入。实现这一国民收入水平所需要的总需求水平为 AD_f，即充分就业的总需求。但现在的实际总需求为 AD_0，这一总需求水平决定的国民收入为Y_0，$Y_0<Y_f$，这就必然引起失业。$Y_0<Y_f$是由于$AD_0<AD_f$造成的，因此，实际总需求 AD 与充分就业总需求之间的差额，就是造成这种周期性失业的根源。这种失业由总需求不足引起，故也称为"需求不足的失业"。

凯恩斯所分析的非自愿失业正是这种周期性失业。凯恩斯把总需求分为消费需求与投资需求。他认为，决定消费需求的因素是国民收入水平与边际消费倾向，决定投资需求的是预期的未来利润率(即资本边际效率)与利息率水平。他认为，在国民收入既定的情况下，消费需求取决于边际消费倾向。他以边际消费倾向递减规律说明了消费需求不足的原因。这就是说，在增加的收入中，消费在增加，但消费的增加低于收入的增加，这样就造成了消费不足。投资是为了获得最大纯利润，利润取决于投资预期的利润率(即资本边际效率)与为了投资而贷款时候所支付的利息率，如果预期的利润率越大于利息率，则纯利润越大，投资越多；反之，如果预期的利润率越小于利息率，则纯利润越小，投资越少。凯恩斯用资本边际效率递减规律说明了预期的利润率是下降的，又说明了由于货币需求(即心理上的流动偏好)的存在，利息率的下降有一定的限度，这样预期利润率与利息率越来越接近，同时投资需求也是不足的。这样消费需求的不足与投资需求的不足造成了总需求的不足，从而引起非自愿失业，即周期性失业的存在。

当然，在使用国际劳工组织的标准时，各国根据本国情况对失业者进行了规定。例如，美国规定，年龄在16～65岁者，符合下列三种情况之一的即为失业者：①第一次找工作或再次进入劳动力市场，连续四周未找到工作者；②停止工作等待企业召回，连续一周未在企业获得工作者；③被企业解雇或自愿离职者。

在总人口中，16岁以下、65岁以上的人口属于非工作年龄人口，其余的为工作年龄人口。在工作年龄人口中，有一些人是虽然有劳动能力但是又不愿意从事有酬劳动的人，如全职的家庭主妇；有一些人从事脱产的学习，如正在全日制学校学习的学生；还有一些人由于身体等原因失去劳动能力。这些人属于非劳动力，其余的人就是劳动力。在劳动力中就包括了失业人口和就业人口。为了衡量一个经济体中参与劳动的水平，各国使用了劳动力参与率这个指标。劳动力参与率是指劳动力与工作年龄人口的比例，即：

$$劳动力参与率=\frac{劳动力}{工作年龄人口}\times 100\%$$

各国政府充分就业政策的着眼点，也就是控制或消除需求不足型失业。为了衡量这种充分就业，经济学家引入了自然失业率的概念。自然失业率是指消除了非自愿失业和需求不足型失业时的失业率。

当经济体的失业率水平低于或达到自然失业率时，我们就称经济体达到了充分就业，因此，自然失业率也被称为充分就业时的失业率。

当然，与其他衡量经济的指标一样，失业率这个指标也有其局限性，主要表现在以下几个方面。

(1) 凡被支付了报酬的工人都被统计在就业者之中，而不能明确地区分是全日制工作还是打短工。

(2) 在这种估计计算当中还存在劳动者未能充分利用其技能的问题。例如，一个高级

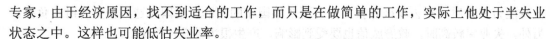

专家，由于经济原因，找不到适合的工作，而只是在做简单的工作，实际上他处于半失业状态之中。这样也可能低估失业率。

(3) 劳动者可能由于许多客观因素而虚报、谎报就业状况谋取好处，骗取失业救济金等，这都可能导致计算的不准确。

三、失业的影响

失业比劳动力短缺对经济的不利影响更大。失业最主要的损失是对经济增长率的损失，主要反映在以下两个方面。

(一)失业会直接造成劳动力资源的浪费和社会损失

失业就是劳动力资源的闲置，而劳动力资源具有即时性，不能利用的劳动力资源无法移至下期使用，本期可利用的劳动力闲置使这部分资源永久性浪费。因此，失业既与闲置的物质资源一样形成机会损失，又与物质资源不同存在着永久性损失。失业所造成的损失会降低国民产出水平。

美国在 1929—1999 年，三个高失业时期的经济代价如表 11.1 所示。

表 11.1　美国失业造成的损失

时　期	平均失业率/%	产出的损失	
		GDP 损失(10 亿美元，1999 年价格)	占该时期 GDP 的百分数/%
大萧条时期(1930—1939 年)	18.2	2420	27.6
石油危机和通货膨胀时期(1975—1984 年)	7.7	1480	3.0
新经济时期(1985—1999 年)	5.7	240	0.3

资料来源：萨缪尔森，诺德豪斯. 经济学[M]. 17 版. 北京：人民邮电出版社，2004.

20 世纪 60 年代美国经济学家阿瑟·奥肯根据美国的实际资料发现，失业率与实际国民生产总值之间存在一种高度负相关关系，这被称为奥肯定理。其内容是：失业率每高于自然失业率 1 个百分点，实际 GDP 便比充分就业的 GDP 低 2 个百分点左右。这是一个符合客观规律的经验数据。

(二)从社会方面来看，失业的不利影响也是巨大的

失业不但使失业者及其家属的收入和消费水平下降，还会给人们的心理造成巨大的创伤，影响社会的安定团结。失业者长期找不到工作，就会悲观失望，高失业率往往伴随着高犯罪率和各种社会骚乱。一些工业发达国家普遍实行了失业保险制度和失业救济制度，在一定程度上缓解了由于失业造成的社会问题。但同时，这种政策又鼓励了失业者不提高

自身能力和素质、不去积极寻找工作，而依赖国家的帮助，给国家造成很大的财政负担。另外，失业率较高时，政府威信也要受到影响，产生很大的政治损失。

第二节　通货膨胀理论

一、通货膨胀的含义、测量标准与分类

(一)通货膨胀的含义

通货膨胀是一个古老的经济问题，自从贬值货币产生以后，它就时常困扰着各国的经济运行。在信用货币时期，通货膨胀则有了新的含义。随着通货膨胀的日益普遍及程度加深，这已成为一个重大的国际性经济现象。但是迄今为止，无论在西方或是在我国，经济学家对于通货膨胀的定义并没有取得一致的意见。颇具权威的《大英百科全书》也只写着：“不存在一个唯一的、普遍的关于通货膨胀的定义。”

传统认为，通货膨胀是在纸币本位制和物价自由浮动的条件下，由于货币供应量超过商品流通的客观需要量，从而引起的货币贬值和一般物价水平持续上涨的经济现象。这一定义表明，货币供应量超过客观需要量是通货膨胀的原因，而物价上涨和货币贬值即货币购买能力的下降则是通货膨胀的表现形式。由于前提是物价自由浮动，因此过多的货币供应量完全可以通过物价自由上涨表现出来，所以，西方经济学家一般将物价上涨率视为通货膨胀率，即将通货膨胀与物价上涨等同起来。例如，新古典综合派的代表人物保罗·萨缪尔森认为：“通货膨胀的意思是：物价和生产要素的价格普遍上升的时期——面包、汽车、理发的价格上升；工资、租金等也都上升。”新剑桥学派的代表人物琼·罗宾逊指出：“通货膨胀就是物价上涨，其上涨归咎于货币而非货物，这是通常的习惯说法……更广义说来，通货膨胀通常指物价总水平的持续上升。”新自由主义者哈耶克明确指出：“通货膨胀一词的原意和真意是指货币数量的过度增长，这种增长会合乎规律地导致物价上涨。”莱德勒和帕金也认为：“通货膨胀是一个物价持续上升的过程，也等于说，是一个货币价值持续贬值的过程。”而货币学派代表人物弗里德曼说：“通货膨胀在任何时空条件下都是一种货币现象”，并强调“只有当物价水平向上移动是一个持续过程时，这才是一种货币现象”。

目前，在我国学者中已经基本达成共识，认为通货膨胀是在纸币流通条件下，由于货币供给量过多，使有支付能力的货币购买力大于商品可供量，从而引起货币贬值、物价普遍而且持续上涨的经济现象。理解这个定义时必须注意以下几个问题。

1. 通货膨胀是一种经济现象，它与货币经济本身相联系

通货膨胀是因为货币供应量过多，超过了经济生活中的客观需要，导致货币贬值、物价上涨。这些现象都与货币有关，因此，可以说通货膨胀是一种货币现象。但是，通货膨胀更是一种经济现象。因为货币供应量的多与少是相对的，是相对商品供给而言的，而商品供给又与商品的生产与流通密切相关，如果充分认识货币流通规律和商品流通规律，严格按规律办事，始终保持货币供给量与商品的供给量在总量上一致，就不会出现通货膨胀。

但是，如果商品供给结构与商品需求结构不一致，也会导致通货膨胀。

2. 通货膨胀与物价上涨紧密相关，但不等同

通货膨胀的必然结果是物价上涨，但是物价上涨并不一定反映通货膨胀。物价的上涨取决于诸多因素。例如，商品本身价值的增加、劳务质量的提高、某些稀缺资源成本的提高、商品供求变化所引起的商品价格的上升、国家强制性提价以及某些垄断组织人为地提高某些商品价格等都会引起物价上涨。但是这些物价上涨并非是由货币的过度发行所引起的，所以不能称为通货膨胀。

另外，通货膨胀也并不一定表现为物价上涨，在高度集中的计划经济体制下，商品价格由国家计划制订并加以严格管制，物价呈刚性态势。通货膨胀不表现在物价的上涨上，而是表现在商品的票证化、强制性储蓄和商品供应不足等方面。这种物价不上涨的货币供给量过多的隐蔽型通货膨胀，只要放松物价管制，物价就会立刻上涨。

3. 通货膨胀是指物价普遍、持续地上涨

通货膨胀所指的物价上涨是指一般物价总水平，即全部物品及劳务的加权平均价格的上涨，而并非个别商品或劳务价格的上涨。例如，原油价格的上涨被其他商品价格下跌所抵消，致使一般价格水平并没有改变，这时只能称个别商品上涨，而非通货膨胀。另外，经济生活中季节性、暂时性或偶尔性的价格上涨也不能视为通货膨胀。通货膨胀中的价格变动应是一个过程，在这个过程中物价具有上涨的基本倾向，并将持续一定的时间。

(二)通货膨胀的测量标准

如何选择合理的测量尺度，才能比较准确、客观地反映通货膨胀程度，是研究通货膨胀并确定治理措施的重要前提。

一般来说，通货膨胀最终要通过物价水平的上涨表现出来，因而物价总水平的上涨幅度就成为测量通货膨胀的主要指标。目前，世界上大多数国家主要采用以下三种物价指数作为测量通货膨胀程度的依据。

1. 消费物价指数

消费物价指数又称零售物价指数，是衡量家庭和个人消费的商品和劳务价格变化的指标。它是根据居民消费的食品、衣物、居住、交通、医疗保健、教育、娱乐等消费品和劳务价格指数加权平均计算出的结果。消费物价指数能及时地反映居民日常生活成本的变化，也可以用作工资和薪金及其他收入的调整标准，因此被许多国家广泛使用。但是，消费品只是社会最终产品的一部分，不能说明全面的情况，所以用该指标来测定通货膨胀具有一定的局限性，需要结合其他指标一起使用。

2. 批发物价指数

批发物价指数是根据大宗商品包括最终产品、中间产品及进口商品的加权平均批发价格编制的物价指数。由于大宗商品的交易主要是指原材料、零部件等工业品的交易，所以批发物价指数对生产资料价格的变动有较为敏感的反应，可以预先判断对最后进入流通的零售商品价格变动可能带来的影响。但是，使用它判断总供给和总需求对比关系有时也会

不够准确，这是因为即使存在过度需求的情况，其波动幅度也常小于零售物价的波动幅度，这就有可能导致信号失真。

3. 国民生产总值或国内生产总值(GNP 或 GDP)平减指数

国民生产总值或国内生产总值(GNP 或 GDP)平减指数是衡量一国经济在不同时期内所生产和提供的最终产品和劳务的价格总水平变化程度的经济指标，它是一个能反映综合物价水平变动情况的指数。它的优点在于反映的范围广、内容全面，能度量各种商品价格变动对价格总水平的影响。这一指数的主要用途是对国民经济综合指数进行名义值与实际值的换算。其计算公式如下：

$$\text{GNP或GDP平减指数}=\frac{\text{按现行价格计算的GNP或GDP}}{\text{按基期价格计算的GNP或GDP}}$$

由于国民生产总值或国内生产总值(GNP 或 GDP)平减指数包括了所有最终产品和劳务，因此，该指标能反映综合物价水平的变动情况。但编制国民生产总值或国内生产总值(GNP 或 GDP)平减指数所需要资料的搜集比较困难，而且该指标通常一年只统计一次，因而不能迅速地反映一国通货膨胀的程度与走向。

一般来说，可以用上述三种物价指数中的任何一种来测量价格总水平上涨的幅度。物价指数的上涨幅度也可用通货膨胀率来表示，其计算公式如下：

$$\text{某一时期通货膨胀率}=\frac{\text{本期物价指数}-\text{上期物价指数}}{\text{上期物价指数}}\times 100\%$$

由于各种通货膨胀指标的优缺点不同，在测量通货膨胀率并确定治理措施时，应对几种指标进行综合分析，以其中一种为主，兼顾其他指标。

(三)通货膨胀的分类

通货膨胀根据测量尺度的不同，可以分为以下几种不同的类型。

1. 按通货膨胀的程度划分

按通货膨胀的程度可分为爬行的、快步的和奔驰的三类。

1) 爬行的通货膨胀

爬行的通货膨胀又称温和的通货膨胀或不知不觉的通货膨胀。这种通货膨胀的特点是：发展缓慢，短期内不易察觉，但是持续时间很长。通货膨胀率通常在 2.5%左右，不超过 10%。

2) 快步的通货膨胀

快步的通货膨胀又称小跑式的通货膨胀。这种通货膨胀的特点是：每年的通货膨胀率达到 20%～50%，物价上涨速度快，幅度较大，导致人们为了避免遭受损失而尽可能多地储存实物，不愿持有货币。

3) 奔驰的通货膨胀

奔驰的通货膨胀又称恶性通货膨胀或极度通货膨胀。这种通货膨胀的特点是：物价飞速上涨，货币贬值持续发展，直至达到天文数字，正常经济生活秩序严重紊乱，甚至最终导致货币制度崩溃。第一次世界大战后的德国、第二次世界大战后的中国以及 20 世纪 80

年代的巴西都曾经出现过类似的情况。

2. 按通货膨胀的表现形式划分

按通货膨胀的表现形式，可分为公开型的和隐蔽型的两种。

1) 公开型的通货膨胀

公开型的通货膨胀也称开放型的通货膨胀。在市场机制充分有效的运行条件下，政府对经济并不加以严格管制，对物价的上涨也不施加任何干预和控制。只要出现了通货膨胀，价格水平就有明显的变化。因此，在这种形式下的物价指数的变化能够比较准确地反映通货膨胀的程度。

2) 隐蔽型的通货膨胀

隐蔽型的通货膨胀又称抑制性的通货膨胀或压制性通货膨胀。当一国政府通过计划控制、资金控制、价格管制、定量配给以及其他一些行政手段来控制物价时，一般物价水平表面上涨并不明显，却出现物质短缺、有价无市、部分商品黑市价格猛涨的现象，这种情况说明了通货膨胀潜在地存在着。政府一旦放松价格管制，商品价格将大幅度上涨，通货膨胀必然公开。这类通货膨胀，通常是出现在市场经济比较落后的国家或实行计划经济的国家。

3. 其他分类形式

除了上述分类外，根据是否有预期作用，通货膨胀可分为预期的通货膨胀和非预期的通货膨胀；根据通货膨胀的形成原因，可分为需求拉动型通货膨胀、成本推动型通货膨胀、混合型通货膨胀等。

二、通货膨胀的成因

通货膨胀的直接原因是货币供应量超过了客观的需要量。研究通货膨胀的成因，实际上就是研究货币供应量超过客观需要量的原因。货币供给量与货币需求量相适应，是货币流通规律的基本要求。一旦违背了这一经济规律，过多发行货币，就会导致货币贬值，物价水平持续上涨，即通货膨胀。如前所述，目前对通货膨胀成因的理论假说众多，其中较为流行的有需求拉动型、成本推动型、供求混合型和结构型通货膨胀等。

(一)需求拉动型通货膨胀

需求拉动型通货膨胀是指总需求超出了社会潜在产出水平之后引起的价格水平连续上涨的情形。这是一种比较古老的思路，传统的货币数量论是需求拉动说的最初表现形式。因为它将总供给水平设想为一个不受价格水平影响而稳定于充分就业水平的特定值，因而价格水平的上涨就只能归咎于需求的过度扩张。

凯恩斯主义者对总需求的决定持不同的看法，他们认为，除了货币供给之外还有许多其他因素会引起总需求曲线的位移。例如，政府购买、税收以及边际消费倾向、投资预期收益率、出口等方面的变化等。但是，由于通货膨胀是指价格水平的持续上涨，而除了货币供给之外的因素往往只能导致价格水平的一次性上升，不能导致价格水平的持续上涨。

例如，政府购买的增加不可能是无止境的，它受到一国财政收入的制约；税收的减免更是有着一道不可逾越的界限——当它减少到零时，就不可再减；消费者和企业的支出也受到一国国民收入的制约；出口的扩张受到进口国市场容量和贸易政策的制约。因此，只有货币供给才具有持续的扩张能力，可能引起总需求曲线的持续上移。

货币主义者则明确指出货币供给的变动是引起总需求曲线移动的唯一重要因素。因此，在总供给曲线既定的条件下，货币供给变动显然就是价格变动的唯一重要的原因，从而也是通货膨胀的唯一根源。

因此，我们看到，无论是凯恩斯主义者还是货币主义者，都承认货币供给的扩张是通货膨胀的唯一根源。在现实生活中，供给表现为市场上的商品和劳务，需求则体现在用于购买和支付的货币上。因此，需求拉动型通货膨胀又被通俗地表述为“过多的货币追逐过少的商品”。在社会尚未达到充分就业、社会资源尚有闲置时，如果增加货币供给量，引起社会总需求相应增加，一般会促进社会商品供给增长，不会引起通货膨胀。但是，在社会已达到充分就业、社会资源也被充分利用时，如果增加货币供给量，则引起社会总需求增加，这就不再会刺激社会商品供给的增长，而只会导致物价总水平的上涨，从而发生通货膨胀，如图 11.2 所示。

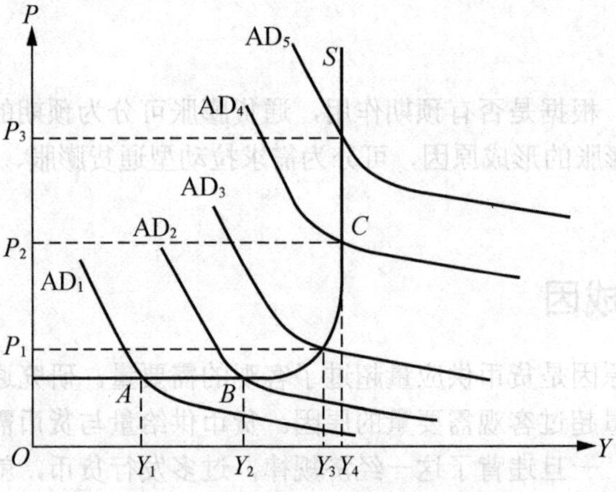

图 11.2　需求拉动型通货膨胀

图 11.2 中，横轴代表总产出或国民收入 Y，纵轴代表物价水平 P，总供给曲线为 $ABCS$。其中，AB 段总供给曲线呈水平状，表示社会上存在着大量的闲置资源或大量的失业人口，此时供给弹性无限大；BC 段表示社会上的闲置资源已很少，整个社会逐渐接近充分就业状态；CS 段总供给曲线呈垂直状，表示社会的生产资源已经被充分利用，不存在任何闲置资源，供给已经毫无弹性，这就是充分就业状态。

在 AB 段，随着总需求曲线从 AD_1 增加到 AD_2，物价水平并没有上涨，这是因为此时总供给的增加潜力很大，总需求的上升带动总供给以同等规模上升，因此物价水平可以保持不变，而国民收入却从 Y_1 增加到 Y_2。

在 BC 段，随着总需求曲线从 AD_2 上升到 AD_3，物价水平增加到 P_1；此后，随着总需求曲线 AD_3 上升到 AD_4，物价水平进一步提高到 P_2，国民收入也从 Y_2 增加到 Y_3，进而增加到 Y_4，可以明显地看出，国民收入上升的速度较 AB 段有所减缓。这就是被凯恩斯称为“半通货膨胀”的情形。

在 *CS* 段，随着总需求曲线的进一步上移(AD_4 到 AD_5)，物价水平从 P_2 同比例上升到 P_3，而与此同时，国民收入却没有变化。这就是被凯恩斯称为“真正的通货膨胀”的情形。

(二)成本推动型通货膨胀

进入 20 世纪 70 年代后，西方发达国家普遍经历过高失业和高通货膨胀并存的“滞胀”局面。这种情况下的通货膨胀显然无法通过需求过度理论来加以解释。因为，按照上述理论，只有在达到充分就业水平之后，才会出现由于总需求过大产生的通货膨胀。因此，许多经济学家转而从供给方面去寻找通货膨胀的根源，提出了“成本推动”的通货膨胀理论，认为主要是由于工资增长率超过了劳动生产率的增长速度，结果提高了成本，使物价上涨，产生了通货膨胀。这种由成本推动的通货膨胀又可分为工资推进型通货膨胀和利润推进型通货膨胀。

1. 工资推进型通货膨胀理论

该理论是以存在强大的工会组织，从而存在不完全竞争的劳动市场为假定前提的。在一些发达国家，工会的力量十分强大，它们作为一个垄断性的组织，与雇主集体议定工人工资水平，使得工人有可能获得高于均衡水平的工资。并且由于工资的增长率超过劳动生产率，企业就会因人力成本的加大而提高产品价格以维持盈利水平。这样，过高的工资推动总供给曲线上移，从而形成工资推动型通货膨胀。在此情况下，由于价格的上涨又会部分或全部抵消工资的上涨，工会就会继续要求提高工资，工资提高又引起物价上涨，从而形成西方经济学家们所谓的“工资—价格螺旋”。这种理论特别强调两点：一是货币工资率的上涨一定要超过劳动生产率的增长，否则就不是工资推进型通货膨胀；二是工会的力量，它认为即使存在货币工资率的上涨超过劳动生产率增长的情况，也不能完全肯定发生了工资推进型的通货膨胀，原因是有可能这种工资的上涨并不是由于工会发挥了作用，而是由于劳动力市场出现严重的供不应求而产生的。

许多经济学家将欧洲大多数国家在 20 世纪 60 年代末到 70 年代初所经历的通货膨胀认定为工资推进型通货膨胀，因为在这一时期这些国家出现了工时报酬的急剧增加。例如，在当时的联邦德国，工时报酬的年增长率从 1968 年的 7.5%增加到 1970 年的 17.5%。

2. 利润推进型通货膨胀理论

这种理论是指由于一些垄断经济组织控制了某些重要原材料的生产和销售，它们为了获得高额的垄断利润而操纵价格，使价格的上涨速度超过成本支出的增加速度，如果这种行为的作用大到一定程度，就会形成利润推进型通货膨胀。这种类型的通货膨胀又称为供给冲击型通货膨胀。比较典型的例子是在 1973—1974 年，石油输出国组织(OPEC)将石油价格提高了 4 倍，到 1979 年石油价格又再一次提高，这两次石油提价对西方发达国家经济产生了强烈的影响，以致他们惊呼出现了“石油危机”。

各种使成本上升的因素还可能交织在一起，使通货膨胀进一步加剧。例如，在 1973 年石油提价的同时，由于连年的粮食歉收，世界粮价也出现了暴涨；同时许多国家的工资也进一步增长。再如，美国和日本在1973—1975年的工时报酬年增长率都达到了30%以上。

此外，进口原材料价格的上升、资源枯竭、环境保护政策造成的原材料、能源生产成本的提高也会引起成本推进型通货膨胀。该模型如图11.3所示。

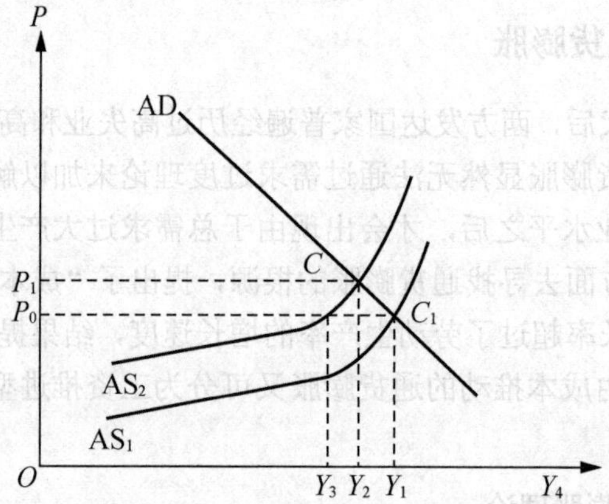

图 11.3　成本推动型通货膨胀

图中，AD表示总需求曲线，AS表示总供给曲线。假设开始时经济处于充分就业的均衡点C_1，现在由于原材料(或工资)等价格的上升，使得短期内供给曲线上移到AS_2，在原来的价格水平P_0上，总需求Y_1和新的总供求水平Y_3之间有缺口，即在原有的价格水平上，人们对商品产生了超额需求，这个总需求超过总供给的部分将带来通货膨胀的压力，并最终使价格上涨到总需求和总供给相等时的均衡价格水平P_1。不难想到，价格上升的结果又反过来造成增加工资的需求，并使总供给曲线上移，通货膨胀就会不断地继续下去。这就是通货膨胀的螺旋。

正如弗里德曼所指出的那样，在货币供给不变的条件下，由成本上升导致的总供给曲线上移只能是一次性的。成本推动仅仅是物价上涨的最初动因，只有货币才有持续的扩张能力。而且在很多情况下，只要通货膨胀一开始，这两个过程(需求拉动和成本推进)几乎同样地发挥着作用。因此，我们实际上很难辨认出某种通货膨胀是成本推动的还是需求拉动的。即使导致通货膨胀的初始原因(不管是需求还是成本的因素)消失了，通货膨胀也可以自行持续下去。例如，当工人预期物价会上涨时，他们就会坚持要求增加工资；而工资的上升，使厂家成本增加，从而又导致更高的价格水平。

(三)供求混合型通货膨胀

现代经济复杂多变，很多经济学家认为通货膨胀不是单一的，是混合的。该种理论认为虽然从理论上可区分为需求拉动型通货膨胀与成本推动型通货膨胀，而事实上在经济生活中，需求拉动的作用与成本推动的作用常常是混合在一起的，任何单方面的作用只会暂时引起物价上涨，并不能引起物价总水平的持续上涨。只有总需求与总供给互相推动，才会导致这种现象。

需求与成本的共同作用，必然演化成“螺旋式”混合型通货膨胀。“螺旋式”混合型通货膨胀有四个基本要求：起因于成本推动；总需求不断扩张；实际产量不会下降；价格水平螺旋式上升。其过程如图 11.4 所示。

图 11.4 中，箭头符号“⇧”和“↑”表示行为或现象发生的先后顺序。逆时针左倾斜的“⇧”表示最早发生的，向右倾斜的“⇧”表示次之，“↑”表示最晚发生的，并且是两种“⇧”共同作用的结果。

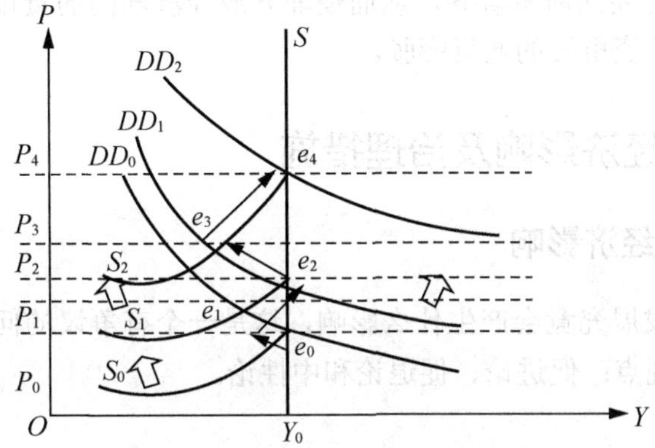

图 11.4　供求混合型通货膨胀

随着总成本曲线从 S_0S 向 S_1S、S_2S 方向移动，为了不减少实际产量和出现过高的失业率，政府通常会通过增加货币供给和扩大投资支出来增加需求，这样总需求曲线就会由 DD_0 向 DD_1、DD_2 方向移动。在总成本曲线和总需求曲线分别向上方移动的过程中，价格水平沿着 $e_0 \rightarrow e_1 \rightarrow e_2 \rightarrow e_3 \rightarrow e_4$ 这样的轨迹“螺旋式”上升。价格水平或通货膨胀率 P_0 上升到 P_4 的过程表明，在经济生活中出现了明显的持续性通货膨胀现象。

(四)结构型通货膨胀

有些经济学家认为，在总需求和总供给处于平衡状态时，由于经济结构、部门结构方面的因素发生变化，也可能引起物价水平的上涨。这种通货膨胀就被称为结构型通货膨胀，具体又可以分为三种。

1. 产业结构的变化

在总需求不变的情况下，需求的组成结构发生变化，一些部门需求增加，另一些部门需求减少。于是，一部分社会需求就从衰退部门逐渐转移到新兴部门。这样，需求增加的新兴部门，其产品价格和工资上涨；而需求减少的衰退部门，由于价格和工资的刚性原理，其产品的价格不会下跌，工资也不会降低，从而引起一般物价水平的上涨，导致通货膨胀。

2. 消费结构的变化

经济的发展使社会公众的货币增加，消费倾向和结构也相应发生变化。有些供不应求的热销商品涨价，会引起另一些商品价格的攀升，甚至是一些供过于求的滞销商品，因工资刚性和原材料涨价，其商品价格也随之上涨，从而引发物价总水平全面上涨。

3. 部门结构的变化

在一个国家的国民经济中，总有一些部门劳动生产率提高得快，而另一些部门劳动生产率提高得慢。例如，一些开放经济部门与世界市场联系紧密，其产品价格依赖于世界市场价格，其货币工资增长率就取决于价格上涨率和劳动生产率的增长率，它的劳动生产率就较高。而另一些非开放经济部门与世界市场没有联系，其产品价格完全由本国需求和产品成本决定，它的劳动生产率就较低。但在开放经济部门的货币工资增加以后，非开放经济部门的货币工资必然要向前者看齐，从而使非开放经济部门的货币工资超过了劳动生产率的增长，就会出现工资引发的通货膨胀。

三、通货膨胀的经济影响及治理措施

(一)通货膨胀的经济影响

通货膨胀对经济发展究竟会产生什么影响，这是一个有争议的问题。对此，西方经济学界大致形成了三类观点：促进论、促退论和中性论。

1. 促进论

这类观点认为，适度的通货膨胀可以促进经济增长，具有增加产出的效应。主要理由是：资本主义经济长期处于有效需求不足、实际经济增长率低于潜在经济增长率的状态，而实施通货膨胀政策可以从以下三个方面促进经济增长。①提高货币供给增长率，可以刺激有效需求，还可以满足财政赤字的弥补需求，增加流通中的货币供给，促进经济增长。②通货膨胀通过物价上涨中利益的得失，实际上进行了一种有利于高收入阶层的国民收入再分配。由于高收入阶层边际储蓄率和投资率都比较高，因而有利于促进经济增长。③通货膨胀出现以后，工资增长往往要落后于物价上涨，企业的利润率便会有所提高，从而刺激私人投资的积极性，有利于促进经济增长。

促进论的观点在20世纪60年代凯恩斯主义理论流行时比较盛行，在我国和其他一些发展中国家也有一定的市场。但20世纪70年代以来随着凯恩斯主义货币政策在西方国家的破产，人们已普遍认识到通货膨胀对经济的危害。目前大多数经济学家都采纳了有害论的观点，将通货膨胀视为阻碍经济增长的重要原因。

2. 促退论

与促进论的观点正好相反，促退论是一种认为通货膨胀阻碍经济增长的理论观点。这种理论认为，虽然通货膨胀初始阶段，对经济具有一定的刺激作用，但长期的通货膨胀会给经济带来严重的消极影响，降低经济体系运行的效率、阻碍经济增长。其理由主要如下。

(1) 通货膨胀会导致纸币贬值，从而妨碍货币职能的正常发挥。由于货币的购买力下降，人们不愿储蓄或持有现金，影响了货币储藏手段职能的发挥和正常的资本积累。币值不稳还会影响货币价值尺度职能的发挥，加大经济核算的困难，引起市场价格信号紊乱，导致整个市场机制功能失调，严重者甚至会影响货币支付手段和流通手段的发挥，使商品交换倒退到物物交换的原始形态。

(2) 通货膨胀会降低借款成本，诱发过度的资金需求。而过度的资金需求会迫使金融机构加强信贷配额管理，导致正常融资活动的障碍，从而削弱金融体系的营运效率。

(3) 持续的通货膨胀会使企业的生产成本包括原材料价格、工资、奖金、利息乃至租税成本大幅度上升，企业和个人预期的利润率降低，不利于调动生产和投资的积极性。而且企业先期积累的各种折旧准备金和公积金也因通货膨胀而贬值，从而使企业设备更新和技术改造能力下降，影响生产发展。

(4) 通货膨胀会破坏正常的信用关系，增加生产性投资的风险和经营成本，从而缩减银行信贷业务，使资金流向生产性部门的比重下降，流向非生产性部门的比重增加，导致产业结构和资源配置不合理，国民经济畸形发展。

(5) 通货膨胀会使国内商品价格上涨相对高于国际市场价格，从而会阻碍本国商品的出口，导致国民收入减少。尤其是对出口依赖程度较大的国家，受通货膨胀的打击更为严重。国内物价的上涨还会鼓励对外国商品的进口，加剧国内市场的竞争压力，影响国内的进口替代品生产企业的发展，并引发贸易收支逆差。

(6) 当通货膨胀有加速发展的趋势时，为防止发生恶性通货膨胀，政府可能采取全面价格管制的办法，从而会削弱经济的活力。

此外，通货膨胀还会打乱正常的商品流通渠道，加深供求矛盾，助长投机活动，引起资本大量外流和国际收支的恶化。

3. 中性论

这类观点认为，通货膨胀对经济增长实际上不产生任何影响，两者间没有必然的联系。这主要是因为，由于公众存在合理预期，在一定时间内他们会对物价上涨做出合理的行为调整，从而使通货膨胀的各种效应相互抵消。

我国大部分经济学家认为，通货膨胀对经济的促进作用只是存在于开始阶段极短的时间内，并且只有在有效需求严重不足时，爬行式或温和型通货膨胀才能对经济发展起一定的促进作用。若从长期来看，通货膨胀对经济发展弊大于利，特别是在总供求基本均衡或总需求大于总供给时，通货膨胀的不良影响极大，危害面极广，对生产、流通、分配和消费都有破坏性作用。

(二)通货膨胀的治理措施

由于通货膨胀对一国国民经济乃至社会、政治生活各个方面都会产生严重的影响，因此各国政府和经济学家都将控制和治理通货膨胀作为宏观经济政策研究的重大课题加以探讨，世界各国采取的治理措施主要有以下几种。

1. 控制需求

通货膨胀是社会总需求大于总供给的结果。因此，治理通货膨胀首先是控制需求，实行宏观紧缩政策。宏观紧缩政策不仅是当前各国对付通货膨胀的传统政策调节手段，也是迄今为止在抑制和治理通货膨胀中运用得最多、最为有效的政策措施。其主要内容包括紧缩性货币政策、紧缩性财政政策、紧缩性收入政策以及收入指数化政策等。

1) 紧缩性货币政策

紧缩性货币政策又称为“抽紧银根”，即中央银行通过减少流通中货币量的办法，提高货币的购买力，减轻通货膨胀压力。具体政策工具和措施如下。

(1) 中央银行通过公开市场业务向商业银行或企业单位、居民个人出售有价证券，以减少商业银行的存款准备金和企业单位、居民个人的手持现金或在商业银行的存款，从而达到紧缩信用、减少市场货币供应量的目的。

(2) 中央银行提高再贴现率，有三个方面的作用：一是抑制商业银行向中央银行的贷款需求，紧缩信用；二是增加商业银行的借款成本，促使其提高贷款利率和贴现率，增加企业利息负担，抑制企业贷款需求，减少投资，减少货币供应量；三是通过提高再贴现率，影响商业银行和公众预期，鼓励居民增加储蓄，缓解和减少通货膨胀的压力。

(3) 中央银行提高存款准备率，降低商业银行创造货币的能力，从而达到紧缩信贷规模、减少投资、压缩货币供应量的目的。

(4) 控制政府向银行的借款额度，适当减少或控制国际收支净收入，以控制基础货币的投放。此外，在政府直接控制市场利率的国家，中央银行也可直接提高利率，或直接减少信贷规模。

通过以上手段，以保证货币供给量增长率与经济增长率相适应。

2) 紧缩性财政政策

紧缩性财政政策主要是通过增加税收、减少政府支出等手段来限制消费和投资，抑制社会总需求的办法来治理通货膨胀。削减财政支出的内容主要包括生产性支出和非生产性支出。生产性支出主要是国家基本建设和投资支出；非生产性支出主要有政府各部门的经费支出、国防支出、债息支出和社会福利支出等。在财政收入一定的条件下，削减财政支出可相应地减少财政赤字，从而减少货币发行量，并可减少总需求，对于抑制财政赤字和需求拉动引起的通货膨胀比较奏效。但财政支出的许多项目具有支出刚性，可调节的幅度有限，因此增加税收就成为另一种常用的紧缩性财政政策。提高个人所得税或增开其他税种可使个人可支配收入减少，降低了个人消费水平；而提高企业的所得税和其他税率则可降低企业的投资收益率，抑制投资支出。

3) 紧缩性收入政策

紧缩性收入政策是对付成本推动型通货膨胀的有效方法。其原因是依靠财政信用紧缩的政策虽然能够抑制通货膨胀，但是由此带来的经济衰退和大量失业的代价往往过高，尤其是当成本推动引起菲利普斯曲线向右上方移动，工会或企业垄断力量导致市场出现无效状况时，传统的需求管理政策对通货膨胀将无能为力，必须采取强制性的收入紧缩政策。紧缩性收入政策的主要内容是采取强制性或非强制性的手段，以限制提高工资和获取垄断利润，抑制成本推动的冲击，从而控制一般物价的上升幅度。具体措施一般包括工资管制和利润管制两个方面。

(1) 工资管制是指政府以法令或政策形式对社会各部门和企业工资的上涨采取强制性的限制措施。工资管制可阻止工人借助工会力量提出过高的工资要求导致产品成本和价格的提高。工资管制的具体办法如下。

① 道义规劝和指导，即政府根据预计的全社会平均劳动生产率的增长趋势，估算出货币工资增长的最大限度即工资—物价指导线，以此作为一定年份内允许货币工资总额增

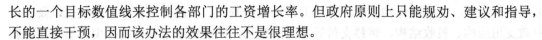

长的一个目标数值线来控制各部门的工资增长率。但政府原则上只能规劝、建议和指导，不能直接干预，因而该办法的效果往往不是很理想。

② 协商解决，即在政府干预下使工会和企业就工资和价格问题达成协议，其效果取决于协议双方是否认可现有工资水平并愿意遵守协议规定。

③ 开征工资税，对增加工资过多的企业按工资增长超额比率征收特别税款。这一办法可使企业有所依靠，拒绝工会超额提高工资的要求，从而有可能与工会达成工资协议，降低工资增长率。

④ 冻结工资，即政府以法令或政策形式强制性地将全社会职工工资总额或增长率固定在一定的水平上。这种措施对经济影响较大，通常只用在通货膨胀严重恶化时期。

(2) 利润管制是指政府以强制手段对可获得暴利的企业利润率或利润额实行限制措施。通过对企业利润进行管制可限制大企业或垄断性企业任意抬高产品价格，从而抑制通货膨胀。利润管制的具体办法如下。

① 管制利润率，即政府对以成本加成方法定价的产品规定一个适当的利润率，或对商业企业规定其经营商品的进销差价。采用这种措施应注意使利润率反映出不同产业的风险差异，并应使其建立在企业的合理成本基础上。

② 对超额利润征收较高的所得税。这种措施可将企业不合理的利润纳入国库，对企业追求超额利润起到限制作用。但是如果企业超额利润的获得是通过提高效率或降低成本实现的，则可能会打击企业的积极性。

此外，一些国家还通过制定反托拉斯法限制垄断高价以及对公用事业和国有企业的产品和劳务实行直接价格管制。

4) 收入指数化政策

收入指数化又称指数连动政策，是指对货币性契约订立物价指数条款，使工资、利息、各种债券收益以及其他货币收入按照物价水平的变动进行调整。这种措施主要有四个作用：一是能借此剥夺政府从通货膨胀中获得的收益，杜绝其制造通货膨胀的动机；二是可以消除物价上涨对个人收入水平的影响，保持社会各阶层原有生活水平不至于降低，维持原有的国民收入再分配格局，从而有利于社会稳定；三是可稳定通货膨胀环境下微观主体的消费行为，避免出现抢购囤积商品、储物保值等加剧通货膨胀的行为，维持正常的社会经济秩序，并可防止盲目的资源分配造成资源浪费和低效配置；四是可割断通货膨胀与实际工资、收入的互动关系，稳定或降低通货膨胀预期，从而抑制通货膨胀率的持续上升。

收入指数化政策对面临世界性通货膨胀的开放经济小国来说尤其具有积极意义，是这类国家对付输入型通货膨胀的有效手段。比利时、芬兰和巴西等国曾广为采用，就连美国也曾在 20 世纪 60 年代初期实施过这种措施。但由于全面实行收入指数化在技术上有很大的难度，对一些金融机构会增加经营上的困难，而且有可能造成工资—物价的螺旋上升，反而加剧成本推动型通货膨胀，因此该政策通常仅被当作一种适应性的反通货膨胀措施，不能从根本上对通货膨胀起到抑制作用。

2. 改善供给

凯恩斯学派和供给学派都认为，总供给减少是导致经济滞胀的主要原因。凯恩斯学派认为总供给减少的最主要原因是影响供给的一些重要因素发生了变化，如战争、石油或重要原材料短缺、主要农作物歉收、劳动力市场条件变化、产品市场需求结构变化以及政府财政支出结构、税收结构、转移支付等方面的变化，因而造成了总供给减少并引起通货膨胀。因此，治理经济滞胀必须从增加供给着手。凯恩斯学派提出的对策主要包括：政府减少失业津贴的支付、改善劳动条件、加强职业培训和职业教育、改进就业信息服务、调整财政支出结构和税收结构等，其目的是降低自然失业率，使总体经济恢复到正常状态。供应学派则认为，政府税率偏高是总供给减少、菲利普斯曲线右移的主要原因。过高的税率降低了就业者的税后收入和工作意愿，同时也降低了企业的投资意愿，并助长了逃税行为，造成资源浪费，阻碍了社会生产力的提高和总供给的增长。因此，治理滞胀必须首先降低税率，以提高劳动者的工作意愿和劳动生产率，增加储蓄和企业投资，提高资金的运用效率，刺激经济增长和降低失业率，从而走出经济滞胀的困境。

3. 调整结构

考虑到通货膨胀的结构性，一些经济学家建议应使各产业部门之间保持一定的比例，从而避免某些产品供求因结构性失调而推动物价上涨，特别是某些关键性产品，如食品、原材料，这一点尤其重要。

实行微观财政、货币政策，影响需求和供给的结构，以缓和结构失调而引起的物价上涨。微观财政政策包括税收结构政策和公共支出结构政策。税收结构政策不是指变动税收总量，而是指在保证一定的税收总量的前提下，调节各种税率和施行范围等。同样，公共支出结构政策是指在一定的财政支出总量前提下，调节政府支出的项目和各种项目的数额。在当代西方国家，各执政党为了政治上的需要，把建立国家福利制度作为其争取选民的一种手段，财政支出的这种结构性变化，不仅失去了刺激生产、扩大就业的作用，而且使得失业者不急于寻找工作，扩大了失业队伍。降低财政支出中转移支付的比重，增加公共工程等投资性支出，可以扩大就业，增加产出，降低通货膨胀率。

微观货币政策包括利息率结构和信贷结构，旨在通过各种利差的调整以及通过各种信贷数额和条件的变动来影响存款和贷款的结构和总额，提高资金使用效率，鼓励资金流向生产性部门，遏制消费基金的扩张。

4. “单一规则”政策

现代货币主义认为，造成 20 世纪 70 年代资本主义国家经济滞胀的主要原因是政府不断采取扩张性的财政政策和货币政策，导致了通货膨胀预期提高、总供给曲线左移、菲利普斯曲线右移。因此，对付停滞膨胀的根本措施在于，政府必须首先停止扩张性的总体经济政策，将货币供给的增长速度控制在一个最适当的增长率上，即采取所谓“单一规则”政策，以避免货币供给的波动对经济进行预期的干扰。货币主义学派强调，在已发生滞胀的情况下，只有严格控制货币供应量，才能使物价稳定，总体经济和社会恢复正常秩序，尽管货币供应量的降低在短期内会引起失业增加、经济衰退加重，但是付出这一代价将换来通货膨胀预期的下降和菲利普斯曲线的回落，并最终根除停滞膨胀。“单一规则”政策对付通货膨胀确实比较有效，20 世纪 80 年代中期以来，美国和其他一些发达国家的实践是其成功的证明。但是对于一些将经济增长作为首要政策目标的国家来说，尤其对那些经济严重衰退、失业率居高不下的国家来说，这一政策有很大的局限性，不顾一切推行的结果可能会导致社会经济的动乱。

总之，治理通货膨胀是一个十分复杂的问题，不仅是因为造成通货膨胀的原因及其影响是多方面的，而且其治理的过程也必然会牵涉社会生活的方方面面，影响到各个产业部门、各个企业、社会各阶层和个人的既得利益，因此不可能有十全十美的治理对策。

第三节　通货膨胀和失业的关系

一、通货的膨胀缺口和紧缩缺口

凯恩斯认为，通货膨胀与失业不会同时存在。在未实现充分就业，即资源闲置的情况下，总需求的增加只会使国民收入增加，而不会引起价格水平上升。这就是说，在未实现充分就业的情况下，不会发生通货膨胀。在实现充分就业，即资源得到充分利用之后，总需求的增加无法使国民收入增加，而只会引起价格上升。这就是说，在发生了通货膨胀时，一定已经实现了充分就业。这种通货膨胀是由于总需求过度扩张而引起的，即需求拉动的通货膨胀。如果说在前一种情况下，通货处于紧缩状态，那么在后一种情况下，通货便处于膨胀状态。用图形表示，就出现所谓通货的紧缩缺口和膨胀缺口，如图 11.5 所示。

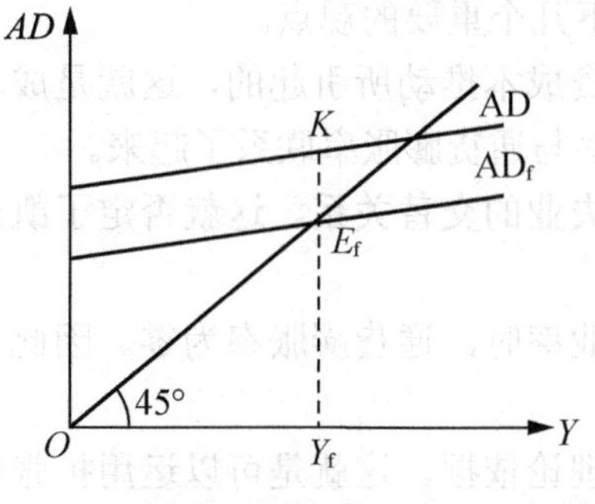

图 11.5　膨胀性缺口

AD_f 为充分就业的总需求，这时决定的国民收入 Y_f 为充分就业的国民收入，但这时实际总需求为 AD。尽管总需求是 AD，但因为国民收入已经达到了充分就业的水平，无法再增加，所以，实际总需求 AD 与充分就业总需求 AD_f 之间的差额 KE_f 就形成了膨胀性缺口。

二、菲利普斯曲线的含义及特征

(一)菲利普斯曲线的含义

菲利普斯曲线(Phillips Curve，PC)是表示通货膨胀率(或货币工资变动率)与失业率之间相互关系的曲线。1958 年，在英国伦敦经济学院任教的新西兰籍经济学家菲利普斯在研究了 1861—1957 年的英国失业率与货币工资增长率(通货膨胀率)之间的关系后，以横轴表示失业率，以纵轴表示货币工资增长率，画出一条向右下方倾斜的曲线，称为菲利普斯曲线。可以用图 11.6 来说明菲利普斯曲线。横轴 *Ou* 代表失业率，纵轴 GP 代表通货膨胀率，向右下方倾斜的曲线 PC 为菲利普斯曲线。这条曲线表明失业率与货币工资变动率(通货膨胀率)存在负相关关系：失业率越低，货币工资增长率(通货膨胀率)越高；失业率越高，货币工资增长率(通货膨胀率)越低。

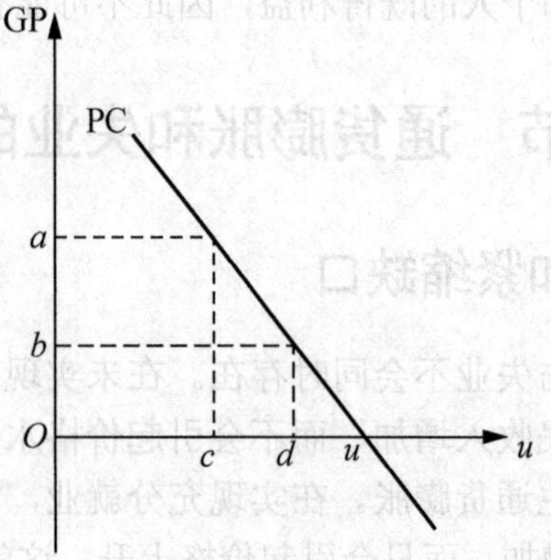

图 11.6 菲利普斯曲线

(二)菲利普斯曲线的特征

菲利普斯曲线提出了以下几个重要的观点。

(1) 通货膨胀是由于工资成本推动所引起的，这就是成本推动通货膨胀理论。正是根据这一理论把货币工资增长率与通货膨胀率联系了起来。

(2) 承认了通货膨胀与失业的交替关系。这就否定了凯恩斯关于失业与通货膨胀不会并存的观点。

(3) 当失业率为自然失业率时，通货膨胀率为零。因此，也可以把自然失业率定义为通货膨胀率为零时的失业率。

(4) 为政策选择提供了理论依据。这就是可以运用扩张性宏观经济政策，以较高的通货膨胀率来换取较低的失业率；也可以运用紧缩性宏观经济政策，以较高的失业率来换取较低的通货膨胀率。这也是菲利普斯曲线的政策含义。

菲利普斯曲线所反映的失业与通货膨胀之间的交替关系基本符合 20 世纪五六十年代西方国家的实际情况。20 世纪 70 年代末期，由于滞胀的出现，失业与通货膨胀之间就不存在这种交替关系了，于是对失业与通货膨胀之间的关系又有了新的解释。

三、附加预期的菲利普斯曲线

上述短期的菲利普斯曲线是在没考虑预期条件下得出的，即当通货膨胀率上升后，劳动者没预期到实际收入降低，没提出增加工资。实际上，短期内劳动者对价格预期是既定的，而从长期看，劳动者对通货膨胀是有预期的，附加预期的菲利普斯曲线就是引入了预期因素做出重新解释的菲利普斯曲线。

经济学家在解释菲利普斯曲线时所用的预期概念是适应性预期，即人们根据过去的经验来形成并调整对未来的预期。他们根据适应性预期，把菲利普斯曲线分为短期菲利普斯曲线和长期菲利普斯曲线。

在短期中，工人来不及调整通货膨胀预期，预期的通货膨胀率可能低于以后实际发生的通货膨胀率。这样，工人所得到的实际工资可能小于先前预期的实际工资，从而使实际利润增加，刺激了投资，就业增加，失业率下降。在此前提之下，通货膨胀率与失业率之间存在交替关系。短期菲利普斯曲线正是表明在预期的通货膨胀率低于实际发生的通货膨胀率中，失业率与通货膨胀率之间存在交替关系。因此，向右下方倾斜的菲利普斯曲线在短期内是可以成立的。这也说明在短期中引起通货膨胀率上升的扩张性财政与货币政策是可以起到减少失业的作用的。这就是宏观经济政策的短期有效性。

但是，在长期中，工人将根据实际发生的情况不断调整自己的预期。工人预期的通货膨胀率与实际发生的通货膨胀率迟早会一致。这时，工人会要求增加名义工资，使实际工资不变，从而通货膨胀不会起到减少失业的作用。长期菲利普斯曲线是一条垂线，表明失业率与通货膨胀率之间不存在交替关系。而且，在长期中，经济能实现充分就业，失业率是自然失业率。因此，垂直的菲利普斯曲线表明无论通货膨胀率如何变动，失业率总是固定在自然失业率的水平上，以引起通货膨胀为代价的扩张性财政政策与货币政策并不能减少失业。这就是宏观经济政策的长期无效性。

可以用图 11.7 来说明附加预期的菲利普斯曲线即短期菲利普斯曲线与长期菲利普斯曲线的关系以及短期菲利普斯曲线不断向上移动的原因。

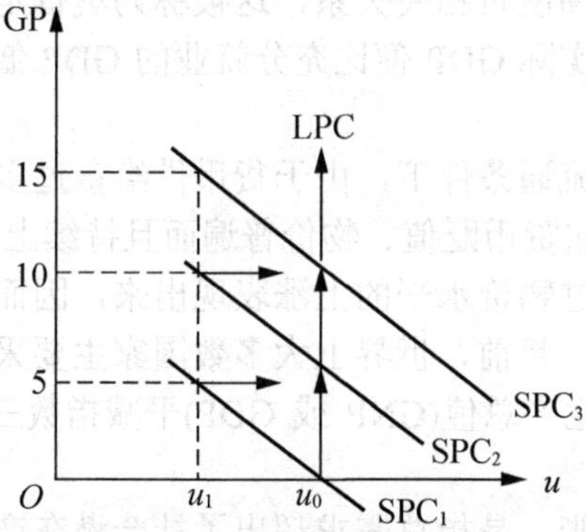

图 11.7　短期菲利普斯曲线与长期菲利普斯曲线

四、菲利普斯曲线的恶化

短期菲利普斯曲线不断向右上方移动，被称为菲利普斯曲线恶化。也就是说，在移动后的菲利普斯曲线上，降低相同的失业率需要提高更大的通货膨胀率。从上述分析看，每一次政府对失业率偏离自然失业率的调整，都会为下一次调整制造更大的调整障碍，形成通货膨胀率不断增高的现象。

上述分析表明政府只能在短期内以较高的通货膨胀率为代价使失业率降至自然失业率以下，而从长期看，这种调整只能使通货膨胀加速，而不能使失业率长久地保持在低于自然失业率水平上。

本章小结

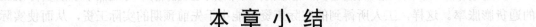

(1) 失业人数是指在一定年龄以上、有劳动能力的劳动者，在某一时间内没有职业或工作时间没有达到规定的标准，正在寻找有报酬的工作，并已在就业机构进行了登记的人员。

(2) 失业率一般是指失业人数占就业人数与失业人数之和的百分比。

(3) 自然失业是指由于市场经济中某些难以避免的原因所引起的失业，任何动态的市场经济中都存在着这类失业。现代经济学家按照引起失业的具体原因把自然失业主要分为摩擦性失业、求职性失业、结构性失业、技术性失业、季节性失业和古典失业。

(4) 周期性失业又称需求不足的失业，也就是凯恩斯所说的非自愿失业。根据凯恩斯的分析，就业水平取决于国民收入水平，而国民收入又取决于总需求。周期性失业是由于总需求不足而引起的短期失业。它一般出现在经济周期的萧条阶段，故称为周期性失业。

(5) 失业最主要的损失是对经济增长率的损失，主要反映在：失业会直接造成劳动力资源的浪费和社会损失。

(6) 20 世纪 60 年代美国经济学家阿瑟·奥肯根据美国的实际资料发现失业率与实际国民生产总值之间存在一种高度负相关关系，这被称为奥肯定理。其内容是：失业率每高于自然失业率 1 个百分点，实际 GDP 便比充分就业的 GDP 低 2 个百分点左右。这是一个符合客观规律的经验数据。

(7) 通货膨胀是在纸币流通条件下，由于货币供给量过多，使有支付能力的货币购买力大于商品可供量，从而引起货币贬值、物价普遍而且持续上涨的经济现象。

(8) 通货膨胀最终要通过物价水平的上涨表现出来，因而物价总水平的上涨幅度就成为测量通货膨胀的主要指标。目前，世界上大多数国家主要采用消费物价指数、批发物价指数和国民生产总值或国内生产总值(GNP 或 GDP)平减指数三种物价指数作为测量通货膨胀程度的依据。

(9) 需求拉动型通货膨胀，是指总需求超出了社会潜在产出水平之后引起的价格水平连续上涨的情形。因为它将总供给水平设想为一个不受价格水平影响而稳定于充分就业水平的特定值，因而价格水平的上涨就只能归因于需求的过度扩张。

(10) 成本推动型通货膨胀理论认为，主要是由于工资增长率超过了劳动生产率的增长速度，结果提高了成本，使物价上涨，产生了通货膨胀。这种由成本推动的通货膨胀又可分为工资推进型通货膨胀和利润推进型通货膨胀。

(11) 菲利普斯曲线是表示通货膨胀率(或货币工资变动率)与失业率之间相互关系的曲线。这条曲线表明失业率与货币工资变动率(通货膨胀率)存在负相关关系：失业率越低，货币工资增长率(通货膨胀率)越高；失业率越高，货币工资增长率(通货膨胀率)越低。

复习思考题

1. 周期性失业与自然失业有什么不同？
2. 简述失业会给个人和社会带来的损失。

3. 在一个经济中，充分就业的国民收入为 10 万亿元，实际的国民收入仅为 8 万亿元。这时会发生周期性失业吗？试作图说明。

4. 设某经济某一时期有 2 亿个成年人，其中 1.2 亿个人有工作，0.2 亿个人正在寻找工作，0.5 亿个人没有工作但也没有找工作。试求：①劳动力人数；②劳动参与率；③失业率。

5. 在一个经济中，每年的通货膨胀率为 20%，且有加快的趋势。这属于哪一种通货膨胀？

6. 在什么情况下，不可预期的通货膨胀有利于债务人？在什么情况下，不可预期的通货膨胀有利于债权人？并解释其原因。

7. 什么是通货膨胀？包括哪些类型？

8. 通货膨胀对经济发展有什么影响？

9. 什么是需求拉动型通货膨胀？如何治理？

10. 什么是成本推进型通货膨胀？如何治理？

11. 什么是菲利普斯曲线？其经济含义是什么？

12. 什么是菲利普斯曲线恶化？

第十二章　开放经济理论

经济全球化成为一种潮流，当这种潮流席卷而来的时候，任何国家都无法回避，无论是最发达的欧美等国家或地区，还是较为落后的非洲地区。尽管经济全球化受到很大争议，有人反对，有人支持，但是各国无不在其他国家的影响下寻找最有利于自身发展的因素。我国已于 2001 年 11 月 10 日加入世界贸易组织(WTO)，无论在经验和理论方面都需要不断地学习。本章从开放经济角度来分析一国的宏观经济问题。

本章重点：

- 汇率
- 汇率变动对经济的影响
- 国际收支的概念
- 国际收支均衡的含义
- 国际贸易对一国经济的影响
- 开放经济中的宏观经济均衡

第一节　汇率与国际金融体系

一、汇率和汇率制度

(一)汇率

汇率是指一国货币折算成另一国货币的比率，或者用一国货币表示的另一国货币的价格。由于各国的货币名称以及所代表的购买力不同，为了方便国际交往，各国有必要确定不同货币之间的比价，即汇率。

根据比价表示方法的不同，汇率的标价法可分为直接标价法、间接标价法和美元标价法。

(1) 直接标价法又称为应付标价法，是以本国货币表示的外国货币的价格，即一定单位的外国货币折算为本国货币的数量。在直接标价法下，外国货币数额固定不变，汇率的涨跌都以相对的本国货币数额的变化来表示。一定单位的外国货币兑换本国货币数量的上升，称为外币升值或本币贬值；反之，一定单位的外国货币兑换本国货币数量的减少，称为外币贬值或本币升值。我国和国际上大多数国家都采用直接标价法。中国人民银行根据银行间外汇市场形成的价格，公布人民币对主要外币的汇率。例如，2017 年 12 月 5 日，中国人民银行根据银行间外汇市场形成的价格，公布 1 美元等于 6.6138 元人民币。

(2) 间接标价法又称为应收标价法，是以外国货币表示的本国货币的价格，即以一定单位的本国货币折算为外国货币的数量。在间接标价法下，本国货币的数额固定不变，汇率的涨跌都以相对的外国货币数额的变化来表示。例如，2017 年 12 月 5 日，中国人民银行根据银行间外汇市场形成的价格，公布 100 元人民币等于 15.12 美元。一定单位的本国货币兑换的外国货币数量的上升，称为外币贬值或本币升值；反之，一定单位的本国货币兑换的外国货币数量的减少，称为外币升值或本币贬值。英国和美国使用间接标价法(在美元对英镑时采用直接标价法)。

直接标价法和间接标价法所表示的汇率涨跌的含义正好相反，所以在引用某种货币的汇率和说明其汇率高低涨跌时，必须明确采用哪种标价方法，以免混淆。

(3) 美元标价法，又称纽约标价法，是指在国际金融市场上，除对英镑用直接标价法外，对其他外国货币用间接标价法的标价方法。美元标价法由美国在 1978 年 9 月 1 日开始实行，目前是国际金融市场上通行的标价法。

(二)汇率制度

汇率制度是指各国对于确定、维持、调整与管理汇率的原则、方式、方法和组织机构所做出的系统的安排和规定。它是国际货币制度的重要组成部分。

从汇率的发展过程来看，汇率经历了从有明显的固定比值，到比值不固定、在市场机制作用下随供求关系的变化而变化的演变过程。因此，按照这个发展的历史，可以划出两类不同的汇率制度，即固定汇率制和浮动汇率制。

固定汇率制是指由货币当局规定本国货币与其他货币的比价，比价一旦确定基本保持固定，但允许在一定范围内波动的两国货币之间的汇率。在这种制度下，中央银行固定了汇率，并按这一水平进行外汇买卖。中央银行必须为任何国际收支盈余或赤字按官方汇率提供外汇。当有盈余时购入外汇，当有赤字时售出外汇，以维持固定的汇率。实行固定汇率有利于一国经济的稳定，也有利于维护国际金融体系与国际经济交往的稳定，减少国际贸易与国际投资的风险。但是，实行固定汇率制的前提是一国的中央银行有足够的外汇或黄金储备。如果不具备这一条件，必然出现外汇黑市，黑市的汇率要远远高于官方汇率，这样反而会不利于经济发展与外汇管理。

浮动汇率制是指不由货币当局规定的，而听任外汇市场供求自发决定的两国货币之间的汇率。浮动汇率制又分为自由浮动与管理浮动。自由浮动又称“清洁浮动”，指中央银行对外汇市场不采取任何干预措施，汇率完全由市场力量自发地决定。管理浮动又称“肮脏浮动”，指实行浮动汇率制的国家，其中央银行为了控制或减缓市场汇率的波动，对外汇市场进行各种形式的干预活动，主要是根据外汇市场的现状售出或购入外汇，以通过对供求的影响来干预汇率。实行浮动汇率有利于通过汇率的波动来调节经济，也有利于促进国际贸易，尤其在中央银行的外汇与黄金储备不足以维持固定汇率的情况下，实行浮动汇率对经济发展较为有利，同时也能取缔非法的外汇黑市交易。但浮动汇率不利于国内经济和国际经济关系的稳定，会加剧经济波动。

根据汇率制度的发展历史，可将国际金融体系分为以固定汇率为中心的布雷顿森林体系和以浮动汇率为中心的现行国际货币体系，即牙买加体系。

二、国际金融体系

(一)布雷顿森林体系

第二次世界大战之后，世界各国为了确定战后的经济格局，召开了一系列的会议，讨论战后的经济问题。1944 年 10 月，以美国为首的各国在美国布雷顿召开会议，这次会议签订了“国际货币基金协定”，确定了以固定汇率为中心的国际汇率体系。

“国际货币基金协定”确立了美元与黄金挂钩、各国货币与美元挂钩的“双挂钩”制度，并建立固定比价关系的、以美元为中心的国际金汇兑本位制。“双挂钩”的具体内容如下。

(1) 美元与黄金挂钩：官价为 35 美元=1 盎司黄金；美国准许各国政府或中央银行随时按官价向美国兑换黄金；其他国家的货币不能兑换黄金。

(2) 其他货币与美元挂钩：各国货币与美元保持固定比价，通过黄金平价决定固定汇率；各国货币汇率的波动幅度不得超过黄金平价的 1%，否则，各国政府必须进行干预。

以美元为中心的国际货币制度是在美国经济实力雄厚、国际收支保持大量顺差、黄金外汇储备比较充足而其他国家普遍存在“美元荒”的情况下建立的。布雷顿森林体系的运转必须具备 3 个基本条件：①美国国际收支必须顺差，美元对外价值才能稳定；②美国的黄金储备充足；③黄金必须维持在官价水平。

美国在战争中大发横财，生产力大大提高，各国急需从美国进口商品。但购买美国商品必须用美元或黄金支付，而各国黄金数量有限，同时经济恢复尚需时日，无力向美国出口换取美元，这使美国国际收支大量盈余，其他国家大量需求美元，引起国际市场上美元汇率上涨，美元供不应求。到 1949 年，美国黄金储备高达 245 亿美元之巨，而世界其他国家则发生了“美元荒”。

随着战后世界经济的恢复，到 20 世纪 60 年代，美国开始出现贸易逆差。随着美国贸易逆差的出现，其他国家开始持有大量美元，由于布雷顿森林体系规定，各国可以随时将手中的美元兑换成黄金。随着各国将美元兑换成黄金，美国黄金储备无法满足美元兑换黄金的要求，因此，出现了“黄金荒”。1972 年，美国将 35 美元兑换 1 盎司黄金调整为 37 美元兑换 1 盎司黄金，美元的贬值降低了世界持有美元的信心，各国加速将持有的美元兑换成黄金。随着美元兑换黄金的加剧，美国不得不宣布美元进一步贬值。1974 年，美国干脆将美元同黄金脱钩，至此，战后持续了 25 年的布雷顿森林体系的固定汇率制度崩溃，随后，各国宣布本国货币实行浮动。

(二)现行国际货币体系(牙买加体系)

现行货币体系是布雷顿森林体系自 20 世纪 70 年代崩溃后不断演化的产物，学术界称之为牙买加体系。

布雷顿森林体系瓦解后，国际货币体系改革步入漫漫长途。1976 年国际货币基金组织(IMF)通过《牙买加协定》，确认了布雷顿森林体系崩溃后浮动汇率的合法性，继续维持全球多边自由支付原则。虽然美元的国际本位和国际储备货币地位遭到削弱，但其在国际货币体系中的领导地位和国际储备货币职能仍得以延续，IMF 原组织机构和职能也得以续存。但是国际货币体系的 5 个基本内容所决定的布雷顿森林体系下的准则与规范却支离破碎，因此现存国际货币体系被人们戏称为“无体系的体系”。规则弱化导致重重矛盾，特别是经济全球化引发金融市场全球化趋势在 20 世纪 90 年代进一步加强时，该体系所固有的诸多矛盾日益凸显。

三、汇率变动对经济的影响

汇率变动对一国经济会产生重要的影响。本章分析在直接标价法下汇率变动对一国经济的影响。在直接标价法下，本币升值称为汇率上升，本币贬值称为汇率下跌。汇率上升和汇率下跌对经济的影响恰恰相反，为了阐述的简便，这里只分析汇率下跌时对一国经济的影响。

(一)汇率下跌对进出口的影响

汇率下跌将鼓励出口，限制进口，从而在一段时期之后可能改善该国的贸易收支。

一国汇率下跌，用外币表示的本国商品的价格下降，从而提高出口商品的价格竞争力，扩大本国商品的出口；同时，一国汇率下跌，用本币表示的国外商品的价格上升，从而降低进口商品在国内市场的竞争能力，抑制该国对进口商品的需求，从而进口减少。因此，汇率下跌有利于一国扩大出口，限制进口，这是汇率下跌最重要的影响。

汇率下跌要能实现改善一国的国际收支的目标必须满足以下两个条件。

(1) 汇率下跌必须满足马歇尔—勒纳条件，即汇率下跌能够使进出口商品需求价格弹性之和的绝对值大于 1。

(2) 外币不能同时采取相同的贬值措施。本币贬值可以促进出口、抑制进口的前提是当本币贬值时外币币值不变或外币贬值的幅度小于本币币值幅度。如果外币采取相同的贬值幅度，本币的贬值将不会起到促进出口、抑制进口的目的。

在分析汇率下跌是否改善一国国际收支问题时，必须注意“时滞”问题，即汇率下跌后该国的国际收支不会立即得到改善，而是需要在一段时间之后才会慢慢地开始改善。其原因有 4 个方面：①认识时滞，就是新价格的信息不能立即为买卖双方所认识，即一国货币贬值使该国出口商品在国际市场上相对便宜，其他国家出口商品相对昂贵，但是对这种新价格体系的认识和接受需要一定的时间；②决策时滞，进出口商需要时间判断价格变化格局的重要性，然后才能做出订购新的货物和劳务的决策；③取代时滞，由于某些部门在订购新货物之前，要处理存货、生产过程中的机器设备与材料以及已签订的合同，这需要一段时间；④生产时滞，国外对本国商品和劳务的需求增加了，为了满足这种新的订购，国内生产厂家要调整生产计划，扩大生产规模，也存在一定的生产时间问题。因此，在贬值初期，一国的贸易收支状况不但很难立刻改善，而且可能会趋于恶化，只有经过一段时间以后，贬值国的贸易收支才会慢慢好转，这种现象表达在图形中很像英文字母大写的 J(如图 12.1 所示)，因此把这种时间滞后现象称为“J 曲线效应”。

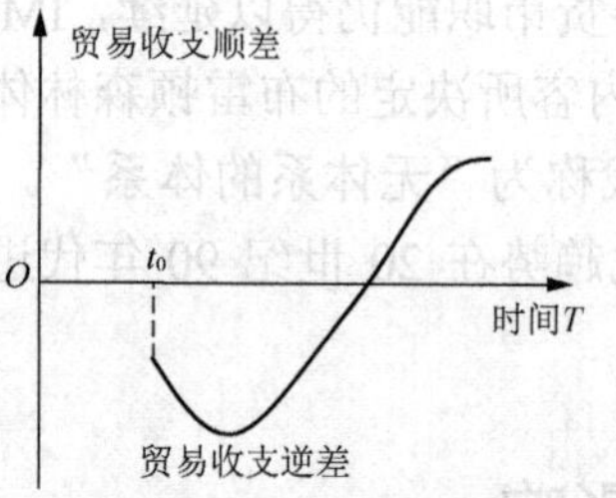

图 12.1 J 曲线效应

(二)汇率下跌可以促进本国旅游事业和劳务出口的发展

汇率下跌后，用外币折算的本国的商品、劳务、交通、导游和住宿等费用，就变得相对便宜，这对外国游客来说增加了吸引力，因此能促进贬值国的旅游和有关行业收入的增加。

(三)汇率下跌对资本流入流出的影响

一国汇率下跌可使同量的外币投资购得比以前更多的劳务和生产原料，所以可能吸引更多的国外资本内流，因此，汇率下跌有利于资本的流入。但是，在既定利润条件下，汇率下跌也会使外商汇回国内的利润减少，同样，以该国货币计值的金融资产的相对价值就下跌，为了躲避货币贬值的损失，便会发生“资本抽逃”现象，使大量的资金移往国外。由此可见，在其他条件不变的情况下，一国汇率下跌最终是否有利于吸引外资，主要取决于外商的投资结构，或者说取决于汇率下跌前后外商获利大小的比较。

第二节 国际收支均衡

一、国际收支的概念

国际收支是指在一定时期(一般是 1 年)内，一国居民与外国居民之间经济交易的货币价值的系统记录。

国际收支概念的内涵非常丰富，可以从以下 3 个方面进行理解和把握。

(一)国际收支中的居民和非居民

所谓“居民”，按照国际货币基金组织的定义，是指在一个国家(或地区)居住期限在一年以上的经济单位；否则，该经济单位称为该国的非居民。居民和非居民都是一种经济概念，与法律意义上的公民是不同的。居民与非居民都包括个人、企业、政府和非营利团体四类。个人居民可以根据居住时间和居住地点判断，如在一国居住满一年及以上的自然人，无论是哪国国籍，都被称为该国的居民。例如，在我国工作一年及以上的外国公民就是我国的居民；在我国留学一年以上的留学生也属于我国的居民。但是，一国驻我国的外交人员、军事人员无论在我国居住多长时间都被认为是该国的居民，而非我国的居民。企业居民是指在该国注册的、从事生产经营活动的企业或公司，包括本国企业、外资企业、合资企业等。例如，我国本土企业称为我国的居民；中外合作、中外合资或外商在我国的独资企业统统是我国的居民；相反地，我国公司在国外的分支机构称为我国的非居民，是所在国的居民。因此，跨国公司在我国设立子公司，子公司和母公司之间的经济交易，会分别计入我国和母公司所在国的国际收支。作为一国的政府机构，包括各级政府机构和设在境外的代表本国政府的各种机构如使领馆、各种军事机构都是本国的居民。例如，美国在日本的驻军，在我国的使领馆都是美国的居民。而各种国际组织，如联合国、世界银行、国际货币基金组织等，其总部虽然都在美国，但是他们并非是美国的居民，也非任何其他国家的居民。

(二)经济交易

所谓经济交易，一般是指价值的交换，即商品、劳务和资产从一国(或地区)转移到另一国(或地区)以及相应的货币的支付和收入。

一般情况下，国际经济交易可以分为 4 种类型：①金融资产与商品劳务之间的交换；②商品劳务之间的交换；③金融资产之间的交换；④无偿的商品劳务或金融资产的转移。前三种都涉及商品劳务、金融资产的双向转移，而第四种是一种单方转移。在国际经济交易中，以外汇购买国外的商品劳务属于第一种经济交易，国际经济中的易货贸易则属于第二种经济交易，国际证券融资则属于第三种国际经济交易，国家间的实物捐赠、赠款属于第四种国际经济交易(由于接受国没有相应的支付，所以属于单方面转移)。

(三)国际收支是一个流量概念，而不是一个存量概念

流量是指在一定时期内交易的记录；存量是指在一定时点上所存在的交易量。国际收支是一个流量概念，因此，在定义国际收支时，必须指明国际收支是属于哪一个时期的，即报告期。报告期可长可短，可以是一年，也可以是一个季度或者一个月等。一般来说，我们所说的国际收支是针对一年的交易。与国际收支联系非常紧密的一个概念是国际借贷。国际借贷是指一国在一定时点上对外债权债务的总和。国际借贷是一个存量概念。

国际收支是开放经济中最重要的经济指标之一。

二、国际收支平衡表

国际收支平衡表是一国一定时期的国际收支的统计报表(如表 12.1 所示)。它是一国依据“有借必有贷，借贷必相等”的复式簿记原理，根据本国参加国际交易的范围和内容设置项目和账户，将本国在一定时期内各种对外往来所引起的全部国际经济交易进行系统记录的统计报表。按照国际货币基金组织的章程规定，会员国必须按期向其报送本国的国际收支平衡表。国际货币基金组织为了方便各国编制国际收支平衡表，并且对各国国际收支进行比较，编制了《国际收支手册》。国际货币基金组织对编制报表所采用的概念、准则、管理等进行了统一的规定和说明。

所谓复式簿记，是指在引起一笔交易的两个或两个以上的栏目中分别进行记录，凡引

起本国外汇收入的项目，记入贷方，记为“+”；凡引起本国外汇支出的项目，记入借方，记为“-”。

表 12.1　假设的某国的国际收支平衡表

单位：亿元

项　目	贷　方	借　方
一、经常项目		
1. 商品出口		600
2. 商品进口	500	
3. 劳务	75	
商品劳务差额		125
4. 单方转移		
给国外的赠与	100	
接受的赠与		25
经常项目收支差额		50
二、资本与金融项目		
5. 直接投资		
本国对外国直接投资	60	
外国对本国直接投资		30
6. 证券投资		
对外投资	20	
外国投资		40
7. 短期资本		
对外短期资本	150	
外国短期资本		30
资本项目收支差额	130	
三、官方储备项目		
8. 黄金进出口(净额)		10
9. 外汇储备(净额)		60
10. 对外负债(净额)		20
官方储备项目收支差额		90
11. 统计误差	10	

从表 12.1 可以看出，国际收支平衡表主要由以下项目组成。

(一)经常项目

经常项目主要反映一国与他国之间实际资源的转移，是国际收支中最重要的项目。经常项目又称商品和劳务项目，包括：①商品(进出口)；②劳务，如运输、保险、旅游、投资劳务(利息、股息、利润)、技术专利使用费以及其他劳动；③国家间单方转移，如宗教、慈善、教育事业的赠与，侨汇，非战争赔款等。

经常项目顺差表示该国为净贷款人，经常项目逆差表示该国为净借款人。

(二)资本与金融项目

资本与金融项目反映的是国际资本流动，包括长期或短期的资本流出和资本流入，是国际收支平衡表的第二大类项目。

资本项目包括资本转移和非生产、非金融资产的收买或出售。前者主要是投资捐赠和债务注销，后者主要是土地和无形资产(如专利、版权、商标等)的收买或出售。

金融账户包括直接投资、证券投资(间接投资)和其他投资(包括国际信贷、预付款等)。

(三)官方储备项目

官方储备项目是国家货币当局对外交易净额，包括黄金、外汇储备等的变动。如果一国贷方大于借方，则这一项会增加；反之，如果一国借方大于贷方，则这一项会减少。

为使国际收支平衡表的借方总额与贷方总额相等，编表人员人为地在平衡表中设立误差项目，来抵消净的借方余额或净的贷方余额，通过这一项调整使之平衡。

三、国际收支均衡的含义及影响因素

(一)国际收支均衡的含义

一般来说，国际收支均衡是指在国际收支平衡表中所有贷方项目总值等于借方项目总值，即国际收支的差额等于零。但是，由于国际收支平衡表采用复式簿记的原理，国际收支平衡表中最终总计的国际收支差额总是等于零。这样，讨论国际收支是否均衡的问题似乎是自相矛盾的。

实际上，人们在考虑国际收支是否均衡时，并不是指国际收支平衡表中最终总计的平衡差额是否等于零，而是指其中的部分项目收支差额是否等于零。从理论上说，可以将国际收支项目分为两大类：一类称为自主性交易，是经济活动自身引起的国际收支项目，这部分项目的贷方与借方常常是不相等的，即平衡差额常常不等于零；另一类称为调节性或适应性交易，是为清偿第一类项目的收支差额筹措资金的项目，是由前一类项目引起的。一般所说国际收支是否均衡，就是以前一类项目的收支差额是否等于零或贷方总值与借方总值是否相等来衡量的。

各国一般是将经常性账户、资本账户(包括统计误差项)总的收支差额是否等于零，作为衡量国际收支是否均衡的标准。当国际收支平衡表中的这两个账户收支差额等于零或贷方总值等于借方总值时，就认为国际收支是均衡的。如果这两个账户的贷方总值不等于借方总值，就认为国际收支是不均衡的。贷方大于借方的差额称为国际收支顺差或盈余；贷方小于借方的差额则称为国际收支逆差或赤字。如果将国际收支平衡表中的统计误差忽略不计，并且不考虑经常性账户中除货物进出口之外的其他项目，或假定经常性账户中这些其他项目的贷方等于借方，则国际收支均衡的条件可写成下列公式：

$$(X-M)-K=0 \text{ 或 } X-M=K$$

其中，X为出口额；M为进口额；$(X-M)$为净出口，在这里也表示经常性账户的顺差额；K为资本净流出，即资本流出额减去资本流入的差额，它也是资本账户的逆差。上述国际收支均衡条件公式表示，经常性账户和资本账户都可能存在正的或负的差额，但只要两个账户的差额能够相互抵消，即两个账户的差额之和等于零，国际收支就是均衡的。

(二)影响国际收支均衡的因素

影响国际收支均衡的因素很多，所有影响净出口和资本净流出的因素都会影响国际收支均衡。其中主要的影响因素如下。

1. 国民产出水平

在经常性账户方面，净出口首先取决于本国的国民产出水平。这是因为，进口在很大程度上取决于国民产出水平。国民产出水平较高，对进口货的需求较大；国民产出水平较低，对进口货的需求较小。因此，进口是国民产出的递增函数。而出口则在很大程度上取决于外国对本国产品的需求，而不取决于本国的国民产出水平。这样，净出口或经常性账户的差额($X-M$)就是国民产出的递减函数。

2. 本国与外国的利率

在资本账户方面，资本的净流出额首先取决于本国与外国的利率。本国利率越高，对外资的吸引力越大，资本流入额越大；相反，本国利率较低，则对外资的吸引力就小，资本流入额也会较小。资本流出额是本国利率的递减函数，即本国利率越高，资本流出额越小；本国利率越低，资本流出额越大。因此，资本流出与资本流入的差额，即资本净流出或资本账户的逆差(K)，是本国利率的递减函数。外国利率水平的变化同样会引起资本净流出的变化。在本国利率水平不变的情况下，当外国的利率水平提高时，实际上意味着本国利率水平相对下降。此时，外国对资本的吸引力会相对加强，而本国对资本的吸引力会相对减弱，从而在允许资本自由流动的情况下，会使资本流出增加，资本流入减少。在本国利率相同时，会有较大的资本净流出；反之，在本国利率水平不变的情况下，如果外国的利率水平降低了，则会使本国的资本流出减少，资本流入增加。

3. 本国商品和劳务与外国商品和劳务的相对价格

本国商品和劳务与外国商品和劳务的相对价格对净出口具有重要影响。如果相对价格发生了变化，即使国民产出水平不变，净出口也会发生变化。当本国商品和劳务价格相对提高或外国产品和劳务价格相对下降时，相比之下，本国商品和劳务在国际市场上的竞争力就会下降，而外国商品和劳务的竞争力则会增强，从而本国商品和劳务的出口就会减少，而外国商品和劳务的进口则会增加。出口的减少和进口的增加意味着净出口减少。此时，在同样的国民产出水平上，只能有较小的净出口额；反之，当本国产品和劳务价格相对下降，外国商品和劳务价格相对上升时，本国商品和劳务的竞争力就会相对提高，从而会增加本国商品和劳务的出口，减少进口。此时，在同样的国民产出水平上，就会有较大的净出口额。本国与外国相对价格水平的变化也会间接地影响资本净流出。在其他条件不变的情况下，当本国价格总水平上涨时，虽然本国的名义利率不变，但实际利率却会有所下降，从而会引起资本流出的增加和资本流入的减少；反之，本国价格总水平下降时，会在名义利率不变的情况下，使本国的实际利率提高。

4. 汇率

如前所述，汇率会影响本国与外国的相对价格水平，因此对经常性账户和资本账户均有重要影响。本国货币的升值会使本国的出口减少，进口增加；本国货币的贬值会促进本国的出口，抑制进口。同样，由于汇率变化而引起的本国与外国相对价格水平的变化，也会影响相对的实际利率水平而间接地影响资本净流出。特别提款权(special drawing right,

SDR)是以国际货币基金组织(International Monetary Fund，IMF)为中心，利用国际金融合作的形式而创设的新的国际储备资产。国际货币基金组织按各会员国缴纳的份额，分配给会员国的一种记账单位，1970 年正式由国际货币基金组织发行，各会员国分配到的特别提款权可作为储备资产，用于弥补国际收支逆差，也可用于偿还国际货币基金组织的贷款，又称为“纸黄金”。

第三节　对外贸易与经济活动

一、国际贸易与对外贸易的基本概念

一国或地区在一定时期内同其他国家或地区所进行的商品、服务等的交换，这种交换从国际范围来看就是国际贸易，如果从一个国家的角度分析就是对外贸易。这里仅从一个国家的范围分析即从对外贸易角度分析这种交换活动对一国或地区经济的影响。

在分析对外贸易对一国或地区经济的影响之前，必须先对一些基本的概念进行界定。

对外贸易额又称对外贸易值，是指一国或地区一定时期进口额与出口额的总和，是反映一国对外贸易规模的重要指标之一。

对外贸易量是用以固定年份为基期计算的进口或出口价格指数去调整当年的进口或出口额，得到相当于按不变价格计算的进口额或出口额。

在分析一国或地区对外贸易对本国或地区经济影响时，对外贸易额或对外贸易量都既包含进口又包含出口，通常分析净贸易对经济的影响。

贸易差额又称净贸易额，是指一定时期内一国出口额与进口额之间的差额。当出口额超过进口额时，为贸易顺差或出超；当进口额超过出口额时，称为贸易逆差或入超。

二、国际贸易的主要理论

(一)重商主义的基本思想及政策主张

早期的国际贸易理论可以追溯到重商主义时期。无论是早期重商主义，还是晚期重商主义，都认为货币是财富的唯一形态，是衡量国家富裕程度的唯一标准。而要增加财富的方法就是开采金银矿山和进行国际贸易，在一个国家资源既定的情况下，增加财富的唯一方法就是进行国际贸易，在国际贸易中必须保持入超，以便保证货币的不断流入。基于这种观点，重商主义者提出了各种政策主张，以便促进国际贸易的发展。早期的重商主义要求每次贸易都保持入超；而晚期重商主义则认为，每次贸易都保持入超是不必要的，只要在一定时期内保持入超就可以了。因此早期重商主义被称为“重金主义”，而晚期重商主义被称为“贸易差额论”。

晚期重商主义的代表人物托马斯·孟在《英国得自对外贸易的利益》一书中系统地阐述了重商主义的各种政策主张，因此，该书成为重商主义的“圣经”。

重商主义的政策主张具体表现在以下两个方面。

(1) 货币政策。早期的货币差额论主张通过立法禁止金银输出；晚期的贸易差额论的政策主张有所放松，主张通过追求贸易顺差来增加货币财富。同时重商主义主张吸引国外货币留在本国。

(2) 奖出限入政策。重商主义者主张用各种手段严格限制外国商品的进口，同时，发展本国的工业，采取各种措施奖励本国产品的出口。

(二)亚当·斯密的绝对优势理论

1776年，英国著名经济学家亚当·斯密发表了其代表作《国民财富的性质和原因的研究》(又称《国富论》)，提出了绝对优势理论。《国富论》的发表，标志着古典经济学的建立。

斯密认为，每个国家由于先天或后天的条件不同，都会在某一种商品的生产上有绝对优势，如果每一个国家都把自己拥有的全部生产要素集中到自己拥有绝对优势的产品的生产上来，然后通过国际贸易，用自己产品的一部分去交换自己所需要的其他商品，则各国资源都能被最为有效地利用，每一个国家都能从中获利。假设世界上只有两个国家：英国和葡萄牙，这两个国家都只生产两种产品：葡萄酒和尼龙布，在没有国际贸易的情况下，两国的劳动力投入和产出情况如表12.2所示。

表12.2　国际分工前各国的劳动投入和产出

国　家	葡萄酒		尼龙布	
	劳动投入量	产出量	劳动投入量	产出量
英国	15	120	5	100
葡萄牙	10	120	10	100

从表12.2可以看出，英国生产葡萄酒的劳动生产率(单位劳动投入的产出量)为8，生产尼龙布的劳动生产率为20；葡萄牙生产葡萄酒和尼龙布的劳动生产率分别为12和10，英国在尼龙布的生产上有绝对优势，葡萄牙在葡萄酒的生产上有绝对优势。根据斯密的观点，英国应把全部生产要素都用于生产尼龙布，而葡萄牙应把全部生产要素都用于生产葡萄酒。两个国家各生产一种产品，然后进行交换。分工后葡萄酒和尼龙布的产量如表12.3所示。

表12.3　国际分工后各国的劳动投入和产出

国　家	葡萄酒		尼龙布	
	劳动投入量	产出量	劳动投入量	产出量
英国	0	0	20	400
葡萄牙	20	240	0	0

从表12.3可以看出，进行国际分工之后，整个世界葡萄酒的产出量仍是240，没有变化，但是尼龙布的产量增加到400，比分工前增加了200个单位。假定英国用200单位尼龙布与葡萄牙120单位葡萄酒进行交换，交换的结果如表12.4所示。与没有国际分工和国际贸易相比，进行国际分工和国际贸易之后，英国和葡萄牙的消费量各增加了100单位尼龙布，这说明两国都从国际贸易中得到了利益。

表 12.4　国际贸易后各国的消费量

国　家	葡萄酒消费量	尼龙布消费量
英国	120	200
葡萄牙	120	200

(三)大卫·李嘉图的比较优势理论

1871 年，古典政治经济学的集大成者、英国经济学家大卫·李嘉图在《政治经济学及赋税原理》一书中提出了比较优势理论。比较优势理论的提出，标志着古典政治经济学的完成。

李嘉图认为，在两国都生产同样两种产品的条件下，即使其中一国在两种产品的生产上都处于劣势，该国仍然可以通过专门生产一种劣势较轻的产品，然后通过贸易获利，双方仍然可以从贸易中获利，即“两利相权取其重，两弊相权取其轻”。

假设英葡两国同时生产葡萄酒和尼龙布，葡萄牙两种产品的生产商都处于劣势。但是，这两种产品与英国相比所处劣势不同，如表 12.5 所示。

表 12.5　国际分工前各国的产出和劳动生产率

国　家	葡萄酒			尼龙布		
	劳动投入量	产出量	劳动生产率	劳动投入量	产出量	劳动生产率
英国	10	120	12	10	100	10
葡萄牙	40	120	3	20	100	5

从表 12.5 可以看出，葡萄牙在葡萄酒和尼龙布的生产上与英国相比均处于绝对劣势，但葡萄牙在葡萄酒上的劳动生产率是英国的 1/4，而尼龙布的劳动生产率是英国的 1/2，相比之下，葡萄牙在尼龙布上的劣势要小一些。英国在葡萄酒和尼龙布的生产上都具有优势，但由于葡萄酒的优势比尼龙布的优势要大，在这种情况下，如果葡萄牙专门生产尼龙布，英国专门生产葡萄酒，按照这种方式分工之后进行贸易，情况如表 12.6 和表 12.7 所示。

表 12.6　国际分工后各国的劳动投入和产出

国　家	葡萄酒		尼龙布	
	劳动投入量	产出量	劳动投入量	产出量
英国	20	240	0	0
葡萄牙	0	0	60	300

表 12.7　国际贸易后各国的产量分配

国　家	葡萄酒	尼龙布
英国	120	150
葡萄牙	120	150

分工之后，虽然葡萄酒的生产量没有变化，但是尼龙布的生产量由原来的 200 单位上升为 300 单位。

假设英国用 120 单位的葡萄酒与葡萄牙 150 单位的尼龙布进行交换，通过贸易后，虽然两国在葡萄酒的消费量上并没有发生变化，但是每个国家在尼龙布的消费量上却增加了 50 单位。

(四)要素禀赋理论

在李嘉图提出比较优势理论后的近半个世纪里，比较优势理论成为国际贸易理论的支配理论。直到 1919 年，瑞典经济学家赫克歇尔(Heckscher)在《国际贸易对收入分配的影响》一文中阐述了要素禀赋理论的核心思想，探讨国际贸易形成的原因。1933 年，赫克歇尔的学生俄林(Ohlin)出版了著名的《区域贸易与国际贸易》一书，对其老师的思想做了清晰而全面的解释，完善了要素禀赋理论，使其替代比较优势理论成为国际贸易理论的支配学说。由于该学说由赫克歇尔和俄林提出，因此该理论又称为 H-O(Heckscher-Ohlin)定理。

要素禀赋理论分为狭义的要素禀赋理论和广义的要素禀赋理论，广义的要素禀赋理论又包括要素价格均等化理论。

狭义的要素禀赋理论认为，在国际贸易中，一国的要素丰裕程度即要素禀赋决定了一国的比较优势，一国应该集中生产并出口其要素禀赋丰富的产品，进口其要素禀赋稀缺的产品。即如果 A 国劳动相对丰裕资本相对稀缺，那么它就应该出口劳动密集型的产品，而进口资本密集型的产品。

广义的要素禀赋理论认为，国际贸易不仅会导致商品价格的趋同，而且会使各国生产价格趋同。由于各国的要素禀赋是不同的，一国出口本国要素禀赋丰富的商品，随着该种商品的不断出口，该种要素会变得越来越稀少，从而导致该种要素价格的上升，在没有其他因素干扰的情况下，该种要素价格一直上升到与贸易国该种要素价格趋于均等。

(五)新贸易理论

要素禀赋理论是国际贸易理论中最具影响力的理论之一，自从要素禀赋理论提出，许多经济学家就对它进行不断的验证。随着经济学家对要素禀赋理论所做的实证检验工作不断深入，这一理论的一些不足之处也开始暴露出来。最著名的是美国经济学家瓦西里·里昂惕夫(Wassily Leontief)对要素禀赋理论的验证，通过对美国进出口商品的研究，里昂惕夫发现美国出口的竟然是劳动密集型产品，进口的是资本密集型产品。这恰恰与人们认为美国应当出口资本密集型产品、进口劳动密集型产品的观念相反。里昂惕夫的这一发现震动了经济学界，这一发现因此也被称为“里昂惕夫之谜”或“里昂惕夫反论”。里昂惕夫之谜的出现极大地促进了国际贸易理论的发展，丰富了国际贸易理论。

1. 里昂惕夫之谜

里昂惕夫以美国进出口商品为例验证要素禀赋理论。1953 年里昂惕夫在《经济学与统计学杂志》上发表了一篇文章，在论文中，他运用投入产出分析法分析美国 1947 年进出口商品的要素含量，试图证明要素禀赋理论的正确性。根据人们的一般直觉，美国应该是资本比较丰富而劳动力比较稀缺的国家。依据要素禀赋理论，美国应出口资本密集型产品，进口劳动密集型产品。里昂惕夫的测算结果如表 12.8 所示。

表 12.8 美国每百万美元出口产品和进口替代品的资本和劳动需求

	出口商品	进口替代品
每百万美元所含资本(1947 年价格)/美元	2 550 780	3 091 339
每百万美元所含劳动量/(人/年)	182	170
资本—劳动比率/(美元/人)	14 015	18 184

注：进口替代品就是美国自己可以制造，同时也从国外进口的商品，因为美国进口的外国产品数据不全，里昂惕夫使用美国进口替代品的数据

通过计算，里昂惕夫得出以下结论：美国进口替代品的资本密集度比美国出口商品的资本密集度高出大约 30%。这意味着，美国进口的是资本密集型产品，出口的是劳动密集型产品。这一结果与要素禀赋理论恰恰相反，这就是著名的“里昂惕夫之谜”。

里昂惕夫之谜的出现，使要素禀赋理论处于一种颇为尴尬的境地。问题究竟出在哪里？这吸引了许多经济学家试图从各个方面来解开这一令人困惑的现象，这种探索推动了第二次世界大战后国际贸易理论的巨大发展。

2. 人力资本说

该种理论将人力资本引入到国际贸易理论，试图用人力资本来解释里昂惕夫之谜。美国经济学家舒尔茨等认为，劳动可分为熟练劳动和非熟练劳动两类。其中熟练劳动是指具有一定技能的劳动，这种技能不是先天具备的，而是通过后天的教育、培训等手段积累起来的。这种后天的努力类似于物质资本的投资行为，所以我们称熟练劳动为人力资本。这样一来，资本的含义更广泛了，它既包括有形的物质资本，又包括无形的人力资本。美国在人力资本上的投入远远超过了其他国家，这就意味着美国劳动力含有更多的人力资本，这使美国出口商品的资本密集度要大于进口商品的资本密集度。该学说认为新时代人力资本与物质资本同样重要，一个国家应重视人力投资，取得好的投资效益。在加入人力资本后，谜也就可以解开了。

3. 自然资源说

该种理论认为，要素禀赋理论只考虑了两种生产要素——资本和劳动，而忽略了自然资源要素，如土地、矿藏、森林、水资源等。许多贸易产品都是资源密集型的。自然资源要素与资本要素之间存在相互替代关系。如果生产某种商品的自然资源不足，就必然要投入较多的资本(先进设备等)。在考虑自然资源这一因素后，里昂惕夫之谜也可得到解释。从自然资源的角度看，实际上美国进口的是其稀缺的自然资源，而不是资本。

三、对外贸易对一国经济的影响

在开放经济中，一国国内生产总值(Y)由消费(C)、投资(I)、政府支出(G)和净出口(出口减去进口，即：$X-M$)组成，即：

$$Y=C+I+G+(X-M)$$

(一)对外贸易乘数

在第九章中可以看到，国内需求的变动，如投资的变动，会引起国民产出更大幅度的变动，即引起国民产出按照某一乘数变动。乘数效应的基本原理同样适用于对外贸易的变动。出口的增加会直接增加总支出或总需求，从而在经济达到充分就业之前，使国民产出相应地增加，并导致一系列的连锁反应。国民产出的增加相应地增加了一些工人和企业所有者的收入，这些工人和企业所有者会按照他们的边际消费倾向，花掉一部分新增加的收入，从而引起总支出或总需求与国民产出的又一轮增加。如此进行下去，这个过程将使国民产出的增加量数倍于最初的出口增加量。在封闭经济中，人们消费支出完全用于购买国内的商品和劳务。但是，在开放经济中，随着人们收支的增加，人们不仅会增加对国内商品和劳务的购买，还会增加对进口货的购买。在上述连锁反应过程中，进口与储蓄一样，起着“渗漏”的作用。

人们所增加的收入并非完全用于国外商品和劳务的购买，而是将收入中的一部分用于购买国外的商品和劳务。为了衡量人们收入的增加所引起的进口商品和劳务的增加量，经济学家引入了边际进口倾向。边际进口倾向是指每增加一单位的国民收入进口的增加量。

根据上面的论述，开放经济中的对外贸易乘数计算公式则应改写成：

$$对外贸易乘数=\frac{1}{1-边际消费倾向+边际进口倾向}$$

根据这个公式，对外贸易乘数的大小取决于边际消费倾向和边际进口倾向。在边际消费倾向既定的情况下，边际进口倾向越大，对外贸易乘数越小；反之，边际进口倾向越小，对外贸易乘数越大。由于在一般情况下，边际消费倾向与边际进口倾向总是大于 0 小于 1，即新增加的收入不是全部用于消费和进口，因此，对外贸易乘数通常大于 1。出口的增加可以通过一系列连锁反应，使国民产出有更大的增加。同样，出口的减少会使国民产出发生更大的减少。

例如，根据上述公式，假定边际消费倾向为 70%，边际进口倾向为 10%，则对外贸易乘数为 25[1/(1−70% + 10%)]。在这种情况下，如果出口增加 1 亿元，则国民产出将增加 2.5 亿元；相反，如果出口减少 1 亿元，则国民产出将减少 2.5 亿元。

同样，我们也可以看出，由于加入了边际进口倾向，所以对外贸易乘数小于封闭经济中的乘数。

(二)国际贸易对一国经济的影响

在开放经济中，对本国商品的需求不仅包括国内需求，而且包括国外对本国商品的需求(出口)；对本国商品的供给不仅包括本国厂商供给，而且包括国外厂商对本国的供给(进口)。分析开放经济条件下，国际贸易对一国经济的影响，即分析国内总需求和净出口的变动对国内生产总值和贸易收支的影响，主要表现在以下几方面。

(1) 国内总需求增加，均衡的国内生产总值增加，同时，也会使贸易收支状况恶化；国内总需求减少，均衡的国内生产总值减少，贸易收支状况改善。

(2) 出口的增加会引起均衡的国内生产总值增加，贸易收支状况改善；反之，则恶化。

(3) 当国内总需求中对进口品的需求变为对国内产品的需求时，也同样会增加对国内产品的总需求，从而与出口增加的影响相同，即国内生产总值增加，贸易收支状况得以改善；反之，则恶化。

四、开放经济中国民收入的决定

首先，假定在产出低于充分就业水平时，总供给曲线是水平的；而在国民收入达到充分就业水平时，总供给曲线是垂直的。下面将在这一假定条件下，分析国际收支对短期国民收入的影响。对于国内的生产者来说，无论是将产品卖给国内消费者，还是卖给国外的消费者，结果都是一样的。因此，在国民收入的决定中，出口与国内的需求具有同样的作用，出口是总需求的一个组成部分，只不过这部分需求是来自国外的需求；相反，进口则是在国内产出基础上额外增加的供给，或者说，进口是国内需求的外移，它具有减少国内总需求的作用。由于在短期国民收入决定中，资本的内流和外流与商品和劳务的进出口具有相同的作用，为了便于分析，仅分析进出口在国民收入中的决定作用。

在本书前面的有关章节中，讨论了封闭经济条件下的国民收入的决定问题。在封闭经济条件下，国民收入的均衡条件为：

$$C+S+T=C+I+G$$

即消费加储蓄加政府税收等于消费加投资加政府支出，而在开放经济中，由于存在进出口，一国的支出可以不等于其产出。因为国内支出的一部分用于购买外国生产的商品和劳务，即进口；而国内生产的商品和劳务中的一部分将卖往外国，即出口。考虑到国际收支的作用，将进出口纳入上述均衡条件公式之中，便可得出开放经济条件下的国民收入均衡条件公式：

$$C+S+T+M=C+I+G+X$$

或

$$C+S+T=C+I+G+(X-M)$$

这里，总支出不再是由三个部分构成，而是由消费、投资、政府支出和净出口四个部分构成。净出口在国民收入决定中的作用如图 12.2 所示。

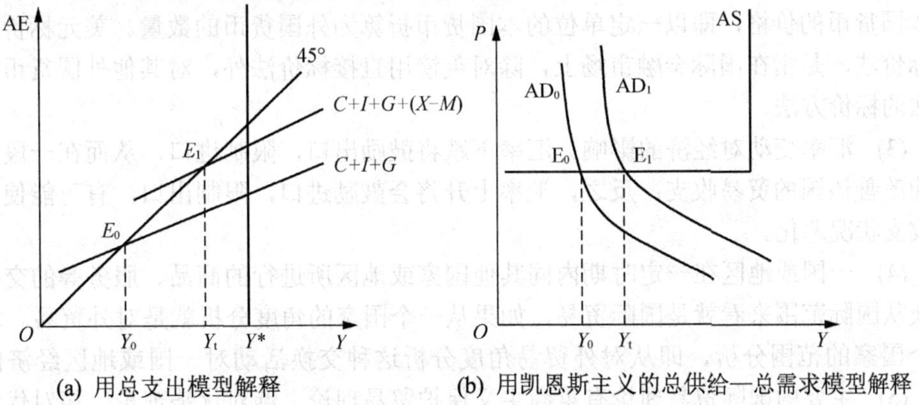

图 12.2　净出口在国民收入中的决定作用

图 12.2(a)是用总支出(AE)模型说明净出口在国民产出决定中的作用。在不考虑对外经济联系的封闭经济条件下，国民产出是由 $C+I+G$ 曲线与 45° 线的交点 E_0 决定的。E_0 所对应的国民产出 Y_0 就是由此决定的均衡产出水平。将净出口叠加在 $C+I+G$ 曲线上，就可得到开放经济条件下的总支出曲线 $C+I+G+(X-M)$。此时，国民产出是由 $C+I+G+(X-M)$与 45° 线的交点 E_1 决定的。E_1 对应的国民产出 Y_1，就是由此决定的均衡产出水平。图 12.2(b)是用凯恩斯主义的总供给—总需求模型说明净出口在国民产出决定中的作用。在封闭经济条件下，总需求曲线为 AD_0。AD_0 与总供给曲线 AS 的交点决定了均衡产出为 Y_0。将净出口叠加在 AD_0 曲线上，就可得到开放经济条件下的总需求曲线 AD_1。此时，国民产出是由 AD_1 曲线与 AS 曲线的交点 E_1 决定的，由此决定均衡产出水平。

图 12.2(a)与图 12.2(b)两个模型得出的结论是一致的：出口可以增加总支出或总需求，进口则会减少总支出或总需求。而在凯恩斯关于总供给曲线的假定条件下，当国民产出低于充分就业时的水平即潜在产出水平(图 12.2(a)中的 Y^*)时，总支出或总需求的增加会带来国民产出的增加，总支出或总需求的减少会带来国民产出的减少。因此，当出口大于进口，即净出口为正数时，国民产出水平高于不存在对外贸易情况下的国民产出。当进口大于出口，即净出口为负数时，国民产出低于不存在对外贸易情况下的国民产出；但是，如果国民产出已经达到了充分就业即潜在产出水平，则增加出口与在同样情况下增加国内需求一样，会带来通货膨胀；而增加进口(在不至于严重影响国际收支均衡的前提下)有助于抑制国内的通货膨胀。

本章小结

(1) 汇率是指一国货币与另一国货币的比率，或者用一国货币表示的另一国货币的价格。由于各国的货币名称以及所代表的购买力的不同，为了方便国际交往，各国有必要确定不同货币之间的比价，即汇率。

(2) 直接标价法又称为应付标价法，是以本国货币表示的外国货币的价格，即一定单位的外国货币折算为本国货币的数量。间接标价法又称为应收标价法，是以外国货币表示的本国货币的价格，即以一定单位的本国货币折算为外国货币的数量。美元标价法又称纽约标价法，是指在国际金融市场上，除对英镑用直接标价法外，对其他外国货币用间接标价法的标价方法。

(3) 汇率变动对经济的影响。汇率下跌将鼓励出口，限制进口，从而在一段时期之后可能改善该国的贸易收支；反之，汇率上升将会鼓励进口，限制出口，有可能使该国的贸易收支状况恶化。

(4) 一国或地区在一定时期内同其他国家或地区所进行的商品、服务等的交换，这种交换从国际范围来看就是国际贸易，如果从一个国家的角度分析就是对外贸易。本章仅从一个国家的范围分析，即从对外贸易角度分析这种交换活动对一国或地区经济的影响。

(5) 主要的国际贸易理论有重商主义保护贸易理论、绝对优势理论、相对优势理论、要素禀赋理论和新贸易理论等。

(6) 边际进口倾向是指每增加一单位的国民收入进口的增加量。加入了边际进口倾向的乘数称为对外贸易乘数，对外贸易乘数的公式为：

$$对外贸易乘数=\frac{1}{1-边际消费倾向+边际进口倾向}$$

这一乘数小于封闭经济中的乘数。

(7) 开放经济中，一国经济不仅受到本国国内因素的影响，同时也会受到其他国家经济的影响；同样，一国采取的经济政策不仅会影响其他国家的经济行为，而且采取何种经济政策也会受其贸易伙伴行为的影响。此时的宏观经济政策不再是单纯的国内政策，它会产生“溢出效应”，因此，国家间的宏观经济政策是互动的。经济越开放，溢出效应和互动性就越强烈，在这种情况下，国家间的经济政策协调成为国际经济生活中不可缺少的、经常性的行为。

(8) 在开放经济条件下，宏观经济政策的主要目标包括经济增长、充分就业、物价稳定和国际收支平衡四个方面。

复习思考题

1. 在开放经济中，消费的增加引起的国内宏观经济变动和净出口增加影响国内宏观经济变动有什么异同？

2. 简述直接标价法和间接标价法。

3. 什么叫固定汇率？什么叫浮动汇率？汇率的变动对一国经济有什么影响？

4. 用所学的知识分析我国人民币升值对经济的影响。

5. 某国的总需求增加 1 000 亿元，其边际消费倾向为 0.5，边际进口倾向为 0.3，求：

(1) 该国的对外贸易乘数。

(2) 国内生产总值的增加量。

(3) 国内生产总值增加后，进口增加量。

6. 比较绝对优势理论和比较优势理论的异同，在我国目前经济状况下，你认为哪一种理论更加适合我国，为什么？

第十三章　宏观经济政策

2007年4月，为应对来自华尔街的174亿美元的逼债，新世纪金融公司宣布申请破产保护与裁员 54%，自此拉开了美国"次贷危机"的序幕，随后逐步演变为金融危机，并席卷全球。到了2008年9月，美国最大的房地产抵押信贷机构房利美(Fannie Mae)和房地美(Freddie Mac)因流动性支付问题被政府接管，有着158年历史的美国第四大投行雷曼兄弟宣布申请破产保护，美林证券公司被美国银行协议收购，美国政府以控股 79.9％方式接管AIG(美国金融保险公司)，美国联邦存款保险公司接管华盛顿互惠银行，标志美国"次贷危机"演变为全球金融危机。从2008年10月开始，伴随着全球股市的狂泻，更多国家的金融、经济爆发危机。英国、俄罗斯均出现金融机构破产。比利时最大金融机构富通集团陷入危机。日本最大金融机构之一的大和生命保险申请"更生特例法"。冰岛与巴基斯坦濒临破产，等等。2008年11月，继日本承认其经济经过连续两个季度下滑陷入衰退后，欧元区也进入其诞生以来的首个衰退期，而美国多项经济指标的恶化程度创30年之最，处在衰退的边缘，新兴市场经济增长放慢已成事实。

为救治美国"次贷危机"引发的全球金融危机，并应对世界经济衰退，美国和西方各国采取了从最初注入流动性、改善金融机构偿付能力，到后来财政出资等一揽子刺激经济政策。自2007年8月9日至30日，美联储累计向金融系统注资1 472.5亿美元。2007年9月18日，美联储决定降息0.5个百分点，进入"降息周期"。2007年12月，美、欧、英、加、瑞士央行宣布，将联手向短期拆借市场注资。2008年2月13日，布什正式签署一揽子经济刺激法案，大幅退税，刺激消费。2018年9月14日，美联储联合美国十大银行成立700亿美元平准基金，为存在破产风险的金融机构提供资金保障。2018年9月18日，美联储、加拿大银行、欧洲中央银行、英格兰银行、瑞士国民银行和日本银行，罕见地宣布联手救市。美联储表示向全球五大央行新增1 800亿美元货币互换额度。2018年9月19日，日本银行再次向短期金融市场注资3万亿日元；欧洲中央银行以及英国和瑞士的中央银行也再次向金融系统注资900亿美元。2018年9月20日，美国政府公布巨额救市方案，拟动用7 000亿美元购入"不流动"按揭证券，并将国债法定上限提升至11.3万亿美元，成为经济大萧条以来美国最大型的救市方案。2018年10月3日，美国众议院投票表决通过《2008年紧急经济稳定法案》，7 000亿美元救市方案获批准。2018年10月30日，日本政府公布一揽子总额26.9万亿日元(约合2730亿美元)的经济刺激方案，以防全球金融危机对日本经济造成进一步负面冲击；2018年11月25日，美国联邦储备委员会宣布投入8 000亿美元，用于解冻消费信贷市场、住房抵押信贷以及小企业信贷市场。欧盟出台一项总额达2 000亿欧元的大规模经济刺激计划，内含扩大公共开支、减税和降息等提振实体经济的三大举措。在金融危机爆发一周年之后，美国的金融业开始逐步走出危机阴影，企业恢复盈利，市场出现回暖，西方主要发达国家经济走出谷底，开始复苏、低速增长，表明西方各国联手进行的宏观救治政策收到了实效。

由此可见，政府经济政策的影响力是不容忽视的。

宏观经济学是由宏观经济理论和政策两大部分组成。所谓宏观经济政策，是指实行市场经济的国家政府依据某种或某些宏观经济理论或思想，为达到一定的宏观经济政策目标而制定和实施的调节宏观经济的原则或措施。20 世纪 30 年代西方国家爆发了世界经济大危机。为了消除广泛存在的商品过剩和失业，西方各国政府纷纷采取了不同形式的干预经济的政策及其措施。从此，西方各国政府经济政策发生了由自由放任到有限干预的历史性转变。1936 年，凯恩斯发表了《就业利息和货币通论》，从总体上研究资源的有效利用问题(有别于传统西方经济学主要研究资源有效配置即自由市场自动调节问题)，为西方各国政府实施宏观经济政策提供了理论依据，标志着现代西方宏观经济学的诞生。凯恩斯认为，只有将政府干预与私人策动结合起来，即实行混合经济，才能保证西方国家实现充分就业的产出均衡增长。

本章主要阐述以凯恩斯主义为基础的宏观需求管理政策，包括宏观经济政策目标及内容、财政政策和货币政策及其制约因素和搭配组合。

本章重点：

- 宏观经济政策目标
- 宏观经济政策内容
- 财政政策的运用工具、类型及效果
- 货币政策的运用工具、类型及效果
- 财政政策和货币政策运用的制约因素和搭配组合

第一节 宏观经济政策目标及内容

一、宏观经济政策目标

宏观经济政策的制定和实施是为达到既定的宏观经济政策目标。西方经济学家认为，宏观经济政策目标包括充分就业、物价稳定、经济增长和国际收支平衡四个目标。

(一)充分就业

按照凯恩斯主义者的观点，充分就业是指社会消除了“非自愿失业”时的就业状况，在接受现有的工资水平和工作条件下，愿意工作的人都能得到就业机会，有工作可做，除了“自愿失业”外。然而，在西方国家，除了“自愿失业”外，事实上往往还存在着“摩擦性失业”“结构性失业”和“周期性失业”，因而，货币主义者认为充分就业就是失业率等于自然失业率时的就业状况。所以，现代西方主流经济学就把充分就业看作社会可以接受范围内所维持的一定失业率时的就业状况。在西方国家，把失业率控制在社会允许的范围之内，如 3%，或者说把失业率保持在自然失业率的水平，就算实现了充分就业，这是西方国家宏观经济政策的重要目标，甚至是在某一时期的首要目标。

(二)物价稳定

在市场经济中，商品的价格经常处于不断变化之中，在一些商品价格上涨的同时，另一些商品价格可能在下降，还有些商品价格可能不变。西方经济学家强调，作为宏观经济政策目标之一的价格稳定，不是指各种商品价格都稳定不变，而是指保持一般价格水平的稳定或物价总水平的稳定，维持一个低而稳定的通货膨胀率，如5%，以保证经济运行有一个稳定增长的环境。

(三)经济增长

促进经济增长是西方国家宏观经济政策的重要目标。西方经济学认为，经济增长意味着在一定时期内社会所创造的人均产量或人均实际国内生产总值的增长。这种增长既要能满足社会发展的需要，又要为人口增长和技术进步所允许，即要达到一个适度的增长率。

(四)国际收支平衡

现代西方国家经济都是开放市场经济。从西方经济学看来，长期、过大的国际收支赤字或国际收支盈余都会对一国经济产生不利影响。因此，努力追求既没有国际收支赤字又没有国际收支盈余状态的国际收支平衡，也是西方国家宏观经济政策的重要目标。

二、宏观经济政策目标之间的矛盾

西方经济学认为，现代宏观经济政策的四种目标之间存在着矛盾。

(1) 充分就业与物价稳定之间存在着矛盾。为实现充分就业，通常会运用扩张性财政政策和货币政策，而运用这些政策又会导致财政赤字的增加和货币供给量的增加，从而引起通货膨胀，给物价稳定带来压力，严重的会恶化经济增长的条件。

(2) 充分就业与经济增长有一致性，也有矛盾。一方面，经济增长会提供更多的就业机会；另一方面，经济增长中的技术进步又会引起产业结构变动和资本对劳动的替代，进而引发结构性失业和部分工人相对过剩。

(3) 充分就业与国际收支平衡之间存在着矛盾。因为充分就业的实现引起国民收入增加，而在边际进口倾向既定的情况下，国民收入增加必然引起进口增加，从而引起国际收支不平衡。

(4) 物价稳定与经济增长之间存在着矛盾。特别是在实行扩张性财政政策和货币政策来促进经济增长过程中常会伴随着通货膨胀，而为缓解通货膨胀，保持物价稳定，如果同时采取紧缩性财政政策和货币政策，且操作过度，则有可能导致通货紧缩和经济停滞增长。

鉴于宏观经济政策目标之间的矛盾，国家在制定和实施宏观经济政策之前和过程中，需要对政策目标重点进行选择或多重目标进行协调。就现代西方经济学来说，不同的西方经济学流派有着不同的宏观经济理论和政策目标主张。例如，凯恩斯主义经济学流派的宏观经济学创新在于有效需求理论和政策，有效需求不足导致非充分就业，侧重于通过赤字财政政策来刺激经济增长，实现充分就业。而货币主义经济学流派的宏观经济学是以名义收入的货币数量理论为研究中心，通货膨胀或通货紧缩本质上是货币现象，是特定政策造成的，主张通过“货币增长率稳定规则”和“单一规则”的货币政策维持物价稳定。而西方国家在不同时期、针对不同经济问题所确定的宏观经济政策目标和采取的相应政策重点也是有所变化的。例如，在20世纪50年代，美国注重于充分就业与物价稳定，在60年代侧重于充分就业与经济增长，从70年代后已趋向物价稳定和四个目标兼顾。

三、宏观经济政策内容

宏观经济政策内容很多。通常，就宏观经济政策内容侧重点来分，有宏观经济需求管理政策和宏观经济供给管理政策以及对外经济政策。

(一)宏观经济需求管理政策

宏观经济需求管理政策是指侧重于通过调节总需求来达到一定宏观经济政策目标的宏观经济政策。受马尔萨斯关于有效需求不足制约资本主义经济发展思想的直接启发，通过对20世纪30年代西方世界经济大危机及其之后的种种萧条现象的需求不足成因分析，凯恩斯认为，现代资本主义的一般情况是有效需求不足，造成失业和危机，最好的对付办法是政府通过赤字财政政策来扩大需求，弥补私人有效需求不足，从而刺激经济增长，实现充分就业。不过，当已经达到充分就业后再增加货币数量，就会造成有效需求过度，出现“真正”或“绝对”的通货膨胀，需要运用紧缩性的需求管理政策来抑制。这就是所谓的凯恩斯主义宏观经济需求管理政策的主张内容，无论国民收入总需求大于还是小于总供给，主要是侧重于对总需求的调节来达到充分就业的均衡。宏观经济需求管理政策通常被看作宏观经济短期政策。

(二)宏观经济供给管理政策

宏观经济供给管理政策是指侧重于通过对总供给的调节来达到一定的宏观经济政策目标的宏观经济政策。20世纪60年代末70年代初，因长期积累了再生产过程中的矛盾，造成了经济停滞、失业和通货膨胀的并发症，凯恩斯主义侧重于宏观经济需求分析及其管理的理论和政策受到严重挑战，尤其是石油价格大幅度上升给西方国家经济带来的严重影响，促使美国一些青年经济学家认识到总供给的重要性，认为供给先于并决定需求，指出凯恩斯主义偏重宏观经济需求分析的不足和政策引发“滞胀”的弊病，转向侧重供给分析，在总需求—总供给模型中加入了总供给对国民收入和价格水平影响的分析，主张解决总供求失衡的根本办法是调整总供给。宏观经济供给管理政策主要包括控制工资与物价的收入政策、改善劳动力市场的人力政策和促进技术或效率改进的经济增长政策。宏观经济供给管理政策通常被看作宏观经济长期政策。

(三)对外经济政策

现代西方国家经济都是开放市场经济，在经济全球化加深的过程中，各国经济之间存在着日益广泛和紧密的联系和影响，因此，一国为达到既定的经济政策目标，既需要考虑国内经济政策，也需要配套对外经济政策，在制定和实施国内财政政策和货币政策时，结合制定和实施对外贸易政策和汇率政策等，以实现对外贸易顺差、国际收支的平衡和国际经济关系的协调，达到国内均衡与国外均衡协同。

第二节 财政政策

财政政策是西方国家干预和调节经济的主要政策之一。所谓财政政策，是指运用政府财政支出和政府税收来调节经济中的总需求水平，消除通货紧缩缺口或通货膨胀缺口，以达到宏观经济需求管理目标的政策。财政政策总的目标是保持社会总供给和总需求的平衡，具体目标可以分为：促进资源的合理配置；实现收入的公平分配；实现经济的稳定增长。

一、财政政策的运用工具

财政政策的运用工具主要是政府财政支出和政府财政收入。

(一)政府财政支出

政府财政支出是总需求的一项重要组成部分，因而是政府制定和实施宏观经济需求管理政策、实现宏观经济需求管理目标的一个重要政策工具。按支出方式，西方国家的政府财政支出可分为政府购买支出和政府转移支付两部分。

1. 政府购买支出

政府购买支出是指政府对商品和劳务的购买支出，主要分为两个方面：一是政府举办公共工程的支出。政府对社会需要而私人经济主体无力举办或私人不愿举办的公共设施和公共建筑，如机场、港口、桥梁、高速公路、公园、学校和水利的投资；二是政府管理各种社会事业的支出。政府对国家安全、政府行政、科学研究、教育、文化、环境保护、卫生保健等管理的需要而购买商品和劳务的支出以及向公务人员支付的薪金等。政府购买支出是总需求的一项重要组成部分。

2. 政府转移支付

政府转移支付主要是指政府对私人部门的无偿转移支付，主要包括 3 个方面：①政府的社会保障与社会救济支出；②政府公债的利息支出；③政府对农业的补贴等。政府转移支付构成个人可支配收入的一部分。由于政府转移支付是政府收入的一项扣除，所以通常将税收与政府转移支付之差称为净税收。

(二)政府财政收入

政府财政收入是政府运用财政支出手段来调节宏观经济需求水平和结构、实现经济需求管理目标的资金来源，财政收入主要由各项税收和公债构成。

1. 税收

合理的税收制度不仅是政府运用财政支出手段来调节宏观经济需求水平和结构、实现经济需求管理目标的主要资金来源，而且对调节国民收入再分配、保障社会分配公平具有十分重要的作用。现在，税收已占西方发达国家国民收入比重的 20%以上，在西欧高福利国家甚至达到 50%。按不同方法，税收可以分为以下几类。

(1) 按征收对象，税收可以分为所得税、货物税和财产税三类。所得税是对个人和公司的收入(通常是纯收入)征收的税。所得税占政府总税收中的很大比重，是政府运用财政支出手段来调节经济活动的主要资金来源，其税率变化会对经济运行发生很大的调节作用。货物税是对流通中的商品征收的税。财产税是对房地产价值征收的税。

(2) 按纳税方式，税收可以分为直接税和间接税两类。直接税是指由纳税人直接负担的税收，如所得税(包括个人所得税和公司所得税)和财产税等。这类税收的纳税人同时就是负税人，税金不能转嫁给他人。间接税是指对商品和服务征收的税，如货物税、销售税、消费税、进口税等。这类税收的纳税人不是赋税人，而是厂商，赋税人是商品和服务的消费者。因而间接税的税金是由纳税人转嫁给消费者。

(3) 按收入中被扣除的税收比例，税收可以分为累进税、累退税和比例税三类。累进税是指按照征税对象收入数额增加相应提高征税税率的税。直接税通常具有累进的性质。相反，累退税是指按照征税对象收入数额增加相应下调征税税率的税。间接税通常具有累退的性质。比例税是指对同一征税对象，不论其数额多少，都按同一比例征收的税。间接税一般实行比例税率。

2. 公债

无论从西方经济学来说，还是从西方国家宏观经济调节政策的时间来看，公债已是政府运用财政支出手段来调节宏观经济需求水平和结构、实现经济需求管理目标的重要资金来源，更是调控金融市场的重要途径。按不同方法，公债可以分为以下两类。

(1) 按发行公债的政府行政级别不同，公债分为中央政府公债(国债)和地方政府公债两类。

(2) 按期限长短不同，公债分为短期公债、中期公债和长期公债三类。短期公债是为期 1 年以内的公债，以国库券形式在市场上流通。中期公债是为期 1～5 年的公债。长期公债是为期 5 年以上的公债。中、长期公债是以记账凭证形式在市场上流通的。

二、财政政策的运用类型

根据凯恩斯经济学原理，在运用宏观财政政策调节经济、进行需求管理时，政府应根据不同情况来调整政府支出和税收，“逆经济风向行事”，采取扩张性或紧缩性财政政策。而在现代西方国家的财政政策理论和实践中，还有政府通过财政分配活动对社会总需求的影响保持中性的平衡性财政政策。宏观财政政策的运用类型、内容和目标如表 13.1 所示。

表 13.1 宏观财政政策的运用类型、内容和目标

运用类型	内 容	目 标
扩张性财政政策	增加政府支出、减少政府税收	实现充分就业
紧缩性财政政策	减少政府支出、增加政府税收	抑制通货膨胀
平衡性财政政策	控制政府支出、维持政府税收	保持稳定增长

(一)扩张性财政政策

在一国经济萧条时期，总需求小于总供给，产品过剩，价格下降，利率上升，失业增加。这时，政府就要运用扩张性财政政策，通过增加政府支出、减少税收来刺激总需求，以实现充分就业。因为，一方面，扩大政府公共工程支出、政府购买和转移支付等，有利于刺激私人投资增加和个人消费增加，从而刺激总需求扩大，推动经济走出萧条；另一方面，政府减少税收，主要是减少公司和个人所得税，既可以使公司收入增加，从而增加投资，又可以使个人有更多的可支配收入，从而增加消费，这样也会刺激总需求扩大，推动经济走出萧条。

在一国处于经济萧条时期，通过增加政府支出、减少税收来刺激总需求，以实现充分就业，往往会造成财政赤字，因而扩张性财政政策通常就是赤字财政政策。赤字财政政策是凯恩斯主义最主张的一个财政政策。凯恩斯主义认为，在经济萧条时期，为了解决有效需求不足，克服萧条，政府应放弃财政收支平衡的旧信条，增加支出，减少税收，实行赤字财政政策。否则，追求财政收支平衡会发生“挤出效应”，使财政政策作用相互抵消。

发生财政赤字后应如何弥补呢？凯恩斯认为最好的、易行的办法就是政府向中央银行发行公债。为什么呢？因为政府实行赤字财政政策发行公债时，将公债直接卖给居民户、厂商或商业银行，就会减少居民户或厂商的消费和投资以及商业银行的放款，直接或间接地减少社会支出，抑制总需求，起不到应有的扩大总需求的作用。只有把公债卖给中央银行，才能起到扩大总需求的作用。财政部把公债作为存款交给中央银行，从中央银行取得支票簿，再把支票当作货币来扩大各项支出，举办公共工程，增加政府购买和转移支付。这样一来，既可以满足政府财政赤字的需要，又不会产生对私人部门需求的“挤出效应”，从而达到刺激总需求扩大、克服经济萧条、实现充分就业的目标。

(二)紧缩性财政政策

当一国处于经济繁荣时期，总需求大于总供给，存在过度需求，而产量无法增加时，会引起通货膨胀。这时，政府则要通过紧缩性财政政策，减少政府支出、增加税收来抑制总需求，以实现物价稳定。因为，一方面，政府公共工程支出与购买的减少会抑制投资，转移支付的减少可以减少个人消费，这样就抑制了总需求；另一方面，增加公司和个人所得税会减少公司收入和个人可支配收入，从而抑制公司投资和个人消费，这样也会进而抑制总需求，有助于抑制或消除通货膨胀，实现物价稳定。

在一国处于经济繁荣时期，政府减少支出、增加税收会带来财政盈余，因而紧缩性财

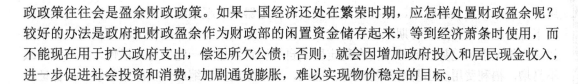

政政策往往会是盈余财政政策。如果一国经济还处在繁荣时期，应怎样处置财政盈余呢？较好的办法是政府把财政盈余作为财政部的闲置资金储存起来，等到经济萧条时使用，而不能现在用于扩大政府支出，偿还所欠公债；否则，就会因增加政府投入和居民现金收入，进一步促进社会投资和消费，加剧通货膨胀，难以实现物价稳定的目标。

(三)平衡性财政政策

当一国社会总供求保持大体平衡时，政府可以采用财政收支保持平衡的平衡性财政政策，对社会总需求的影响保持中性，既不发生扩张性作用，也起不到紧缩性作用，以保障经济稳定增长。平衡性财政政策作用能否有效发挥，关键是科学合理地确定支出的总规模，能够实现对社会资源的有效利用。由于现实经济常常处于非均衡运行状态，所以扩张性财政政策和紧缩性财政政策运用较多，平衡性财政政策运用较少。

三、财政政策的运用效果

财政政策本身具有某些内在的自动调节经济、使经济稳定的效用。但财政政策这种内在稳定器或自动稳定器的作用十分有限，要消除通货紧缩或通货膨胀的缺口，保证经济的稳定增长，还需要政府有意识地运用财政政策来调节经济，而各项财政政策手段的运用，既会对整个经济产生乘数的影响，也会产生挤出效应，需要审时度势，把握分寸。

(一)财政政策的内在、自动稳定器效用

财政政策中的内在稳定器或自动稳定器是指财政制度本身具有某些内在的自动调节经济、使经济稳定的效用。当经济出现波动时，内在稳定器或自动稳定器就会自动发生作用，减轻经济萧条或通货膨胀的程度。具有内在稳定器或自动稳定器作用的财政政策主要包括公司和个人所得税以及各种转移支付。

公司和个人所得税的征收都有固定的起征点和固定累进的税率。当经济繁荣时，就业人数增加，国民收入水平上升，公司利润和个人收入都会增加，他们所缴纳的税额就会自动增加，而且政府税收的自动增加幅度会超过收入上升的幅度，从而会自动地抑制消费和投资的增加，有助于减轻由于总需求过旺而引起的通货膨胀。当经济衰退时，就业人数减少，国民收入水平下降，公司利润和个人收入都会减少，他们所缴纳的税额也就自动减少，并且政府税收的自动下降幅度会大于收入下降的幅度，从而会遏制消费和投资的进一步减少，有助于缓和由于总需求紧缩而引发的经济衰退速度。

失业救济金和各种福利支出等转移支付有固定的发放标准。当经济衰退时，随着失业人数和需要其他补助的人数增多，这类转移支付就会自动增加，有助于遏制消费和投资的进一步减少，可在一定程度上缓和经济衰退。当经济繁荣时，失业人数和需要其他补助的人数会减少，这类转移支付就会随之自动减少，有利于抑制消费和投资的进一步增加，可在一定程度上缓和通货膨胀。

西方经济学家认为，财政政策的内在稳定器或自动稳定器在轻微的经济衰退和通货膨胀中往往能起到良好的稳定作用，有助于稳定经济，但这种内在稳定器或自动稳定器的作

用十分有限。在衰退时期，内在稳定器或自动稳定器只能缓和经济衰退的程度，而不能扭转下降的趋势。在繁荣时期，内在稳定器或自动稳定器只能缓和物价上涨的程度，而不能扭转物价上涨的趋势。此外，内在稳定器或自动稳定器也有一定的非灵活性，如税收易减不易增，福利费用支出易增不易减等。因此，要消除通货紧缩或通货膨胀的缺口，保证经济的稳定，还需要政府有意识地运用财政政策来调节经济。但是，如果政府能充分估计到财政政策的内在稳定器或自动稳定器的作用，那么政府在制定和实施扩张性或紧缩性财政政策进行需求管理时，就能把握好力度，取得更好的效果。

(二)财政政策的乘数效应

财政收支的增加或减少与国民收入的增加或减少之间多少存在着乘数关系。各项财政政策手段的运用，会通过财政乘数发生对国民收入的影响，会程度不同地调节社会总需求、实现宏观经济管理目标。财政乘数有政府购买乘数、政府转移支付乘数和政府税收乘数。

(1) 政府购买是总需求的重要组成部分。在边际消费倾向为一定的情况下，政府购买的增量变化对国民收入会产生乘数影响。故有政府购买乘数 KG，计算公式为：

$$\text{KG} = 1/(1-C)$$

其中，C 为边际消费倾向。

(2) 政府转移支付的变化会引起国民收入同方向的乘数变化。当政府转移支付增加时，居民的可支配收入增加，则消费与储蓄增加，而消费增加又引起国民收入的增加；反之，则减少。故有政府转移支付乘数 KTR，计算公式为：

$$\text{KTR} = C/(1-C)$$

政府转移支付乘数等于边际消费倾向与1减去边际消费倾向之比，或等于边际消费倾向与边际储蓄倾向之比。

(3) 政府税收取自国民收入，因而它与国民收入之间具有反方向的乘数变化关系。故税收乘数 KT 的计算公式为：

$$\text{KT} = C/(1-C)$$

从理论上来说，有了各种财政乘数公式，就可以计算出为填补一定数量的潜在国内生产总值与实际国内生产总值之间的差距，即 GDP 缺口，须增减多少政府支出或税收，即用 GDP 缺口除以各种财政乘数就可得到。

从上述三个财政乘数公式中可知，政府购买乘数的政策效果大于政府转移支付乘数和税收乘数的政策效果。因为政府购买乘数公式中的分子等于 1，而政府转移支付乘数和税收乘数公式中的分子 C 小于 1，说明了政府购买乘数大于政府转移支付乘数和税收乘数的绝对值。

(三)财政政策的挤出效应

运用财政政策调节总需求和国民收入会有乘数效应，那是在假设工资、价格、利息率以及对未来预期不变等条件下得出的理论数值，然而在现实中，这些因素会对政府购买、税收等做出相反的反应，削弱甚至抵消财政政策的乘数作用。所谓挤出效应，是指政府支出增加所引起的私人投资或消费的相应降低现象。当政府购买增加刺激了物品与劳务需求时，在货币供给既定的情况下，货币需求会增加，以致引起了利率上升，从而抑制了私人投资或消费，减少了对物品与劳务需求。挤出效应直接关系到财政政策作用效果的大小问题。对此，各个西方经济学流派有不同的看法。

凯恩斯主流派经济学家认为存在挤出效应，但是，挤出效应的大小要根据具体条件进行具体分析。首先，实行扩张性财政政策的前提条件是低于充分就业的状态。此时，需用增加政府支出的办法去补偿私人投资与消费的不足，从而使国民收入增加。当厂商的资本、物品在这一过程中被更加充分利用时，就会刺激投资需求的增加。这就是说，政府支出的增加，不仅不会产生挤出效应，反而会促进投资或产生挤进效应。只有在充分就业的状态中，增加政府支出才会产生挤出效应，造成私人投资的相应下降。其次，投资者虽然对利息率变动十分敏感，但对预期利润率的变化更加敏感。如果政府开支的增加能提高预期利润率，就会刺激厂商为逐利而投资。在衰退时期，增加政府支出正是起到提高预期利润率，以刺激投资的作用。因此，在衰退时期不会产生挤出效应。再次，从政府支出对利息率的影响看，有两种可能的情况：其一，如果货币供给量能随政府支出的增加而增加，则利息率不一定会上升，从而不会抑制私人投资；其二，如果货币供给量不变，利息率将会上升，但这时由于预期利润率被政府支出所提高，因而即使投资被排挤，也不会达到百分之百，仍会使总需求有所扩张。

以弗里德曼为首的货币学派经济学家则认为存在百分之百的挤出效应。政府增加一定数量的支出，会使同等数量的投资被减少，此消彼长，总需求仍维持不变。首先，如果政府增加支出的资金来自增税，则政府支出的增加与私人支出的减少是等量的。其次，如果政府支出来自向私人的举债，同样会完全排挤掉等额的私人投资，总需求仍不会增加。再次，如果货币供给量不变，则不论政府支出所需资金以什么方式筹集，都会导致金融市场上利息率的提高，而对利息率十分敏感的投资需求就会相应降低。

第三节 货币政策

货币政策是西方国家干预和调节经济的主要政策之一。所谓货币政策，是指中央银行通过运用货币政策工具来控制经济中的货币供给，调节利息率，改变信贷条件，进而影响总需求变动，促进宏观经济朝着既定的宏观经济政策目标运行的政策。货币政策总的目标是保持币值稳定，保持货币流动性的合理充裕，保持利率的合理水平，并以此稳定物价、促进经济平稳增长。

随着西方国家经济发展的阶段性演变，西方宏观经济学对于货币政策在宏观经济政策中作用的看法不断发生变化，逐步得到加强。20 世纪 30 年代，凯恩斯认为货币政策的效果有限，宏观经济政策的重点在于财政政策。但是到了 20 世纪 60 年代后，美国的凯恩斯主义经济学家却强调货币政策与财政政策同样重要，主张双管齐下。20 世纪 70 年代后，随着西方发达国家“滞胀”局面的出现，弗里德曼的货币主义盛行，西方各国纷纷采用了货币主义所主张的控制货币供给量的政策。

一、货币和货币供给

(一)金融资产与货币

在西方国家经济中，公司或个人拥有的资产可以分为非货币形式的资产(即实物资产)和货币形式的资产(即金融资产)两大类。实物资产包括厂房、土地、设备、汽车、住房等一切有形产品和生产资料。金融资产包括通货和证券，通货包括硬币、纸币、银行存款等，证券包括债券、股票等。金融资产的流动性主体是货币。货币是由各国中央银行发行的、为人们所普遍接受的、充当交换媒介的资产。金融资产的存在使得投资和信贷活动得以进行。

(二)货币的流动性和货币供给量及其指标划分

货币的流动性就是货币的变现能力。不同形式的货币资产具有不同的变现能力，据此可对货币进行分类，划分货币供给量的指标。所谓货币供给量，是指在一定时点上流通的货币总量，是一个存量概念。

现金或通货是最具有流动性的货币，属于西方经济学中狭义的货币范畴，其货币供给量指标用 M0 表示。它包括纸币和铸币。纸币是由国家中央银行发行的法定的不兑现货币，具有法偿地位，是公共的和私有的一切债务的法定偿债物。铸币又称补币，是为了便利小额支付和找零而铸造的硬币。纸币和铸币都是国家法定的流动货币，又称为通货。

存款货币又称银行货币或信用货币，是指活期存款及其他可开支票的存款。目前，在西方国家的交易过程中，支票和信用证的使用比重已远远超过现金。公司或个人在银行中开立支票账户，银行给开户者支票簿，开户者可以根据存款余额随时开出支票，用于支付购物价款或提取存款变现。同样，在西方国家，信用证已经得到广泛使用。利用信用证支付可不受实际存款额的限制，可在一定范围内获得透支的便利。由于支票和信用证的流动性与现金的流动性差别不大，因而同归于狭义货币范畴，其货币供给量指标用 M1 表示。

储蓄存款和定期存款作为近似货币或准货币，商业票据、公司股票、政府公债等作为资产货币，它们本身不是货币，不能用作无限制的交换媒介，不如现金和支票的流动性大。但是，定期存款可以在提前通知的条件下转为活期存款而成为支付手段，商业票据可以作为支付凭证转让给第三者互相抵销债务，股票、债券随时可在市场上出售变现，等等，都能起到货币作用，代表着较大的、未来的购买力或资产货币价值，因而连同 M1，被纳入广义货币范畴。M1 加上储蓄存款和定期存款的货币供给量指标用 M2 表示，M2 加上商业票据、公司股票、政府公债等的货币供给量指标用 M3 表示。

西方经济学货币供给量的指标划分层次如图 13.1 所示。

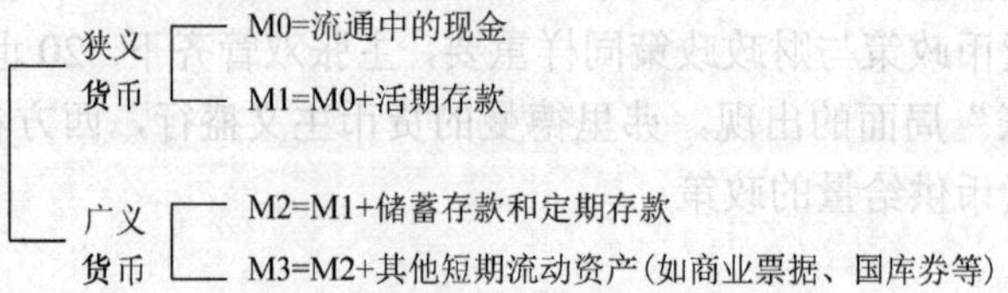

图 13.1　西方经济学货币供给量的指标划分层次

不同层次的货币资产具有不同货币的流动性，分别反映了社会经济生活中不同层次的交易行为和宏观影响。因而，西方国家通过对不同层次的货币供给量的统计分析，了解和掌握宏观经济运行状况和发展趋势，据此提出、制定、实施和调整宏观货币政策，以实现既定的货币政策目标。

二、西方国家的银行体系、货币创造和货币乘数

(一)西方国家的银行体系

货币政策通常是由中央银行代表政府通过银行体系来实施的。西方国家的银行体系是由中央银行与商业银行以及其他金融机构组成的两级银行体系。

中央银行是由政府设立的国家银行。中央银行的主要职能体现在三个方面：一是作为货币发行的银行，代表政府发行货币，中央银行是唯一的货币发行机构；二是作为商业银行的银行，接受商业银行的存款，同时也向商业银行发放贷款，是全国的票据结算中心，领导并监督商业银行的业务活动；三是作为国家政策的银行，制定和执行国家货币政策，通过实施各种货币政策来调节经济。西方国家全部设有中央银行，如美国的联邦储备局、英国的英格兰银行、法国的法兰西银行、日本的日本银行等。

银行系统的第二级是商业银行和其他金融机构。西方国家的商业银行一般是私人银行。就法律地位来说，商业银行是自主经营、以营利为目的的独立的经济组织，主要从事吸收存款、发放贷款和代理客户结算等经营业务，以获得利润。其他金融机构如保险公司、信托投资公司、邮政储蓄机构等非银行金融机构，在西方国家中非常发达，其性质和作用与商业银行一样，但在资金来源与运用上各具特点。

(二)银行创造货币的机制

在货币政策调节经济的过程中，商业银行创造存款货币的机制是十分重要的。这一机制与法定准备金制度、支票流通制度以及银行贷款转为客户的活期存款制度等有着直接的关系。

1. 法定准备金

商业银行资金的主要来源是存款。商业银行的贷款业务主要是靠吸收存款来开展。但是，为了防止经济形势恶化下突发大批储户挤兑给银行造成信用危机，确保银行的信誉与整个银行体系的稳定，中央银行通常规定商业银行必须从存款中留出一定比例的准备金，不能把吸收的存款全部贷放出去。这部分准备金可以存放在本银行的金库中，也可以存入中央银行，但不计利息。准备金与银行存款的比率，称为银行存款准备金率。由中央银行以法律形式规定的商业银行在所吸收的存款中必须保持的准备金比率，称为法定准备金率。法定准备金率低，银行吸收存款留作准备金就少，可以用于贷款就多；法定准备金率高，银行吸收存款留作准备金就多，可以用于贷款就少。若法定准备金率为 10%。银行每吸收 100 元的存款，只要将 10 元留作准备金，90 元可以用于贷款。若法定准备金率提高为 20%，银行每吸收 100 元的存款，就需将 20 元留作准备金，只有 80 元可以用于贷款。因为按法

定准备金率提存的准备金是掌握在银行手中，而不是掌握在私人经济主体手中，所以它不属于货币供给量。而在银行的实际准备金数量超过法定准备金而形成超额准备金后，银行则可以将超额准备金用于贷款，这部分贷款就相应地增加了货币供给量。

2. 支票流通

商业银行代客户办理支票结算业务。存款人可以用银行支票偿付各种款项，因此，商业银行的活期存款就是货币，银行的活期存款增加就意味着货币供给量的增加。

3. 银行贷款转为客户的活期存款

由于支票结算在市场交易中的广泛使用，因而客户把从银行获得的贷款，在与自己有业务往来的商业银行中转存为可以开支票使用的活期存款，并不直接提取现金。银行就用存入的一部分贷款用于发放新的贷款，而这新的贷款又会因为客户的重新转存入银行，形成派生存款。然后，这一派生存款的一部分又通过贷款转为新的派生存款。只要获得银行贷款的客户不直接提取现金，而是转存入银行可开支票的活期存款，那么，银行就能不断地把吸收进来的存款贷放出去，形成一系列新的派生存款。这样，在中央银行货币发行量并没有增加的情况下，商业银行的这种连续存款与贷款活动就会创造货币，使流通中的货币量增加。这就是银行创造货币的过程。

(三)货币乘数

一笔最初的存款经过一系列贷款转为存款的活动，能创造多少货币呢？这取决于法定准备金率和乘数原理作用。假设法定准备金率为20%，最初商业银行A所吸收的存款为1 000万元，则该商业银行可放款800万元，得到这笔800万元贷款的客户又将它作为活期存款，存入另一家商业银行B，商业银行B得到800万元存款后，留下160万元法定准备金，又可放款640万元。得到这640万元贷款的客户把这笔贷款存入另一家商业银行C，该商业银行留下128万元法定准备金，又可放款512万元……这样继续下去，整个商业银行体系可以增加5 000万元存款，即1 000万元的存款创造出了5 000万元的货币。

用R代表最初存款，D代表存款总额(即创造出的货币)，r代表法定准备金率($0<r<1$)，则商业银行体系所能创造出的货币量的公式为：

$$D = R/r$$

从上式中可以看出，商业银行体系所能创造出来的货币量与法定准备金率成反比，与最初存款成正比。

从上式中还可以看出，货币乘数或货币创造乘数就是法定准备金率的倒数，用K_m表示货币乘数，则有货币乘数公式：

$$K_m = 1/r$$

按上述例子和公式计算可得整个商业银行体系货币创造乘数就是5。

与投资乘数一样，货币创造乘数也从两个方面起作用。它既能使银行存款与贷款数倍扩大，也能使银行存款和贷款数倍收缩。因此，中央银行调整法定准备金率对货币供给量扩大或收缩会产生重大影响。

三、货币政策的运用工具

中央银行主要通过有效运用公开市场业务、贴现率政策和法定准备金率政策三大货币政策工具，调节金融市场上的货币供给量和利息率，进而最终影响宏观经济朝着既定的货币政策目标运行。

(一)公开市场业务

所谓公开市场业务，是指中央银行在公开市场即金融市场上买进或卖出政府债券，增加或减少商业银行准备金，以调节货币供给量和利息率。中央银行在公开市场上的交易对象是证券商，主要是商业银行和政府债券的专门代理商，而不是直接与社会公众进行证券交易。

当经济出现通货膨胀时，总需求过度，中央银行在公开市场卖出政府债券，买进政府债券的商业银行因向中央银行付款而减少银行准备金，为满足法定准备金率的要求，不得不收缩信贷规模，由于货币乘数作用，造成货币供应量的成倍收缩；同时，债券价格也下降，共同引起利息率上升，导致投资需求下降，再通过投资乘数作用，引起总需求的进一步收缩，进而抑制通货膨胀。当经济出现衰退或进入萧条时，总需求不足，失业增加，中央银行在公开市场买进政府债券，出售政府债券的商业银行获得中央银行支票的兑付而增加银行准备金，用于扩大信贷规模，通过货币乘数作用，多倍扩大货币供应量；同时，债券价格向上涨，共同促使利息率下降，刺激投资需求扩大，再通过投资乘数作用，刺激总需求的进一步扩大，进而促使国民经济走出衰退或萧条状态。

(二)贴现率政策

当商业银行准备金不足时，它可以凭借自身的收益资产，如政府债券或为客户办理票据贴现的各种票据，向中央银行申请借款或票据再贴现。贴现率是指商业银行向中央银行借款时支付的利息率，换句话说，贴现率就是中央银行向商业银行贷款时收取的利息率。贴现率一般低于商业银行向客户贷款的利息率。贴现率政策是指中央银行变动对商业银行的贴现率和贴现条件，调节商业银行的贷款能力，以调节货币供给量与利息率，实现需求管理的目标。

当经济出现通货膨胀时，中央银行提高贴现率或严格贴现条件，就会使商业银行减少向中央银行的借款，从而商业银行因难以增加准备金而减少对客户的贷款；又因银行创造货币的机制作用，成倍地减少流通中的货币供给量；同时，商业银行也会相应提高对客户的贷款利率，进一步限制了客户的借款能力，从而共同引发了利息率提高，抑制了投资，抑制了总需求，进而达到抑制通货膨胀的目标。当经济出现衰退或进入萧条时，中央银行降低贴现率或放松贴现条件，就可以使商业银行得到更多的资金，商业银行就可以增加对客户的放款，通过银行创造货币的机制，加倍地增加流通中的货币供给量；同时，商业银行也会相应降低对客户的贷款利率，进一步增强了客户的借款能力，从而共同促使利息率降低，刺激了投资，增加了总需求，进而达到推动经济摆脱衰退或萧条的目标。

(三)法定准备金率政策

中央银行可以通过对法定准备金率的影响来调节货币供给量与利息率。根据货币乘数原理，中央银行规定的法定准备金率越低，货币乘数就越大，银行创造货币的能力也就越大，就会放松银根，派生存款就越多；反之，法定准备金率越高，货币乘数就越小，银行创造货币的能力也就越小，就会收紧银根，派生存款就越少。当经济出现通货膨胀时，中央银行提高法定准备金率，则商业银行就会成倍地减少货币供给量，引起利息率提高，就会抑制投资，降低国民收入和物价水平，有利于抑制或消除通货膨胀。当经济出现衰退或进入萧条时，中央银行降低法定准备金率，就会促使商业银行成倍地增加货币供给量，导致利息率下降，刺激投资，提高国民收入水平，有利于推动经济摆脱衰退或萧条。

公开市场业务、贴现率政策和法定准备金率政策三大货币政策工具是一般性控制工具，对经济调节、影响的作用是全面的，但是各自对经济调节、影响的作用的程度是有差别的。在西方国家，公开市场业务是一种灵活而有效的货币政策工具，因而成为最重要的也是最常用的货币工具。贴现率则是一个相对次要的货币政策工具。由于改变法定准备金率作用程度过于强烈，它会引起政策上过大和过分突然的变化，因此，西方国家极少采用。

除运用以上三种主要手段外，货币政策还运用一些次要手段，如道义上的劝告，证券信贷、分期付款和抵押贷款条件的控制，实施利息率上限等。

四、货币政策的运用类型

在不同的经济形势下，中央银行要运用不同的货币政策来调节经济，以实现需求管理的目标。大体说来，货币政策有三种类型：扩张性货币政策、紧缩性货币政策和均衡性货币政策。

(一)扩张性货币政策

扩张性货币政策是运用于萧条时期的货币政策。在萧条时期，总需求小于总供给，失业率高，资源未被充分利用。对此，需要运用扩张性货币政策，在公开市场上买进有价证券，降低贴现率并放松贴现条件，降低法定准备金率等，这样就可以增加货币供给量，降低利息率，刺激总需求，促进资源充分利用和实现充分就业。

(二)紧缩性货币政策

紧缩性货币政策是运用于繁荣时期的货币政策。在繁荣时期，总需求大于总供给，经济过热，通货膨胀严重。对此，需要运用紧缩性货币政策，在公开市场上卖出有价证券，提高贴现率并严格贴现条件，提高法定准备金率等，这样就可以减少货币供给量，提高利息率，抑制总需求，迫使过热经济降温，抑制住通货膨胀，保持经济稳定增长。

(三)均衡性货币政策

均衡性货币政策是运用于平稳时期的货币政策。在平稳时期，总需求与总供给之间大体保持平衡，经济稳定增长，接近充分就业。对此，需要运用均衡性货币政策，按照国内生产总值增长率确定货币供应量增长率，适度进行公开市场上有价证券的买卖，维持或微调现有贴现率，稳定法定准备金率，这样就可以使货币供给量与货币需求量大体相等，进而保持或促进总需求与总供给的平衡，促使经济稳定增长。

五、货币政策的运用效果

在对货币政策的作用、机制和主要目标等问题上，凯恩斯主义与货币主义之间针锋相对。凯恩斯主义强调财政政策在扩大总需求、实现充分就业、促进经济稳定增长方面的重要性；货币主义强调货币政策在稳定宏观经济方面的重要性，货币政策的主要目标是保持物价稳定，反对把利息率作为货币政策的目标，主张实行简单规则的货币政策，反对斟酌使用的货币政策。尽管如此，许多经济学家对货币政策的运用效果还是有一些共识的。

(一)增加货币供给的货币政策对经济的调节效果

一般认为，增加货币供给会对经济产生以下几种调节效果。

(1) 当经济中存在潜在的、未被充分利用的生产能力时，货币供给量增加，信贷放松，利率下降，会刺激厂商增加投资，带来产出的增长，而不是价格的提高，表现为总需求曲线向上移动，导致一个更高的均衡产出水平。

(2) 当经济的运行已发掘出大部分生产能力时，货币供给量继续增加，贷款继续加倍放大，利率下降，厂商追加投资，带来产出的增长，同时抬高了资本品价格，表现为总需求曲线沿着总供给曲线向上倾斜，出现价格和产出“双高”均衡。

(3) 当经济的运行接近其全部生产能力时，较松的货币政策可能导致价格的上升，对产出没有影响，较低的利率将总需求曲线移动到右方。

(4) 当经济处于严重的衰退之中时，货币需求曲线非常平坦，即使是较大的货币供给变化也可能仅带来较小的利率变化。货币供给的增长在最需要产出增长的时候却不能带来产出增长。这时货币政策可能相对无效。

(二)减少货币供给的货币政策对经济的调节效果

大幅度收缩信用的结果，会大量减少总需求，以致经济从接近充分就业的水平移动到出现大量失业的状态。当货币政策有足够大的变化时，总需求曲线将向左移动很多，并且将经济从处于总供给曲线的垂直部分的均衡移动到处于水平部分的均衡。此时产出大大下降。

第四节　财政政策和货币政策的局限性及组合搭配

一、财政政策和货币政策的局限性

以上关于财政政策和货币政策的运用工具、类型和效果的阐述仅仅是侧重理论上的，然而，在实施中，财政政策和货币政策往往会遇到很多局限。

(一)政策的时滞问题

政策的时滞问题是指任何一项政策，从提出到推行，再到达到预期目标的过程中会有一个“时间差”，这个“时间差”称为政策滞后。

政策时滞可以分为内在时滞与外在时滞。政策的内在时滞是指从经济中发生了引起不稳定的变动，到决策者制定出适当的经济政策并付诸实施这中间的时间间隔，包括从经济发生变动到决策者认识到有必要采取某种政策的认识时滞，从认识到有必要采取某种政策到实际做出决策的决策时滞，从做出决策到政策付诸实施的实施时滞。政策的外在时滞是指从政策实施到政策在经济中完全发生作用或达到预期目标之间的时间间隔。

各种宏观经济政策的时滞由于其本身的性质而有很大的差别，如财政政策的内在时滞较长。因为财政政策从决策、议会批准到实施，需要很多的中间环节，但由于财政政策直接作用于总需求，见效快，所以外在时滞较短。而货币政策的内在时滞较短。因为货币政策是由中央银行直接决定，所经中间环节少，但由于货币政策的作用较为间接，所以外在时滞较长。由于政策时滞客观存在，无法消除，这就要求政策制定者必须具有相当的技巧才能在解决原有问题的同时避免出现新的问题。

(二)公众预期的影响

公众对政策本身形势的预期也常会影响政策的效果。如果公众认为政策的变动只是暂时的，从而不对政策的变动做出反应，那么，该政策变动后就很难达到预期的目标。例如，当政府实行减税政策时，如果公众认为政府减税只是一个暂时的或一次性的举措，那么，他们就不会因此而增加消费或投资。这样就会使减税起不到预期的刺激总需求的作用。再如，公众预期未来经济会发生严重衰退，那么，即使政府减税，公众也不会增加消费和投资。这样就会使政府减税的举措起不到刺激总需求的作用。只有当公众认为政府的政策是一种长期政策，并且他们对经济的预期和政府的预期大致接近时，他们才会与政策相配合。但要让公众能够做出正确的预期，并且能自动地去配合政府的政策，又相当困难。这会使政策难以达到预期的目标。

(三)非经济因素的影响

经济政策常常要受到许多因素特别是国内外各种政治因素的影响。这就要求决策者在制定经济政策时不仅要考虑经济因素，而且还要考虑政治因素，甚至在某个时期政治因素比经济因素更为重要。例如，在总统大选前夕，尽管经济中已出现了通货膨胀，但在位者为了再次当选，一般不会采取紧缩性政策，以免失业增加、经济萧条，给他带来不利的影响。另外，政策在实施过程中因受各种因素的影响，而难以达到预期的目标。又如，增税会遭到普遍反对，减少政府购买会遇到被减少了订货的厂商的反对，减少转移支付则会遭到一般平民及同情者的反对和抵制。政府出于政治上的考虑，不得不中止或减少这方面的政策措施，从而使政策难以达到预期的目标。另外，国际政治关系的变动、某些重大政治事件的发生以及意想不到的自然灾害等，也会影响政策的实施及其效果。

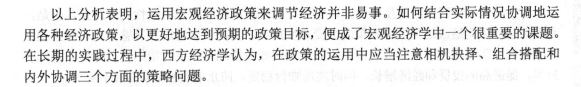

以上分析表明，运用宏观经济政策来调节经济并非易事。如何结合实际情况协调地运用各种经济政策，以更好地达到预期的政策目标，便成了宏观经济学中一个很重要的课题。在长期的实践过程中，西方经济学认为，在政策的运用中应当注意相机抉择、组合搭配和内外协调三个方面的策略问题。

二、财政政策和货币政策的相机抉择及组合搭配

财政政策和货币政策均是政府进行需求管理、实现宏观经济目标的手段，但又各有其优劣之处。如何依据不同的经济形势和各项政策的特点，灵活地选择适当的政策措施，即所谓相机抉择，并将各项政策组合起来使用，以更好地达到宏观经济政策调节的预期效果，即所谓组合搭配，就是财政政策和货币政策运作过程中极其重要的策略问题。

所谓相机抉择，就是政府要根据不同的经济形势，相应地采取不同的对策。例如，当经济中通货膨胀十分严重，或者失业率相当高时，运用货币政策中作用较为温和的公开市场业务手段就难以立即奏效，此时，就应当采用作用快而又较为猛烈的政府支出政策。而当经济中通货膨胀与失业不十分严重时，一般就不能采用政府支出政策，而只能采用公开市场业务政策。此外，由于各种政策的时滞不同，政策影响的范围不同，在实施时所遇到的阻力也就不同，因此，政府在决定政策时就应考虑这些因素。例如，增加税收和减少政府支出，二者都有抑制通货膨胀的作用，究竟应采用哪一项政策，则必须考虑二者中哪一项政策所遇到的阻力更小一些。

而在更多的经济发展时期和场合，相机抉择的对策就是要根据不同的经济形势相应地搭配使用各种类型的财政政策和货币政策，以更加有利于实现宏观经济政策调节的预期目标。

(一)“双扩张”或“双松”政策组合

在经济萧条时期，可以同时采用扩张性财政政策和扩张性货币政策，双管齐下对经济的刺激就会更为强烈、更加有效。

(二)“双紧缩”或“双紧”政策组合

在经济高度繁荣时期，可以同时采用紧缩性财政政策和紧缩性货币政策，这样就能更有效地抑制通货膨胀。

(三)“一扩一紧”或“一松一紧”政策组合

为了在刺激总需求的同时，又不至于导致严重的通货膨胀，可将扩张性财政政策与紧缩性货币政策搭配起来使用。

(四)“一紧一扩”或“一紧一松”政策组合

既要刺激总需求，又要稳定物价，主要通过降低利息率以增加私人投资的货币政策来实现总需求的扩张，可将紧缩性财政政策与扩张性货币政策搭配起来使用。

在西方国家的现实经济生活中，时常实行扩张性财政政策与紧缩性货币政策，但是，制度因素的阻碍造成这种组合政策的应变难度加大，反向效果增加。有鉴于此，有些经济学家转向主张采用紧缩性财政政策与扩张性货币政策搭配，则更能增加社会储蓄，降低利息率，促进高的投资和经济增长，同时实现物价稳定，防止或缓解通货膨胀。

与此同时，还应协调对内与对外经济政策。在实行对内均衡政策时，要注意其对外均衡的影响；反之，在实行对外均衡政策时，也要注意其对内均衡的影响。

本章小结

(1) 宏观经济政策就是国家依据某种或某些宏观经济理论或思想、为达到一定的宏观经济政策目标而制定和实施的调节宏观经济的原则或措施。

(2) 宏观经济政策目标包括充分就业、物价稳定、经济增长和国际收支平衡四个目标。四个目标之间存在着矛盾，国家在制定和实施宏观经济政策之前和之中，需要对政策目标重点进行选择或多重目标进行协调。

(3) 就内容侧重点来说，宏观经济政策主要分为宏观经济需求管理政策、供给管理政策和对外经济政策。

(4) 财政政策是西方国家干预和调节经济的主要政策之一。财政政策是运用政府财政支出和政府税收来调节经济中的总需求水平，消除通货紧缩缺口或通货膨胀缺口，以达到宏观经济需求管理目标的政策。

(5) 财政政策的运用工具主要是政府财政支出和财政收入。按支出方式，西方国家的政府财政支出可分为政府购买支出和转移支付两部分。财政收入主要由各项税收和公债构成。

(6) 在现代西方国家的财政政策理论和实践中，财政政策的运用类型有扩张性财政政策、紧缩性财政政策和平衡性财政政策三种。

(7) 财政政策本身具有某些内在的自动调节经济、使经济稳定的效用，但作用十分有限。政府运用各项财政政策手段来调节经济，既会对整个经济产生乘数的影响，也会产生挤出效应，需要审时度势，把握分寸。

(8) 货币政策是西方国家干预和调节经济的主要政策之一。它是指中央银行通过运用货币政策工具来控制经济中的货币供给，调节利息率，改变信贷条件，进而影响总需求变动，促进宏观经济朝着既定的宏观经济政策目标运行的政策。

(9) 在西方国家经济中，公司或个人拥有的资产可以分为非货币形式的资产(即实物资产)和货币形式的资产(即金融资产)两大类。实物资产包括厂房、土地、设备、汽车、住房等一切有形产品和生产资料。金融资产包括通货和证券，通货包括硬币、纸币、银行存款等，证券包括债券、股票等。金融资产的流动性主体是货币。货币是由各国中央银行发行的、为人们普遍接受的、充当交换媒介的资产。金融资产的存在使得投资和信贷活动得以进行。

(10) 货币的流动性就是货币的变现能力。所谓货币供给量，是指在一定时点上流通的货币总量，是一个存量概念。不同形式的货币资产具有不同的变现能力，据此可对货币进行分类，划分货币供给量的指标。现金或通货是最具有流动性的货币，其货币供给量指标用 M0 表示。存款货币又称银行货币或信用货币，是指活期存款及其他可开支票的存款，加上 M0，其货币供给量指标用 M1 表示。两者均属于西方经济学中的狭义货币范畴。储蓄存款和定期存款作为近似货币或准货币，商业票据、公司股票、政府公债等作为资产货币，它们本身不是货币，不能用作无限制的交换媒介，不如现金和支票的流动性大。M1 加上储蓄存款和定期存款的货币供给量指标用 M2 表示，M2 加上商业票据、公司股票、政府公债等的货币供给量指标用 M3 表示，它们被西方经济学纳入广义货币范畴。

(11) 货币政策通常是由中央银行代表政府通过银行体系来实施的。西方国家的银行体系是由中央银行与商业银行以及其他金融机构组成的两级银行体系。

(12) 在货币政策调节经济的过程中，商业银行创造存款货币的机制是十分重要的。这一机制与法定准备金制度、支票流通制度以及银行贷款转为客户的活期存款等制度有着直接的关系。

(13) 货币乘数或货币创造乘数就是法定准备金率的倒数，它能使银行存款与贷款数倍扩大或收缩。因此，中央银行调整法定准备金率对货币供给量扩大或收缩会产生重大影响。

(14) 货币政策的三大运用工具：公开市场业务、贴现率政策、法定准备金率政策。

(15) 在不同的经济形势下，中央银行要运用不同的货币政策来调节经济，以实现需求管理的目标。大体说来，货币政策有三种类型：扩张性货币政策、紧缩性货币政策和均衡性货币政策。

(16) 财政政策和货币政策在实施中往往会遇到很多局限，如政策的时滞问题、公众预期和非经济因素的影响等。

(17) 在长期的实践过程中，西方经济学认为，在政策的运用中应当注意相机抉择、组合搭配和内外协调三个方面的策略问题。如何依据不同的经济形势和各项政策的特点，灵活地选择适当的政策措施，即所谓相机抉择；将各项政策组合起来使用，以更好地达到宏观经济政策调节的预期效果，即所谓组合搭配；在实行对内政策时，要注意其对外均衡的影响，在实行对外政策时，要注意其对内均衡的影响，即所谓内外协调。

复习思考题

1. 宏观经济政策的含义是什么？宏观经济政策目标主要包括哪些？宏观经济政策内容主要分为哪几个方面？

2. 财政政策的含义是什么？财政政策的运用工具主要有哪些？财政政策的运用类型主要有哪几种？

3. 财政政策的内在稳定器或自动稳定器是指什么？财政政策的乘数效应是指什么？财政乘数主要有哪几种？财政政策的挤出效应是指什么？

4. 货币政策的含义是什么？金融资产主要包括哪些？货币的流动性是指什么？何谓货币供给量？货币供给量的指标主要分为哪几个？

5. 西方国家的银行体系主要由哪几部分组成？

6. 银行创造货币的机制是怎样的？什么叫法定准备金率？什么叫货币乘数？

7. 假定某银行吸收存款 200 万元，按规定要预留准备金 20 万元。试计算：准备金率及货币乘数。

8. 中央银行主要运用哪三大货币政策工具？

9. 货币政策的运用类型大体说来有哪几种？

10. 在对货币政策的作用、机制和主要目标等问题上，凯恩斯主义与货币主义各自的理论和主张有何不同？

11. 财政政策和货币政策在实施中往往会受到哪些因素的影响？

12. 何谓相机抉择？财政政策和货币政策的组合搭配主要有哪几种？

参考文献

[1] [美]保罗・萨缪尔森，威廉・诺德豪斯. 经济学[M]. 17版. 北京：人民邮电出版社，2004.

[2] [美]曼昆. 经济学原理[M]. 北京：生活・读书・新知三联书店，北京大学出版社，1999.

[3] 梁小民. 西方经济学[M]. 北京：中国统计出版社，2000.

[4] 高鸿业. 西方经济学[M]. 北京：中国人民大学出版社，2002.

[5] 厉以宁，章铮. 西方经济学基础知识[M]. 北京：中国经济出版社，1996.

[6] 缪代文. 微观经济学与宏观经济学[M]. 北京：高等教育出版社，2000.

[7] 冯金华. 经济学概论[M]. 上海：复旦大学出版社，2003.

[8] 尹伯成. 西方经济学简明教程[M]. 上海：上海人民出版社，2003.